Udo Schnelle

Die Johannesbriefe

ThHK 17

Theologischer Handkommentar zum Neuen Testament

In neuer Bearbeitung unter Mitwirkung von

Christfried Böttrich, Lukas Bormann, Roland Deines, Reinhard Feldmeier,
Jörg Frey, Gudrun Guttenberger, Klaus Haacker, Jens Herzer, Rainer Hirsch-Luipold,
Michael Labahn, Christof Landmesser, Martin Meiser, Rainer Metzner,
Ulrike Mittmann, Ulrich B. Müller, Petr Pokorný, Eckart Reinmuth,
Benjamin Schliesser, Udo Schnelle, Thomas Söding, Manuel Vogel,
und Ruben Zimmermann

herausgegeben von
Jens Herzer und Udo Schnelle

17
Die Johannesbriefe
von Udo Schnelle

Die Johannesbriefe

von

Udo Schnelle

EVANGELISCHE VERLAGSANSTALT
Leipzig

Udo Schnelle, Dr. theol., Jahrgang 1952, studierte Evangelische Theologie in Göttingen. Er war von 1984 bis 1986 Gemeindepastor in Gieboldehausen, von 1986–1992 Professor für Neues Testament in Erlangen und von 1992 bis 2017 in Halle. Er ist Autor zahlreicher Lehrbücher zur Exegese und Theologie des Neuen Testaments sowie zur Geschichte des frühen Christentums.

Bibliographische Information der Deutschen Nationalbibliothek
Die Deutsche Nationalbibliothek verzeichnet diese Publikation in der Deutschen Nationalbibliographie; detaillierte bibliographische Daten sind im Internet über http://dnb.dnb.de abrufbar.

2., durchgesehene Auflage 2023
© 2010 by Evangelische Verlagsanstalt GmbH Leipzig
Printed in Germany

Das Werk einschließlich aller seiner Teile ist urheberrechtlich geschützt. Jede Verwertung außerhalb der Grenzen des Urheberrechtsgesetzes ist ohne Zustimmung des Verlags unzulässig und strafbar. Das gilt insbesondere für Vervielfältigungen, Übersetzungen, Mikroverfilmungen und die Einspeicherung und Verarbeitung in elektronischen Systemen.

Das Buch wurde auf alterungsbeständigem Papier gedruckt.

Cover: Zacharias Bähring, Leipzig
Satz: dtp-design Wahner & Loch GbR, Leipzig / Zacharias Bähring, Leipzig
Druck und Binden: BELTZ Grafische Betriebe GmbH, Bad Langensalza

ISBN 978-3-374-02756-9 // eISBN (PDF) 978-3-374-03522-9
www.eva-leipzig.de

Vorwort

Meine Beschäftigung mit den Johannesbriefen geht zurück auf das Jahr 1976, als ich bei Georg Strecker eine Vorlesung über johanneische Theologie hörte, in der auch die Briefe als zentrale Zeugnisse johanneischer Theologie gewürdigt wurden. Seitdem habe ich die Johannesbriefe immer wieder bedacht, in Lehrveranstaltungen in Göttingen, Erlangen und Halle behandelt und lege nun mit diesem Kommentar meine Sicht der Dinge vor. Dabei sind mir zwei Aspekte besonders wichtig: 1) Die Johannesbriefe können angemessen nur im Rahmen einer Gesamtsicht der Geschichte der johanneischen Schule verstanden werden. 2) Der 1Johannesbrief ist weitaus mehr als eine Art ›Lesehilfe‹ zum Evangelium: Mit ihm gewinnt die johanneische Theologie erstmals Systemqualität, er ist ein Zeugnis ethischer Theologie und ihm kommt eine Schlüsselstellung innerhalb der johanneischen Schule zu. Die Begründung für diese Thesen hoffe ich in der Kommentierung zu liefern.

Für Hilfe bei der Korrektur und Drucklegung danke ich Herrn stud. theol. Christoph Burger (Halle) und meiner Frau Adelheid Schnelle.

Halle, im Oktober 2009 Udo Schnelle

Vorwort zur 2. Auflage

Für die 2. Auflage wurde neuere Literatur hinzugefügt und der Text auf Fehler durchgesehen.

Halle, im März 2023 Udo Schnelle

Inhaltsverzeichnis

Abkürzungen VIII
Literatur XIV

Einleitung 1
  § 1 Die johanneische Schule 1
  § 2 Die Verfasser der johanneischen Schriften 5
  § 3 Die Reihenfolge der johanneischen Schriften 9

Der 2Johannesbrief 20
  I. Präskript 1-3 20
  II. Danksagung 4 23
  III. Briefkorpus 5-11 24
    1. Das Gebot der Liebe 5-6 24
    2. Die Falschlehrer 7-9 26
    3. Keine Gastfreundschaft für die Falschlehrer 10-11 31
  IV. Briefschluss 12-13 32

Der 3Johannesbrief 34
  I. Präskript und Wohlergehenswunsch 1-2 34
  II. Danksagung 3-4 36
  III. Briefkorpus 5-12 37
    1. Die Brüder 5-8 37
    2. Der Konflikt mit Diotrephes 9-10 40
    3. Die Empfehlung des Demetrius 11-12 47
  IV. Briefschluss 13-15 48

Der 2/3Johannesbrief und die Geschichte der johanneischen Schule 50

Der 1Johannesbrief 56
  I. Prolog: Das Wort des Lebens 1,1-4 59
  II. Die Gemeinschaft mit Gott und ihre Gefährdungen 1,5-2,17 70
    1. Die erste Gottesdefinition: Gott ist Licht 1,5 70
    2. Die Gemeinschaft mit Gott und die Sünde 1,6-10 72
    3. Der Fürsprecher Jesus und seine Gebote 2,1-6 79
    4. Das Gebot und seine Verpflichtung 2,7-11 88
    5. Der Status der Glaubenden und die Welt 2,12-17 93
  III. Das Kommen der Endzeit 2,18-3,24 99
    1. Erkenntnis und Bekenntnis in der letzten Stunde 2,18-27 99
    2. Die Hoffnung auf das zukünftige Sein 2,28-3,3 112
    3. Die Freiheit der Kinder Gottes von der Sünde 3,4-10 118
    4. Sichtbare Bruderliebe 3,11-18 125
    5. Zuversicht auf Gott 3,19-24 129

IV. Die Unterscheidung der Geister 4,1-6	134
1. Falsches und richtiges Bekenntnis 4,1-3	134
Exkurs 1: Doketismus	138
2. Das Sein aus Gott 4,4-6	146
V. Gottesliebe und Bruderliebe 4,7-5,4	148
1. Die zweite Gottesdefinition: Gott ist Liebe 4,7-10	148
2. Gottesliebe und Bruderliebe 4,11-16	151
3. Eschatologie und Ethik 4,17-21	156
4. Glaube und Liebe 5,1-4	159
Exkurs 2: Die Liebe als theologischer Schlüsselbegriff der johanneischen Schule	162
VI. Das Zeugnis von Wasser, Blut und Geist 5,5-12	168
VII. Das ewige Leben und seine Gefährdungen 5,13-21	175
1. Die Sünde zum Tode und nicht zum Tode 5,13-17	176
2. Die Gefährdungen des Glaubens 5,18-21	182
Der 1Johannesbrief und das Johannesevangelium in der Geschichte der johanneischen Schule	188

Abkürzungen

1. Biblische Schriften

Altes Testament

Gen	= Genesis (1. Buch Mose)	Pred	=	Prediger Salomos (Kohelet)
Ex	= Exodus (2. Buch Mose)			
Lev	= Leviticus (3. Buch Mose)	Hohesl	=	Hoheslied Salomos (Cantaticum)
Num	= Numeri (4. Buch Mose)			
Dtn	= Deuteronomium (5. Buch Mose)	Jes	=	Jesaja
		Jer	=	Jeremia
Jos	= Josua	Klagel	=	Klagelieder Jeremias (Threni)
Ri	= Richter			
Ruth	= Ruth	Ez	=	Ezechiel
1Sam	= 1Samuel	Dan	=	Daniel
2Sam	= 2Samuel	Hos	=	Hosea
1Kön	= 1Könige	Joel	=	Joel
2Kön	= 2Könige	Am	=	Amos
1Chron	= 1Chronik	Ob	=	Obadja
2Chron	= 2Chronik	Jon	=	Jona
Esra	= Esra	Mi	=	Micha
Neh	= Nehemia	Nah	=	Nahum
Esth	= Esther	Hab	=	Habakuk
Hiob	= Hiob	Zeph	=	Zephanja
Ps	= Psalmen	Hagg	=	Haggai
Spr	= Sprüche Salomos (Proverbia)	Sach	=	Sacharja
		Mal	=	Maleachi

Neues Testament

Mt	= Matthäusevangelium	1Tim	= 1Timotheusbrief
Mk	= Markusevangelium	2Tim	= 2Timotheusbrief
Lk	= Lukasevangelium	Tit	= Titusbrief
Joh	= Johannesevangelium	Phlm	= Philemonbrief
Apg	= Apostelgeschichte	1Petr	= 1Petrusbrief
Röm	= Römerbrief	2Petr	= 2Petrusbrief
1Kor	= 1Korintherbrief	1Joh	= 1Johannesbrief
2Kor	= 2Korintherbrief	2Joh	= 2Johannesbrief
Gal	= Galaterbrief	3Joh	= 3Johannesbrief
Eph	= Epheserbrief	Hebr	= Hebräerbrief
Phil	= Philipperbrief	Jak	= Jakobusbrief
Kol	= Kolosserbrief	Judas	= Judasbrief
1Thess	= 1Thessalonicherbrief	Offb	= Offenbarung des Johannes
2Thess	= 2Thessalonicherbrief		

2. Frühjüdische Schriften

Aboth	=	Pirqe Aboth	Gig	=	De Gigantibus
AddDan	=	Zusätze zu Daniel	Her	=	Quis Rerum Divinarum Heres sit
AddEst	=	Zusätze zu Esther			
ApkAbr	=	Abraham-Apokalypse	Imm	=	Quod Deus sit Immutabilis
ApkEl	=	Elia-Apokalypse			
ApkEsr	=	Esra-Apokalypse	Jos	=	De Josepho
Arist	=	Aristeasbrief	LegAll	=	Legum Allegoriae
AscJes	=	Ascensio Jesajae	LegGai	=	Legatio ad Gaium
AssMos	=	Assumptio Mosis	Migr	=	De Migratione Abrahami
grBar	=	Apokalypse des Baruch (griechisch)	Mut	=	De Mutatione Nominum
			OpMund	=	De Opificio Mundi
syrBar	=	Apokalypse des Baruch (syrisch)	Plant	=	De Plantatione
			PostC	=	De Posteritate Caini
EpJer	=	Epistula Jeremiae	Praem	=	De Praemiis et Poenis
3Esr	=	3Esra	Prob	=	Quod Omnis Probus Liber sit
4Esr	=	4Esra			
äthHen	=	Äthiopischer Henoch	QuaestEx	=	Quaestiones in Exodum
grHen	=	Griechischer Henoch	QuaestGen	=	Quaestiones in Genesim
slavHen	=	Slavischer Henoch	SacrAbCain	=	De Sacrificiis Abelis et Caini
JosAs	=	Joseph und Aseneth			
Joseph	=	Josephus	Sobr	=	De Sobrietate
Ant	=	Antiquitates Judaicae	Somn	=	De Somniis
Ap	=	Contra Apionem	SpecLeg	=	De Specialibus Legibus
Bell	=	De Bello Judaico	Virt	=	De Virtutibus
Vit	=	Vita	VitCont	=	De Vita Contemplativa
Jub	=	Jubiläenbuch	VitMos	=	De Vita Mosis
Jdt	=	Buch Judith	PsPhokyl	=	Pseudo-Phokylides
LAB	=	Liber Antiquitatum Biblicarum	PsSal	=	Psalmen Salomos
			Q	=	Qumran
1Makk	=	1Makkabäerbuch	1 QGenApoc	=	Genesisapokryphon
2Makk	=	2Makkabäerbuch	1 QH	=	Hodajoth (Dankpsalmen)
3Makk	=	3Makkabäerbuch			
4Makk	=	4Makkabäerbuch	1 QJes^a	=	1Jesajahandschrift
OdSal	=	Oden Salomos	1 QJes^b	=	2Jesajahandschrift
ParJer	=	Paralipomena Jeremiae	1 QM	=	Milchamah (Kriegsrolle)
Philo	=	Philo von Alexandria	1 QpHab	=	Habakuk-Kommentar
Abr	=	De Abrahamo	1 QpZeph	=	Zephanja-Kommentar
Aet	=	De Aeternitate Mundi	1 QS	=	Gemeinderegel
Agric	=	De Agricultura	1 QS^a	=	Anhang zur Gemeinderegel
Cher	=	De Cherubim			
ConfLing	=	De Confusione Linguarum	1QS^b	=	Segenssprüche
			4QMidrEscht	=	Midrasch zur Eschatologie
Congr	=	De Congressu Eruditionis Gratia			
			4Qpatr	=	Patriarchensegen
Decal	=	De Decalogo	4QpJes	=	Kommentare zu Jesaja
Det	=	Quod Deterius Potiori insidiari soleat	4QpNah	=	Nahum-Kommentar
			11QT	=	Tempelrolle
Ebr	=	De Ebrietate	11QMelch	=	Melchisedek
Flacc	=	In Flaccum	CD	=	Damaskusschrift
Fug	=	De Fuga et Inventione	SifrLev	=	Sifre Leviticus

SifrNum	= Sifre Numeri	TestNaph	= Testament Naphthalis
Sib	= Sibyllinen	TestGad	= Testament Gads
Sir	= Jesus Sirach	TestAss	= Testament Assers
TestAbr	= Testament Abrahams	TestJos	= Testament Josephs
TestHiob	= Testament Hiobs	TestBenj	= Testament Benjamins
TestXII	= Testamente der 12 Patriarchen	bTal	= babylonischer Talmud
		jTal	= jerusalemer Talmud
TestRub	= Testament Rubens	Tos	= Tosefta
TestSim	= Testament Simeons	Tob	= Tobit
TestLev	= Testament Levis	VisJes	= Visio Jesaiae
TestJud	= Testament Judas	VitAd	= Vitae Adae et Evae
TestIss	= Testament Issaschars	VitProph	= Vitae Prophetarum
TestSeb	= Testament Sebulons	Weish	= Weisheit Salomos (Sapientia)
TestDan	= Testament Dans		

3. Frühchristliche Schriften

ActAndr	= Andreasakten	HermV	= Hermas, Visiones
ActJoh	= Johannesakten	Ign	= Ignatius von Antiochien
ActPhil	= Philippusakten	Eph	= An die Epheser
ActPl	= Paulusakten	Mg	= An die Magnesier
ActPlThecl	= Paulus- und Theclaakten	Phld	= An die Philadelphier
ActPt	= Petrusakten	Röm	= An die Römer
ActPtPl	= Petrus- und Paulusakten	Sm	= An die Smyrnäer
ActThom	= Thomasakten	Tr	= An die Trallianer
ApkPt	= Apokalypse des Petrus	Pol	= An Polykarp
Barn	= Barnabasbrief	Marc	= Marcion
1Clem	= 1Clemensbrief	MartPol	= Martyrium des Polykarp
2Clem	= 2Clemensbrief	NHC	= Nag Hammadi Codices
Did	= Didache	Pap	= Papias
Diog	= Diognetbrief	Polyk	= Brief des Polykarp
EvHebr	= Hebräerevangelium	KgmPt	= Kerygma Petri
EvNaz	= Nazoräerevangelium	ProtEvJak	= Protevangelium des Jakobus
EvPhil	= Philippusevangelium		
EvPt	= Petrusevangelium	PsClemHom	= Pseudo-Clementinische Homilien
EvThom	= Thomasevangelium		
Herm	= Hirt des Hermas	PsClemRec	= Pseudo-Clementinische Recognitionen
HermM	= Hermas, Mandata		
HermS	= Hermas, Similitudines		

4. Altkirchliche Schriften

Athan	= Athanasius		Iren	= Irenäus
Aug	= Augustin		Haer	= Adversus Haereses
ClemAl	= Clemens Alexandrinus		Just	= Justin der Märtyrer
Cypr	= Cyprian		Apol	= Apologia
Cyr	= Cyrill		Dial	= Dialogus
Epiph	= Epiphanius		Lact	= Lactantius
Euseb	= Eusebius von Caesarea		Orig	= Origenes
HE	= Historia Ecclesiastica		Oros	= Orosius
Hier	= Hieronymus		Tert	= Tertullian
Hippol	= Hippolyt		Theod	= Theodotion

5. Griechische und römische Schriften

AchTat	= Achilles Tatius		Herod	= Herodot
AelArist	= Aelius Aristides		Hes	= Hesiod
Aesch	= Aeschylus		Hippocr	= Hippocrates
AmmMarc	= Ammianus Marcellinus		Hom	= Homer
AnthPal	= Anthologia Palatina		Il	= Ilias
Apul	= Apuleius		Od	= Odyssee
Aristoph	= Aristophanes		Horat	= Horatius (Horaz)
Aristot	= Aristoteles		Isocr	= Isocrates
EthNic	= Ethica Nicomachia		Jambl	= Jamblichus
Artemid	= Artemidor		Lib	= Libianus
Athen	= Athenaeus		Liv	= Livius
Caes	= Caesar		Luc	= Lucianus (Lukian)
Cat	= Cato		Philops	= Philopseudes sive Incredulus
Cic	= Cicero			
Cornut	= Cornutus		VerHist	= Verae Historiae
Corp Herm	= Corpus Hermeticum		Max Tyr	= Maximus von Tyrus
Demosth	= Demosthenes		Menand	= Menander
Dig	= Digesten		Mus	= Musonius
Dio Cass	= Dio Cassius		OrphHym	= Orphische Hymnen
Dio Chrys	= Dio Chrysostomus		Paus	= Pausanias
Or	= Orationes		Philostr	= Philostrat
Diod Sic	= Diodorus Siculus		Ep	= Epistulae
Diog Laert	= Diogenes Laertius		VitAp	= Vita Apollonii
Dion Hal	= Dionysius von Halicarnass		Pind	= Pindar
			Plato	= Platon
Ep Cyn	= Epistulae Cynicorum		Plaut	= Plautus
Ep Pyth	= Epistulae Pythagorae et Pythagorerorum		PlinÄ	= Plinius der Ältere
			NatHist	= Naturalis Historia
Ep Socr	= Epistulae Socratis		Plin	= Plinius (der Jüngere)
Epic	= Epikur		Plot	= Plotin
Epikt	= Epiktet		Plut	= Plutarch
Diss	= Dissertationes		Mor	= Moralia
Ench	= Enchiridion		Poll	= Pollux
Eur	= Euripides		Polyb	= Polybius

Sen	= Seneca	Strab	= Strabon
Ep	= Epistulae ad Lucilium	Suet	= Sueton
Sext Emp	= Sextus Empiricus	Tac	= Tacitus
Sil	= Silius Italicus	Thuc	= Thucydides
Soph	= Sophokles	Tib	= Tibullus
Stob	= Johannes Stobaeus	Xenoph	= Xenophon

6. Weitere Abkürzungen

a. a. O.	= am angegebenen Ort	ev.	= evangelisch
Abb.	= Abbildung	evtl.	= eventuell
Abk.	= Abkürzung	Exk.	= Exkurs
Abs.	= Absatz	f.	= folgende Seite (Vers, Jahr)
Abt.	= Abteilung		
Adj.	= Adjektiv	ff.	= folgende Seiten (Verse)
Adv.	= Adverb	fin.	= finis (Ende)
Akk.	= Akkusativ	FS	= Festschrift
Akt.	= Aktiv	Forts.	= Fortsetzung
Anm.	= Anmerkung	Fragm.	= Fragment
Aor.	= Aorist	Fut.	= Futurum
Apokr.	= Apokryphen	Gen.	= Genitiv
App.	= Textkritischer Apparat	gest.	= gestorben
arab.	= arabisch	griech.	= griechisch
aram.	= aramäisch	H.	= Heft
Art.	= Artikel	hebr.	= hebräisch
AT	= Altes Testament	Hg.	= Herausgeber
atl.	= alttestamentlich	hl.	= heilig
Aufl.	= Auflage	hg.	= herausgegeben
Ausg.	= Ausgabe	HS	= Handschrift
Bd.	= Band	Hss.	= Handschriften
bearb.	= bearbeitet	i. J.	= im Jahre
bes.	= besonders	Imp.	= Imperativ
betr.	= betreffend	Impf.	= Imperfekt
bzw.	= beziehungsweise	Ind.	= Indikativ
ca.	= circa	Inf.	= Infinitiv
Cod.	= Codex	Jh.	= Jahrhundert
ders.	= derselbe	jüd.	= jüdisch
DG	= Dogmengeschichte	Kap.	= Kapitel
dgl.	= dergleichen	kath.	= katholisch
d. Gr.	= der Große	KG	= Kirchengeschichte
d. h.	= das heißt	Klass.	= Klassiker
d. i.	= das ist	Komm.	= Kommentar
Diss.	= Dissertation	Komps.	= Kompositum
Doz.	= Dozent	Konj.	= Konjunktiv
ebd.	= ebenda	LA	= Lesart
ed.	= herausgegeben von	lat.	= lateinisch
EH	= Ergänzungs-Heft	Lit.	= Literatur
erw.	= erweitert	luth.	= lutherisch
ET	= englische Übersetzung	LV	= Literaturverzeichnis
Ev.	= Evangelium	LXX	= Septuaginta

MA	=	Mittelalter	Q	=	Logien-Quelle
Maj.	=	Majuskel	ref.	=	reformiert
masch.	=	maschinenschriftlich	Reg.	=	Register
mas.	=	masoretisch	röm.	=	römisch
mask.	=	maskulin	S.	=	Seite
m. a. W.	=	mit anderen Worten	s.	=	siehe
m. E.	=	meines Erachtens	Schol.	=	Scholien
med.	=	medial	Sg.	=	Singular
Med.	=	Medium	s. o.	=	siehe oben
meist.	=	meistens	sog.	=	sogenannt
Min.	=	Minuskel	Sp.	=	Spalte
Ms.	=	Manuskript	s. u.	=	siehe unten
Mss.	=	Manuskripte	Supl.	=	Superlativ
m. W.	=	meines Wissens	Suppl.	=	Supplement
ND	=	Nachdruck	Synon.	=	Synonym
n. Chr.	=	nach Christus	s. v.	=	sub voce
Neudr.	=	Neudruck	teilw.	=	teilweise
Neutr.	=	Neutrum	term. techn.	=	terminus technicus
N. F.	=	Neue Folge	theol.	=	theologisch
nhd.	=	neuhochdeutsch	trans.	=	transitiv
Nom.	=	Nominativ	u. a.	=	und andere, unter anderem
NT	=	Neues Testament			
ntl.	=	neutestamentlich	u. E.	=	unseres Erachtens
o.	=	oben	übers.	=	übersetzt
o. ä.	=	oder ähnlich	Übers.	=	Übersetzung
Obj.	=	Objekt	u. ö.	=	und öfter
o. g.	=	oben genannt	urspr.	=	ursprünglich
o. J.	=	ohne Jahresangabe	usw.	=	und so weiter
orth.	=	orthodox	u. U.	=	unter Umständen
P	=	Papyrus	V.	=	Vers
pal.	=	palästinisch	v. Chr.	=	vor Christus
par.	=	parallel	Vulg.	=	Vulgata
Par(r).	=	Parallele(n)	vgl.	=	vergleiche
Part.	=	Partizip	v. l.	=	varia lectio
Pass.	=	Passiv	WB	=	Wörterbuch
patr.	=	patristisch	WZ	=	Wissenschaftliche Zeitschrift
Perf.	=	Perfekt			
Pers.	=	Person	Z.	=	Zeile
Pl.	=	Plural	z. B.	=	zum Beispiel
Praep.	=	Präposition	z. St.	=	zur Stelle
Praes.	=	Präsens	z. T.	=	zum Teil
Praes. hist.	=	Praesens historicum	z. W.	=	zum Wort
prot.	=	protestantisch	z. Z.	=	zur Zeit

Literatur

Vorbemerkung: Die wiederholt angeführten Kommentare, Monographien und Aufsätze werden mit Verfassernamen und abgekürztem Titel zitiert (vollständige Angaben finden sich im folgenden Literaturverzeichnis). Spezielle Literatur wird zu Beginn des betreffenden Haupt- bzw. Unterabschnitts in der Anmerkung »Literatur« genannt und dann nur noch abgekürzt zitiert. Die übrige Literatur findet sich vollständig zitiert an Ort und Stelle oder es wird auf den Erstnachweis innerhalb der Auslegung verwiesen. Über das Verzeichnis des Kommentars hinaus wird abgekürzt nach S. M. Schwertner, Theologische Realenzyklopädie. Abkürzungsverzeichnis, Berlin ²1994; G. Strecker/U. Schnelle (Hg.), Neuer Wettstein II/2, 1673-1700; U. Schnelle (Hg.), Neuer Wettstein I/2, 863-869; U. Schnelle (Hg.), Neuer Wettstein I/1.1, 777-781.

I. Textausgaben, Textüberlieferung, Wörterbücher, Grammatiken

Aland, B./Aland, K./Karavidopoulos, J./Martini, C. M./Metzger, B. M. (Hg.), The Greek New Testament, Stuttgart ⁴1993.

Aland, K. (Hg.), Text und Textwert der griechischen Handschriften des Neuen Testaments I: Die katholischen Briefe, ANTT 9, Berlin 1987.

Aland, B. u. K., Der Text des Neuen Testaments, Stuttgart ²1989.

Aland, B./Aland, K./Mink, G./Wachtel, K. (Hg.), Novum Testamentum Graecum. Editio Critica Maior IV, 3. Lieferung: Der erste Johannesbrief, Stuttgart 2003; 4. Lieferung: Der zweite und dritte Johannesbrief, Stuttgart 2005.

Apostolische Väter, hg. u. übers. v. J. A. Fischer, Darmstadt ⁷1976.

Apostolische Väter, hg. u. übers. v. A. Lindemann/H. Paulsen u. a., Tübingen 1992.

Balz, H./Schneider, G. (Hg.), Exegetisches Wörterbuch zum Neuen Testament I–III, Stuttgart 1980-1983.

Bauer, W., Griechisch-deutsches Wörterbuch zu den Schriften des Neuen Testaments und der übrigen urchristlichen Literatur, Berlin ⁵1971.

Bauer, W., Griechisch-deutsches Wörterbuch zu den Schriften des Neuen Testaments und der frühchristlichen Literatur, hg. v. B. u. K. Aland, Berlin ⁶1988.

Billerbeck, P., Kommentar zum Neuen Testament aus Talmud und Midrasch I-IV, München 1926-1961 (ND).

Blass, F./Debrunner, A./Rehkopf, F., Grammatik des neutestamentlichen Griechisch, Göttingen ¹⁶1984.

Cicero, De natura deorum, hg. u. übers. v. U. Blank-Sangmeister, Stuttgart 1995.

Didache/Barnabasbrief/2Klemens/Diognetbrief, hg. u. übers. v. K. Wengst, Darmstadt 1984.

Diogenes Laertius, Leben und Meinungen berühmter Philosophen I.II, übers. v. O. Appelt, Hamburg ³1990.

Dörrie, H./Baltes, M./Pietsch, Chr. (Hg.), Die philosophische Lehre des Platonismus. Theologia Platonica, Der Platonismus der Antike 7.1, Stuttgart 2008.

Epiktet, Was von ihm erhalten ist nach den Aufzeichnungen Arrians, hg. u. übers. v. J. G. Schulthess u. R. Mücke, Heidelberg 1926.
Epiktet. Teles. Musonius, Ausgewählte Schriften, hg. u. übers. v. R. Nickel, Darmstadt 1994.
Eusebius, Kirchengeschichte, hg. v. E. Schwartz, Berlin ⁵1952.
Eusebius, Kirchengeschichte, hg. v. H. Kraft, München 1967.
Goodspeed, E. J., Die ältesten Apologeten, Göttingen 1984 (=1914).
Irenäus von Lyon, Adversus Haereses I-V, übers. v. N. Brox, Freiburg 1993-2001.
Josephus, Jewish Antiquities, hg. u. übers. v. H. S. J. Thackeray u. a., LCL, London/Cambridge (Mass.), 1926–1965.
– De Bello Judaico I-III, hg. u. übers. v. O. Michel/O. Bauernfeind, München 1959-1969.
– Kleinere Schriften, übers. v. H. Clementz, Wiesbaden 1993 (ND).
Kittel, G./Friedrich, G. (Hg.), Theologisches Wörterbuch zum Neuen Testament I-X, Stuttgart 1933–1979.
Kühner, R./Gerth, B., Ausführliche Grammatik der griechischen Sprache I-II, Hannover ⁴1955.
Kümmel, W. G./Lichtenberger, H. (Hg.), Jüdische Schriften aus hellenistisch-römischer Zeit, Gütersloh 1973ff.
Liddell, H. G./Scott, R., A Greek-English Lexicon, Oxford ⁹1953.
Lohse, E. (Hg.), Die Texte aus Qumran, Darmstadt ⁴1986.
Lukian, Werke in drei Bänden, übers. v. C.M. Wieland, Berlin/Weimar 1974.
Maier, J., Die Qumran-Essener: Die Texte vom Toten Meer I.II.III., München 1995.1996.
Metzger, B. M., A Textual Commentary on the Greek New Testament, Stuttgart ²1994.
Nestle, E./Aland, K. (Hg.), Novum Testamentum Graece, Stuttgart ²⁶1979.
Nestle, E./Aland, K. (Hg.), Novum Testamentum Graece, Stuttgart ²⁷1993.
Nestle, E./Aland, K. (Hg.), Novum Testamentum Graece, Stuttgart ²⁷2001 (erw. Druck).
Neuer Wettstein II/1.2, hg. v. G. Strecker/U. Schnelle, Berlin 1996.
Neuer Wettstein I/2, hg. v. U. Schnelle u. Mitarb. v. M. Labahn/M. Lang, Berlin 2001.
Neuer Wettstein I/1.1, hg. v. U. Schnelle u. Mitarb. v. M. Labahn/M. Lang, Berlin 2008.
Papiasfragmente/Hirt des Hermas, hg. v. U. H. J. Körtner/M. Leutzsch, Darmstadt 1998.
Passow, F., Handwörterbuch der griechischen Sprache, Leipzig I/1 ⁵1841. I/2 ⁵1847. II/1 ⁵1852. II/2 ⁵1857.
Philo von Alexandrien, Die Werke in deutscher Übersetzung I-VII, hg. u. übers. v. L. Cohn u. a., Berlin ²1962-1964.
– Philo I-X u. Suppl. I-II, hg. u. übers. v. F. H. Colson u. a., LCL, London/Cambridge (Mass.), 1959-1979.
Philostratos, Das Leben des Apollonius von Tyana, hg. u. übers. v. V. Mumprecht, München 1983.
Platon, Werke in acht Bänden, hg. v. G. Eigler, übers. v. F. Schleiermacher, Stuttgart ²1990.
Rehkopf, F., Septuaginta-Vokabular, Göttingen 1989.
Schneemelcher, W. (Hg.), Neutestamentliche Apokryphen I.II, Tübingen ⁵1987.⁵1989.
Schenke, H.-M./Bethge, H.-G./Kaiser U. U. (Hg.), Nag Hammadi Deutsch I.II, GCS N.F. 8.12, Berlin 2001.2003.
Seneca, Werke I-V, hg. u. übers. v. M. Rosenbach, Darmstadt ⁵1995.
– Schriften zur Ethik, hg. u. übers. v. G. Fink, Düsseldorf 2008.
Septuaginta I.II, hg. v. E. Rahlfs, Stuttgart 1935 (ND).
Septuaginta Deutsch, hg. v. W. Kraus/M. Karrer, Stuttgart 2009.

II. Kommentare zu den Johannesbriefen

Balz, H., Die Johannesbriefe, NTD 10/1, Göttingen 1973, 150-216.
Baumgarten, O., Die Johannesbriefe, SNT 4, Göttingen ³1920, 185-228.
Beutler, J., Die Johannesbriefe, RNT, Regensburg 2000.
Brooke, A. E., A Critical and Exegetical Commentary on the Johannine Epistles, ICC, Edinburgh (1912) 1957.
Brown, R. E., The Epistles of John, AncB 39, New York 1982.
Büchsel, F., Die Johannesbriefe, ThHK 17, Leipzig 1933.
Bultmann, R., Die drei Johannesbriefe, KEK XIV, Göttingen 1969.
Culpepper, R. A., The Gospel and the Letters of John, Nashville 1998.
Dodd, C. H., The Johannine Epistles, MNTC, London (1946) ³1953.
Grayston, K., The Johannine Epistles. NCeB. London 1984.
Holtzmann, H. J., Johanneische Briefe, HC 4, Freiburg/Tübingen ²1893, 231-274.
Klauck, H.-J., Der erste Johannesbrief, EKK XXIII/1, Neukirchen 1991.
– Der zweite und dritte Johannesbrief, EKK XXIII/2, Neukirchen 1992.
Lieu, J. M., The second and third epistles of John: History and Background, Edinburgh 1986.
– I, II & III John. A Commentary, NTL, Louisville/London 2008.
Loader, W., The Johannine Epistles, London 1992.
Marshall, I. H., The Epistles of John, NIC, Grand Rapids ²1979.
Painter, J., 1, 2 and 3 John, SP 18, Collegeville 2002.
Parsenios, G. L., First, Second, and Third John, Grand Rapids, 2014.
Rensberger, D., 1-3 John, ANTC, Nashville 1997.
Ruckstuhl, E., Jakobusbrief. 1.-3.Johannesbrief, EB NT 17-19, Würzburg 1985.
Rusam, D., Der erste, zweite und dritte Johannesbrief, Göttingen 2018.
Schnackenburg, R., Die Johannesbriefe, HThK XIII/3, Freiburg ⁶1979.
Schunack, G., Die Johannesbriefe, ZBK, Zürich 1982.
Smalley, S. S., 1,2,3 John, WBC 51, Nashville ²2007.
Strecker, G., Die Johannesbriefe, KEK XIV, Göttingen 1989.
Talbert, Ch. H., Reading John. A Literary and Theological Commentary on the Fourth Gospel and the Johannine Epistles, New York 1994.
Thomas, J. Chr., 1.2.3 John, London 2004.
Thüsing, W., Die Johannesbriefe, Geistliche Schriftlesung 22, Düsseldorf 1970.
Vogler, W., Die Briefe des Johannes, ThHK 17, Leipzig 1993.
Vouga, F., Die Johannesbriefe, HNT 15/3, Tübingen 1990.
Wengst, K., Der erste, zweite und dritte Brief des Johannes, ÖTK 16, Gütersloh 1978.
Windisch, H./(Preisker, H.), Die katholischen Briefe, HNT 15, Tübingen 1951, 106-144.
Yarbrough, R. W., 1-3 John, BECNT, Grand Rapids 2008.

III. Kommentare zum Johannesevangelium

Barrett, C. K., Das Evangelium nach Johannes, KEK Sonderband, Göttingen 1990.
Bauer, W., Das Johannes-Evangelium, HNT 6, Tübingen ³1933.

Becker, J., Das Evangelium nach Johannes I.II, ÖTK 4/1-2, Gütersloh ³1991.
Brown, R. E., The Gospel according to John I–II, AncB 29/29A, New York 1966.1970.
Bultmann, R., Das Evangelium des Johannes, KEK II, Göttingen ¹⁰1968 (EH 1968).
Haenchen, E., Johannesevangelium, hg. v. U. Busse, Tübingen 1980.
Schnackenburg, R., Das Johannesevangelium I-III, HThK IV 1-3, Freiburg ⁵1981.³1980.³1979.
Schnelle, U., Das Evangelium nach Johannes, ThHK 4, Leipzig ⁴2009.
Thyen, H., Das Johannesevangelium, HNT 6, Tübingen 2005.
Wilckens, U., Das Evangelium nach Johannes, NTD 4, Göttingen 1998.
Zumstein, J., Das Johannesevangelium, KEK 2, Göttingen 2016.

IV. Monographien und Aufsätze zu den Johannesbriefen

Bergmeier, R., Zum Verfasserproblem des II. und III. Johannesbriefes, ZNW 57 (1966), 93-100.
Blanck, J., Die Irrlehrer des ersten Johannesbriefes, Kairos 26 (1984), 166-193.
Bogart, J., Orthodox and Heretical Perfectionism in the Johannine Community as evident in the First Epistle of John, SBL.DS 33, Missoula 1977.
Bonsack, B., Der Presbyteros des dritten Briefes und der geliebte Jünger des Evangeliums nach Johannes, ZNW 79 (1988), 45-62.
Bornkamm, G., Art.: πρέσβυς, πρεσβύτερος, ThWNT VI, Stuttgart 1965, 651-683.
Braun, H., Literar-Analyse und theologische Schichtung im 1. Johannesbrief, in: ders., Gesammelte Studien zum NT und seiner Umwelt, Tübingen ³1971, 210-242.
Bresky, B., Das Verhältnis des zweiten Johannesbriefes zum dritten, Münster 1906.
Büchsel, F., Zu den Johannesbriefen, ZNW 28 (1929), 235-241.
Bultmann, R., Analyse des ersten Johannesbriefes, in: ders., Exegetica, Tübingen 1967, 105-123.
– Die kirchliche Redaktion des 1. Johannesbriefes, in: ders., Exegetica, Tübingen 1967, 381-393.
– Art.: Johannesbriefe, RGG³ III, Tübingen 1959, 836-839.
Conzelmann, H., »Was von Anfang war«, in: ders., Theologie als Schriftauslegung, BEvTh 65, München 1974, 207-214.
Culpepper, R. A./Anderson; P. N. (Hg.), Communities in Dispute. Current Scholarship on the Johannine Epistles, Atlanta 2014.
Dibelius, M., Art.: Johannesbriefe, RGG² III, Tübingen 1929, 346–349.
Dodd, C. H., The First Epistle of John and the Fourth Gospel, BJRL 21 (1937), 129-156.
Ebel, Eva, Ein Verein von Christusverehrern? Die Gemeinde des 2. und 3. Johannesbriefes im Spiegel antiker Vereine, in: A. Dettwiler/U. Poplutz (Hg.), Studien zu Matthäus und Johannes (FS J. Zumstein), AThANT 97, Zürich 2009, 399-419.
Erlemann, K., 1Joh und der jüdisch-christliche Trennungsprozess, ThZ 55 (1999), 285-302.
Funk, R. W., The Form and Structure of II. and III. John, JBL 86 (1967), 424-430.
Griffith, T., Keep Yourselves from Idols. A new Look at 1John, JSNT.SS 233; London/New York 2002.
Hahn, H., Tradition und Neuinterpretation im ersten Johannesbrief, Zürich 2009.
Harnack, A. (v.), Über den 3. Johannesbrief (TU 15/3b), Berlin 1897.
Heckel, Th. K., Die Historisierung der johanneischen Theologie im Ersten Johannesbrief, NTS 50 (2004), 425-443.

Käsemann, E., Ketzer und Zeuge, in: ders., Exegetische Versuche und Besinnungen I, Göttingen ⁶1970, 168-187.
Kinlaw, P. E., The Christ is Jesus. Metamorphosis, Possession, and Johannine Christology, SBL. AB 18, Atlanta 2005.
Klein, G., »Das wahre Licht scheint schon«. Beobachtungen zur Zeit- und Geschichtserfahrung einer urchristlichen Schule, ZThK 68 (1971), 261-326.
Leutzsch, M., Die Bewährung der Wahrheit. Der dritte Johannesbrief als Dokument urchristlichen Alltags, Trier 1994.
Lieu, J. M., The Theology of the Johannine Epistles, Cambridge 1991.
- Us or You? Persuasion and Identity in 1John, JBL 127 (2008), 805-819.
Lohmeyer, E., Über Gliederung und Aufbau des ersten Johannesbriefes, ZNW 27 (1928), 255-265.
Menken, M. J. J., The Opponents in the Johannine Epistles, in: Empsychoi Logoi (FS P. W. van der Horst), hg. v. A. Houtman u. a., Leiden 2008, 191-209.
Nauck, W., Die Tradition und der Charakter des ersten Johannesbriefes, WUNT 3, Tübingen 1957.
O'Neill, J. C., The Puzzle of 1. John. A new Examination of Origins, London 1966.
Painter, J., The ›Opponents‹ in 1John, NTS 32 (1986), 48-71.
Neufeld, D., Reconceiving Texts as Speech Acts: An Analysis of 1 John, BIS 7, Leiden 1994.
Popkes, E. E., Die Theologie der Liebe Gottes in den johanneischen Schriften, WUNT 2.197, Tübingen 2005.
Rand, J. du, A discourse analysis of 1 John, Neotest 13 (1979), 1-42.
Rinke, J., Kerygma und Autopsie. Der christologische Disput als Spiegel johanneischer Gemeindegeschichte, HBS 12, Freiburg 1997.
Robinson, J. A. T., The Destination and Purpose of the Johannine Epistles, NTS 7 (1960/61), 56-65.
Rusam, D., Die Gemeinschaft der Kinder Gottes, BWANT 133, Stuttgart 1993.
Schenke, H.-M., Determination und Ethik im 1. Johannesbrief, ZThK 60 (1963), 203-215.
Schmidt, H., Gegner im 1. Johannesbrief?, BWANT 159, Stuttgart 2002.
Schmithals, W., Johannesevangelium und Johannesbriefe. Forschungsgeschichte und Analyse, BZNW 64, Berlin 1992.
Schnackenburg, R., Der Streit zwischen dem Verfasser vom 3. Johannesbrief und Diotrephes und seine verfassungsgeschichtliche Bedeutung, MThZ 4 (1953), 18-26.
Schnelle, U., Die Reihenfolge der johanneischen Schriften, NTS 57 (2011), 91-113.
- Ethical Theology in 1John, in: Rethinking the Ethics of John, hg. v. J. G. van der Watt/R. Zimmermann, WUNT 291, Tübingen 2012, 321-339.
Schweizer, E., Der Kirchenbegriff im Evangelium und den Briefen des Johannes, in: ders., Neotestamentica, Zürich 1963, 254-271.
Stegemann, E., »Kindlein, hütet euch vor den Götterbildern!«. Erwägungen zum Schluss des 1. Johannesbriefes, ThZ 41 (1985), 284-294.
Strecker, G., Die Anfänge der johanneischen Schule, NTS 32 (1986), 31-47.
- Chiliasmus und Doketismus in der Johanneischen Schule, KuD 38 (1992), 30-46.
Taeger, J. W., Der konservative Rebell, ZNW 78 (1987), 267-287.
Thyen, H., Art.: Johannesbriefe, TRE 17, Berlin 1988, 186-200.
Uebele, W., »Viele Verführer sind in die Welt ausgegangen«. Die Gegner in den Briefen des Ignatius von Antiochien und in den Johannesbriefen, BWANT 151, Stuttgart 2001.

Venetz, H.-J., Durch Wasser und Blut gekommen (1 Joh 5,6), in: Die Mitte des NT (FS E. Schweizer), hg. von H. Weder/U. Luz, Göttingen 1983, 345-361.
Weidemann, H.-U., Auf der Suche nach den Gegnern der Johannesbriefe, in: M. Ebner/G. Häfner/K. Huber (Hg.), Kontroverse Stimmen im Kanon, QD 279, Freiburg 2016, 138-177.
Weiß, K., Die »Gnosis« im Hintergrund und im Spiegel der Johannesbriefe, in: Gnosis und Neues Testament, hg. v. K.-W. Tröger, Berlin 1973, 341-356.
Wendt, H. H., Zum 1. Johannesbrief, ZNW 22 (1923), 57-79.
– Zum 2. und 3. Johannesbrief, ZNW 23 (1924), 18-27.
– Die Johannesbriefe und das johanneische Christentum, Halle 1925.
Wengst, K., Häresie und Orthodoxie im Spiegel des 1. Johannesbriefes, Neukirchen 1976.
Whitacre, R. A., Johannine Polemic. The Role of Tradition and Theology, SBL.DS 67, Chico 1982.
Wilckens, U., Die Gegner im 1. und 2. Johannesbrief, »die Juden« im Johannesevangelium und die Gegner in den Ignatiusbriefen und den Sendschreiben der Apokalypse, in: ders., Der Sohn Gottes und seine Gemeinde. Studien zur Theologie der johanneischen Schriften, FRLANT 200, Göttingen 2003, 89-125.
Wurm, A., Die Irrlehrer im ersten Johannesbrief, Freiburg 1903.

V. Forschungsberichte/Bibliographien zu den Johannesbriefen

Beutler, J., Die Johannesbriefe in der neuesten Literatur, ANRW 25.5, Berlin 1988, 3773-3790.
Haenchen, E., Neuere Literatur zu den Johannesbriefen, in: ders., Die Bibel und Wir, Tübingen 1968, 235-311.
Klauck, H.-J., Die Johannesbriefe, EdF 276, Darmstadt 1991.
Müller, P., Die Johannesbriefe, ThR 83 (2018), 274-320.
Wengst, K., Probleme der Johannesbriefe, ANRW 25.5, Berlin 1989, 3753-3772.

VI. Weitere Monographien und Aufsätze

Augenstein, J., Das Liebesgebot im Johannesevangelium und in den Johannesbriefen, BWANT 134, Stuttgart 1993.
Bauer, W., Rechtgläubigkeit und Ketzerei im ältesten Christentum, hg. v. G. Strecker, BHTh 10, Tübingen ²1964.
Becker, J., Johanneisches Christentum, Tübingen 2004.
Belle, G. van/Watt, J. G. van der/Maritz, P. (Hg.), Theology and Christology in the Fourth Gospel, BETL 184, Leiden 2005.
Bergmeier, R., Glaube als Gabe nach Johannes, BWANT 112, Stuttgart 1980.
Beutler, J., Martyria, FTS 10, Frankfurt 1972.
Blank, J., Krisis. Untersuchungen zur johanneischen Christologie und Eschatologie, Freiburg 1964.
Böcher, O., Der johanneische Dualismus im Zusammenhang des nachbiblischen Judentums, Gütersloh 1965.

Bull, K. M., Gemeinde zwischen Integration und Abgrenzung, BET 24, Frankfurt 1992.
Bultmann, R., Theologie des Neuen Testaments, hg. v. O. Merk, Tübingen ⁷1977.
Conzelmann, H., Grundriß der Theologie des Neuen Testaments, München ⁴1987.
Culpepper, R. A., The Johannine School, SBL DS 26, Missoula 1975.
– Anatomy of the Fourth Gospel, Philadelphia 1983.
Deissmann, A., Licht vom Osten, Tübingen ⁴1923.
Dodd, C. H., The Interpretation of the Fourth Gospel, Cambridge 1978 (= 1953).
Frey, J., Die johanneische Eschatologie I, WUNT 96, Tübingen 1997.
– Die johanneische Eschatologie II, WUNT 110, Tübingen 1998.
– Die johanneische Eschatologie III, WUNT 117, Tübingen 2000.
Frey, J./Schnelle, U. (Hg.), Kontexte des Johannesevangeliums, WUNT 175, Tübingen 2004.
Goldhahn-Müller, I., Die Grenze der Gemeinde. Studien zum Problem der Zweiten Buße im Neuen Testament unter Berücksichtigung der Entwicklung im 2. Jh. bis Tertullian, GTA 39, Göttingen 1989.
Grundmann, W., Der Zeuge der Wahrheit, Berlin 1985.
Haenchen, E., »Der Vater, der mich gesandt hat«, in: ders., Gott und Mensch. Ges. Aufsätze I, Tübingen 1965, 68-77.
Hahn, F., Christologische Hoheitstitel, FRLANT 83, Göttingen ⁵1995.
– Theologie des Neuen Testaments I.II, Tübingen 2002.
Heinze, A., Johannesapokalypse und johanneische Schriften, BWANT 142, Stuttgart 1998.
Heise, J., Bleiben. Menein in den Johanneischen Schriften, HUTh 8, Tübingen 1967.
Hengel, M., Die johanneische Frage, WUNT 67, Tübingen 1993.
Hergenröder, C., Wir schauten seine Herrlichkeit. Das johanneische Sprechen vom Sehen im Horizont von Selbsterschließung Jesu und Antwort des Menschen, fzb 80, Würzburg 1996.
Hofius, O./Kammler, H. Chr., Johannesstudien, WUNT 88, Tübingen 1996.
Ibuki, Y., Die Wahrheit im Johannesevangelium, BBB 39, Bonn 1972.
Jäger, M. u. S., Deutungskämpfe. Theorie und Praxis Kritischer Diskursanalyse, Wiesbaden 2007.
Jonge, M. de, Christologie im Kontext, Neukirchen 1995.
Käsemann, E., Jesu letzter Wille nach Johannes 17, Tübingen ⁴1980.
Kim, M.-G., Zum Verhältnis des Johannesevangeliums zu den Johannesbriefen, EHS 23.761, Frankfurt 2003.
Klauck, H.-J., Die antike Briefliteratur und das Neue Testament, Paderborn 1998.
Knöppler, Th., Die theologia crucis des Johannesevangeliums, WMANT 69, Neukirchen 1994.
Kohler, H., Kreuz und Menschwerdung im Johannesevangelium, AThANT 72, Zürich 1987.
Koester, C. R., Symbolism in the Fourth Gospel, Minneapolis 1995.
Koskenniemi, H., Studien zur Idee und Phraseologie des griechischen Briefes bis 400 n. Chr, AASF B/102.2, Helsinki 1956.
Kümmel, W. G., Einleitung in das Neue Testament, Heidelberg ¹⁹1978.
Landwehr, A., Historische Diskursanalyse, Frankfurt 2008.
Lattke, M., Einheit im Wort, StANT 41, München 1975.
Leroy, H., Rätsel und Mißverständnis, BBB 30, Bonn 1968.
Loader, W., The Christology of the Fourth Gospel, BET 23, Frankfurt ²1992.
Metzner, R., Das Verständnis der Sünde im Johannesevangelium, WUNT 122, Tübingen 2000.
Miranda, J. P., Der Vater, der mich gesandt hat, EHS.T 7, Frankfurt 1972.

– Die Sendung Jesu im vierten Evangelium, SBS 87, Stuttgart 1977.
Müller, U. B., Die Geschichte der Christologie in der johanneischen Gemeinde, SBS 77, Stuttgart 1975.
– Die Bedeutung des Kreuzestodes Jesu im Johannesevangelium, KuD 21 (1975), 49-71.
– Die Menschwerdung des Gottessohnes, SBS 140, Stuttgart 1990.
– Zur Eigentümlichkeit des Johannesevangeliums. Das Problem des Todes Jesu, ZNW 88 (1997), 24-55.
Mußner, F., ΖΩΗ. Die Anschauung vom Leben im vierten Evangelium, MThS I/5, München 1952.
– Die johanneische Sehweise, QD 28, Freiburg 1965.
Ollrog, W.-H., Paulus und seine Mitarbeiter, WMANT 50, Neukirchen 1979.
Onuki, T., Gemeinde und Welt im Johannesevangelium, WMANT 56, Neukirchen 1984.
Pokorný, P./Heckel, U., Einleitung in das Neue Testament, Tübingen 2007.
Popp, Th., Grammatik des Geistes. Literarische Kunst und theologische Konzeption in Johannes 3 und 6, ABG 3, Leipzig 2001.
Porsch, F., Pneuma und Wort, FTS 16, Frankfurt 1974.
Rebell, W., Gemeinde als Gegenwelt. Zur soziologischen und didaktischen Funktion des Johannesevangeliums, BET 20, Frankfurt 1987.
Richter, G., Studien zum Johannesevangelium, hg. v. J. Hainz, BU 13, Regensburg 1977.
Robinson, J. M., Die johanneische Entwicklungslinie, in: H. Köster/J. M. Robinson, Entwicklungslinien durch die Welt des frühen Christentums, Tübingen 1971, 216-250.
Ruckstuhl, E., Die literarische Einheit des Johannesevangeliums, NTOA 5, Freiburg (H)/Göttingen ²1987.
Ruckstuhl, E./Dschulnigg, P., Stilkritik und Verfasserfrage im Johannesevangelium, NTOA 17, Freiburg (H)/Göttingen 1991.
Schmithals, W., Johannesevangelium und Johannesbriefe, BZNW 64, Berlin 1992.
Schnackenburg, R., Das Johannesevangelium. Ergänzende Auslegung und Exkurse, HThK IV/4, Freiburg 1984.
– »Der Vater, der mich gesandt hat«. Zur johanneischen Christologie, in: Anfänge der Christologie (FS F. Hahn), hg. v. C. Breytenbach/H. Paulsen, Göttingen 1991, 275-291.
Schnelle, U., Gerechtigkeit und Christusgegenwart. Vorpaulinische und paulinische Tauftheologie, GTA 24, Göttingen ²1986.
– Antidoketische Christologie im Johannesevangelium, FRLANT 137, Göttingen 1987 (ET: Antidocetic Christology in the Fourth Gospel, Minneapolis 1992).
– Die Abschiedsreden im Johannesevangelium, ZNW 80 (1989), 64-79.
– Neutestamentliche Anthropologie, BThSt 18, Neukirchen 1991.
– Einleitung in das Neue Testament, UTB 1830, Göttingen ⁶2007.
– Paulus. Leben und Denken, Berlin 2003.
– Theologie des Neuen Testaments, UTB 2917, Göttingen 2007.
Schnider, F./Stenger, W., Studien zum neutestamentlichen Briefformular, NTTS XI, Leiden 1987.
Scholtissek, K., Kinder Gottes und Freunde Jesu. Beobachtungen zur johanneischen Ekklesiologie, in: Ekklesiologie des Neuen Testaments (FS K. Kertelge), hg. v. R. Kampling/Th. Söding, Freiburg 1996, 184-211.

– In Ihm sein und bleiben. Die Sprache der Immanenz in den johanneischen Schriften, HBS 21, Würzburg 2000.
Schwankl, O., Licht und Finsternis, HBS 5, Freiburg 1995.
Schweizer, E., Zum religionsgeschichtlichen Hintergrund der ›Sendungsformel‹ Gal 4,4f., Röm 8,3f., Joh 3,16f., 1Joh 4,9, in: ders., Beiträge zur Theologie des Neuen Testaments, Zürich 1970, 83-95.
Stimpfle, A., Blinde sehen. Die Eschatologie im traditionsgeschichtlichen Prozeß des Johannesevangeliums, BZNW 57, Berlin 1990.
Strecker, G., Literaturgeschichte des Neuen Testaments, UTB 1682, Göttingen 1992.
– Theologie des Neuen Testaments, hg. v. F. W. Horn, Berlin 1996.
Taeger, J. W., Johannesapokalypse und johanneischer Kreis, BZNW 51, Berlin 1988.
Theobald, M., Die Fleischwerdung des Logos, NTA 20, Münster 1988.
Thyen, H., Art.: Johannesevangelium, TRE 17 (1987), 200-225.
Vielhauer, Ph., Geschichte der urchristlichen Literatur, Berlin 1975.
Watt, J. van der, An Introduction to the Johannine Gospel and Letters, London 2007.
Wengst, K., Bedrängte Gemeinde und verherrlichter Christus, München ⁴1992.
Wiefel, W., Die Scheidung von Gemeinde und Welt im Johannesevangelium auf dem Hintergrund der Trennung von Kirche und Synagoge, ThZ 35 (1979), 213-227.
Windisch, H., Taufe und Sünde im ältesten Christentum bis auf Origenes, Tübingen 1908.
Zumstein, J., Kreative Erinnerung. Relecture und Auslegung im Johannesevangelium, AThANT 84, Zürich ²2004.

Einleitung

§ 1 Die johanneische Schule[*]

Die drei Johannesbriefe und das Johannesevangelium weisen *gemeinsame Lebens-, Sprach- und Denkwelten* auf, die auf eine johanneische Schule[1] hinweisen:

1) Als zentrale *gemeinsame theologische Einsichten* sind zu nennen: a) Die Einheit von Vater und Sohn (2Joh 9; 1Joh 1,3; 2,22ff; 4,14; Joh 5,20; 10,30.38; 14,10 u. ö.); b) Die Fleischwerdung Jesu Christi (2Joh 7; 1Joh 4,2; Joh 1,14); c) Der Gegensatz zwischen Gott und Welt (2Joh 7; 1Joh 2,15-17; 4,3-6; Joh 14-16); d) ›Aus Gott gezeugt sein‹ (1Joh 2,29; 3,9; 4,7; Joh 1,13; 3,3ff); e) Das ›Erkennen‹ Gottes (1Joh 2,3-5.13f; 3,1.6; 4,6-8; Joh 1,10; 8,55; 14,7; 16,3 u. ö.); f) Das ›Bleiben‹ in Gott, in Jesus, in der Wahrheit und in der Lehre (2Joh 2.9; 1Joh 2,6.24.27; 4,12-15; Joh 8,31; 14,10.17; 15,4-10); g) Wasser und Blut Jesu Christi (1Joh 5,6-8; Joh 19,34f); h) Das Gebot der Liebe (2Joh 4-6; 1Joh 2,7f; 3,11; Joh 13,34f); i) ›Aus der Wahrheit sein‹, ›die Wahrheit erkennen‹ (2Joh 1; 3Joh 3.8; 1Joh 2,21; 3,19; Joh 8,32; 18,37); j) ›Aus Gott sein‹ (3Joh 11; 1Joh 3,10; 4,1-6; Joh 8,47); k) Das Halten der Gebote (1Joh 2,3f; 3,22.24; 5,2f; Joh 14,15.21.23; 15,10).

2) Als zweites Indiz für eine johanneische Schule müssen die *Gemeinsamkeiten in der Sprache* zwischen den drei Johannesbriefen und dem Evangelium gelten[2]. Sie weisen über den Ideolekt der einzelnen Verfasser auf einen Soziolekt der johanneischen Schule hin. Aufschlussreich sind johanneische Vorzugswörter, die in den Briefen und im Evangelium sehr oft, in den übrigen Schriften des Neuen Testament aber jeweils weniger häufig belegt sind[3]. Ebenso instruktiv ist der seltene Gebrauch oder die Nichtaufnahme von Wörtern im johanneischen Schrifttum, die im Neuen Testament sonst häufig vorkommen[4].

---

[*] Literatur: *Brown, R. E.*: Ringen um Gemeinde, Salzburg 1982; *Cullmann, O.*: Der johanneische Kreis, Tübingen 1975; *Culpepper, R. A.*: The Johannine School, 261-290; *Hengel, M.*: Die johanneische Frage, 219ff.275ff; *Schnelle, U.*: Antidoketische Christologie, 53-75; *ders.*: Die johanneische Schule, in: Bilanz und Perspektiven gegenwärtiger Auslegung des Neuen Testaments (FS G. Strecker), hg. v. F. W. Horn, BZNW 75, Berlin 1995, 198-217; *Schüssler-Fiorenza, E.*: The Quest for the Johannine School: The Apocalypse and the Fourth Gospel, NTS 23 (1977), 402-427; *Strecker, G.*: Die Anfänge der johanneischen Schule, passim; *Taeger, J. W.*: Johannesapokalypse und johanneischer Kreis, 11-20; *Vouga, F*: The Johannine School: A Gnostic Tradition in Primitive Christianity?, Bib 69 (1988), 371-385; *Zumstein, J.*: Zur Geschichte des johanneischen Christentums, in: ders., Kreative Erinnerung, 1-14.

[1] Zur Forschungsgeschichte vgl. *E. Schüssler-Fiorenza*, Johannine School, 406-410. Kritisch zur Existenz einer joh. Schule äußern sich *W. Schmithals*, Johannesevangelium und Johannesbriefe, 208-214; *C. Cebulj*, Johannesevangelium und Johannesbriefe, in: Th. Schmeller, Schulen im Neuen Testament?, HBS 30, Freiburg 2001, 254-342.

[2] Die joh. Begriffsbildung muss als Ausdruck der spezifisch joh. ›Sehweise‹ verstanden werden; vgl. dazu *F. Mußner*, Sehweise, 80ff.

[3] So z. B. ἀγαπᾶν, ἀλήθεια, ἀληθής, γεννᾶν, γινώσκειν, ἐντολή, ζωή, κόσμος, μαρτυρεῖν, μένειν, μισεῖν, πιστεύειν, τηρεῖν.

[4] Hier sind z.B. zu nennen: ἀπόστολος, γραμματεύς, δύναμις, ἐλπίς, ἐπαγγελία, εὐαγγελίζεσθαι, εὐαγγέλιον, κηρύσσειν, πίστις, πιστός, σοφία.

3) Deutlich belegt *Joh 21* die Existenz einer johanneischen Schule. In V. 24b melden sich mit καὶ οἴδαμεν ὅτι ἀληθὴς αὐτοῦ ἡ μαρτυρία ἐστιν (»und wir wissen, dass sein Zeugnis wahr ist«) die Verfasser des sekundären Nachtragskapitels und vielleicht sogar die *Herausgeber* des gesamten Evangeliums zu Wort[5]. Sie machen den ›Lieblingsjünger‹ zum Verfasser des Johannesevangeliums und bestimmen sein Verhältnis zu Petrus neu. Allein das Vorhandensein dieses Nachtrags und das keineswegs schriftstellerisch, sondern als Plural communicis zu verstehende ›wir‹[6] in V. 24b sind Hinweise auf eine johanneische Schule.

4) Auch die *ekklesiologischen Termini* in den Johannesbriefen und im Evangelium verweisen auf die johanneische Schule. In 3Joh 15 wählt der Presbyter φίλοι (»Freunde«) als Selbstbezeichnung für seine Gemeinde und gebraucht den Titel ebenfalls für die Adressaten (vgl. ferner Joh 11,11; 15,14f). Eine übliche Anrede innerhalb der johanneischen Schule war τέκνα bzw. τέκνα (θεοῦ)= »Kinder«/»Kinder Gottes«; vgl. zu τεκνία 1Joh 2,1.12.28; 3,7.18; 4,4; 5,21; Joh 13,33; zu τέκνα (θεοῦ) vgl. 2Joh 1.4.13; 3Joh 4; 1Joh 3,1.2.10; 5,2; Joh 1,12; 11,52). Eine weitere Ehrenbezeichnung der johanneischen Schule ist ἀδελφός = »Bruder« (vgl. 3Joh 3.5.10; Joh 20,17; 21,23).

5) Die *ethischen Aussagen*[7] in den Briefen und im Evangelium sprechen ebenfalls für die Existenz einer johanneischen Schule, denn sie sind überwiegend nicht universalistisch, sondern gruppenbezogen zu verstehen. Dabei steht das Gebot der Bruderliebe deutlich im Zentrum der johanneischen Ethik (vgl. 2Joh 5f; 1Joh 2,7-11; Joh 13,34f).

6) Ein weiteres Indiz für die Existenz einer johanneischen Schule ist die Darstellung Jesu als ›Lehrer‹[8]. In keinem anderen Evangelium findet sich für Jesus so häufig die Anrede ῥαββί (Joh: 9mal, Mk: 3mal, Mt: 2mal), und mehrfach wird von Jesu Lehrtätigkeit berichtet (Joh 6,59; 7,14.28; 8,20; 18,20). Nikodemus nennt Jesus einen von Gott gekommenen Lehrer (Joh 3,2). Gott selbst lehrt Jesus (Joh 8,26.28), seine Lehre ist ›aus Gott‹ (Joh 7,16.17). Jesus lehrt seine Freunde alles, was er vom Vater empfing (Joh 15,15; vgl. 17,26), so dass die johanneische Schule als der Raum erscheint, in dem die Offenbarungen des Vaters an den Sohn weitergegeben und gepflegt werden.

7) Zumindest der 2/3Johannesbrief lassen eine *vergleichbare Gemeindestruktur* erkennen[9]; Wandermissionare verkehren zwischen Hausgemeinden/Ortsgemeinden, sie werden aufgenommen und für die weitere Verkündigung ausgerüstet. Der Konflikt zwischen dem Presbyter und Diotrephes zeigt eine Störung dieses Systems an. Während Gaius den Wandermissionaren des Presbyters die notwendige Unterstützung erteilte, nahm Diotrephes diese Missionare nicht auf und hinderte auch andere daran, dies zu tun (3Joh 10). Ursache oder Begleiterscheinung dieser Auseinandersetzung ist ein Lehrkonflikt um die reale Fleischwerdung Jesu Christi (2Joh 7), der auch

---

[5] Zum sekundären Charakter von Joh 21 vgl. *U. Schnelle*, Joh, 339f.

[6] Vgl. dazu bes. *A. v. Harnack*, Das ›Wir‹ in den Johanneischen Schriften, in: ders., Kleine Schriften zur Alten Kirche, Leipzig 1980 (= 1923), (626-643) 642f. Harnack weist in der Auseinandersetzung mit Th. Zahn nach, dass das ›Wir‹ in den joh. Schriften nicht als ein Indiz für die Augenzeugenschaft des Verfassers zu werten ist, sondern nur auf dem Hintergrund eines joh. Kreises in Kleinasien verstanden werden kann.

[7] Zur johanneischen Ethik vgl. Exkurs 2: Die Liebe als theologischer Schlüsselbegriff der johanneischen Schule.

[8] Vgl. *R. A. Culpepper*, Johannine School, 273ff.

[9] Vgl. dazu *D. Rusam*, Gemeinschaft der Kinder Gottes, 210-228.

im 1Joh (vgl. 1Joh 2,22; 4,1-3; 5,6-8) und im Johannesevangelium (vgl. Joh 1,14; 6,51c-58; 19,34f; 20,24-29) deutliche Spuren hinterlassen hat.

Aus den sprachlichen und theologischen Gemeinsamkeiten zwischen den drei Johannesbriefen und dem Johannesevangelium ergibt sich ihre Zugehörigkeit zur johanneischen Schule. Umstritten ist hingegen die Stellung der *Offenbarung des Johannes*[10]. Während sie vielfach nicht in einem unmittelbaren Sinn zur johanneischen Schule gerechnet wird, votiert in der neueren Forschung vor allem J. W. Taeger für eine engere Zugehörigkeit der Offenbarung zum johanneischen Schriftenkreis. Er sieht starke Verbindungslinien zwischen der Offenbarung und einem ›deutero-johanneischen‹ Denken, das sich in den Johannesbriefen und einer Redaktionsschicht des Evangeliums zeige. Die deutero-johanneische Zwei-Stufen-Eschatologie mit ihrer futurischen Ausrichtung (vgl. Joh 5,28f; 6,39.40.44.54; 12,48; 1Joh) und die Offenbarung treffen sich danach in einer Konzeption, »die den innerhalb der johanneischen Tradition vorgegebenen Gegenwartsaspekt des Lebens um den Zukunftsaspekt erweitert und beide miteinander verknüpft«[11]. Weitere Gemeinsamkeiten zwischen der Offenbarung und dem ›deutero-johanneischen‹ Denken erkennt Taeger in den Gerichtsaussagen, der Antichrist-Vorstellung, der Logos-Motivik und der Siegesthematik. Die Apokalypse ist aber nicht als proto- oder ›deuterojohanneisch‹ einzustufen, sondern »– unter Berücksichtigung der in der Apk verstärkt fortgeführten Entwicklung – als tritojohanneisch.«[12] Die Textbasis ist jedoch für derart weitreichende Folgerungen sehr schmal, und die Voraussetzungen der Argumentation Taegers sind ebenfalls problematisch. Taeger orientiert sich tendenziell am Erklärungsmodell Rudolf Bultmanns zum Johannesevangelium, das in der neueren Forschung sehr umstritten ist. Was bei Taeger als Voraussetzung fungiert, muss als das zentrale Problem gelten: Weisen die futurisch-eschatologischen Aussagen im Evangelium auf eine ›deutero-johanneische‹ Redaktionsstufe hin oder sind sie in die theologische Konzeption des Evangelisten integrierbar?[13] Zudem bleiben gewichtige Unterschiede in der Sprache, der Geschichtsschau, der Bedeutung des Alten Testamentes, der Christologie, der Anthropologie, der Ekklesiologie und der gesamten Denkstruktur zwischen der Offenbarung einerseits und den Briefen sowie dem Evangelium andererseits. Diese Differenzen lassen es als sinnvoll erscheinen, die Offenbarung nicht unmittelbar zur johanneischen Schule zu zählen, sondern sie in einer mittelbaren Verbindung zu den anderen johanneischen Schriften zu sehen, wodurch sich dann auch die vorhandenen Gemeinsamkeiten erklären[14].

---

[10] Zur Forschungsgeschichte vgl. *A. Heinze*, Johannesapokalypse und johanneische Schriften, 16-214.
[11] *J. W. Taeger*, Johannesapokalypse, 133.
[12] A.a.O., 207.
[13] Vgl. zur Einheit der joh. Eschatologie *U. Schnelle*, Theologie, 702-707; ferner die Auslegung von 1Joh 2,18.28-29; 3,1-3.
[14] Vgl. in diesem Sinn *U. B. Müller*, Die Offenbarung des Johannes, ÖTK 19, Gütersloh ²1995, 46-52; *J. Roloff*, Die Offenbarung des Johannes, ZBK.NT 18, Zürich ²1987, 19f; *E. Lohse*, Wie christlich ist die Offenbarung des Johannes? NTS 34 (1988), (321-338) 326. *E. Schüssler-Fiorenza*, Johannine School, 410-418, arbeitet die sprachlichen und sachlichen Verbindungen zwischen der Offb und dem 4. Evangelium heraus, konstatiert traditionsgeschichtliche Verbindungen, spricht dann aber doch von zwei eigenständigen Schultraditionen. Demgegenüber rechnet *O. Böcher*, Johanneisches in der Apokalypse des Johannes, NTS 27 (1981), 310-321, mit traditions- und literargeschichtlichen Verbindungen zwischen der Offb und den anderen joh. Schriften; vgl. ferner in diesem Sinn *J. Frey*, Erwägungen zum Verhältnis der Johannesapokalypse zu den übrigen Schriften im Corpus Johanneum, in: M. Hengel, Die johanneische Frage, 326-429.

Insgesamt lässt sich die johanneische Schule soziologisch als Gemeindeverband charakterisieren, der als *spirituell-theologische Gemeinschaft* im letzten Drittel des 1. Jh. n. Chr. eine eigene Sprach- und Denkwelt entwickelte und ein theologisches Programm vertrat, das neben der paulinischen und synoptischen Tradition zur dritten Hauptströmung des frühen Christentums wurde[15]. Der *Sitz der johanneischen Schule* dürfte *Ephesus* gewesen sein[16]. In und um Ephesus herum gab es verschiedene johanneische Gemeinden (vgl. 2/3Joh), wobei die Hauptgemeinde in der Stadt Ephesus angesiedelt war. Für diese Annahme lassen sich drei Gründe anführen: 1) Nach der altkirchlichen Tradition entstand das Johannesevangelium in Ephesus. Irenäus überliefert um 180 n. Chr. die Tradition, der Apostel Johannes, der Lieblingsjünger des Herrn, habe im hohen Alter z. Zt. des Kaisers Trajan das vierte Evangelium in Ephesus geschrieben[17]. Er beruft sich auf die Presbyter, die in Kleinasien mit dem Herrenjünger Johannes zusammengekommen seien, vor allem aber auf Polykarp und Papias, die er für Schüler des Johannes hält[18]. Papias als ältester Zeuge einer kleinasiatischen Johannestradition erwähnt wohl den Apostel Johannes und einen Presbyter Johannes, weiß aber nichts davon, dass einer von ihnen das vierte Evangelium verfasst hat[19]. Die kleinasiatische Johannestradition war somit in ihrem frühen Stadium nicht mit der Verfasserfrage des vierten Evangeliums verbunden, was ihre Glaubwürdigkeit erhöht. 2) Die Wirkungsgeschichte des vierten Evangeliums (Aloger, Montanisten, Johannesakten, Rezeption in der Gnosis) weist eindeutig nach Kleinasien und den Westen des Römischen Reiches[20]. Der 1Joh ist schon bald nach seiner Abfassung in Kleinasien bezeugt (vgl. Polyk, 2Phil 7,1). 3) Die theologischen Übereinstimmungen zwischen der paulinischen und johanneischen Theologie zeugen für Ephesus als dem gemeinsamen Sitz der Paulus- und der Johannesschule. Hier dürfte es zu einer traditionsgeschichtlichen Verbindung zwischen der paulinischen und johanneischen Theologie gekommen sein[21].

---

[15] Dies spricht entscheidend gegen den Versuch, die joh. Theologie als eine innerjüdische Variante und die Auseinandersetzung mit den Gegnern im 2/1Joh als eine innerjüdische Kontroverse anzusehen; vgl. dazu die Auslegung von 1Joh 2,22. Die joh. Theologie ist zweifellos auch in der Auseinandersetzung mit dem Judentum zu interpretieren, zuallererst aber als ein eigenständiger christlicher Entwurf, der sich nicht auf Außenkontexte reduzieren lässt; vgl. *U. Schnelle*, Theologie, 619-711.
[16] Vgl. auch *R. E. Brown*, The Epistles of John, 102f; *U. Schnelle*, Paulus und Johannes, EvTh 47 (1987), (212-228) 225f; *G. Strecker*, Die Johannesbriefe, 27; *J. W. Taeger*, Johannesapokalypse, 22; *R. Schnackenburg*, Ephesus: Entwicklung einer Gemeinde von Paulus zu Johannes, BZ 35 (1991), (41-64) 60; *M. Hengel*, Die johanneische Frage, 302 u.ö; *S. van Tilborg*, Reading John in Ephesus, NT.S 83, Leiden 1996.
[17] Vgl. Iren, Haer III 1,1 (= Euseb, HE V 8,4); II 22,5 (= Euseb, HE III 23,3).
[18] Vgl. Iren, Haer V 33,3-4; Euseb, HE V 20,4-6; III 39,1.
[19] Vgl. Euseb, HE III 39,4.
[20] Vgl. zur Wirkungsgeschichte besonders *M. Hengel*, Die johanneische Frage, 9-95; *T. Nagel*, Die Rezeption des Johannesevangeliums im 2. Jahrhundert, ABG 2, Leipzig 2000.
[21] Als indirekte Zeugnisse für Ephesus können schließlich die Sendschreiben der Johannesapokalypse (vgl. Offb 2;3) und die Ignatiusbriefe gelten, die sich an Gemeinden im Umkreis der johanneischen Schule wenden.

§ 2 Die Verfasser der johanneischen Schriften

Der 2Joh enthält ebenso wie der 3Joh in der superscriptio des Präskriptes eine Verfasserangabe: ὁ πρεσβύτερος[22]. Sprachlich legt sich zunächst die Deutung ›der Älteste‹, ›der Greis‹ nahe, der aufgrund seines Alters und seiner Lebenserfahrung eine besondere Stellung einnimmt[23]. Allerdings lässt die Auseinandersetzung des Presbyters mit den Gegnern nicht erkennen, dass seine Autorität auf einem hohen Alter beruht[24]. Sodann kann mit ὁ πρεσβύτερος der Amtsträger einer Lokalgemeinde gemeint sein, dem durch das Amt eine besondere Autorität zukam. Gegen diese vor allem von E. Käsemann[25] vertretene These kann eingewendet werden, dass die Presbyterwürde im frühen Christentum nur im Rahmen eines Kollegiums wahrgenommen wurde (vgl. z. B. Apg 11,30; 14,23; 1Tim 4,14; Tit 1,5) und zudem die Bezeichnung ὁ πρεσβύτερος unter Weglassung des Namens einzigartig wäre. Schließlich könnte ὁ πρεσβύτερος eine Würdebezeichnung für »einen besondere Hochschätzung genießenden Lehrer«[26] sein. Während eine rein altersmäßige Erklärung von ὁ πρεσβύτερος als unwahrscheinlich anzusehen ist, schließen sich die beiden anderen Erklärungsmodelle nicht aus: Der Presbyter muss eine hervorragende Gestalt innerhalb seiner und anderer Gemeinden gewesen sein (vgl. 2Joh 1; 3Joh 1). Er nahm für sich Weisungsbefugnis in Anspruch und versuchte, abgrenzende Normen hinsichtlich der Lehre (2Joh 7.9.10) und des Verhaltens (2Joh 10.11) durchzusetzen. Er ist offenbar zugleich Missionar/Gemeindegründer (vgl. τὰ ἐμὰ τέκνα 3Joh 4), Lehrer (vgl. διδαχή in 2Joh 9.10) und Traditionsträger (vgl. 2Joh 9f) sowie eine Autorität, die zumindest Rechtskompetenz und einen Rechtsanspruch für sich einforderte. Da der Presbyter all diese Funktionen und Ansprüche offenbar nicht begründen musste, verkörperte er gleichermaßen eine charismatische, lehrmäßige und rechtliche Autorität. Die großen Übereinstimmungen zwischen dem 2Joh und 3Joh im Briefformular, in der Theologie, in der Sprache und in der historischen Situation lassen den Schluss zu, dass beide von einem Presbyter mit Namen Johannes verfasst wurden[27].

---

[22] Eine Darstellung der Lösungsversuche A. v. Harnacks, W. Bauers und E. Käsemanns sowie eine kritische Erörterung der Probleme bietet *E. Haenchen*, Neuere Literatur zu den Johannesbriefen, 282-311; vgl. ferner die forschungsgeschichtliche Übersicht bei *R. E. Brown*, The Epistles of John, 648-651.

[23] Das hohe Alter des Presbyters betont vor allem *Th. Zahn*, Apostel und Apostelschüler in der Provinz Asien, in: ders., Forschungen zur Geschichte des neutestamentlichen Kanons und der altkirchlichen Literatur VI, Leipzig 1900, (1-224) 80, der eine amtliche Stellung der Presbyter ausdrücklich ablehnt und sie als geistliche Lehrer und Väter bezeichnet (»... eine ehrerbietige Bezeichnung ihrer persönlichen Autoritätsstellung, welche auf ihrer zeitlichen Stellung in der Abfolge der einander ablösenden Generationen der Christenheit beruht«); vgl. ferner *H. H. Wendt*, Die Johannesbriefe, 7f.

[24] Vgl. *G. Bornkamm*, Art. ὁ πρεσβύτερος, 670.

[25] *E. Käsemann*, Ketzer und Zeuge, 177, sieht im Presbyter einen Mann, »der einen Gemeindeverband und eine Missionszentrale leitet und höchst aktiv Kirchenpolitik treibt, indem er in fremden Gemeinden Stützpunkte seiner Organisation zu gründen versucht«; zur Kritik an Käsemann vgl. *G. Bornkamm*, Art. ὁ πρεσβύτερος, 671 Anm. 121.

[26] *G. Bornkamm*, a.a.O., 671; vgl. ferner *R. Schnackenburg*, Die Johannesbriefe, 306.

[27] So u.a. auch *G. Strecker*, Die Johannesbriefe, 316f; *H.-J. Klauck*, Der zweite und dritte Johannesbrief, 19-22; *J. Beutler*, Die Johannesbriefe, 31; *J. M. Lieu*, I, II, & III John, 6f.

Kann der Presbyter der beiden Johannesbriefe mit jenem ὁ πρεσβύτερος Ἰωάννης identifiziert werden[28], den Papias in deutlicher Unterscheidung zum Zebedaiden Johannes als einen der Gewährsleute seiner Traditionen anführt? Euseb, HE III 39,4, überliefert: εἰ δέ που καὶ παρηκολουθηκώς τις τοῖς πρεσβυτέροις ἔλθοι, τοὺς τῶν πρεσβυτέρων ἀνέκρινον λόγους· τί Ἀνδρέας ἢ τί Πέτρος εἶπεν ἢ τί Φίλιππος ἢ τί Θωμᾶς ἢ Ἰάκωβος ἢ τί Ἰωάννης ἢ Ματθαῖος ἤ τις ἕτερος τῶν τοῦ κυρίου μαθητῶν, ἅ τε Ἀριστίων καὶ ὁ πρεσβύτερος Ἰωάννης, τοῦ κυρίου μαθηταί, λέγουσιν. οὐ γὰρ τὰ ἐκ τῶν βιβλίων τοσοῦτόν με ὠφελεῖν ὑπελάμβανον, ὅσον τὰ παρὰ ζώσης φωνῆς καὶ μενούσης = »Wenn aber einer kam, der den Presbytern gefolgt war, fragte ich nach den Lehren der Presbyter: Was Andreas oder Petrus sagten, was Philippus, was Thomas oder Jakobus, was Johannes oder Matthäus oder irgendein anderer von den Jüngern des Herrn, was Aristion und der Presbyter Johannes, auch Jünger des Herrn, sagen.«

Papias erhielt die von ihm selbst hochgeschätzten mündlichen Traditionen von Presbyterschülern, die er nach den Überlieferungen der Apostel befragte. Die Traditionskette lautet: Apostel – Presbyter (= Apostelschüler) – Schüler der Presbyter – Papias[29]. Schwer bestimmbar ist das Verhältnis zwischen der ersten Gruppe (den Aposteln) und der zweiten Gruppe der Herrenjünger (Aristion und der Presbyter Johannes). Der unterschiedliche Tempusgebrauch (εἶπεν bei den Aposteln, λέγουσιν bei Aristion und dem Presbyter Johannes) lässt darauf schließen, dass Aristion und der Presbyter Johannes z. Zt. des Papias noch lebten, so dass gefragt werden muss, ob Papias beide kannte. Euseb bejaht dies nachdrücklich (HE III 39,7), um so die Glaubwürdigkeit der von ihm überlieferten Papiastradition zu sichern (vgl. HE III 39,14.15.16.17). Auch die Papiasnotiz selbst scheint das nahezulegen, denn in dem zweiten indirekten Fragesatz wird mit dem Relativpronomen ἅ einerseits das Fragewort τί wiederaufgenommen, während andererseits τέ und das neue Prädikat λέγουσιν einen Neueinsatz markieren. Dann hätte Papias von Aristion und dem Presbyter Johannes direkt Traditionen erhalten und müsste als deren Schüler gelten[30].

Sowohl der Presbyter der Johannesbriefe als auch der Presbyter Johannes des Papias sind Traditionsträger[31]; es spricht nichts ernsthaft dagegen, in ihnen die gleiche Person zu sehen. Wahrscheinlich war der Presbyter der Gründer der johanneischen Schule (s. u. § 3) und als solcher ein hervorgehobener Träger der johanneischen Tradition mit einem umfassenden Anspruch. Er genoss ein hohes Ansehen, denn nur so lassen sich die Erhaltung und die Übernahme des 2/3Joh in den Kanon erklären[32].

Im Gegensatz zum 2/3Joh gibt sich der *Verfasser des 1Joh* nicht zu erkennen. Es ist umstritten, ob er mit dem Autor der beiden kleinen Johannesbriefe gleichzusetzen

---

[28] Zu möglichen anderen Identifizierungen vgl. *H.-J. Klauck*, Die Johannesbriefe, 121-124.
[29] Vgl. *W. Heitmüller*, Zur Johannes-Tradition, ZNW 15 (1914), (189-209) 195; *E. Haenchen*, Joh, 9.
[30] Dafür spricht auch der absolute ἀλήθεια-Begriff in Euseb, HE II 39,3 (» ... Denn nicht hatte ich Freude, wie die meisten an denen, die viele Worte machen, sondern an denen, welche die Wahrheit lehren ... welche die vom Herrn dem Glauben gegebenen und aus der Wahrheit selbst entspringenden Gebote bieten«), der an den Sprachgebrauch im 2/3Joh erinnert.
[31] Vgl. *Ph. Vielhauer*, Geschichte der urchristlichen Literatur, 763, der herausstellt, dass Papias unter den πρεσβύτηροι Traditionsträger verstand.
[32] Vgl. *H. Thyen*, Art. Johannesbriefe, 195.

ist³³. Als Hauptargument für die gemeinsame Verfasserschaft wird vor allem der gemeinsame Stil aller drei Johannesbriefe angeführt. Die Übereinstimmungen im Stil können aber auf den Soziolekt der johanneischen Schule zurückgeführt werden, und zudem gibt es charakteristische Unterschiede in Sprache und Stil zwischen dem 2/3Joh einerseits und dem 1Joh andererseits.

Allein in 2Joh 4/3Joh 3 findet sich die Wendung ἐχάρην λίαν (vgl. Phil 4,10), und nur in 2Joh 4/3Joh 3.4 ist περιπατεῖν ἐν ἀληθείᾳ belegt. Ausschließlich im 2Joh erscheinen die Ausdrücke ἐκλεκτῇ κυρίᾳ (2Joh 1), τὴν ἀλήθειαν τὴν μένουσαν ἐν ἡμῖν (2Joh 2), παρὰ Ἰησοῦ Χριστοῦ τοῦ υἱοῦ τοῦ πατρός (2Joh 3), ἐν ἀληθείᾳ καὶ ἀγάπῃ (2Joh 3) und βλέπετε ἑαυτούς (2Joh 8). Hapaxlegomena innerhalb der joh. Schule sind in den beiden kleinen Johannesbriefen: μέλαν (2Joh 12/3Joh 13; so nur noch 2Kor 3,3); κάλαμος (3Joh 13); ἔλεος (2Joh 3); μισθός (2Joh 8), ἀγαθοποιεῖν, κακοποιεῖν (3Joh 11), εὐοδοῦσθαι (3Joh 2). Hapaxlegomena im NT sind φιλοπρωτεύων (3Joh 9); χάρτης (2Joh 12).

Stammt auch der 1Joh vom Presbyter, dann ist zudem nicht zu erklären, warum in diesem Schreiben keine Absenderangabe erscheint. Offensichtlich setzt der Verfasser des 2/3Joh die Ehrenbezeichnung πρεσβύτερος im Sinn eines besonderen Traditionsträgers bewusst in seiner Auseinandersetzung mit Gegnern und Rivalen ein. Sie dient ihm als Ausdruck von Würde und sichert seinen Aussagen Autorität. Warum sollte der Presbyter auf die ihm zukommende Ehrenbezeichnung gerade im 1Joh verzichten, wo die Auseinandersetzung mit Gegnern ihren Höhepunkt erreicht? Die gesamte Argumentation einschließlich der Bekämpfung der Falschlehre erscheint im 1Joh zudem auf einem christologisch-theologisch höheren Niveau als in 2/3Joh. Mit dem 1Joh tritt die johanneische Theologie erstmals mit Systemqualität in Erscheinung! Auch die Form des 1Joh spricht gegen den Presbyter als Verfasser, denn während 2/3Joh stilgerechte antike Privatbriefe an eine Einzelgemeinde bzw. Einzelperson sind, fehlen dem 1Joh wesentliche briefliche Merkmale. Schließlich finden sich dualistische Aussagen im 2/3Joh nur in einer rudimentären Form, und es sind sachliche Verschiebungen festzustellen: 1) In 2Joh 4-6 ist das Gebot der Liebe nicht ein neues Gebot, sondern das von ›Anfang an‹ gegebene. Demgegenüber wird in 1Joh 2,7-11 dialektisch das Gebot der Liebe als Gebot von Anfang an und gleichzeitig als neues Gebot bezeichnet. Zudem spricht nur 1Joh 2,10f explizit vom Gebot der Bruderliebe. 2) Erscheint in 2Joh 7 der Begriff ἀντίχριστος im Singular, so in 1Joh 2,18 historisierend neben dem Singular der Plural ἀντίχριστοι.

Die sprachliche Eigenständigkeit des 2/3Joh, ihre Form eines antiken Privatbriefes, die Absenderangabe ὁ πρεσβύτερος, die sachlichen Unterschiede zum 1Joh und vor

---

33   Im Presbyter des 2/3Joh sehen auch den Verfasser des 1Joh: *H. Windisch*/(*H. Preisker*), 3Joh, 143; *C. H. Dodd*, The Johannine Epistles, LXVIIIf; *R. Schnackenburg*, Die Johannesbriefe, 298; *R. E. Brown*, The Epistles of John, 19; *E. Ruckstuhl/P. Dschulnigg*, Stilkritik und Verfasserfrage, 45f; *H.-J. Klauck*, Der zweite und dritte Johannesbrief, 21.23; *W. Vogler*, Die Johannesbriefe, 6; *M. Hengel*, Die johanneische Frage, 151. Einen Forschungsüberblick bietet *M.-G. Kim*, Verhältnis, 155-171.

allem das völlig andere theologische Niveau des 1 Joh deuten auf *verschiedene Verfasser des 2/3Joh und des 1Joh* hin[34].

Von großer Bedeutung für das Verständnis der johanneischen Schule ist die Frage, ob *das Johannesevangelium und der 1Joh vom gleichen Verfasser stammen*. Gegen diese Annahme sprechen zunächst sprachliche Gründe, denn wichtige Begriffe des Evangeliums fehlen im Brief (γραφή, δόξα, δοξάζειν, ζητεῖν, κρίνειν, κύριος, νόμος, πέμπειν, προσκυνεῖν, σῴζειν, χάρις). Andererseits finden sich zentrale theologische Termini des Briefes nicht im Evangelium (ἀντίχριστος, ἐλπίς, ἱλασμός, κοινωνία, σπέρμα [θεοῦ], χρῖσμα). Auch in Konstruktion und Stil lässt der Brief seine sprachliche Eigenständigkeit erkennen[35], so dass der Schluss erlaubt ist: »Die Sprache des Briefes läßt trotz der vielen Anklänge an das Evangelium einen anderen Verfasser vermuten.«[36] Zudem sind spezifische theologische Vorstellungen ausschließlich im Brief belegt. Nur in 1Joh 2,1 wird Jesus Christus mit dem Parakleten identifiziert. Obgleich im Evangelium die futurische Eschatologie nicht zu eliminieren ist, herrschen eindeutig präsentisch-eschatologische Aussagen vor. Demgegenüber dominiert im 1Joh die futurische Eschatologie (vgl. nur 1Joh 2,28; 3,3). Als ἱλασμός wird Jesus nur in 1Joh 2,2; 4,10 bezeichnet (vgl. ferner die Sühntodaussagen in 1Joh 1,7.9; 3,5), und vom χρῖσμα ist im gesamten Neuen Testament ausschließlich in 1Joh 2,20.27 die Rede. Im Gegensatz zum Johannesevangelium (19 AT-Zitate) findet sich im 1Joh kein alttestamentliches Zitat, und nur in 1Joh 3,12 (Kain) wird auf das Alte Testament Bezug genommen. Auch das zentrale ethische Problem der Sündlosigkeit des Christen (vgl. 1Joh 1,8-10; 3,4-10; 5,16-18) begegnet im Evangelium nur am Rande (vgl. Joh 20,23). Schließlich setzt der 1Joh eine andere Situation als das Evangelium voraus. Er bekämpft vehement eine in der eigenen Gemeinde (vgl. 1Joh 2,19) entstandene christologische Falschlehre, während das Evangelium keinen *akuten* Konflikt zu erkennen gibt. Sprache, theologische Vorstellungswelt und die unterschiedliche Situation lassen vermuten, dass der 1Joh und das Evangelium *verschiedene Verfasser* haben[37].

---

[34] Für unterschiedliche Verfasser des 1Joh und 2/3Joh plädieren u. a. *R. Bultmann*, Die Johannesbriefe, 10; *H. Balz*, Die Johannesbriefe, 159; *K. Wengst*, Der erste, zweite und dritte Johannesbrief, 230f; *G. Schunack*, Die Briefe des Johannes, 108; *G. Strecker*, Die Johannesbriefe, 49ff; *J. Beutler*, Die Johannesbriefe, 31.

[35] Vgl. dazu die ausführlichen Nachweise bei *H. J. Holtzmann*, Das Problem des ersten johanneischen Briefes in seinem Verhältnis zum Evangelium II, JPTh 8 (1882), (128-143) 135ff; *C. H. Dodd*, The Johannine Epistles, XLVII-LVI (der 1Joh als Schüler des Evangelisten). Einen kritischen forschungsgeschichtlichen Überblick bietet *E. Haenchen*, Neuere Literatur zu den Johannesbriefen, 238-242.

[36] *E. Haenchen*, a. a. O., 242.

[37] Für verschiedene Autoren plädieren u. a. *H. Holtzmann*, Das Problem des ersten johanneischen Briefes II, 136ff; *C. H. Dodd*, The Johannine Epistles, VI; *R. Bultmann*, Die Johannesbriefe, 9; *R. Schnackenburg*, Die Johannesbriefe, 335; *E. Haenchen*, Neuere Literatur zu den Johannesbriefen, 282; *H. Conzelmann*, »Was von Anfang war«, 211; *G. Klein*, ›Das wahre Licht scheint schon‹, passim; *K. Wengst*, Der erste, zweite und dritte Johannesbrief, 24f; *H. Balz*, Johannesbriefe, 160; *R. E. Brown*, The Epistles of John, 30; *G. Strecker*, Die Johannesbriefe, 53; *H.-J. Klauck*, Der erste Johannesbrief, 45; *U. Schnelle*, Einleitung, 489-491; *W. Vogler*, Die Johannesbriefe, 6-10; *T. Griffith*, Keep Yourselves from Idols, 5f; *J. M. Lieu*, I, II, & III John, 8. Die gleiche Verfasserschaft vertreten hingegen u. a. *W. G. Kümmel*, Einleitung in das Neue Testament, 392; *A. Wikenhauser/J. Schmid*, Einleitung in das Neue Testament, Freiburg [6]1973, 623; *M. Hengel*, Die johanneische Frage, 204; *E. Ruckstuhl/P. Dschulnigg*, Stilkritik und Verfasserfrage, 46-54.

§ 3 Die Reihenfolge der johanneischen Schriften

Die Johannesforschung wurde nach dem 2. Weltkrieg zumindest drei Jahrzehnte von dem historischen, literarkritischen und theologischen Interpretationsmodell R. Bultmanns beherrscht[38]. Auf der Traditionsebene rechnete Bultmann aufgrund von Stil- und Sprachmerkmalen sowie der Wunderzählung in Joh 2,11; 4,54 mit einer ›Zeichenquelle‹, einer Quelle von ›Offenbarungsreden‹ und einer Vorlage für die Passionsgeschichte[39]. Auf der Bearbeitungsebene ging Bultmann von der Hypothese aus, dass ein ›kirchlicher‹ Redaktor das durch äußeres Einwirken in Unordnung gebrachte und verstümmelte ursprüngliche Johannesevangelium[40] nicht nur wieder in Ordnung zu bringen versuchte, sondern es auch mit Zusätzen versah, um in seinen Augen bedenkliche theologische Aussagen abzumildern. Bultmann geht somit sowohl auf der Quellenebene als auch bei der Entstehungsgeschichte des Evangeliums (Quellen, Evangelist, ›kirchlicher Redaktor‹) jeweils von einem Dreier-Modell aus. In dieses Modell wurden auch die Johannesbriefe eingezeichnet, die Bultmann nach dem Evangelium ansetzte[41] und mit einem vergleichbaren literarisch-historischen Entstehungsmodell zu erklären suchte (vor allem für 1Joh)[42].

Danach soll der Verfasser des 1Joh eine heidnisch-gnostische Quellenschrift als Vorlage benutzt haben, die 26 antithetische Zweizeiler umfasst und der von Bultmann für das Evangelium postulierten Offenbarungsredenquelle sachlich und formal nahe steht. Der Umfang und die Reihenfolge der Quelle sind: 1Joh 1,5-10; 2,4.5.9.10.11.29; 3,4.6-10.14.15.24; 4,7.8.12.16; 5,1.4; 4,5.6; 2,23; 5,10.12; 2Joh 9. Diese 1927 vorgelegte Analyse[43] wurde von Bultmann dann in mehrfacher Weise variiert und erweitert. So vermutet er, dass der ursprüngliche 1Joh mit Kap. 2,27 schloss, die folgenden Abschnitte enthalten keine neuen Gedanken mehr, sondern sind nur noch Variationen des vorhergehenden Teils. Bei der Bestimmung des Charakters von 1Joh 2,28-5,12 schwankt Bultmann. Er mutmaßt, es handele sich um Skizzen oder Meditationen, vielleicht sogar um Protokolle von Seminarsitzungen, die dann vom Verfasser des ursprünglichen Briefes hinzugefügt wurden, »oder aus seinem Nachlaß von seinen Schülern«[44]. Auf der Basis dieser Erweiterung durch authentisches Material schloss sich dann noch eine Überarbeitung der ›Kirchlichen Redaktion‹ an (z.B. 1Joh 2,15-17; 5,14-27). Durchsetzen konnten sich diese Thesen zur Entstehungsgeschichte des 1Joh nicht, denn es ist nicht möglich, im 1Joh eine durchgängige Quellenschrift zu eruieren, die jeweils aus gleich strukturierten Parallelismen bestanden haben soll. Zudem erscheint das bei Bult-

---

[38] Zur kritischen Diskussion dieses Modells vgl. *U. Schnelle*, Einleitung, 518-537.
[39] Die Texte der von Bultmann postulierten ›Quellen‹ sind griechisch abgedruckt bei *D. M. Smith*, The Composition and Order of the Fourth Gospel, New Haven/London 1965, 23-34 (›Offenbarungsreden‹). 38-44 (›Semeia-Quelle‹). 48-51 (›Passionsquelle‹).
[40] Vgl. *R. Bultmann*, Joh, 162 A 2. Bultmann rechnet auch mit Textverlusten (vgl. a.a.O., 238) und Blattvertauschungen; vgl. *ders.*, »Hirschs Auslegung des Johannes-Evangeliums«, EvTh 4 (1937), (115-142) 119.
[41] Vgl. *R. Bultmann*, Die Johannesbriefe, 9: »Das Joh-Evg richtete sich gegen eine andere Front als 1 Joh. ... Die Verwandtschaft zwischen 1 Joh und dem Evg beruht darauf, daß der Verfasser von 1 Joh das Evg vor sich hatte und durch seine Sprache und seine Gedanken entscheidend bestimmt ist.«
[42] Zur Forschungsgeschichte vgl. vor allem *E. Haenchen*, Neuere Literatur zu den Johannesbriefen (LV); *H.-J. Klauck*, Die Johannesbriefe, EdF (LV).
[43] Vgl. *R. Bultmann*, Analyse des ersten Johannesbriefes (LV); *ders.*, Die kirchliche Redaktion des 1. Johannesbriefes (LV); vgl. zuvor *E. v. Dobschütz*, Johanneische Studien, ZNW 8 (1907), 1-8.
[44] *R. Bultmann*, Die Johannesbriefe, 48.

manns Rekonstruktion leitende methodische Prinzip der Ursprünglichkeit der reinen Form aus heutiger Sicht sehr zweifelhaft[45]. Auch der Abschluss eines ursprünglichen Schreibens in 1Joh 2,27 lässt sich nicht nachweisen, denn in dem mit Kap 2,28 einsetzenden Abschnitt werden vom Verfasser neue Themen aufgegriffen (z. B. die futurische Eschatologie, die Sakramente und die Sünde zum Tode). Mit der Zurückweisung von Quellentheorien ist aber nicht die Möglichkeit ausgeschlossen, dass der Verfasser des 1Joh auf mündliche Traditionen und Texte zurückgriff, die in der johanneischen Schule entstanden.

Von großem Einfluss war die Klassifizierung des 1Joh als ›johanneischen Pastoralbrief‹ durch H. Conzelmann, die stark von der Bultmannschen These einer zunehmenden ›Verkirchlichung‹ der johanneischen Theologie geprägt ist. Auch für Conzelmann hat der Verfasser des Briefes das Johannesevangeliums bereits als feste Autorität vor Augen[46]. Die theologischen Verschiebungen zwischen dem 1Joh und dem Evangelium ergeben sich aus der gewandelten kirchengeschichtlichen Situation, in die hinein der Brief geschrieben ist. Jetzt muss die Richtigkeit des Glaubens festgestellt werden: »Im Evangelium wird durch die Offenbarung der Unglaube als solcher entdeckt und qualifiziert; im Brief besteht die neue Lage, daß falscher Glaube existiert.«[47] Die Kirche orientiert sich in einer neuen Situation, greift dabei auf ihren Ursprung zurück und transponiert das eschatologische Selbstbewusstsein »auf das geschichtliche Wesen der Sozietät«[48]. Ähnlich argumentiert G. Klein, der im 1Joh »das Eindringen der approbierten kirchlichen Eschatologie in den johanneischen Überlieferungsbereich«[49] dokumentiert sieht. Diese Theorie einer Verkirchlichung johanneischer Theologie im 1Joh orientiert sich am protestantischen Gedanken des Abfalls von der ursprünglichen Lehre, der sich an den Proto- und Deuteropaulinen ausbildete und hier in der von Zusätzen gereinigten ›ursprünglichen‹ Theologie des Evangeliums erblickt wird. Zudem werden die beiden kleinen Johannesbriefe dem 1Joh einfach subsumiert und nicht eigenständig untersucht. Eine umfassende Begründung, warum die beiden kleinen Johannesbriefe an das Ende der johanneischen Traditionslinie und Theologie gehören, wurde bisher noch nicht vorgelegt! Eine Variante der ›Verkirchlichungs- bzw. Traditionstheorie‹ bieten R. E. Brown und H.-J. Klauck, wonach der 1Joh »was written to accompany GJohn as a kind of introduction to make GJohn more intelligible«[50] bzw. der »1Joh als Lesehilfe für das Verständnis des Johannesevangeliums gedacht war.«[51] Diese Bestimmung ist in zweifacher Hinsicht unwahrscheinlich: 1) Es findet sich kein einziges Zitat aus dem Evangelium im 1Johannesbrief. 2) Als ›Lesehilfe‹ für das Evangelium ist der 1Joh gerade nicht geeignet, denn er weist

---

[45] Vgl. zur umfassenden Kritik *E. Haenchen*, Neuere Literatur zu den Johannesbriefen, 250ff.
[46] Von einer Rezeptionsgeschichte des Evangeliums im 1Joh gehen bei ihrer Interpretation auch *G. Klein, R. Schnackenburg, R. E. Brown, F. Vouga* und *H.-J. Klauck* aus.
[47] *H. Conzelmann*, »Was von Anfang war«, 208.
[48] *H. Conzelmann*, »Was von Anfang war«, 213.
[49] *G. Klein*, »Das wahre Licht scheint schon«, 319.
[50] *R. E. Brown*, The Epistles of John, 90.
[51] *H.-J. Klauck*, Der erste Johannesbrief, 31; ähnlich *H. Hahn*, Tradition und Neuinterpretation, 370: »Der 1.Joh. will gelesen und verstanden werden als Re-lecture der johanneischen Tradition, näherhin des JEv«; so schon *H. J. Holtzmann*, 1Joh, 233, zum 1Joh: »er begleitet das Evglm als Summe des in ihm niedergelegten praktischen Gehaltes«.

einerseits zahlreiche Parallelen zum Evangelium auf, andererseits erreicht er aber bei weitem nicht die theologische Vielfalt und Tiefe des Evangeliums. *Das Johannesevangelium besitzt eine klare literarische und theologische Struktur, die keiner Erläuterung durch den 1Joh bedarf*! Kein Thema des Johannesevangeliums wird durch die Lektüre des 1Joh einem vertieften Verstehen zugeführt; eher das Gegenteil ist der Fall! Umgekehrt gilt für den 1Joh, dass er sprachlich und theologisch eine eigene Welt aufbaut (vgl. § 2), die aus seiner spezifischen historischen Situation vollständig erklärbar ist.

Nachdem die Bultmannsche Johannesinterpretation an Einfluss verlor[52], etablierten sich neue Modelle für das Verhältnis ›Johannesevangelium – Johannesbriefe‹. Hier ist insbesondere G. Strecker zu nennen, für den der 1Joh nicht als ein Anhang oder eine Lesehilfe zum Evangelium zu verstehen ist, sondern als eigenständiges Zeugnis johanneischer Theologie vor der Abfassung des Evangeliums. Für Strecker zählen der Traditionsgedanke, die futurische Eschatologie, die Sühnetodaussagen und die Betonung der Sakramente zu den theologischen Themen, die in der johanneischen Schule von Anfang an dominierten[53].

Was war im Anfang, das Evangelium oder die Briefe? Methodisch hat auch bei der Beantwortung dieser Frage die Regel zu gelten, dass *jede Schrift zunächst aus sich selbst verstanden werden muss*, bevor sie in größere Zusammenhänge eingeordnet wird[54]. Die beiden kleinen Johannesbriefe können dann nicht mehr als Anhängsel des 1Joh gewissermaßen automatisch mitdatiert werden, sondern gerade bei ihnen muss gefragt werden, in welchem Verhältnis sie zum Evangelium und zum 1Joh stehen.

Vergleicht man 2/3Joh mit dem Johannesevangelium und dem 1Joh, dann fallen zunächst gravierende *sprachliche Unterschiede* auf. Das Johannesevangelium (ca. 1028 Vokabeln) und die Johannesbriefe (ca. 296 Vokabeln) weisen einen relativ geringen Wortschatz auf. Aufschlussreich ist dabei vor allem der unterschiedliche Gebrauch oder Nichtgebrauch von Schlüsselbegriffen, der einen Rückschluss auf die sachliche und zeitliche Abfolge der einzelnen Schriften durchaus zulässt:

1) θεός = »Gott« ist im JohEv 83mal, im 1Joh 62mal, im 2Joh 2mal und im 3Joh 3mal belegt. Sowohl 2Joh 3.9 als auch 3Joh 6.11(2mal) zeigen, dass die *Theologie* in den beiden kleinen Johannesbriefen in keiner Weise das Niveau des Evangeliums[55] oder des 1Joh erreicht.

2) Sehr auffällig ist die Verteilung der christologischen Titel: Ἰησοῦς ist im JohEv 244mal, im 1Joh 12mal, im 2Joh 2mal und im 3Joh nicht belegt; Χριστός findet sich im JohEv 19mal, im 1Joh 8mal, im 2Joh 3mal und im 3Joh nicht; υἱός ist im JohEv 55mal, im 1Joh 22mal, im 2Joh 2mal und im 3Joh nicht belegt; κύριος erscheint im JohEv 53mal, nicht hingegen in den drei Johannesbriefen. Fazit: Der 3Joh enthält nur *eine* indirekte christologische Aussage (3Joh 7); die Verwendung christologischer

---

[52] Zur Forschungsgeschichte vgl. *U. Schnelle*, Perspektiven der Johannesexegese, SNTU 15 (1990), 59-72; *J. Frey*, Die johanneische Eschatologie I, 85-157. An Bultmanns Modell orientieren sich weiterhin z. B.: *J. Rinke*, Kerygma und Autopsie, 17-28; *J. Becker*, Johanneisches Christentum, 208ff.
[53] Vgl. *G. Strecker*, Chiliasmus und Doketismus, 32ff.
[54] Diese methodische Forderung stellte bereits 1925 H. H. Wendt, Die Johannesbriefe, 1, auf: »Erstens erscheint es mir notwendig, diese Briefe einmal ganz allein aus sich selbst heraus zu erklären, ohne sie gleich unter eine vom vierten Evangelium hergenommene Beleuchtung zu stellen.«
[55] Vgl. hierzu *U. Schnelle*, Theologie, 620-628.

Titel im 2Joh ist vor allem vom Traditionsgedanken geprägt (V. 9), der sich im rechten Bekenntnis zu Jesus Christus als dem ins Fleisch Gekommenen zeigt (2Joh 7). Von dieser *rudimentären Christologie* deutlich zu unterscheiden ist der Gebrauch christologischer Titel im 1Joh und vor allem im Johannesevangelium.

3) ἀλήθεια = »Wahrheit« ist im JohEv 25mal, im 1Joh 9mal, im 2Joh 5mal und im 3Joh 6mal belegt und ein Schlüsselbegriff der gesamten johanneischen Theologie. Auffallend ist der völlig unterschiedliche Gebrauch von ἀλήθεια im Evangelium und in den Briefen. Vor allem in den beiden kleinen Johannesbriefen ist Wahrheit an den Traditionsbegriff gebunden (vgl. die nur in 2Joh 4/3Joh 3.4 belegte Wendung περιπατεῖν ἐν ἀληθείᾳ) und weist gerade nicht die christologische Konnotation des Evangeliums auf[56].

4) ἀγάπη = »Liebe« ist im JohEv 7mal, im 1Joh 18mal, im 2Joh 2mal und im 3Joh 1mal belegt; ἀγαπᾶν = »lieben« ist im JohEv 59mal, im 1Joh 28mal, im 2Joh 2mal und im 3Joh 1mal zu finden; ἀγαπητός = »geliebt« fehlt im JohEv und im 2Joh, im 1Joh ist es 6mal, im 3Joh 4mal belegt. Die Belege im 2/3Joh zeigen deutlich, dass – wie beim Wahrheitsbegriff – auch bei ›Liebe/lieben‹ das Festhalten an der überlieferten, sachgemäßen Tradition im Vordergrund steht[57].

5) κόσμος = »Welt« ist im JohEv 78mal und im 1Joh 23mal belegt, wobei der Gegensatz zwischen Gott/den Glaubenden und ›der Welt‹ in beiden Schriften konstitutiv ist. Demgegenüber erscheint κόσμος nur in 2Joh 7 und fehlt im 3Joh, d. h. diesem Schlüsselbegriff kommt in den beiden kleinen Johannesbriefen keine wirkliche Bedeutung zu.

6) Das Leitverb γινώσκειν findet sich im JohEv 57mal und im 1Joh 25mal; demgegenüber ist es in den kleinen Johannesbriefen nur in 2Joh 1 belegt, wo es das Festhalten an der Wahrheit meint.

7) Während es geradezu die Pointe des 4. Evangeliums ist, dass der, der Jesus sieht, Gott gesehen hat (vgl. Joh 14,9: »Wer mich sieht, der sieht den Vater«; vgl. 1,18.34; 5,37; 6,36.46; 8,38; 14,7; 20,18.24-29), sprechen die kleinen Johannesbriefe nur einmal ohne jegliche christologische Konnotation vom ›Sehen Gottes‹ (3Joh 11). Die für das Evangelium charakteristische Vorstellung ist nur in 1Joh 1,1-3 belegt (vgl. ferner 1Joh 3,2; 4,20).

8) μαρτυρία = »Zeugnis« ist im JohEv 14mal, im 1Joh 6mal, im 2Joh nicht und im 3Joh 1mal belegt; μαρτυρέω = »bezeugen« findet sich im JohEv 33mal, im 1Joh 6mal, im 2Joh nicht und im 3Joh 4mal. Bei den Belegen im 3Joh geht es nicht um das Zeugnis für den Vater oder den Sohn, sondern wiederum um das Zeugnis für die überlieferte Wahrheit/Lehre.

9) ἐκκλησία = »Gemeinde« findet sich im 3Joh 3mal, fehlt aber im 2Joh, 1Joh und JohEv.

Neben diese inhaltlichen Differenzen/Besonderheiten tritt der Nichtgebrauch, das *Fehlen* zentraler Termini des Evangeliums (und teilweise des 1Joh) im 2/3Joh:

---

[56] Vgl. vor allem die Auslegung von 2Joh 4.
[57] Vgl. die Auslegung von 2Joh 4.5; 3Joh 6.

1) Im JohEv ist πιστεύειν theologisches Leitverb (98 Belege; im 1Joh 9 Belege); in 2/3Joh fehlt es, obwohl es zumindest im 2Joh um den sachgemäßen Glauben geht.

2) πνεῦμα = »Geist« nimmt in den theologischen Konzeptionen des JohEv (24mal) und des 1Joh (12mal) eine zentrale Stellung ein, fehlt aber im 2/3Joh.

3) ἁμαρτία = »Sünde« ist im JohEv und im 1Joh je 17mal belegt, das Verb ἁμαρτάνειν findet sich im JohEv 4mal, im 1Joh 10mal; beide Begriffe erscheinen in 2/3Joh nicht.

4) ζωή = »Leben« ist ein zentraler theologischer Begriff des 1Joh (13mal) und des JohEv (36mal), erscheint aber wie θάνατος (1Joh 6mal; JohEv 8mal) in den kleinen Johannesbriefen nicht.

5) φῶς = »Licht« (JohEv 23mal; 1Joh 6mal) fehlt in 2/3Joh ebenso wie σκοτία = »Finsternis« (JohEv 8mal; 1Joh 6mal).

6) θέλημα = »Wille« (Gottes) findet sich im JohEv 11mal, im 1Joh 2mal, nicht hingegen in 2/3Joh.

Welche Schlüsse lässt dieser Befund zu? Es ist zunächst offensichtlich, dass 2/3Joh ein eigenes sprachliches und theologische Profil besitzen, sehr eng zusammengehören und deutlich vom 1Joh und Johannesevangelium zu unterscheiden sind. Der 1Joh lässt in der christologischen Kontroverse (1Joh 2,22; 4,1-3) eine Nähe zu 2Joh 7 erkennen, weist aber zugleich eine sprachliche Eigenständigkeit gegenüber 2/3Joh auf (z. B. χρῖσμα, γεννάω, γινώσκω, ἁμαρτία, ζωή, υἱός, κόσμος) und zeigt sich vor allem in der Entfaltung von Theologie und Christologie dem Evangelium nahe.

Wer die Johannesbriefe nach dem Evangelium ansetzt und dabei 2/3Joh am Ende der johanneischen Traditionslinie platziert, muss zunächst die umfassende Reduzierung der Christologie erklären. Der Hinweis auf die Länge der beiden kleinen Johannesbriefe oder die Gemeindesituation reicht keineswegs aus, denn gerade die christologischen und ekklesiologischen Auseinandersetzungen im 2/3Joh hätten ausgehend von der Christologie des Evangeliums weitaus effektiver und vor allem differenzierter und umfangreicher geführt werden können bzw. geführt werden *müssen*[58]. Eine wirkliche Erklärung für diese radikale *Ent*-Christologisierung kann nicht gegeben werden, ebenso wenig wie für das Zurücktreten zentraler theologischer Themen des Evangeliums in den Briefen (vor allem in 2/3Joh): Verhältnis Vater – Sohn, Soteriologie, Eschatologie, Pneumatologie, Anthropologie, Glaubensbegriff, Sakramente, Dualismen[59]. Schließlich: Werden die Johannesbriefe nach dem Evangelium datiert,

---

[58] Dieses Argument gilt vor allem, wenn man wie *H.-J. Klauck*, Die Johannesbriefe, 126, die Situation der Briefe so beschreibt: »Sie setzen alle drei die gleiche, im Grundbestand des Evangeliums noch nicht erkennbare konfliktreiche Gemeindesituation voraus und wurden zur Bewältigung dieses innerjohanneischen Schismas in einer relativ kurzen Zeitspanne verfaßt.« Für den 1Joh ist diese Beschreibung möglich, für den 2/3Joh m. E. nicht, denn: Was tragen sie zur Bewältigung des joh. Schismas aus? Sie fallen massiv hinter die Argumentation im 1Joh zurück und nehmen das umfangreiche theologische Reservoir des Evangeliums in keiner Weise auf!

[59] Nach *J. Beutler*, Die Johannesbriefe, 144, nahm der 2Joh zwar Gedankengut des 1Joh auf, »doch formelhaft erstarrt und gelegentlich bis zur Unverständlichkeit eher ungeschickt miteinander verknüpft, so daß sich auch von dieser Seite her eher eine Abfolge des Zweiten Briefes auf den Ersten als umgekehrt nahelegt.« Von einem ›Stillstand‹ bzw. einer ›Selbstaufgabe‹ spricht auch *J. Rinke*, Kerygma und Autopsie, 320f. Die Annahme einer Erstarrung der joh. Theologie in ihrer Endphase ist möglich, sie hat aber massive innere Voraussetzungen: 1) Die Unfähigkeit des Presbyters Johannes, den theologischen Ertrag seiner Vorgänger

wäre der johanneische Gemeindeverband gerade dann sprachlos geworden und hätte die theologischen Argumentationsmodelle des Evangeliums nicht genutzt, als er in seine tiefste Krise geriet! Vor allem dem Presbyter des 2/3Joh müsste eine massive theologische Inkompetenz vorgeworfen werden, denn er hätte das Reservoir des Johannesevangeliums (und des 1Joh) gerade in einer akuten Konfliktsituation nicht aufgegriffen.

Nimmt man hingegen an, dass die Johannesbriefe vor dem Evangelium entstanden und 2/3Joh den Anfang der johanneischen Traditionslinie bilden, erscheint eine plausibel historische, sprachliche und theologische Erklärung möglich. Wenn der Verfasser des 2/3Joh als Gründer der johanneischen Schule mit dem von Papias erwähnten Presbyter Johannes identisch ist (s. o. § 2), spricht nichts dagegen, in den beiden kleinen Johannesbriefen die *ältesten Dokumente* der johanneischen Schule zu sehen[60]. Bei den kleinen Johannesbriefen kommt dem 2Joh die zeitliche Priorität zu, denn offensichtlich verweist 3Joh 9 auf den 2Joh. Vielfach wird dagegen der Einwand erhoben, 3Joh 9 müsse sich auf ein Empfehlungsschreiben für Wandermissionare beziehen, was aber der 2Joh nicht sei[61]. Aus der Wendung ἔγραψα τί geht freilich nur hervor, dass der Presbyter schon früher einmal an die Gemeinde geschrieben hat. Erst V. 10b handelt wieder von den Wandermissionaren, so dass sich die Ablehnung des Diotrephes in V. 9b auf den Presbyter und seine im 2Joh dargelegte theologische Position und den ihr inhärenten Machtanspruch beziehen kann[62]. Die erste Bezeugung des 2Joh findet sich bei Polykarp von Smyrna (vgl. Polyk, Phil 7,1 mit 2Joh 7)[63], der um 156 n. Chr. starb. Eine Datierung der beiden kleinen Johannesbriefe ergibt sich aus der Verhältnisbestimmung zu der Datierung des Johannesevangeliums als End- und Höhepunkt der johanneischen Theologie (zwischen 100-110 n. Chr.)[64], der bei Ignatius bekämpften doketischen Falschlehre (um 110 n. Chr.) und der Entstehung frühgnostischer Systeme, die mit 1Tim 6,20 (um 100 n. Chr.) erstmals nachweis-

---

anzuwenden. 2) Die faktische Wirkungslosigkeit des Johannesevangeliums, dessen reichhaltige theologische Welt beim Presbyter unbeachtet geblieben wäre. 3) Im Hinblick auf den 3Joh den faktischen Abbruch einer theologischen Argumentation! Alle drei Annahmen erscheinen mir angesichts der theologischen Reichhaltigkeit des Johannesevangeliums und des 1Joh sowie der Wirkungsgeschichte des 4. Evangeliums als unwahrscheinlich und spekulativ.

[60] Vgl. in diesem Sinn (mit Unterschieden in der Einzelargumentation) *H. H. Wendt*, Die Johannesbriefe, 1-7; *G. Strecker*, Die Johannesbriefe, 28; *U. Schnelle*, Antidoketische Christologie, 65; *H. Thyen*, Art. Johannesbriefe, 195; *M. Hengel*, Die johanneische Frage, 123.156; *J. Frey*, Die johanneische Eschatologie III, 53-60; *E. E. Popkes*, Die Theologie der Liebe Gottes, 296-304.

[61] Vgl. z. B. *R. Schnackenburg*, Die Johannesbriefe, 326; *W. G. Kümmel*, Einleitung in das Neue Testament, 394; *R. Bultmann*, Die Johannesbriefe, 99; *K. Wengst*, Der erste, zweite und dritte Johannesbrief, 248; *H.-J. Klauck*, Der zweite und dritte Johannesbrief, 99; *J. Beutler*, Die Johannesbriefe, 180f.

[62] Für einen Bezug von 3Joh 9 auf 2Joh plädieren z. B. *Th. Zahn*, Einleitung in das Neue Testament II, Leipzig ²1900, 581; *H. H. Wendt*, Die Johannesbriefe, 23; *M. Dibelius*, Art. Johannesbriefe, RGG² III (1929), 348; *A. Jülicher/E. Fascher*, Einleitung in das Neue Testament, Tübingen ⁷1931, 235; *G. Strecker*, Die Johannesbriefe, 357f.368; *U. Schnelle*, Einleitung, 479; *F. Vouga*, Die Johannesbriefe, 18; *W. Vogler*, Die Johannesbriefe, 30; *M. Hengel*, Die johanneische Frage, 132.

[63] Vgl. ferner Iren, Haer I 16,3; III 16,8. Frühe Belege für den 3Joh fehlen; nach Euseb, HE VI 25,10 zählte Origenes 2/3Joh mit Einschränkungen zum Kanon; vgl. auch Euseb, HE III 25,3; zur Diskussion der Probleme vgl. *H.-J. Klauck*, Die Johannesbriefe, 25-35.

[64] Vgl. *U. Schnelle*, Einleitung, 508-511.

lich in Erscheinung treten und als deren Vorform der Doketismus anzusehen ist[65]. Daraus folgt mit Verweis auf die antidoketische Ausrichtung von 2Joh 7 eine wahrscheinliche Abfassungszeit für den 2Joh *um 90 n. Chr.*[66]. Eine genauere Bestimmung des zeitlichen Abstandes zwischen dem 2Joh und dem 3Joh ist nicht möglich; man darf annehmen, dass der 3Joh nicht allzu lange nach dem 2Joh verfasst wurde. Die Abfassung liegt somit kurze Zeit *nach 90 n. Chr.*, als Abfassungsort ist wie für den 2Joh Kleinasien (Ephesus) anzunehmen[67]. Die beiden kleinen Johannesbriefe sind Zeugnisse der Anfangsphase der johanneischen Schule und der johanneischen Theologie. Dies erklärt ihre theologischen und sprachlichen Eigenheiten, vor allem aber die rudimentäre Christologie.

Der *1 Johannesbrief* dokumentiert gegenüber 2/3Joh auf allen Themenfeldern deutlich ein fortgeschritteneres Stadium der johanneischen Theologiebildung. Er könnte vor dem Johannesevangelium, aber auch gleichzeitig oder später geschrieben worden sein. In der Regel wird der 1Joh vom Evangelium her gelesen; er gilt dann als ein ›johanneischer Pastoralbrief‹ oder als ›Lesehilfe‹, der die Theologie des Evangeliums voraussetzt und in einer veränderten historischen Situation interpretiert und anwendet[68]. Gerade die Verschiebungen vom Evangelium zum Brief gelten als Beleg, dass der Brief nur in Kenntnis des Evangeliums zu verstehen sei. Dieses Modell vermag allerdings nicht zu erklären, warum sich im Brief kein einziges Zitat aus dem Evangelium findet. Die vorhandenen Übereinstimmungen zwischen dem Brief und dem Evangelium können der Reflex einer literarischen Kenntnis des Evangeliums durch den Briefautor sein, sie können aber ebenso auf gemeinsame Traditionen der johanneischen Schule zurückgehen. Für diese zweite Möglichkeit spricht, dass weder eine literarische Benutzung noch eine Kenntnis des Evangeliums durch den Briefautor wirklich nachzuweisen ist. Vielfach wird im Briefprolog 1Joh 1,1-4 ein deutlicher Rückgriff auf den Prolog des Evangeliums gesehen. Der Gebrauch von ἀρχή im Prolog des Briefes und des Evangeliums unterscheidet sich jedoch charakteristisch (vgl. die Auslegung zu 1Joh 1,1). Im gesamten johanneischen Schrifttum erscheint ἐν ἀρχῇ nur in Joh 1,1.2, wo es das Sein des präexistenten Logos bei Gott im absoluten Anfang vor der Weltschöpfung benennt. Demgegenüber bezeichnet ἀρχή in 1Joh 1,1 das gesamte Heilsgeschehen in seiner Bedeutung für die Gemeinde, wobei in keiner Weise auf die Schöpfung rekurriert wird. Hier zielt die auffällige Betonung der Anschaulichkeit und Realität des Heilsgeschehens bereits auf die in 1Joh 2,22f; 4,1-3 bekämpften Gegner. Wie in 1Joh 2,24 bezieht sich ἀπ' ἀρχῆς auch am Anfang des Briefes auf die johanneische Tradition als der kritischen Instanz gegen die Falschlehrer. Der Prolog des Briefes und des Evangeliums gehen auf gemeinsame traditionsgeschichtliche Wurzeln in der

---

[65] Zu Ignatius und zum Verhältnis Doketismus/Gnosis vgl. Exkurs 1: Doketismus.
[66] Werden 2/3Joh nach dem Evangelium angesetzt, ergibt sich als Abfassungszeit in der Regel ca. 100-110 n. Chr.; vgl. *H.-J. Klauck*, Der zweite und dritte Johannesbrief, 23.
[67] Vgl. *W. Vogler*, Die Johannesbriefe, 33.
[68] Vgl. in diesem Sinn neben H. Conzelmann und G. Klein aus der neueren Literatur *F. Vouga*, Die Johannesbriefe, 11ff; *H.-J. Klauck*, Der erste Johannesbrief, 46f.

johanneischen Schule zurück[69], aber Joh 1,1-18 bildete nicht die literarische Vorlage für 1 Joh 1,1-4[70].

Auch die Parakletvorstellung vermag die Annahme einer zeitlichen Priorität des Evangeliums nicht zu begründen. Sie spricht vielmehr für eine frühere Abfassung des Briefes. Wird in 1 Joh 2,1 ausschließlich Jesus Christus mit dem Parakleten identifiziert, so findet sich im Evangelium eine Ausweitung des Paraklet-Begriffes (vgl. Joh 14,17.26; 15,26; 16,13). Wurde der 1 Joh im Anschluss an das Evangelium verfasst, so ist schwer zu erklären, warum der Briefschreiber die ekklesiologischen Funktionen des Parakleten nicht aufnimmt, obgleich der Brief dann den Eintritt der johanneischen Schule in die sich dehnende Zeit und damit in die Kirchengeschichte markiert. Schließlich liegt in Joh 14,16 ein Rückbezug auf 1 Joh 2,1 vor, denn Jesus bittet den Vater um die Sendung eines ἄλλον παράκλητον (»anderen/weiteren Parakleten«) und bezeichnet sich selbst indirekt als ersten Parakleten.

Vielfach werden die Unterschiede in der Eschatologie zwischen dem Johannesevangelium und dem 1 Joh als Beleg für eine frühere Abfassung des Evangeliums gewertet. Man erblickt im Evangelium die ›genuin‹ joh. Konstruktion einer präsentischen Eschatologie und kann dann in der ›Re-Apokalyptisierung‹ des 1 Joh nur eine Angleichung an die herrschende futurische Eschatologie des Urchristentums erkennen[71]. Gegen diese Sicht ist ein grundlegender methodischer Einwand zu machen: Ein wirklicher Widerspruch zwischen den eschatologischen Aussagen des Evangeliums und des 1 Joh besteht nur, wenn im Gefolge R. Bultmanns u. a. die Mehrzahl der futurisch-eschatologischen Texte des Evangeliums für literarisch sekundär erklärt werden. Dies wäre aber eine petitio principii, da eine zumindest umstrittene Interpretation des Evangeliums die Grundlage für die Beurteilung der Eschatologie des 1 Joh bildet. Der mögliche Verweis auf ein früheres Schreiben in 1 Joh 2,14 bezieht sich nicht auf das Johannesevangelium, weil hier nur ein Brief gemeint sein kann; möglicherweise liegt in 1 Joh 2,14 ein Hinweis auf den 2 Joh vor[72].

Die in der Literatur angeführten Argumente für die zeitliche Priorität des Evangeliums gegenüber dem 1 Joh können nicht überzeugen. Im 1 Joh findet sich kein Zitat aus dem Evangelium, und die vielfach behaupteten theologischen Akzentverschiebungen vom Evangelium zum Brief sind entweder nicht vorhanden oder beruhen auf einer bestimmten Interpretation des Evangeliums, die das gewünschte Ergebnis präjudiziert. Auch der Konflikt mit den doketischen Falschlehrern spricht nicht für eine zeitliche Priorität des Evangeliums, sondern umgekehrt lässt sich hier erkennen, dass der 1 Joh vor dem Evangelium verfasst wurde. Der Verfasser des 1 Joh hält den

---

[69] Vgl. *J. M. Lieu*, I, II, & III John, 8: »I argue in the commentary and below, that 1John nowhere appeals to or assumes knowledge of the Gospel, and indeed that the latter seems unlikely; rather each writing is, largely independently, reworking common or shared traditions.«

[70] Vgl. *U. Schnelle*, Antidoketische Christologie, 65f; *G. Strecker*, Die Johannesbriefe, 56ff; *M. Hengel*, Die johanneische Frage, 157; *J. M. Lieu*, I, II & III John, 17. Für eine Abhängigkeit des Briefprologs von Joh 1,1-18 plädieren u. a. *R. Bultmann*, Die Johannesbriefe, 13; *R. Schnackenburg*, Die Johannesbriefe, 51; *H. Balz*, Johannesbriefe, 167; *R. E. Brown*, Epistles of John, 176ff; *H.-J. Klauck*, Der erste Johannesbrief, 56f.

[71] Exemplarisch sei verwiesen auf *G. Klein*, »Das wahre Licht scheint schon«, 287 u. ö.

[72] Vgl. *H. H. Wendt*, Die Beziehung unseres ersten Johannesbriefes auf den zweiten, ZNW 21 (1922), 140-146.

Gegnern die in seinen Augen legitime Lehrtradition der joh. Schule (vgl. in 1Joh 1,1-4; 2,7f; 3,11), nicht aber das Johannesevangelium entgegen! Demgegenüber setzt das Evangelium die akute Auseinandersetzung des Briefes offensichtlich bereits voraus und verarbeitet sie theologisch[73]. So bezieht sich Joh 6,60-71 deutlich auf das Schisma in 1Joh 2,19, in beiden Texten ist die soteriologische Bedeutsamkeit der Inkarnation Jesu Anlass zu der Spaltung unter den Jüngern[74]. In der breit angelegten und grundsätzlichen Argumentation des Evangelisten gegen eine doketische Christologie zeigt sich ein zeitlicher und sachlicher Abstand zum in der akuten Kontroverse verharrenden Johannesbrief. Der Brief benennt das Problem, eine umfassende theologische Antwort findet sich aber erst im Evangelium.

Der 1Joh dürfte deshalb *vor* dem Johannesevangelium, aber *nach* dem 2/3Joh verfasst sein. Als Abfassungszeit ergibt sich ca. *95 n. Chr.*[75], Abfassungsort war wahrscheinlich wiederum *Ephesus*[76] als Sitz der johanneischen Schule. Papias kannte den 1Joh (vgl. Euseb, HE III 39,17), erstmals bezeugt ihn Polykarp (vgl. 1Joh 4,2 mit Polyk, Phil 7,1)[77].

Das *Johannesevangelium* wurde schließlich zwischen *100-110 n. Chr.* ebenfalls in Ephesus abgefasst; in ihm gewinnt die johanneische Theologie ausgereifte Systemqualität[78]. Johannes bedenkt die Jesus-Christus-Geschichte bewusst aus nachösterlicher Perspektive und weiß sich dabei unter der Führung des Parakleten, der authentisches Wissen vom Vater und vom Sohn vermittelt (vgl. Joh 14,26). Die Erinnerungen an den Irdischen werden so konsequent aus der Perspektive des Erhöhten gestaltet. Stärker als bei den Synoptikern durchdringt dabei die Hoheit des Erhöhten beim 4. Evangelisten das Bild des Irdischen. Das Johannesevangelium wurde geschrieben, um zu zeigen, dass Gottes vorgängige Liebe alles Leben ermöglicht und trägt, um im Glauben der Menschen an ihr Ziel zu gelangen (vgl. Joh 3,16). Das johanneische Denken ist im Innersten vom Liebesgedanken geprägt; die vom Vater ausgehende Liebe setzt sich im Wirken des Sohnes und der Jünger fort (vgl. Joh 13,34f), bis schließlich trotz des Unglaubens Vieler auch die Welt erkennt, »dass du mich gesandt hast und du sie geliebt hast, wie du mich geliebt hast« (Joh 17,23). Schließlich ist es kein Zufall, dass nur im johanneischen Traditionskreis Gott als Liebe bezeichnet wird (1Joh 4,16: »Gott ist Liebe«; vgl. 1Joh 1,5: »Gott ist Licht«; Joh 4,24: »Gott ist Geist«). In reflektierter und zugleich meditativer Weise umkreist der Evangelist das Urgeheimnis der Menschwerdung Gottes in Jesus Christus (Joh 1,14) und entwirft eine neue bildhafte Zeichensprache des Glaubens, in deren Zentrum einfache und

---

[73] Insofern kann von einer Rezeptionsgeschichte des 1Joh im Evangelium gesprochen werden; gegen *F. Vouga*, Die Johannesbriefe, 11-13, der von einer Rezeptionsgeschichte des Evangeliums im 1Joh ausgeht und das Problem des fehlenden expliziten Bezuges so löst: »Vorausgesetzt wird beim Adressaten des 1Joh lediglich, daß er mit dem JohEv vertraut ist, nicht aber, daß er es als formale Autorität anerkennt«(a. a. O., 12).
[74] Vgl. dazu die Auslegung von 1Joh 2,19.
[75] Bei der Ansetzung des 1Joh nach dem Evangelium wird der Brief zumeist um 100/110 n. Chr. datiert, vgl. z. B. *K. Wengst*, Der erste, zweite und dritte Johannesbrief, 30; *H.-J. Klauck*, Der erste Johannesbrief, 49.
[76] Vgl. z. B. *K. Wengst*, Der erste, zweite und dritte Johannesbriefe, 30 (westliches Kleinasien); *R. E. Brown*, The Epistles of John, 102f; *S. S. Smalley*, Epistles of John, XXXII; *H.-J. Klauck*, Der erste Johannesbrief, 49.
[77] Weitere Belege bei *H.-J. Klauck*, Die Johannesbriefe, 17-25.
[78] Ausführliche Darstellung bei *U. Schnelle*, Theologie, 619-711.

zugleich eingängige Symbole und Metaphern stehen, die unmittelbar auf die Hörer/Leser wirken, indem sie gleichermaßen ein Verstehen auf emotionaler und intellektueller Ebene ermöglichen. Johannes nimmt kulturübergreifende religiöse Urphänomene wie Gott und Welt, Oben und Unten, Licht und Finsternis, Tod und Leben, Wahrheit und Lüge, Geburt und Neugeburt, Wasser, Brot, Hunger und Durst, Essen und Trinken auf, um sie mit Jesus Christus in positiver Weise zu füllen.

Als *Einführung in das Christentum und erste Glaubenslehre des frühen Christentums* (Joh 20,30f) erweist sich das Johannesevangelium dadurch, dass es *alle zentralen Fragen* des neuen Glaubens thematisiert und beantwortet. Bereits der Prolog Joh 1,1-18 verbindet Zeit und Ewigkeit mit dem Logos und bestimmt das einzigartige Verhältnis zwischen Gott und dem Logos Jesus Christus; Gott und Jesus Christus sind eins (vgl. Joh 10,30), Jesus Christus ist sogar Gott (Joh 20,28). Aus dem Mund Jesu erfahren die Glaubenden, was Geburt und Neugeburt ist (Joh 3), wer wirklich den Lebensdurst stillt und ewiges Leben schenkt (Joh 4/6) und wer bereits in der Gegenwart Herr über Leben und Tod ist (Joh 5/11). Der Weg des Blindgeborenen (Joh 9) dient der bedrängten Gemeinde ebenso als Orientierung wie die Hirtenrede (Joh 10) und die Abschiedsreden (Joh 13,31-16,33), die den theologischen Ertrag des Weggehens Jesu formulieren und ebenso wie das Hohepriesterliche Gebet (Joh 17) das Passionsgeschehen in eine neue Perspektive rücken. Jesus geht bewusst und souverän den Weg ans Kreuz, denn er weiß um dessen Sinnhaftigkeit und lässt die Jünger an der Realität seines Todes und Lebens teilhaben (Joh 20,24-29). Weil das Kommen des Heiligen Geistes, des Parakleten, an das Fortgehen Jesu gebunden ist, kann es erst nach Ostern ein Verstehen von Ostern und des vorangegangenen Geschehens geben (vgl. Joh 20,29b: »Selig, die nicht sehen und doch glauben«). Johannes will damit die zentrale Einsicht vermitteln, dass der Unglaube die wahre Existenz verfehlt, während sie sich im Glauben realisiert.

Mit der hier vorausgesetzten Abfolge der johanneischen Schriften (2Joh; 3Joh; 1Joh, JohEv) werden Überlegungen aus dem 19. Jh. und der ersten Hälfte des 20. Jh.[79] aufgenommen. Für diese Reihenfolge können neben den zahlreich genannten Einzelargumenten zusammenfassend noch einmal vier Hauptargumente angeführt werden[80]:

---

[79] Vgl. *J. E. Huther*, Die drei Briefe des Johannes, KEK XIV, Göttingen ⁴1880, 34f; *F. Bleek*, Einleitung in das Neue Testament, Berlin ²1866, 588; *O. Pfleiderer*, Beleuchtung der neuesten Johannes-Hypothese, ZWTh 12 (1869), 419ff; *A. Hilgenfeld*, Einleitung in das Neue Testament, Leipzig 1875, 737; *B. Weiß*, Die drei Briefe des Apostels Johannes, KEK XIV, Göttingen ²1899, 8f; *H. H. Wendt*, Die Johannesbriefe, 1-7; *F. Büchsel*, Die Johannesbriefe, 7; *H. Appel*, Einleitung in das Neue Testament, Leipzig 1922, 197; *H. Strathmann*, Art. Johannesbriefe, EKL II (1958), 364. Zur Forschungsgeschichte vgl. *J. Chr. Thomas*, The Order of the Composition of the Johannine Epistles, NT 37 (1995), 68-75.

[80] Für eine Entstehung der Johannesbriefe vor dem Evangelium votieren (neben G. Strecker u. U. Schnelle) auch *H. Marshall*, Epistles of John, 3f; *Ch. H. Talbert*, Reading John, 4; *K. Grayston*, The Johannine Epistles, 12-14; *J. Frey*, Eschatologie III, 46-60; *M. Labahn*, Jesus als Lebensspender, 17-21 *P. Stuhlmacher*, Theologie II, 209; *T. Griffith*, Keep Yourselves from Idols, 209; *E. E. Popkes*, Die Theologie der Liebe Gottes, 296ff; *P. E. Kinlaw*, The Christ is Jesus, 73; *P. Pokorný/U. Heckel*, Einleitung in das Neue Testament, Tübingen 2007, 582. *H. Thyen*, Art. Johannesbriefe, 195, sieht in den beiden kleinen Briefen die ältesten Dokumente joh. Theologie. Eine Variante der Datierung der Briefe *vor* dem Evangelium vertritt *M. Hengel*, Die johanneische Frage, 156 Anm. 18. Das Evangelium »ist schon geraume Zeit im Werden, ja es mag schon zu einem guten Teil fixiert gewesen sein, als die Briefe geschrieben wurden, es wurde aber erst

1) Die Johannesbriefe weisen sowohl in ihrer Sprache als auch in der Theologie ein eigenständiges Profil auf, das gerade nicht der interpretativen Ausfüllung durch das Johannesevangelium bedarf.

2) Die beiden kleinen Johannesbriefe sind keine unbedeutenden Produkte aus der Spätphase der johanneischen Schule, sondern als Schriften des Presbyters Johannes Originaldokumente aus ihrer Anfangszeit.

3) Der 1Joh greift an keiner Stelle erkennbar auf das Johannesevangelium zurück und ist keine ›Verstehenshilfe‹ zum Evangelium, sondern entfaltet in einer bestimmten historischen Situation *seine* Theologie. Umgekehrt lässt sich das Evangelium in zentralen Bereichen (Christologie, Pneumatologie, Liebes- und Immanenz-Semantik) als Ausdifferenzierung vor allem des 1Joh lesen[81].

4) Wenn die Briefe im Anschluss an das Evangelium verfasst worden wären, dann verwundert es, dass sie in zahlreichen Themenbereichen das theologische Niveau des Evangeliums nicht halten können und die Auseinandersetzung sich formelhaft verengt. Man müsste vor allem mit einer radikalen Ent-Christologisierung der johanneischen Theologie rechnen und diese auch erklären! Der Gesamtbefund der johanneischen Literatur legt die umgekehrte Annahme nahe: Die Briefe markieren literarisch und theologisch den Ausgangspunkt der johanneischen Theologiebildung, die im Johannesevangelium mit seiner profilierten Christologie ihren Höhepunkt erreicht.

---

eine gewisse Zeit nach denselben – bald nach dem Tod des Autors – von den Schülern herausgegeben und verarbeit, m. E. zusammen mit den Briefen.«

[81] Vgl. *E. E. Popkes*, Die Theologie der Liebe Gottes, 296-305.

Der 2Johannesbrief

I. Präskript 1-3

Der 2Johannesbrief ist als ein wirklicher Brief anzusehen, er weist alle Merkmale eines antiken Privatbriefes auf: Superscriptio, Adscriptio, Salutatio, Proömium, briefliche Bitte mit ἐρωτῶ, Ankündigung eines geplanten Besuches und Schlussgrüße[1]. Die in hellenistischen Briefen übliche ἐρωτῶ σε-Formulierung weist den 2Joh als einen Bittbrief aus. Nicht überzeugen kann die Vermutung, die Briefform des 2Joh sei eine Fiktion[2]. Sowohl der Aufbau als auch die Länge (ein Papyrusblatt) entsprechen antiken Privatbriefen. Vom Briefcharakter zeugen auch die Behandlung konkreter Fragen, das Eingehen auf Gemeindeprobleme und die Ankündigung eines baldigen Besuches[3].

(1) Der Presbyter (der Älteste) der auserwählten Herrin und ihren Kindern, die ich in Wahrheit liebe, und nicht ich allein, sondern auch alle, die die Wahrheit erkannt haben; (2) wegen der Wahrheit, die in uns bleibt und mit uns in Ewigkeit sein wird. (3) Es wird mit uns sein Gnade, Erbarmen, Friede von Gott dem Vater und von Jesus Christus, dem Sohn des Vaters, in Wahrheit und Liebe.

V. 2: Statt μένουσαν (ℵ 01.B 03 und viele andere) lesen A 02.048.1067.1409.1735.2541 ἐνοικοῦσαν (»die ... einwohnt«); die erste LA ist sowohl von der inneren als auch von der äußeren Bezeugung vorzuziehen. V. 3: In der Auflistung christologischer Titel gibt es kleinere Varianten; beachtenswert ist die Einfügung von κυρίου vor Ἰησοῦ, die von ℵ 01 und zahlreichen Majuskeln bezeugt wird; demgegenüber lesen aber A 02.B 03 und viele andere: παρὰ Ἰησοῦ Χριστοῦ.

1 Das Präskript setzt mit der Absenderangabe im Nominativ und der Nennung der Adressaten im Dativ ein; es folgt eine erste um den Wahrheitsbegriff zentrierte Erweiterung. Mit der Würdebezeichnung ὁ πρεσβύτερος = ›der Presbyter/der Älteste‹ weist sich der Briefschreiber als ein charismatischer Lehrer und Traditionsträger aus, der zugleich als Gemeindeleiter eine rechtliche Autorität in Anspruch nimmt. Diese Rechtskompetenz muss der Presbyter nicht begründen, sondern er übt sie faktisch aus, indem er die Falschlehre ohne wirkliche theologische Begründung zurück-

---

[1] Vgl. als Parallele vor allem die beiden Apion-Briefe; Analyse bei *H.-J. Klauck*, Die antike Briefliteratur, 29-40; vgl. ferner die bei *A. Deissmann*, Licht vom Osten, 116-193, abgedruckten Briefe.

[2] So bes. *R. Bultmann*, Die Johannesbriefe, 103; *J. Heise*, Bleiben, 164-170; *H. Köster*, Einführung in das Neue Testament, Berlin 1980, 635; *G. Schunack*, Die Johannesbriefe, 108f; *U. Körtner*, Papias von Hierapolis, FRLANT 133, Göttingen 1983, 197-201.

[3] Unter rhetorischen Gesichtspunkten bietet sich nach *D. F. Watson*, A Rhetorical Analysis of 2John according to Greco-Roman Convention, NTS 35 (1989), 104-130, folgende Gliederung des 2Joh an: exordium V. 4 (V. 1-3); narratio V. 5; probatio V. 6-11; peroratio V. 12 (V. 13); vgl. auch *H.-J. Klauck*, Zur rhetorischen Analyse der Johannesbriefe, ZNW 81 (1990), (205-224) 216-224. Zur formgeschichtlichen und rhetorischen Analyse des 2Joh vgl. ferner *R. Funk*, The Form and Structure of II and III John, JBL 86 (1967), 424-430; *J. A. Du Rand*, Structure and Message of 2 John, Neotest 13 (1979), 101-120; *H.-J. Klauck*, Die antike Briefliteratur, 41-52.

weist (V. 7f) und Kontakte mit Anhängern der Falschlehre einfach untersagt (V. 10). Zudem will der Presbyter das aktuell gute Verhältnis zur Gemeinde (2Joh 3) durch einen Besuch stabilisieren, bei dem mündlich alle Probleme besprochen werden sollen (2Joh 12). Der umfassende Anspruch des Presbyters kommt auch in der Familienmetaphorik zum Ausdruck, denn die Ausdrücke ›Herrin‹, ›Schwester‹ und ›Kinder‹ lassen ihn als männliches Oberhaupt, vielleicht als Gemeindegründer erscheinen. Die Gemeinde wird mit κυρία ›Herrin‹ angeschrieben und angesprochen, womit kaum eine weibliche Einzelperson[4], sondern die gesamte Gemeinde bezeichnet wird[5]. Damit greift der Presbyter alttestamentlich-metaphorischen Sprachstil auf (vgl. Jer 4,31; 31,21; Zeph 3,14), aber auch in anderen neutestamentlichen Schriften kann die Gemeinde als ›Braut Christi‹ (vgl. 2Kor 11,2; Offb 12,17; 19,7; 21,2.9) bezeichnet werden. Die Glaubenden insgesamt sind ›Auserwählte‹ (vgl. 1Petr 1,1; Offb 17,4), und auch eine einzelne Gemeinde kann als ›auserwählt‹ gelten (vgl. 1Petr 5,13)[6]. Die Gemeinde wird als κυρία bezeichnet, weil sie durch die Erwählung an der Herrschaft des Kyrios Jesus Christus teilhat. 2Joh 13 bestätigt die ekklesiologische Interpretation von κυρία, denn nicht der Presbyter grüßt, sondern die ›Kinder der auserwählten Schwester‹, d. h. eine Schwestergemeinde. Hier zeigt sich auch die Verfassungsstruktur der johanneischen Schule: Einzelgemeinden bilden (unter der Führung des Presbyters) einen Verbund, sie grüßen einander, stehen miteinander in Kontakt und sind einander behilflich.

Kennzeichnend für den gesamten Eröffnungsteil ist die auffallend häufige Verwendung von ἀλήθεια (»Wahrheit«) in V. 1(bis).2.3.4 und ἀγάπη/ἀγαπᾶν (»Liebe/lieben«) in V. 1.3. Diese Begriffswelt gibt dem 2Joh ein eigenständiges theologisches Gepräge, denn sie rahmt das Präskript und führt zum Hauptteil des Briefes über. In V. 1b dürfte ἐν ἀληθείᾳ im Sinne eines bestätigenden und bekräftigenden ›wahrhaftig‹ zu verstehen sein. Der formelhafte Charakter und das Fehlen des Artikels sprechen eindeutig gegen eine theologische Aufladung dieser Wendung[7]. Anders in V. 1 c, denn der Artikel in der Wendung τὴν ἀλήθειαν weist auf einen dezidiert theologischen Gebrauch von ›Wahrheit‹ hin. Dafür spricht auch die Verwendung des Verbums γινώσκειν (»erkennen«), das im 2Joh nur hier erscheint, im 3Joh fehlt, dann aber im 1Joh (25 Belege) und im Johannesevangelium (57 Belege) zu einem theologischen Schlüsselbegriff wird. Das ›Erkennen der Wahrheit‹ hat hier aber nicht wie im Johannesevangelium eine personal-christologische Dimension, sondern wird zur Identitätsbezeichnung all jener, die zum Presbyter stehen, was durch das voran-

---

[4] Als Einzelperson käme allenfalls eine ›Herrin Electa‹ infrage, deren Schwester dann allerdings denselben Namen tragen würde (vgl. 2Joh 13); überzeugende Widerlegung solcher Hypothesen bei *H.-J. Klauck*, Der zweite und dritte Johannesbrief, 33f.

[5] Vgl. in diesem Sinn *R. Bultmann*, Die Johannesbriefe, 103; *R. Schnackenburg*, Die Johannesbriefe 306; *K. Wengst*, Der erste, zweite und dritte Brief des Johannes, 236; *G. Strecker*, Die Johannesbriefe 317ff; *F. Vouga*, Die Johanesbriefe, 80; *J. Beutler*, Die Johannesbriefe, 149f.

[6] In der klassischen Gräzität bezeichnet κυρία ἐκκλησία eine wichtige Versammlung eines Gemeinwesens, bei der zentrale Fragen der Versorgung und der Sicherheit beraten wurden; vgl. *H.-J. Klauck*, Κυρία ἐκκλησία in Bauers Wörterbuch und die Exegese des zweiten Johannesbriefes, ZNW 81 (1990), 135-138.

[7] Vgl. *R. Schnackenburg*, Die Johannesbriefe, 307; *F. Vouga*, Die Johannesbriefe, 80; *J. Beutler*, Die Johannesbriefe, 150; gegen *H.-J. Klauck*, Der zweite und dritte Johannesbrief, 39, der aufgrund seiner Vorentscheidung, dass die Johannesbriefe das Johannesevangelium voraussetzen, den Wahrheitsbegriff des Evangeliums auch hier einträgt.

gestellte οὐκ ἐγὼ μόνος (»nicht ich allein«) deutlich wird. ›Wahrheit‹ bekommt so eine autoritative, lehrhafte Dimension und verweist bereits auf die christologische Kontroverse in V. 7-11.

2 In einer zweiten Erweiterung wird der Wahrheitsbegriff aufgenommen und damit bekräftigt, dass Absender und Empfänger auf einem gemeinsamen Glaubensfundament stehen, das offenbar durch die Schlüsselbegriffe ›Wahrheit‹, ›Liebe/lieben‹ und ›Bleiben‹ gekennzeichnet ist. Das Verb μένειν (»bleiben«) ist im 2Joh dreimal belegt; im 3Joh nicht, hingegen findet es sich im 1Joh 24mal und im Evangelium sogar 40mal. Singulär in den johanneischen Schriften ist die Vorstellung, dass die Wahrheit in den Glaubenden bleiben wird bis in Ewigkeit[8]. Dieses Immanenz-Konzept ist deutlich rudimentärer[9] als im 1Joh oder im 4. Evangelium (vgl. die Auslegung von 1Joh 2,24). Die Grundelemente sind vorhanden (›erkennen‹; ›bleiben in‹; ›sein mit‹), aber sie werden nicht auf die Theologie oder Christologie, sondern auf den Traditionsgedanken angewandt: Die Wahrheit ›erkennen‹ führt zu einem stetigen Verbleiben der Wahrheit in den Glaubenden, wobei die Ewigkeitsvorstellung die unüberbietbare Zuverlässigkeit und Festigkeit dieses Geschehens betont. Eine christologische oder ethische Füllung von μένειν ist durch nichts angezeigt[10], vielmehr ergeben sich mit Blick auf V. 1 und die Verwendung von μένειν in V. 9 klare Konturen: Das Bleiben der Glaubenden in der Wahrheit und der Wahrheit in den Glaubenden (bis in Ewigkeit) ist identisch mit dem Bleiben in der richtigen Lehre.

3 Die Grußformel greift V. 2b auf und weist inhaltlich eine Nähe zur paulinischen[11] und deuteropaulinischen Salutatio auf (vgl. die parallele Trias in 1Tim 1,2; 2Tim 1,2). In den johanneischen Schriften erscheint ἔλεος (»Erbarmen«) nur hier; es leitet sich ebenso wie χάρις vom hebr. חסד ab und benennt wie alle drei Begriffe die im Heilshandeln Gottes in Jesus Christus begründeten eschatologischen Gaben. Seinen Ausgang nahm das Heilsgeschehen bei Gott dem Vater, um im Sohn sichtbare Gestalt zu gewinnen. Wiederum singulär ist die Bestimmung Jesu Christi als ›Sohn des Vaters‹. Was in V. 9 ausdrücklich formuliert wird, darf hier schon vorausgesetzt werden: Die Einheit von Vater und Sohn als Initialzündung und Basissatz johanneischen Denkens. Vater und Sohn werden entschieden zusammengedacht, um dann in V. 9 in eine reziproke Verhältnisbestimmung gebracht zu werden. Die abschließende Wendung ›in Wahrheit und Liebe‹ (ἐν ἀληθείᾳ καὶ ἀγάπῃ) geht über das Formschema der Salutatio hinaus und signalisiert die grundlegende Bedeutung dieses Doppelpaares für die Theologie des 2Joh.

---

[8] In Joh 14,16.17 wird dies vom Parakleten gesagt.
[9] M. E. wird hier gerade nicht »auf das übergeordnete johanneische Paradigma« zurückgegriffen (so *H.-J. Klauck*, Der zweite und dritte Johannesbrief, 39; ähnlich *K. Scholtissek*, In ihm sein und bleiben, 351f).
[10] So wiederum *H.-J. Klauck*, Der zweite und dritte Johannesbrief, 40f, der Joh 8,31f und zahlreiche Stellen aus dem 1Joh als Interpretationshintergrund anführt.
[11] Vgl. das Doppelpaar χάρις und εἰρήνη in 1Thess 1,1; 1Kor 1,3; 2Kor 1,2; Röm 1,7; Phil 1,2; Phlm 3.

II. Danksagung 4

(4) Ich habe mich sehr gefreut, dass ich von deinen Kindern einige gefunden habe, die in Wahrheit wandeln, wie wir ein Gebot vom Vater erhalten haben.

V. 4: Statt ›wie wir ... erhalten haben‹ lesen ℵ 01.33.2344 im Singular: ἔλαβον (›wie ich ... erhalten habe‹); offenbar eine Angleichung an die Verbform in V. 5a.

4 Das Motiv der Freude über den Empfang guter Nachrichten gehört zum Standardrepertoire antiker Briefe[12]. Hier kommt ihm deutlich eine einleitende Funktion zu, indem die Adressaten emotional positiv gestimmt werden und erste Informationen fließen, die zum Briefkorpus ab V. 5 hinführen[13]. Der Älteste hat Gemeindeglieder getroffen, die in der Wahrheit und im Einklang mit dem Gebot des Vaters wandeln. Wahrscheinlich war eine Gruppe aus der angeschriebenen Gemeinde bei ihm und informierte ihn über die gegenwärtige Lage. Ob das Lob des Presbyters auch für die restlichen Gemeindeglieder gilt, erfahren wir nicht. Allerdings könnte die Begrenzung des Lobes (»einige«) als versteckter Tadel verstanden werden. Dann würde der Presbyter bereits hier die Schwester-Gemeinde zu einem entschlosseneren Vorgehen gegen die Falschlehrer (vgl. V. 7.9) motivieren. Dafür spricht auch die Wendung περιπατεῖν ἐν ἀληθείᾳ, die nur in 2Joh 4; 3Joh 3.4 belegt ist und als Stileigentümlichkeit der beiden kleinen Johannesbriefe gelten kann. Das Wandeln ›in Wahrheit‹ ist ganz offensichtlich schon am Anfang des Briefes mit der Frage nach dem sachgemäßen Verständnis Jesu Christi verbunden, die dann in V. 9-11 thematisiert wird, d. h. ›Wahrheit‹ hat wie zuvor in V. 2 zuallererst eine lehrhafte Dimension. Wie in V. 1.3 verbindet der Presbyter schließlich Wahrheit und Liebe, indem er auf das eine grundlegende Gebot des Vaters verweist, das in der johanneischen Schule (»wir«) uneingeschränkt zu gelten hat.

Wiederum bestätigt sich, dass die Verwendung von ἀλήθεια (»Wahrheit«) und ἀγάπη/ἀγαπᾶν (»Liebe/lieben«) im 2Joh eine eigene Prägung aufweist und sich signifikant vom Gebrauch im Johannesevangelium unterscheidet[14]. In Joh 1,14.17 erscheint Jesus Christus als Ort der Gnade und Wahrheit Gottes, d. h. Wahrheit hat Widerfahrnischarakter und wird von Johannes personal gedacht. Wahrheit ist damit weitaus mehr und etwas völlig anderes als der Konsens subjektiver Vermutungen. Als Wahrheit erschließt Jesus den Glaubenden den Sinn seiner Sendung, offenbart ihnen den Vater und befreit sie dadurch von den Mächten des Todes, der Sünde und der Finsternis. Jesus Christus ist nicht nur Zeuge der Wahrheit, sondern die Wahrheit selbst. Freiheit ist somit die unmittelbare Wirkung der Wahrheitserfahrung der Glaubenden: »Und ihr werdet die Wahrheit erkennen, und

---

[12] Vgl. *H. Koskenniemi*, Studien, 74-76; *F. Schnider/W. Stenger*, Studien, 175-177.
[13] Eine eigenständige Funktion von V. 4 sieht auch *H.-J. Klauck*, Der zweite und dritte Johannesbrief, 44; demgegenüber votiert *J. Beutler*, Die Johannesbriefe, 152f, für die Zugehörigkeit von V. 4 zum Hauptteil des Briefes.
[14] Vgl. bereits *R. Bergmeier*, Zum Verfasserproblem des II. und III. Johannesbriefes, 96: »ἀλήθεια impliziert hier nicht die göttliche Wirklichkeit, sondern die rechte Lehre, den wahren Glauben oder wahres Christsein schlechthin«; anders *R. Schnackenburg*, Zum Begriff der »Wahrheit« in den beiden kleinen Johannesbriefen, BZ 11 (1967), 253-258. Zum Wahrheitsbegriff im Evangelium vgl. *Y. Ibuki*, Die Wahrheit im Johannesevangelium, BBB 39, Bonn 1972.

die Wahrheit wird euch frei machen« (Joh 8,32). Die personale Dimension dieses Wahrheitsbegriffes zeigt deutlich Joh 14,6: »Ich bin der Weg, die Wahrheit und das Leben; niemand kommt zum Vater außer durch mich.« Jesus ist der Weg, weil er selbst die Wahrheit ist und das Leben spendet. Der Evangelist Johannes bindet das Verständnis Gottes exklusiv an die Person Jesu; wer Gott ist, kann nur an Jesus abgelesen werden. Damit formuliert Johannes einen nicht mehr zu überbietenden Exklusivitätsanspruch[15]: Die Möglichkeit, Gott zu erkennen und zu Gott zu gelangen als Ziel jedes religiösen Lebens und Strebens, eröffnet sich nur in Jesus Christus.

Auch der Liebesbegriff ist im Johannesevangelium zuallererst theologisch und christologisch gefüllt. Die Offenbarung des Vaters im Sohn gründet ausschließlich in Gottes Liebe: »Denn so hat Gott die Welt geliebt, dass er seinen einzig geborenen Sohn gab, damit jeder, der an ihn glaubt, nicht verloren gehe, sondern ewiges Leben habe« Joh 3,16 (vgl. 1Joh 4,9: »Darin ist die Liebe Gottes unter uns erschienen, dass Gott seinen einzig geborenen Sohn in die Welt sandte«). Die Liebe des Vaters zum Sohn (vgl. Joh 3,35; 10,17) ist Ausdruck der wesensmäßigen Verbundenheit zwischen ihnen und deshalb zeigt der Vater dem Sohn alles, was er selbst tut (Joh 5,20). Der Vater hat ihn mit ewiger Liebe geliebt (17,26; 15,9), und in dieser Liebe bleibt Jesus (15,10); durch sie empfängt er seine Vollmacht (3,35; 5,20). Sie hält ihn auch, wenn er sein Wirken in der Lebenshingabe vollendet (10,17). Die Einheit zwischen Gott und Jesus ist also eine Einheit in der Liebe. Vom Vater geht eine umfassende Liebesbewegung aus, die den Sohn (Joh 3,35; 10,17; 15,9.10; 17,23.26) ebenso umfasst wie die Welt (Joh 3,16) und die Jünger (Joh 14,21.23; 17,23.26). Sie setzt sich fort in der Liebe Jesu zu Gott (Joh 14,31) und den Jüngern (Joh 11,5; 13,1.23.34; 14,21.23; 15,12.13; 19,26), sowie der Liebe der Jünger zu Jesus (Joh 14,15.21.23) und zueinander (Joh 13,34.35; 15,13.17).

Gegenüber der primär christologischen Konzeption des Evangeliums bedeutet ›Wahrheit‹ im 2Joh das Festhalten an bzw. das Feststehen in der richtigen Lehre, so wie sie vom Presbyter vertreten wird. Eine christologische Füllung des Wahrheitsbegriffes fehlt ebenso wie die Einzeichnung von ›Wahrheit‹ in dualistische Aussagen (vgl. Joh 8,32.40.44; 18,37)[16]. Diese lehrhafte und traditionsorientierte Fassung des Wahrheitsbegriffes korrespondiert im 2Joh mit dem Liebesbegriff.

III. Briefkorpus 5-11

1. Das Gebot der Liebe 5-6

(5) Und nun bitte ich dich, Herrin, nicht als ob ich dir ein neues Gebot schreibe, sondern eines, was wir von Anfang an hatten: dass wir einander lieben. (6) Und dieses ist die Liebe, dass wir entsprechend seinen Geboten wandeln. Und dieses ist das Gebot, wie ihr es von Anfang an gehört habt, dass ihr darin wandelt.

5 Mit der Gemeindebezeichnung κυρία (»Herrin«) wird auf V. 1 zurückgegriffen, zugleich aber auch ein rhetorischer und inhaltlicher Neueinsatz markiert. Der Einsatz mit καὶ νῦν (»und nun«) verdeutlicht, dass es jetzt um das aktuelle Anliegen

---

[15] Dieser Anspruch ist im atl. Gottesbegriff angelegt; vgl. nur Ex 20,2f; Jes 44,6; Dtn 6,4f.
[16] Vgl. *R. Bergmeier*, Zum Verfasserproblem des II. und III. Johannesbriefes, 99; *G. Strecker*, Die Johannesbriefe, 324.

des Presbyters geht. Dabei unterstreicht die 1. Pers. Sg. in 2Joh 5a die Autorität des Presbyters gegenüber der Gemeinde, während die 2. Pers. Pl. ab V. 5b die gemeinsame Glaubensgrundlage betont. Mit der Kennzeichnung des Liebesgebotes als ›nicht neu‹ und ›von Anfang an‹ führt der Presbyter den Traditionsgedanken weiter, indem er es mit der Gründungsphase der Gemeinde verbindet und zugleich zum verbindlichen Inhalt christlicher Existenz erklärt[17]. Dabei verweist die antithetische Formulierung ›nicht als ob ich dir ein neues Gebot schreibe‹ ebenso wie das zweifache ἀπ' ἀρχῆς in V. 5.6[18] bereits auf die folgende Auseinandersetzung mit den Falschlehrern, deren Kennzeichen gerade das ›Herausgehen‹ (V. 9) aus der überlieferten Tradition ist. Die Argumentation des Presbyters bleibt damit in der bisherigen Linie; er festigt das bestehende gute Verhältnis zu Teilen der angeschriebenen Gemeinde und arbeitet sich zielsicher zum eigentlichen Konflikt vor.

Das Liebesgebot ist ein zentraler Bestandteil johanneischer Theologie, wie ein Vergleich zwischen 2Joh 5-6; 1Joh 2,7-11 und Joh 13,34f zeigt:

[5]Und nun bitte ich dich, Herrin, *nicht als ob ich dir ein neues Gebot* schreibe, sondern eines, was wir von Anfang an hatten: dass wir einander lieben. [6]Und dieses ist die Liebe, dass wir entsprechend seinen Geboten wandeln. Und dieses ist das Gebot, wie ihr es von Anfang gehört habt, dass ihr darin wandelt.	[7]Geliebte, *nicht ein neues Gebot schreibe ich euch, sondern ein altes Gebot,* das ihr von Anfang hattet. Das alte Gebot ist das Wort, das ihr gehört habt. [8]*Wiederum schreibe ich euch ein neues Gebot*, was wahr ist in ihm und in euch, denn die Finsternis vergeht und das wahre Licht scheint schon. [9]Wer sagt, er sei im Licht und hasst seinen Bruder, ist bis jetzt in der Finsternis. [10]Wer seinen Bruder liebt, bleibt im Licht … [11]Wer aber seinen Bruder hasst, ist in der Finsternis …	[34]*Ein neues Gebot gebe ich euch*, dass ihr einander liebt, gleichwie ich euch geliebt habe, damit auch ihr einander liebt. [35]Daran werden alle erkennen, dass ihr meine Jünger seid, wenn ihr Liebe untereinander habt.

In 1Joh 2,7-11 wird einerseits der Traditionsgedanke mit dem ›alten Gebot, das ihr von Anfang hattet‹ aufgenommen (V. 7), zugleich aber weiterführend von einem ›neuen Gebot‹ gesprochen (V. 8), das in einen dualistischen Kontext eingezeichnet

---

[17] Vgl. *G. Strecker*, a. a. O., 330.
[18] Die Wendung ἀπ' ἀρχῆς erscheint in 2Joh 5.6; 1Joh 1,1; 2,7a.13.14b.24.; 3,8a.11; Joh 8,44; 15,27 und kann als ein Stilmerkmal der Johannesbriefe gelten.

wird, »denn die Finsternis vergeht und das wahre Licht scheint schon« (1Joh 2,8b). Zudem wird das Gebot nun ausdrücklich als Bruderliebe benannt (1Joh 2,9.10.11). Neben der positiven Motivation der Gesamtgemeinde dürfte auch hier schon der sich verschärfende Konflikt mit den Falschlehrern im Hintergrund stehen[19], der zu einer Ausprägung von antithetischen und dualistischen Formulierungen führte, um so die eigene Position in ein besseres Licht zu rücken. Während in der synoptischen Tradition das Liebesgebot in der Gestalt des Doppelgebotes aus der Schrift abgeleitet wird (vgl. die Aufnahme von Dtn 6,4.5; Lev 19,18 in Mk 12,30.31), begründet es im Johannesevangelium Jesus selbst. Dies entspricht johanneischer Logik, denn bereits die Schrift zeugt von Jesus (vgl. Joh 5,46), er ist auch Herr der Schrift. Das Prädikat *neu* für das Liebesgebot (Joh 13,34) verdankt sich ebenfalls diesem Denkansatz, denn die Neuheit liegt nicht in der Anweisung als solcher, sondern allein bei dem, der sie spricht, d. h. der christologische Grundansatz des Johannesevangeliums bedingt die veränderte Konzeption gegenüber den Briefen[20].

6 Das Liebesgebot erfährt nun eine weitere Entfaltung, indem das Substantiv ἀγάπη (»Liebe«) vorangestellt und das Gebot zunächst im Plural, dann im Singular rhetorisch entfaltet wird. Der Plural ›Gebote‹ dürfte sich auf die Vielzahl von Anordnungen beziehen, die alle in dem einen Gebot der Liebe ihren festen Grund und ihre inhaltliche Bestimmung finden. Welche Liebe ist gemeint? Die Offenheit der Formulierungen lässt vermuten, dass der Presbyter keine Alternative zwischen der Liebe Gottes zu uns und unserer Liebe zu Gott (so 1Joh 5,3) aufbauen will, sondern der Wandel nach seinen (= Gottes) Geboten ist Ausdruck unserer Liebe zu Gott[21], die sich in der Geschwisterliebe zeigt. Schließlich konstatiert der Presbyter der Gemeinde indirekt, dass sie so auch in der Wahrheit wandelt. Damit kommt die Unterscheidung von Wahrheit und Verführung (vgl. V. 7) in den Blick und es wird deutlich, dass das Gebot der gegenseitigen Liebe mehr als eine positive Haltung gegenüber den Mitchristen umfasst. Es ist untrennbar mit der gemeinsamen Glaubenstradition verbunden, die der Presbyter vertritt und die von den Falschlehrern verlassen wurde.

2. Die Falschlehrer 7-9

(7) Denn viele Verführer sind in die Welt hinausgegangen, die Jesus Christus nicht als den im Fleisch Kommenden bekennen. Das ist der Verführer und der Antichrist. (8) Gebt acht auf euch selbst, dass ihr nicht verliert, was wir erarbeitet haben, sondern dass ihr vollen Lohn erhaltet. (9) Jeder, der darüber hinausgeht und nicht in der Lehre des Christus bleibt, hat Gott nicht; wer in der Lehre bleibt, hat sowohl den Vater als auch den Sohn.

V. 8: Zwei Hauptvarianten sind überliefert: 1) »…dass *ihr* nicht verliert, was *wir* erarbeitet haben, sondern dass *ihr* vollen Lohn erhaltet« lesen B[(*)] 03.P 025.181.2492; 2) »… dass *ihr* nicht verliert,

---

[19] Vgl. die Auslegung von 1Joh 2,7-11.
[20] Vgl. in diesem Sinn auch *G. Strecker*, Die Johannesbriefe, 330-332; *E. E. Popkes*, Die Theologie der Liebe Gottes, 130f; eine entgegengesetzte Entwicklungslinie postuliert z. B. *H.-J. Klauck*, Der zweite und dritte Johannesbrief, 50 (vom Evangelium über den 1Joh hin zum ›nicht mehr neuen Gebot‹ des 2Joh).
[21] Vgl. *H.-J. Klauck*, Der zweite und dritte Johannesbrief, 51.

was *ihr* erarbeitet habt, sondern dass *ihr* vollen Lohn erhaltet« lesen ℵ 01.A 02. Ψ 044. 0232^vid. 33.81.323 al. latt sy bo. Die Entscheidung zwischen den beiden Lesarten sollte für Nr. 1 fallen, weil sich die äußere Bezeugung nicht grundlegend unterscheidet, es sich bei Nr. 1 um die schwierigere Lesart handelt und sie inhaltlich dem Autoritätsanspruch des Presbyters entspricht[22]. V. 9: Nach dem zweiten διδαχή fügen zahlreiche jüngere HS τοῦ Χριστοῦ ein; die kürzere und ursprüngliche LA wird von ℵ 01.A 02.B 03.33 und vielen anderen bezeugt.

7 Der Presbyter rückt die gegenwärtige Situation seines Gemeindeverbandes in einen eschatologischen Horizont. Vor allem die Begriffe πλάνος/πλάνοι (»Verführer«)[23] und ὁ ἀντίχριστος (»der Antichrist«) haben Signalcharakter und lassen das Auftreten der Falschlehrer als ein untrügliches Zeichen für das Ende erscheinen. In Endzeitszenarien erscheint ein eschatologischer Gegenspieler vor allem in der jüdischen Apokalyptik (vgl. Dan 7,35; 8,11; 11,36; syrBar 40,1f; AssMos 8,1f; 10,1f;); im frühen Christentum findet sich diese Vorstellung auch in 2Thess 2,4.8-11; Mk 13,14.22; Offb 12,7-9; 13,1-11; 19,20; Did 16,3f[24]. Für die Leser und Hörer des 2Joh ist nun deutlich, dass es um Erkenntnis, Entscheidung und Bekenntnis geht.

Das Wesen der ›Verführer‹ zeigt sich zunächst darin, dass sie ›in die Welt‹ hinausgegangen sind. Das Wort κόσμος (»Kosmos/Welt«) erscheint im 2Joh nur an dieser Stelle, es fehlt im 3Joh; demgegenüber findet es sich 23mal im 1Joh und 78mal im 4. Evangelium. Es hat hier eine negative Konnotation, allerdings ist es nicht wie in 1Joh 2,15-17 in ein striktes dualistisches Koordinatensystem eingebettet. Der Vorwurf lautet: Wer in die Welt hinausgeht, schließt sich weltlichen, dem Glauben fremden Maßstäben an. Die Formulierung erinnert an 1Joh 2,19 (»von uns sind sie ausgegangen, aber sie waren nicht von uns«), so dass gefragt werden kann, ob auch hier ein innergemeindliches Schisma vorliegt[25]. Dagegen spricht allerdings V. 10 (»wenn einer zu euch kommt und nicht diese Lehre bringt«)[26], der eher auf eine negative Beeinflussung von außen hinweist. Möglicherweise kam die Bedrohung der Gemeinde von innen und außen, ohne dass bereits ein Schisma wie in 1Joh 2,19 vorlag.

In V. 7b identifiziert der Presbyter die Falschlehrer mit dem Antichrist, dessen Herrschaft sich im Auftreten der Verführer zeigt. Der Begriff ἀντίχριστος/ ἀντίχριστοι (»Antichrist/Antichristen«) kommt im Neuen Testament nur in 2Joh 7;

---

[22] Für die Lesart Nr. 1 entscheiden sich auch *J. M. Lieu*, The second and third Epistles of John, 88f; *R. E. Brown*, The Epistles of John, 670f; *G. Strecker*, Die Johannesbriefe, 344; *M. Hengel*, Die johanneische Frage, 144; für LA 2 plädieren *R. Schnackenburg*, Die Johannesbriefe, 314; *H.-J. Klauck*, Der zweite und dritte Johannesbrief, 58.

[23] πλάνος nur hier in den joh. Schriften, vgl. sonst πλανᾶν 1Joh 1,8; 2,26; 3,7; Joh 7,12.47 und πλάνη 1Joh 4,6.

[24] Vgl. dazu ausführlich: *W. Bousset*, Der Antichrist in der Überlieferung des Judentums, des Neuen Testaments und der Alten Kirche, Göttingen 1895; *G. Strecker*, Der Antichrist. Zum religionsgeschichtlichen Hintergrund von 1Joh 2,18.22; 4,3 und 2 Joh 7, in: Text and Testimony (FS A.F.J. Klijn), Kampen 1988, 247-254; *G. C. Jenks*, The Origins and Early Development of the Antichrist-Myth, BZNW 59, Berlin 1991; *L. J. Lietaert-Peerbolte*, The Antecedents of the Antichrist. A Traditio-Historical Study of the Earliest Christian views on Eschatological Opponents, JSJ.S 49, Leiden 1995 (vgl. auch die Literatur zu 1Joh 2,18-27).

[25] Einen Bezug sieht *H.-J. Klauck*, Der zweite und dritte Johannesbrief, 53; dagegen *J. Beutler*, Die Johannesbriefe, 158.

[26] Vgl. *J. M. Lieu*, I, II, & III John, 253.

1Joh 2,18.22; 4,3 vor; er könnte in der Singularform ὁ ἀντίχριστος eine ad-hoc Bildung des Presbyters sein und bezeichnet immer eine Gestalt bzw. Gestalten, die sich durch ein falsches Bekenntnis gegen Christus wenden. Der in der letzten Zeit auftretende Antichrist ist für den Presbyter in den Gegnern bereits erschienen. Ihr falsches Bekenntnis bezieht sich auf das Kommen Jesu Christi im Fleisch[27], wobei beim präsentischen Partizip ἐρχόμενον drei Übersetzungen möglich sind: 1) Es wird im strengen Sinn präsentisch verstanden, d. h. es bezeichnet nicht nur einen punktuellen (Inkarnation), sondern einen andauernden und zugleich gegenwärtigen Sachverhalt[28]. Dann wäre an die pneumatische Immanenz oder die Präsenz Jesu Christi in den Sakramenten zu denken, wofür der Text aber keinen Anhalt bietet. 2) Eine futurische Deutung von ἐρχόμενον wird in den neueren Kommentaren vor allem von G. Strecker vertreten[29]. Strecker identifiziert die im 2Joh bekämpften Falschlehrer nicht mit den Gegnern des 1Joh. Er sieht im Presbyter einen Chiliasten, d. h. den Vertreter einer Anschauung, nach der vor dem Anbruch des Weltendes die Aufrichtung eines tausendjährigen messianischen Reiches erfolgt. Im Neuen Testament ist diese Anschauung allein in Offb 20,1-10 belegt, demgegenüber erscheint sie in nachneutestamentlicher Zeit sehr viel häufiger (Justin, Dial; Barn 15,4ff[?]; Kerinth [vgl. Euseb, HE III 28,2]; Papias [vgl. Euseb, HE III 39,12]; Irenäus; Tertullian). Wäre der Presbyter ein Chiliast, dann wären die ›Neuerer‹ jene, die diese Lehre ablehnen. Zwar ist G. Streckers futurische Deutung des Partizips ἐρχόμενον in 2Joh 7 möglich, aber er muss zahlreiche, vom Text nicht gedeckte Zusatzannahmen machen. Die Übereinstimmungen zwischen 2Joh 7 und 1Joh 2,23; 4,2 legen es zudem nahe, in beiden Fällen die gleiche Gegnerfront anzunehmen. 3) Das Partizip ἐρχόμενον ist vergangenheitlich zu verstehen und bezieht sich auf die wirkliche Inkarnation Jesu Christi. Dafür sprechen neben den Parallelen 1Joh 2,22; 4,2b-3a vor allem Joh 6,14; 11,27, wo ἐρχόμενον eindeutig vergangenheitlich zu übersetzen ist. Beide Texte zeigen ebenso wie Joh 3,31; 12,13, dass innerhalb des johanneischen Soziolekts dieser Sprachgebrauch nicht nur möglich, sondern auch verbreitet war[30].

Welche Anschauungen vertraten bzw. verwarfen die ›Verführer‹? Sie zogen das zentrale Bekenntnis des Presbyters und seiner Gefolgsleute in Zweifel: Jesus Christus ist im Fleisch gekommen. Der Ton liegt offenbar auf der Näherbestimmung ἐν σαρκί (»im Fleisch«), die sich in den johanneischen Schriften nur in 2Joh 7 und 1Joh 4,2 findet. Wie in 1Joh 4,2 leugneten die Gegner wahrscheinlich die substantielle Fleischwerdung des Christus[31], die Einheit zwischen dem irdischen Jesus und dem himmlischen Christus und die grundlegende soteriologische Bedeutung der Sakramente.

---

[27] Nicht einleuchten will mir die Differenzierung von *J. Beutler*, Die Johannesbriefe, 159, wonach das Bekenntnis zu Jesus Christus der Kern der Aussage und sein Kommen im Fleisch als Konkretisierung anzusehen sind; m. E. gehört beides für den Presbyter gleichwertig zusammen.
[28] So *F. Vouga*, Die Johannesbriefe, 83; *J. Beutler*, Die Johannesbriefe, 159.
[29] Vgl. *G. Strecker*, Die Johannesbriefe, 332ff (Vorläufer sind z. B. E. Schwartz, und A. E. Brooke); *J. M. Lieu*, I, II, & III John, 254, vertritt diese Deutung nicht, will sie aber auch nicht ausschließen.
[30] Für eine vergangenheitliche Übersetzung votieren auch *H.-J. Klauck*, Der zweite und dritte Johannesbrief, 54f; *J. M. Lieu*, I, II, & III John, 254f.
[31] Vgl. u. a. *R. Schnackenburg*, Die Johannesbriefe, 312f; *R. E. Brown*, The Epistles of John, 685f; *K. Wengst*, Der erste, zweite und dritte Johannesbrief, 240; *C. Colpe*, Art. Gnosis II, RAC 11, Stuttgart 1981, 611; *J. M. Lieu*, The second and third Epistles of John, 85f; *M. Hengel*, Die johanneische Frage, 140ff; *H.-J. Klauck*, Der zweite und dritte Johannesbrief, 54f; *J. Beutler*, Die Johannesbriefe, 159.

Deshalb kann die von ihnen vertretene Christologie wie in 1Joh 4,2 als doketisch bezeichnet werden[32]. Die Gegner hoben die Einheit von Göttlichem und Menschlichem in der Person Jesus Christus zugunsten des himmlischen Christus auf und entwerteten so auch die bleibende Bedeutung der Geschichte des Auftretens und Wirkens Jesu Christi. Ihr Hinausgehen in die Welt würde dann darin bestehen, sich bei der Beurteilung der Person Jesu Christi weltlichen, d. h. platonisch-philosophischen Maßstäben angeschlossen zu haben, wonach der Körper, das Fleisch als Vergängliches nicht heilsrelevant sein können[33].

8 Die apokalyptische Perspektive wird auf mehreren Ebenen ausgeweitet. Die Mahnung, auf sich zu achten, hat eine fast wörtliche Parallele in Mk 13,9 und erscheint im Kontext von Falschlehrerwarnungen auch in Mk 13,23 (vgl. 13,5), so dass hier von einem festen Motivinventar ausgegangen werden kann: Weil mit dem Auftreten von Falschlehrern immer die Frage nach Wahrheit und Lüge, Heil und Unheil verbunden ist, ist Wachsamkeit und Sorge um das eigene Heil geboten. Auch der Verweis auf den Lohn und damit auf das Gericht passen sich in die dominierende endzeitliche Perspektive ein. Die Vorstellung des endzeitlichen Lohnes (μισθός) findet sich in den Johannesbriefen nur hier (vgl. Joh 4,36; Offb 11,18; 22,12) und unterstreicht die Ernsthaftigkeit und Dringlichkeit der Argumentation: Die Gemeinde steht in der Gefahr, den vom Presbyter und seinen Gefolgsleuten erarbeiteten göttlichen Lohn im Gericht zu verlieren, wenn sie sich für die Falschlehrer öffnet. Die Differenzierung zwischen der empfangenden Gemeinde (»ihr«) und der Wir-Gruppe, die ›erarbeitet/gearbeitet‹ hat, lässt das Selbstbewusstsein des Presbyters als Haupt johanneischer Lehrer/Gemeindeleiter erkennen: Das Festhalten an seiner/ihrer Lehre entscheidet über Heil und Unheil[34].

9 Das Wandeln in der Wahrheit (2Joh 4a) vollzieht sich im Liebesgebot (vgl. 2Joh 4b-6). Wer nach diesem vom Vater empfangenen Gebot lebt, wandelt zugleich in der Wahrheit, denn nur wer in der Liebe ist, ist in der Wahrheit, und nur wer in der Wahrheit ist, ist auch in der Liebe. Die Falschlehrer hingegen kennzeichnet das Heraustreten aus dieser engen Verbindung von Glaubenslehre und Ethik. Sie negieren den durch den Presbyter verkörperten Traditionsgedanken und verbleiben nicht in der Lehre Christi (2Joh 9) und ›haben Gott nicht‹[35]; ihr προάγειν hebt sowohl die Wahrheit als auch die Liebe auf. Die Wendung διδαχὴ Χριστοῦ (»Lehre Christi«)

---

[32] Vgl. *G. Richter*, Blut und Wasser aus der durchbohrten Seite Jesu (Joh 19,34b), in: ders., Studien zum Johannesevangelium, BU 13, Regensburg 1977, (120-142) 126; *U. Schnelle*, Antidoketische Christologie, 252; *M. Hengel*, Die johanneische Frage, 182.185.192; *J. Frey*, Eschatologie III, 66f; *W. Uebele*, »Viele Verführer sind in die Welt ausgegangen«, 124; *P. Kinlaw*, The Christ is Jesus, 93-98. Andere Klassifizierungen: *J. Beutler*, Johannesbriefe, 24 (Geistenthusiasten); *H.-J. Klauck*, Der zweite und dritte Johannesbrief, 53, erklärt von 1Joh 4,2f her (tendenziell Gnostiker).
[33] Vgl. Exkurs 1: Doketismus.
[34] Der Hinweis von *J. Beutler*, Die Johannesbriefe, 160, auf die allgemeine Missionstätigkeit des Presbyters in der angeschriebenen Gemeinde bringt dessen Anspruch nicht hinreichend zum Ausdruck.
[35] Zu dieser antiken Formel vgl. *H. Hanse*, ›Gott haben‹ in der Antike und im frühen Christentum, RVV 27, Berlin 1939; gewisse Parallelen finden sich vor allem bei Epiktet; vgl. Diss I 9,7: »... dass wir Gott zum Schöpfer, Vater und Erhalter haben«; II 8,17: »Hast du nicht Gott dort bei dir? Und da suchst du noch einen anderen Aufseher, wenn du Gott hast«.

kann als genitivus subjectivus (die von Christus herkommende Verkündigung)[36] oder als genitivus objectivus (die Verkündigung über Christus) ausgelegt werden[37]. Der Kontext spricht für einen genitivus objectivus, denn es geht um das rechte Verständnis des Christus, den die doketischen Falschlehrer vom irdischen Jesus trennen und zu einer isolierten Heilsgestalt machen wollen (vgl. V. 7). Auch die Immanenzsprache legt eine solche Deutung nahe, weil sie als ›Bleiben in der Lehre Christi‹ das ›Bleiben in der Wahrheit/das Bleiben der Wahrheit in den Glaubenden‹ aus V. 1-4 aufnimmt, wobei in beiden Fällen der Traditionsgedanke bestimmend ist.

Indem die Falschlehrer den überlieferten Glaubensgrund verlassen (die ›Lehre Christi‹) und eine veränderte/neue Lehre in die Gemeinde hineinbringen, stellen sie sich selbst außerhalb der Gemeinde, sie haben nicht mehr den Vater und den Sohn. Hier zeigt sich, dass die Einheit von Vater und Sohn zu den Anfangs- und Grundgedanken der johanneischen Theologie gehört. Gott ist nicht jenseits der Geschichte Jesu Christi zu denken und Jesus Christus kann nur vom Vater her angemessen erfasst werden. Eine Veränderung und damit Entleerung dieser sensiblen Relation von Vater und Sohn widerspricht der ›Lehre Christi‹, so wie sie vom Presbyter gelehrt wird. Konstitutiv für die Theologie/Christologie des 2Joh ist somit der durch den Presbyter repräsentierte *Traditionsgedanke*, der sich gleichermaßen auf den Bereich der Lehre und der Ethik bezieht. An keiner Stelle greift der Presbyter dafür auf das Johannesevangelium oder den 1Joh zurück[38], weder ein Zitat noch eine Zitatanspielung aus dem Evangelium oder dem großen Brief lassen sich im 2Joh nachweisen. Vielmehr beruft sich der Presbyter auf die Traditionen der von ihm gegründeten johanneischen Schule, die in die Wahrheit der Erkenntnis Jesu Christi und die Bruderliebe führen. Deshalb kann die Position des Presbyters aber nicht als frühkatholisch bezeichnet werden, denn sowohl der Traditionsgedanke als auch die kritische Funktion der Lehre finden sich bereits bei Paulus (vgl. z. B. 1Kor 15,1-3a; Gal 1,12; Röm 6,17; 16,17)[39]. Der 2Joh enthält die Anfangs- und Grundgedanken johanneischer Christologie (V. 7.9: Jesus Christus als ins Fleisch Gekommener, V. 9: Einheit von Vater und Sohn), die aber in formelhaften Wendungen vorgetragen werden (V. 3.7.9) und sowohl vom Umfang als auch von ihrer argumentativen Differenzierungs- und Überzeugungskraft weit entfernt sind vom 1Joh und vor allem von der komplexen Argumentation im Johannesevangelium[40].

---

[36] So *R. Schnackenburg*, Die Johannesbriefe, 314f; *H.-J. Klauck*, Der zweite und dritte Johannesbrief, 61; *R. E. Brown*, The Epistles of John, 675; *J. Beutler*, Die Johannesbriefe, 161, die sich vor allem auf Joh 7,16; 18,19 berufen.
[37] So *G. Strecker*, Die Johannesbriefe, 344f.
[38] Gegen *F. Vouga*, Die Johannesbriefe, 16ff, der behauptet, der Presbyter berufe sich auf die Autorität des Johannesevangeliums und des 1Joh.
[39] Vgl. dazu *G. Strecker*, Die Johannesbriefe, 348-354.
[40] Zur Christologie des Johannesevangeliums vgl. *U. Schnelle*, Theologie, 629-664.

3. Keine Gastfreundschaft für die Falschlehrer 10-11

(10) Wenn einer zu euch kommt und nicht diese Lehre bringt, nehmt ihn nicht ins Haus auf und entbietet ihm nicht den Gruß. (11) Denn wer ihn grüßt, hat Gemeinschaft mit seinen bösen Werken.

10 Vom ›Kommen‹ endzeitlicher Falschlehrer ist auch in 2Petr 3,3 die Rede; in Mk 13,6 vom ›Kommen‹ der Pseudochristusse. Dieses Motiv wird hier aufgegriffen und auf die konkrete Gemeindesituation angewandt. Offenbar vertraten Missionare offensiv die Falschlehre und versuchten (mit Erfolg) in den Gemeinden des Presbyters Fuß zu fassen[41]. Vorauszusetzen ist dabei die vor allem im 3Joh bezeugte Praxis, dass zwischen den einzelnen Gemeinden Boten/Wandermissionare verkehrten und dabei wahrscheinlich von Haus- zu Hausgemeinde bzw. von Orts- zu Ortsgemeinde zogen[42]. Innerhalb des johanneischen Gemeindeverbandes sind zumindest drei Haus- und/oder Ortsgemeinden vorauszusetzen, wobei Hausgemeinden auch die Substruktur von Ortsgemeinden bildeten[43]. Die Boten fungierten gewissermaßen als Medium, mit denen nicht nur Nachrichten, sondern auch (Falsch-)Lehre transportiert wurde. Ihnen gegenüber wird eine scharfe Trennlinie gezogen: Weil die Falschlehrer sich außerhalb der zutreffenden Lehre bewegen und das endzeitliche Heil der Gemeinde bedrohen, ist es nur konsequent, sie nicht mehr aufzunehmen[44] und auch nicht mehr zu grüßen, weil dies Teilhabe an ihren bösen Werken bedeuten würde.

Wie die Prüfung der rechten und falschen Lehre sich im Einzelnen vollzog, wird nicht gesagt. Wie könnte die Umsetzung der Anordnungen des Presbyter praktisch ausgesehen haben? Vor allem zwei Möglichkeiten können erwogen werden[45]: 1) Die Falschlehrer waren der Gemeinde bekannt und wurden schon vor der ersten Kontaktaufnahme abgewiesen. 2) Reisende Brüder (evtl. mit Empfehlungsschreiben) wurden aufgenommen, um dann aber im Gottesdienst beim Herrenmahl oder bei einer Gemeindeversammlung ein Bekenntnis zum Kommen Christi im Fleisch zu sprechen. Oder es wurden in Gemeindeversammlungen Fragen an die eingetroffenen Boten gestellt, die auf eine Bejahung der ›Lehre Christi‹ im Sinn von V. 7.9 zielten. Waren sie dazu nicht bereit, wurden sie abgewiesen. Sowohl Gegenüberstellungen wie ›Jesus Christus – Antichristus‹, als auch Gegenbegriffe implizierende Ausdrücke

---

[41] Der Presbyter dürfte hier kaum einen fiktiven Fall konstruieren (so aber *J. Beutler*, Die Johannesbriefe, 161), denn nur ein bereits eingetroffener Vorfall oder eine reale Möglichkeit dürfte die angeschriebene Gemeinde motivieren, sich so zu verhalten, wie es der Presbyter will.

[42] Zu den joh. Hausgemeinden vgl. *D. Rusam*, Gemeinschaft der Kinder Gottes, 210-232.

[43] Vgl.: Der 2/3Johannesbrief und die Geschichte der johanneischen Schule.

[44] Zur Aufnahme von Wandermissionaren vgl. Mk 6,10fpar; Q 10,5-12; 2Kor 7,15; Ign, Phld 11,1. Eine Parallele zu 2Joh 10f bildet vor allem Did 11,1f: »Wer nun kommt und euch all das vorher Mitgeteilte lehrt, den nehmt auf! Wenn aber der, der lehrt, sich selbst abkehrt und eine andere Lehre lehrt, so dass er auflöst, dann hört nicht auf ihn«; vgl. ferner Ign, Trall 9,1, wo die Gemeinde aufgefordert wird, taub zu sein, wenn jemand zu ihr »ohne Jesus Christus« redet; ferner Ign, Sm 7,1.2, wo die Gemeinde sich von denen fernhalten soll, die »nicht bekennen, dass die Eucharistie das Fleisch unseres Erlösers Jesus Christus ist, das für unsere Sünden gelitten, das der Vater in seiner Güte auferweckt hat.«

[45] Weitere Überlegungen bei *H.-J. Klauck*, Der zweite und dritte Johannesbrief, 66 (hatten die Missionare Empfehlungsschreiben?, ein anfängliches Kreuzverhör?).

wie ›Wahrheit‹, ›Lehre Christi‹ oder ›böse Werke‹ zeigen, dass der Presbyter in Dualismen dachte, die freilich bei weitem nicht so ausgebildet waren wie im 1Joh oder im Johannesevangelium.

11 Neben der Nichtaufnahme der Falschlehrer in die Haus-/Ortsgemeinde ist die Untersagung des Grußes das zweite Element einer äußerst scharfen Abgrenzung. Der Gruß ist in der gesamten antiken Welt eine soziale Grundkonvention, die den freundlichen Kontakt herstellt und deren Aufkündigung eine massive Ablehnung aussagt[46]. Auch in der frühen Jesusüberlieferung spielt der Gruß eine wichtige Rolle; so heißt es in der Aussendungsrede Lk 10,4/Mt 10,9.10a: »Tragt keinen Geldbeutel, keinen Proviantsack, keine Sandalen, auch keinen Stock, und grüßt niemanden unterwegs.« Hier bezieht sich die Grußverweigerung nicht auf einzelne Menschengruppen, sondern steht deutlich im Dienst der Gottesreich-Verkündigung, denn jedem Haus, das die Q-Missionare aufnimmt, wird ausdrücklich der Friedensgruß entrichtet (vgl. Lk 10,5/Mt 10,12f). Mt 5,48 lehnt sogar ausdrücklich die Beschränkung des Grußes auf bestimmte Gruppen ab: »Und wenn ihr nur eure Brüder grüßt, was tut ihr da Außerordentliches? Tun das nicht auch die Heiden?« Als theologische Begründung für die Forderungen des Presbyters dient der Hinweis auf die mögliche Teilhabe an den ›bösen Werken‹ der Falschlehrer. Damit dürfte vom Kontext her vor allem die Verführung zu einer falschen Lehre gemeint sein[47]. Insgesamt zeigen die rigiden Anordnungen des Presbyters, wie stark ein gegenseitiges Misstrauen in die johanneischen Gemeinden eingezogen war[48] und wie sehr sich – vor allem mit Blick auf den 3Joh – Aktion und Gegenaktion gegenseitig hochschaukelten.

IV. Briefschluss 12-13

(12) **Vieles hätte ich euch noch zu schreiben, doch ich wollte es nicht mit Papier und Tinte tun; sondern ich hoffe, zu euch zu kommen und von Angesicht zu Angesicht mit euch zu reden, damit unsere Freude vollkommen ist.** (13) **Es grüßen dich die Kinder deiner erwählten Schwester.**

12 Der Briefschluss wird vom Presbyter bewusst emotional aufgeladen. Das Motiv der Größe des noch Ungesagten (vgl. Joh 20,30) verweist auf die Wichtigkeit des Themas, lässt aber zugleich das auf einem Papyrusblatt[49] Gesagte als zunächst ausreichend erscheinen. Die bleibende Zuwendung des Presbyters zur Gemeinde unterstreicht der Besuchswunsch, der zu einem persönlichen Gespräch führen soll. Weil der

---

[46] Zu Gruß und Gastfreundschaft vgl. klassisch Hom, Od 1,123f, wo Telemachos zu Athene spricht: »Freude mit dir, mein Gast (χαῖρε ξεῖνε)! Sei uns willkommen und hast du dich erst bei Tische gestärkt, dann sage, was dich herführt.«

[47] Mit der falschen Lehre verstoßen die Falschlehrer natürlich auch gegen die Wahrheit und das Liebesgebot; vgl. *G. Strecker*, Die Johannesbriefe, 347.

[48] Vgl. *J. Beutler*, Die Johannesbriefe, 162.

[49] Das Wort χάρτης bedeutet hier das Papyrusblatt; vgl. dazu *H. Hunger*, Antikes und mittelalterliches Buch- und Schriftwesen, in: ders. (Hg.), Die Textüberlieferung der antiken Literatur und Bibel, München ²1988, (25-147) 31.43; *H.-J. Klauck*, Der zweite und dritte Johannesbrief, 71.

Brief nach antiker Theorie nur ein Ersatz für das persönliche Gespräch sein kann[50], stellt der Presbyter seinen baldigen Besuch in Aussicht. Der Besuchswunsch gehört zum festen Forminventar neutestamentlicher Briefe, bei Paulus findet er sich in fast jedem Brief (vgl. 1Thess 2,17; 1Kor 16,15ff; 2Kor 13,10b; Röm 15,22ff; Phlm 22). Hier dürfte mehr als ein rhetorischer Topos vorliegen, denn es geht dem Presbyter um das Zurückdrängen der Falschlehrer, das seinen persönlichen Einsatz fordert. Der theologische Leitbegriff des Briefschlusses ist die χαρά (»Freude«). Im Johannesevangelium erscheint der Begriff der ›Freude‹ vor allem in den Abschiedsreden im Kontext des Fortgehens Jesu und der Sendung des Parakleten (vgl. Joh 15,11; 16,24). Es ist die Osterfreude (vgl. Joh 20,20) und die Freude über die andauernde Gegenwart Jesu im Parakleten, die nun die Gemeinde bestimmen und erfüllen. In Joh 17,13 sagt der scheidende Jesus zum Vater: »Nun aber komme ich zu dir, und dies sage ich in der Welt, damit sie meine Freude vollständig in sich haben.« Der Augenblick des Fortgehens Jesu wird von Johannes paradox als Anfang der vollkommenen Freude der Jünger und der Gemeinde beschrieben. Mit Jesu Tod und Auferstehung beginnt das eschatologische Heil, das die Welt nicht geben kann; die Gemeinde hingegen hat nun teil an dem durch Christus erworbenen ewigen Leben. Diese komplexen Zusammenhänge können hier nicht einfach vorausgesetzt werden. Vielmehr wird zunächst das Motiv der Freude aus V. 4 aufgenommen und so ein positiver Bogen innerhalb des Briefes und zwischen dem Presbyter und der Gemeinde gespannt. Die ›Freude‹ bezieht sich in V. 4 auf den gegenwärtigen, in V. 12 auf den zukünftigen Stand der Gemeinde. Der Presbyter ist zuversichtlich, durch seine Anwesenheit und die Gemeinschaft mit den Gemeindegliedern deren Glaubenszuversicht zu stärken und so die gemeinsame Freude (›unsere Freude‹) über das Heilsgeschehen von Vater und Sohn vollkommen machen zu können.

13 Durch die Aufnahme der Familienmetaphorik wird am Ende noch einmal auf den Anfang des Briefes zurückgelenkt. So beziehen sich ἐκλεκτός und τέκνον/τέκνα in V. 1 und V. 13 ebenso aufeinander wie κυρία und ἀδελφή. Der Presbyter betont auf diese Weise die gegenseitige Verbundenheit und unterstreicht mit dem Motiv des Erwähltseins den gemeinsamen soteriologischen Status als Kinder Gottes. Das Erwählungsmotiv gehört zu den Anfangs- und Grundüberzeugungen der johanneischen Christen; in Joh 15,16 wird es klassisch formuliert: »Nicht ihr habt mich erwählt, sondern ich habe euch erwählt und euch dazu bestimmt, dass ihr hingeht und Frucht bringt und eure Frucht bleibt«. Eine nahe sachliche Parallele bietet 1Petr 5,13: »Es grüßt euch die Miterwählte in Babylon«. Der Presbyter richtet Grüße von dritter Seite aus (vgl. 1Kor 16,19; 2Kor 13,12; Röm 16,16; Phil 4,21f), die ihn freilich mit einschließen, denn die Adressatengemeinden und die Gemeinde des Briefschreibers sind Schwestergemeinden. Selbst hier kommt das Grundanliegen des Presbyters zum Ausdruck: Die Einheit der Gemeinden soll so eng und unzerbrechlich sein wie die Einheit in einer Familie; die Mitglieder beider Gemeinden sind Geschwister im Glauben.

---

[50] Vgl. Sen, Ep 75; zur Sache vgl. *H. Koskenniemi*, Studien, 38-42.

Der 3 Johannesbrief

I. Präskript und Wohlergehenswunsch 1-2

Wie der 2Joh hat auch der 3Joh die Form und die Länge eines gewöhnlichen antiken Privatbriefes. Allerdings verbindet sich mit der Erwähnung der ›Brüder‹ in V. 3.5 und dem nachhaltigen appellativen Charakter des Schreibens ein deutlicher Öffentlichkeitsanspruch, so dass der 3Joh als ein *Gemeindebrief in der Form eines Privatbriefes* an ein einzelnes Gemeindeglied angesehen werden kann[1]. Die Überlieferung und Aufnahme des 3Joh in den Kanon zeigt zudem, dass der Presbyter die intendierte Öffentlichkeit trotz des teilweise privat erscheinenden Charakters des Briefes erreicht hat. Eine erste Strukturierung auf der Makroebene bietet die dreifache Anrede des Gaius als ›Geliebter‹ in V. 2.5.11. Trägt man das Briefschema an den Text heran, ergibt sich folgende Gliederung: Auf das Präskript (V. 1) folgt ein stereotyper Wohlergehenswunsch (V. 2); die Danksagung (V. 3-4) führt bereits deutlich zum eigentlichen Briefthema hin[2]. Innerhalb des Hauptteils (V. 5-12) stehen die Informationen über das Verhältnis zu Diotrephes im Mittelpunkt. Durch V. 12 weist sich der 3Joh als ein Empfehlungsbrief aus[3]. Den Briefschluss (V. 13-15) leitet die in antiken Briefen vielfach belegte Ankündigung eines geplanten Besuches ein, es folgen Schlussgrüße. Insgesamt weist der 3Joh damit eine konzentrische Struktur auf[4]: In der Mitte stehen die positiven Aussagen über Gaius (V. 5-8) und die negativen über das Verhalten des Diotrephes (V. 9-11); sodann entsprechen sich die Danksagung an Gaius (V. 3) und die Empfehlung des Demetrius (V.12) sowie der Anfangs- und Schlussteil des Briefes (V. 1.2 und V. 13-15). Als Gliederung unter rhetorischen Gesichtspunkten wird vorgeschlagen: exordium V. 2-4 (V. 1); narratio V. 5-6; probatio V. 7-12; peroratio V. 13-14 (V. 15)[5].

(1) Der Presbyter an Gaius, dem Geliebten, den ich liebe in Wahrheit. (2) Geliebter, in jeder Hinsicht wünsche ich dir Wohlergehen und Gesundheit, so wie es deiner Seele wohl ergeht.

1 Das Präskript des 3Joh entspricht fast der hellenistischen Idealform (vgl. Apg 15,23; Jak 1,1): In der Superscriptio steht der Absender im Nominativ, die Adscriptio enthält den Empfänger im Dativ mit dem qualifizierenden und ehrenden Attribut

---

[1] Vgl. *J. Beutler*, Die Johannesbriefe, 169.
[2] Anders *R. E. Brown*, The Epistles of John, 701, der den ›body of letter‹ mit V. 3 beginnen lässt; ebenso *G. Strecker*, Die Johannesbriefe, 361.
[3] Vgl. *M. Leutzsch*, Die Bewährung der Wahrheit, 18-30; *F. Vouga*, Die Johannesbriefe, 4; *H.-J. Klauck*, Der zweite und dritte Johannesbrief, 115. Kritisch zu dieser Klassifizierung *J. Beutler*, Die Johannesbriefe, 170.
[4] Vgl. dazu die überzeugenden Analysen von *J. A. du Rand*, The Structure of 3 John, Neotestamentica 13 (1979), 121-131.
[5] Vgl. *D. F. Watson*, A Rhetorical Analysis of 3John: A Study in Epistolary Rhetoric, CBQ 51 (1989), 479-501; *H.-J. Klauck*, Zur rhetorischen Analyse der Johannesbriefe (s. o. S. 20 Anm. 3) 217ff.

ἀγαπητός (»Geliebter«)⁶. Das Fehlen einer Salutatio erklärt sich aus der besonderen Formung (vgl. 2Joh 1-3) mit den johanneischen Schlüsselbegriffen ἀγαπᾶν (»lieben«) und ἀλήθεια (»Wahrheit«) und dem Wohlergehenswunsch in V. 2. Der Presbyter des 2Joh wendet sich mit seinem zweiten Brief an einen Christen mit dem geläufigen römischen Namens Gaius⁷, der noch dreimal im Brief angeredet wird (V. 2.5.11). Gaius war offensichtlich Heidenchrist und gehörte der gehobenen Sozialschicht an, denn er hatte offenbar ein Haus und konnte Wandermissionare ausstatten (V. 4f)⁸. Wahrscheinlich zählte Gaius weder zur Gemeinde des Presbyters noch zu der des Diotrephes, denn er muss vom Presbyter über den Konflikt mit Diotrephes informiert werden (V. 9f), d. h. wir haben mit mindestens drei johanneischen Gemeinden zu rechnen. Da der Presbyter Gaius anschreibt, hoch schätzt und im Konflikt mit Diotrephes um Hilfe bittet, dürfte es sich bei ihm um einen (Haus-)Gemeindeleiter handeln (vgl. V. 4f), der die (überregionale) Autorität des Presbyters anerkennt⁹. Das gegenseitige Anerkennungs- und Vertrauensverhältnis spiegelt sich auch in der Wendung ὃν ἐγὼ ἀγαπῶ ἐν ἀληθείᾳ (»den ich in Wahrheit«) wider. Da ›Wahrheit‹ der eindeutige Schlüsselbegriff des 3Joh ist (6 Belege!), dürfte bereits hier mehr gemeint sein als ›wahrhaftig/wirklich lieben‹¹⁰. Es handelt sich um eine Liebe, die auf einem gemeinsamen Wahrheitsgrund und einem gemeinsamen Verständnis der Wahrheit beruht.

2 Der Wohlergehenswunsch entspricht griechisch-römischer Briefkonvention¹¹ und findet sich im Neuen Testament nur hier. Seneca überliefert: »Die Alten hatten die Gewohnheit, die sich bis zu meiner Zeit erhalten hat, den ersten Worten eines Briefes hinzuzufügen: ›Wenn Du gesund bist, ist es gut; ich bin gesund‹ (si vales bene est, ego valeo).«¹² Allerdings gehen die Wünsche weit über das körperliche Wohlergehen hinaus, wie εὔχομαι (»wünschen«, aber auch »bitten/beten«; vgl. 2Kor 13,7-9; Röm 9,3),

---

6 Vergleichbare Beispiele aus antiken Privatbriefen bei *H.-J. Klauck*, Der zweite und dritte Johannesbrief, 76.
7 Unklar bleibt, ob Gaius römischer praenomen ist oder ob sich ein Grieche diesen römischen Namen zulegte. Der Name Gaius findet sich auch noch in 1Kor 1,14; Apg 19,20; 20,4; eine Personengleichheit lässt sich nicht plausibel machen.
8 Vgl. *M. Leutzsch*, Die Bewährung der Wahrheit, 95.
9 *A. J. Malherbe*, »The Inhospitality of Diotrephes«, in: God's Christ and His People (FS N. A. Dahl), hg. v. J. Jervell/W. A. Meeks, Oslo 1977, 222-232, sieht in Gaius den Leiter einer Hausgemeinschaft, die in derselben Region wie die Hausgemeinschaft des Diotrephes liegt, so dass beide derselben Ekklesia angehören, in der Diotrephes nun die Macht übernommen hat. Der Presbyter erblickt in Gaius gewissermaßen eine Alternative zum ablehnenden Diotrephes und schickt nun Demetrius, um ihn zu gewinnen. Anders *R. E. Brown*, The Epistles of John, 731, der darauf hinweist, dass Gaius über das Verhalten des Diotrephes erst informiert werden muss, so dass beide nicht zu nah aneinandergerückt werden können: »Gaius is not a member of Diotrephes' house-church, but neither he is fully the host or head of another house-church. ... Gaius may be a wealthy Johannine Christian in an area not far from Diotrephes where there are adherents (and perhaps even friends) of the Presbyter«. Allerdings hofft der Presbyter auch nach Brown (vgl. a. a. O., 732), dass Gaius *in Zukunft* sein Haus zu einem ›church meeting place‹ macht und die Abgesandten des Presbyters aufnimmt.
10 Vgl. *J. Beutler*, Die Johannesbriefe, 176.
11 Vgl. dazu *H. Koskenniemi*, Studien, 130-139.
12 Sen, Ep 15,1; vgl. ferner die beiden Apionbriefe (abgedruckt bei *H.-J. Klauck*, Die antike Briefliteratur, 29-35), wo sich ein Wohlergehenswunsch jeweils am Anfang und Ende jedes Briefes findet.

das häufig in LXX belegte Verb εὐδοῦσθαι (»sich auf einem guten Weg befinden«)[13] und ψυχή (»Seele«) zeigen. Wie bei den spiritualisierten Wohlergehenswendungen in Phil 1,9-11 richten sich die Wünsche auf das physische und geistliche Befinden; Gott gewährt Wohlergehen im umfassenden Sinn an Leib und Seele und in der Wahrheit.

II. Danksagung 3-4

(3) Denn ich habe mich sehr gefreut, als Brüder kamen und zeugten für deine Wahrheit, nämlich wie du in Wahrheit wandelst. (4) Eine größere Freude habe ich nicht, als zu hören, dass meine Kinder in Wahrheit wandeln.

V. 4: Statt χαράν liest B 03* χάριν (»Gnade«); eine sekundäre LA, weil das Motiv der ›Freude‹ Bestandteil einer Danksagung ist.

3 Die starken Übereinstimmungen mit 2Joh 4 weisen V. 3f als Proömium aus, mit dem die positiven emotionalen Dimensionen der Kommunikation angesprochen werden, zugleich aber auch die Argumentation voranschreitet[14]. Dem emotionalen Einverständnis dienen sowohl das Motiv der ›Freude‹ über den Erhalt guter Nachrichten[15] als auch das zweifache Lob des Zeugnisses und des Wandels des Gaius ›in Wahrheit‹, d. h. in der vom Presbyter repräsentierten Lehre (vgl. 2Joh 3.4). Das Zeugnis-Motiv spielt im 3Joh eine zentrale Rolle (vgl. V. 6)[16], es ist im Zusammenhang mit dem Wahrheitsbegriff ein bedeutsames Element frühjohanneischer Theologie. Die Wendung ›zeugen für die Wahrheit‹ in Verbindung mit ›wandeln in (der) Wahrheit‹ (περιπατεῖν ἐν [τῇ] ἀληθείᾳ sonst nur noch 3Joh 4; 2Joh 4.6) ist innerhalb der johanneischen Schriften singulär. In Joh 5,33 legt der Täufer Zeugnis für die Wahrheit ab, in Joh 18,37 Jesus selbst (vgl. Joh 8,14). Dort ist jeweils die von Gott kommende Botschaft gemeint[17], hier jedoch der Lebenswandel einer Person, der als Ausdruck einer Wahrheitsverpflichtung interpretiert wird. Diese ›Wahrheit‹ gewinnt nicht in einer Heilsbotschaft konkrete Gestalt, sondern in der Anerkennung eines bestimmten, vom Presbyter erwarteten Verhaltens. Hier geht es um die Bestätigung und Anerkennung des vorbildhaften Wandels des Gaius durch ›die Brüder‹, das als wahrhaftiges Zeugnis ausgelegt wird und so gleichermaßen theologische und rechtliche Dimensionen hat. Das Verhalten des Gaius entspricht der ›Wahrheit‹, indem es die Erwartungen und Anordnungen des Presbyters erfüllt, es ist vorbildhaft und soll als Norm gelten (vgl. V. 8). Die Identität der ›Brüder‹ kann nur ansatzweise erschlos-

---

[13] Vgl. 2Chr 18,11.14, wo Gott als derjenige erscheint, der das gute Gelingen gewährt.
[14] Vgl. *F. Schnider / W. Stenger*, Studien, 44, wonach das Proömium nicht nur durch die Motive des Dankes und der Freude gekennzeichnet ist, sondern auch durch einen Perspektivenwechsel, der ein Wissen des Briefschreibers zum Inhalt hat: in 2Joh 4 der Wandel der Kinder der Kyria, in 3Joh 3f das Kommen der Brüder.
[15] Vgl. den zweiten Apionbrief, 9f, wo es heißt: »Und als ich erfuhr, dass es Dir wohl ergeht, freute ich mich sehr« (vgl. *H.-J. Klauck*, Die antike Briefliteratur, 34).
[16] μαρτυρέω 4mal im 3Joh, nicht im 2Joh, 6mal im 1Joh, 33mal im JohEv; μαρτυρία 1mal im 3Joh; nicht im 2Joh; 6mal im 1Joh; 14mal im JohEv.
[17] Vgl. *J. Beutler*, Die Johannesbriefe, 176f.

sen werden; es handelt sich offenbar um Wandermissionare (aus der Gemeinde des Gaius oder anderen johanneischen Gemeinden), die dem Presbyter Bericht erstatten. Damit wird nicht nur ein reger Austausch zwischen den Gemeinden des Presbyters und des Gaius vorausgesetzt (oder weiteren Gemeinden), sondern der Presbyter fühlt sich offenbar für die Gemeinde des Gaius verantwortlich und übt diese Verantwortung auch aus. Er ist die Instanz, der die ›Brüder‹ Bericht erstatten und dessen Wertung der Vorgänge die Normen setzt.

4 Das Motiv der Freude (und des Dankes) wird durch eine Verallgemeinerung variiert und durch den Komparativ verstärkt (vgl. Joh 15,13). Die Wendung τὰ ἐμὰ τέκνα (»meine Kinder«) findet sich nur hier und verweist zunächst auf das besondere Verhältnis zwischen dem Presbyter und Gaius, der wahrscheinlich vom Presbyter bekehrt oder getauft wurde[18]. Während im 1Joh ausschließlich von den τέκνα θεοῦ (»Kinder Gottes«) gesprochen wird (vgl. 1Joh 3,1.2.10; 5,2), erscheinen in 2Joh 1.4.13 persönlichere Wendungen (›und ihren Kindern‹; ›von deinen Kindern‹; ›die Kinder deiner Schwester‹). Wenn der Presbyter hier von Angehörigen einer anderen Gemeinde als ›seinen Kindern‹ im Plural spricht, bringt er sowohl seinen Dank und seine Fürsorge, aber auch seinen Leitungsanspruch zum Ausdruck. Ob die gesamte Gemeinde des Gaius wirklich in ›der Wahrheit wandelt‹ und sich damit dem Anspruch des Presbyters unterstellt, muss angesichts von V. 9-11 sehr bezweifelt werden. Dennoch ist es ein Teil der Strategie des Presbyters, die Mitglieder dieser anderen Gemeinde wissentlich oder unwissentlich ›einzugemeinden‹, um den Einfluss des Diotrephes einzudämmen.

III. Briefkorpus 5-12

1. Die Brüder 5-8

(5) Geliebter, du handelst treu, was immer du an den Brüdern, sogar unbekannten (Brüdern) tust. (6) Sie haben vor der Gemeinde für deine Liebe Zeugnis abgelegt; du tust gut daran, wenn du sie für ihren Weg so ausrüstest, wie es vor Gott würdig ist. (7) Denn für den Namen (Christi) sind sie ausgezogen und nehmen nichts von den Heiden. (8) Wir sind deshalb verpflichtet, solche aufzunehmen, damit auch wir zu Mitarbeitern der Wahrheit werden.

5 Die nochmalige positive Würdigung des Gaius zielt bereits unmittelbar auf den Konflikt mit Diotrephes, dessen Verhalten so schon hier in einem (indirekten) negativen Licht erscheint. Innerhalb des Briefkorpus stehen sich das positive Verhalten des Gaius und das negative Auftreten des Diotrephes gegenüber, wobei das Motiv des ›Tuns‹ (ποιεῖν in V. 5.11) die gesamte Konfliktschilderung rahmt[19]. Die vorbildhafte Tun und die anhaltende Treue des Gaius zeigen sich darin, dass er sogar ›fremde/

---

[18] Vgl. *G. Strecker*, Die Johannesbriefe, 359, eher skeptisch *H.-J. Klauck*, Der zweite und dritte Johannesbrief, 85; *J. Beutler*, Die Johannesbriefe, 177.
[19] Vgl. *J. A. du Rand*, The Structure of 3 John, 124f.

unbekannte Brüder‹ aufnimmt. Damit dürften Angehörige einer anderen johanneischen Gemeinde gemeint sein, die als Wandermissionare wirkten, Gaius unbekannt und dem Presbyter offenbar bekannt waren. Schwierig ist die Zuordnung der einzelnen Gruppen von Brüdern; die ›fremden‹ Brüder in V. 5c sind wohl von den Brüdern in V. 3.5b noch zu unterscheiden, denn sonst müsste das Verhalten ihnen gegenüber nicht so hervorgehoben werden.

6 Alle Brüder haben vor der Gemeinde die Liebe des Gaius bezeugt, d. h. sein Verhalten öffentlich gelobt und anerkannt. Das Zeugnis-Motiv wird nun weitergeführt (vgl. V. 3) und in den Kontext der antiken Martyria-Praxis gestellt. Μαρτυρία heißt zuallererst »gutes Zeugnis/Ruhm/Ehre« und bezeichnet im griechisch-römischen Kulturbereich vor allem die Praxis von Städten und Provinzen, Menschen öffentlich zu ehren, die sich um eine Gemeinschaft verdient gemacht haben[20]. Vorbildhaftes wirtschaftliches, kulturelles, soziales oder politisches Verhalten von Einzelpersonen, Familien oder Gruppen führte zu Ehrungen, die durch Dekrete, Verlautbarungen oder Briefe bekannt gemacht wurden und inschriftlich bezeugt sind. Die ehrende Anerkennung steht im Mittelpunkt der Martyria; zugleich profitieren aber nicht nur die Geehrten, sondern auch die Ehrenden von solchen öffentlichkeitswirksamen Ereignissen. Das Pendant zur Volksversammlung einer griechischen Stadt ist hier die Gemeindeversammlung (ἐκκλησία), wobei nicht sicher zu entscheiden ist, ob es sich um die Gemeinde des Gaius, des Presbyters[21] oder die Heimatgemeinde der Brüder[22] handelt. Für die Gemeinde des Presbyters spricht (vgl. V. 3), dass er über die Martyria unterrichtet ist und das ehrende Geschehen nun Gaius mitteilt[23]. Die von Gaius erbrachte Wohltat besteht in der Ausrüstung der Wandermissionare, d. h. er nahm sie wahrscheinlich eine Zeit lang in sein Haus auf, verpflegte sie und rüstete sie spirituell und materiell für ihren weiteren Weg aus[24]. Eine solche Ausstattung/Aufnahme von Gemeindeabgesandten und Missionaren wird auch in Röm 15,24; 16,2; Tit 3,13 vorausgesetzt (vgl. ferner 1Kor 16,6.11; 2Kor 1,16) und spiegelt eine offenbar verbreitete Praxis innerhalb des frühen Christentums wider.

7 Die Brüder waren ›um des Namens‹ willen ausgezogen, womit der ›Name Gottes‹ oder der ›Name Jesu Christi‹ gemeint sein kann. Für den ›Namen Gottes‹ kann angeführt werden, dass θεός in 3Joh 6.11 erscheint, während Jesus Christus im 3Joh explizit überhaupt nicht vorkommt[25]. Auf der anderen Seite ist in 1Joh 2,12 vom ›Namen Jesu Christi‹ (vgl. 1Joh 2,1.2) und in 1Joh 3,23; 5,13 vom ›Namen des Sohnes Gottes‹ die Rede. Zudem gibt es eine feste Verbindung zwischen der Verkündigung des Namens Jesu Christi (vgl. Röm 1,5; Apg 4,17f; 5,40f; 8,12; 9,16) und der Taufe ›auf den Namen‹ Jesu Christi (vgl. z. B. 1Kor 6,11; Apg 8,12.16)[26]. Die Aus-

---

[20] Vgl. dazu *M. Leutzsch*, Die Bewährung der Wahrheit, 31-58 (dort auch Zeugnisse der Martyria-Praxis).
[21] So *G. Strecker*, Die Johannesbriefe, 362; *H.-J. Klauck*, Der zweite und dritte Johannesbrief, 89f.
[22] In diesem Sinn *R. Schnackenburg*, Die Johannesbriefe, 324.
[23] Eine gewisse Parallele für dieses Geschehen ist der in Apg 14,27 erwähnte Rechenschaftsbericht von Barnabas und Paulus vor der Gemeinde von Antiochia nach Abschluss der 1. Missionsreise.
[24] Vgl. zum Zeugnismotiv im Kontext von Gemeindegesandten auch Ign, Phld 11,1.
[25] *J. M. Lieu*, I, II, & III John, 272, votiert für den ›Namen Gottes‹.
[26] Deshalb dürfte auch hier der ›Name Jesu Christi‹ gemeint sein; vgl. *G. Strecker*, Die Johannesbriefe, 363.

rüstung der Missionare beschränkte sich offenbar auf das Nötigste und von Heiden nahmen sie keinerlei Hilfe an. Bei den ἐθνικοί handelt es sich um Nichtchristen und Nichtjuden[27], so dass die Motivation für dieses Verhalten nicht nur allgemein in der Unabhängigkeit der Missionare zu sehen ist[28], sondern einem bewusst judenchristlichen Standpunkt entspricht. Dafür spricht auch das seltene Vorkommen von ἐθνικός (neben 3Joh 7 nur noch in Mt 5,47; 6,7; 18,17), das jeweils eine klare (negative) ethnische Grenzziehung bezeichnet. Während die Q-Missionare essen und trinken sollen, was ihnen ›vorgesetzt wird‹ (Q 10,7.8), spiegelt sich hier ein anderes Bewusstsein wider, wonach man sich ausschließlich an der jüdischen Herkunft oder den christlichen Mitbrüdern orientiert.

Die hier vorausgesetzte Missionspraxis weist eine große Nähe zum Missionskonzept der Logienquelle auf, das mit dem Stichwort ›Wanderradikalismus‹ gekennzeichnet wurde[29]. Insbesondere die Aussendungsrede in Q 10,2-12 kann als Modell für diese Mission gelesen werden. Trotz größter äußerer Gefährdung (Q 10,2: »Geht! Siehe, ich sende euch wie Schafe mitten unter die Wölfe«) sollen die Missionare nicht nur auf Geld, sondern auch auf eine (lebensnotwendige) Mindestausstattung auf ihren Wanderungen verzichten (Q 10,4). Das Auftreten der Missionare in Häusern und Städten, ihr ungeheuerlicher Anspruch und auch ihre Ablehnung in Q 10,5-12 lassen idealtypische Züge erkennen. Die Q-Missionare banden in direkter Kontinuität zu Jesu Heil und Gericht an ihre Botschaft. Nimmt man das Ethos der Heimatlosigkeit (Q 9,58; Q 10,4e), der Familienlosigkeit (Q 14,26) und der Gewaltlosigkeit (Q 6,29f) hinzu, dann zeigt sich ein radikales Konzept, das sich vollständig auf Gottes Sorge (Q 12,22-32) und Gottes Reich/Herrschaft (Q 10,9b) ausrichtet. Nicht zufällig wird der Instruktionsblock Q 10 mit dem Vaterunser und der Gebetsgewissheit abgeschlossen (Q11,2b-4.9-13). Die Zahl der Q-Missionare dürfte nicht groß gewesen sein (Q 10,2: »Die Ernte ist zwar groß, Arbeiter gibt es aber nur wenige ...«). Organisatorisch war der Trägerkreis der Logienquelle doppelt strukturiert; neben Wandermissionaren (vgl. Q 9,57-62; Q 10,1-12.16; Q 12,22-31.33-34) gab es weitgehend sesshafte Jesus-Anhänger (vgl. Q 13,18-21; Q 16,18; Q 13,39f). Eine solche Lebensweise stellt keine wirkliche Ausnahmeerscheinung innerhalb der Geschichte des Urchristentums dar, denn bereits Paulus und seine engsten Mitarbeiter praktizierten einen vergleichbar radikalen Lebens- und Missionsstil (vgl. 1Kor 9,5.14f). Die Didache setzt dieses Phänomen (einschließlich seiner Missbräuche) für den syro-palästinischen Raum zu Beginn des 2. Jh. voraus (vgl. Did 11;13). Die sesshaften Sympathisanten in den Ortsgemeinden boten den Wandermissionaren eine materielle Basis, indem sie Unterkunft (Q 9,58) und Unterhalt (Q 10,5-7) gewährten. Viele Q-Logien setzen Sesshaftigkeit voraus, so die Gleichnisse vom Senfkorn und Sauerteig (Q 13,18-21), das Verbot der Ehescheidung (Q 16,18) oder das Wort

---

[27] Vgl. *M. Leutzsch*, Die Bewährung der Wahrheit, 96.
[28] So *H.-J. Klauck*, Der zweite und dritte Johannesbrief, 92, wonach die Boten des Evangeliums im Gegensatz zu den Wanderphilosophen kein Geld für die Erstverkündigung nehmen. Ginge es nur um die Unabhängigkeit, wäre die Einschränkung auf die ›Heiden‹ wenig sinnvoll, denn dann dürften die Missionare von niemandem etwas annehmen. Zu unpräzis auch *J. Beutler*, Die Johannesbriefe, 179, der hier nur das Motiv des allgemeinen »Misstrauens gegenüber Auswärtigen« sehen will.
[29] Vgl. dazu *G. Theißen*, Wanderradikalismus, in: ders., Studien zur Soziologie des Urchristentums, WUNT 19, Tübingen ²1983, 79-105; *Th. Schmeller*, Brechungen. Urchristliche Wandercharismatiker im Prisma soziologisch orientierter Exegese, SBS 136, Stuttgart 1989; *M. Tiwald*, Wanderradikalismus. Jesu erste Jünger – ein Anfang und was davon bleibt, ÖBS 20, Frankfurt 2002.

vom Hausherrn und Dieb (Q 13,39f)[30]. Auch eine doppelte soziale Schichtung des Q-Kreises ist anzunehmen. Zahlreiche Logien setzen materielle Armut voraus (Q 6,20f; 7,22; 11,3), zugleich lassen die Aufforderung zur Entscheidung zwischen Gott und dem Mammon (Q 16,13) bzw. den himmlischen und irdischen Schätzen (Q 12,33f) wie auch die Bereitschaft zum uneingeschränkten Geben in Q 6,30 auf eine materielle Basis schließen (vgl. ferner die Parabel vom großen Gastmahl Q 14,15-24). Das Verhältnis zwischen den Wanderpredigern und den Ortsansässigen darf auch hier nicht statisch gedacht werden, es herrschte sicherlich ein reger Austausch, und die beiden Gruppen rekrutierten sich teilweise gegenseitig.

Die Parallelen zwischen den Missionskonzepten der Logienquelle und den beiden kleinen Johannesbriefen sind offenkundig: a) Wandermissionare ziehen aus, um das Evangelium bzw. die Wahrheit zu verkünden; b) sie sind nur mit dem Nötigsten ausgestattet; c) sie sind auf die Unterstützung der sesshaften Mitchristen angewiesen.

8 Dieser Aspekt wird vom Presbyter nachhaltig unterstrichen, indem er eine allgemeine Verpflichtung ausspricht: Die sesshaften (und vermögenden) Gemeindeglieder werden zu Mitarbeitern an ›der Wahrheit‹ (vgl. 1Kor 3,9; Kol 4,11), wenn sie die Wandermissionare aufnehmen, ihnen Schutz gewähren, sie verpflegen und für die weitere Arbeit ausrüsten[31]. Die Verbform ὀφείλομεν (»wir sind verpflichtet«) nimmt diesen Vorgang aus der Beliebigkeit und auch aus der persönlichen Entscheidungsfreiheit heraus. Nach 1Joh 4,11 ›sind auch wir verpflichtet, einander zu lieben, weil Gott uns geliebt hat‹ (vgl. auch 1Joh 2,6; 3,16); nach Joh 13,14 ›sind die Jünger verpflichtet, sich untereinander die Füße zu waschen‹, weil Jesus ihnen die Füße wusch. Gerade weil die Gesandten/Missionare von den Heiden nichts ›nehmen‹ (λαμβάνειν), sollen die Gemeindeglieder sie ›aufnehmen‹ (ὑπολαμβάνειν)[32]. Wieder wird deutlich, dass ›Wahrheit‹ im 3Joh (und 2Joh) zuallererst ein bestimmtes Verhalten meint, das vom Presbyter anerkannt werden muss. Insgesamt entwirft der Presbyter in V. 5-8 bewusst das Urbild einer johanneischen Liebesethik, von dem sich das negative Gegenbild in V. 9-10 scharf abhebt.

2. Der Konflikt mit Diotrephes 9-10

(9) Ich habe der Gemeinde etwas geschrieben; aber Diotrephes, der unter ihnen der Erste sein will, nimmt uns nicht auf. (10) Deshalb werde ich, wenn ich komme, seine Werke in Erinnerung rufen, die er tut, indem er uns mit bösen Worten verleumdet und sich damit nicht zufrieden gibt: Er nimmt die Brüder nicht auf und hindert auch die, die es tun wollen, und schließt sie aus der Gemeinde aus.

V. 9: ἔγραψά τι wird bezeugt von ℵ 01*.A 02; B 03 liest ἔγραψάς τι (»du hast etwas geschrieben«), ein offenkundiger Schreibfehler, so dass auch B 03 eingeschränkt für die erste LA in Anspruch

---

[30] Vgl. ferner Q 6,43; 6,47-49; 7,32.11,11-13; 14,42-46; 12,58; 13,25.
[31] Mit dem ›wir‹ sind nicht alle Christen (so aber *R. Schnackenburg*, Die Johannesbriefe, 325), sondern alle Mitglieder der johanneischen Gemeinden gemeint (so z. B. *H.-J. Klauck*, Der zweite und dritte Johannesbrief, 93).
[32] Vgl. *H.-J. Klauck*, Der zweite und dritte Johannesbrief, 93.

genommen werden kann. Demgegenüber lesen ℵ 01ᶜ.33.61.81 und andere: ἔγραψα ἄν (»ich hätte wohl geschrieben«); mit dieser sekundären Variante soll der Eindruck vermieden werden, ein Apostelbrief sei verloren gegangen.

9 Mit der Wendung ἔγραψά τι τῇ ἐκκλησίᾳ (»ich habe der Gemeinde etwas geschrieben«) bezieht sich der Presbyter wahrscheinlich auf den 2Johannesbrief[33]. Dafür spricht: Die Gedanken- und Sprachwelt des 2Joh und 3Joh sind vergleichbar, der 2Joh ist an eine ἐκκλησία (»Gemeinde«) gerichtet, die der Presbyter respektvoll mit ›Herrin‹ anredet, und bereits 2Joh 10 dokumentiert einen Konflikt um die Aufnahme von Wandermissionaren, der sich nach dem Zeugnis des 3Joh fortsetzt. Gegenüber anderen hypothetischen Erwägungen[34] hat dieser Bezug zudem methodisch den großen Vorteil, im Bereich überlieferter Texte zu verbleiben, so dass nicht angeblich verlorene Texte vorhandene Schwierigkeiten erklären müssen. Mit Diotrephes betritt nun der Gegenspieler des Presbyters die argumentative Bühne. Der Name Diotrephes (Διοτρέφης) heißt ›der von Zeus Genährte/Aufgezogene‹, ist sehr selten belegt[35] und verweist eindeutig auf einen gebürtigen Griechen. Mit einem bissig ironischen Unterton wird Diotrephes mit einer neuen Wortschöpfung vorgestellt: der Erste sein wollen[36]. Das Verb φιλοπρωτεύειν findet sich nur in 3Joh 9 und seiner Wirkungsgeschichte und bringt unzweifelhaft den konkurrierenden Führungsanspruch des Diotrephes zum Ausdruck[37]. Er zeigt sich darin, dass er ›uns‹ nicht aufnimmt, d. h. die vom Presbyter ausgesandten Wandermissionare. Damit setzt der Presbyter die Nichtaufnahme der Boten mit der Ablehnung seiner eigenen Person gleich[38]. Das Verhalten des Diotrephes, die Reaktion des Presbyters, die Unterrichtung des Gaius und die differenzierende Bemerkung ›er will *unter ihnen* der Erste sein‹ lassen vermuten, dass Diotrephes nicht den Gemeinden des Presbyters und des Gaius angehört, sondern in einer dritten Gemeinde (möglicherweise der ἐκλεκτὴ κυρία des 2Joh) seine Führungsansprüche (gegen den Presbyter) durchgesetzt hat.

10 Der Presbyter kündigt einen Besuch in der Gemeinde des Diotrephes an, bei dem er öffentlich ›die schlechten Werke‹ des Diotrephes in Erinnerung rufen und anprangern will, d. h. dessen Weigerung, die vom Presbyter ausgesandten Wandermissionare aufzunehmen. Ob der Presbyter wirklich glaubte, durch eine persönliche Gegenüber-

---

[33] Für einen Bezug von 3Joh 9 auf 2Joh plädieren u. a. *B. Bresky*, Das Verhältnis des zweiten Johannesbriefes zum dritten, 2; *H. H. Wendt*, Johannesbriefe, 23; *M. Dibelius*, Art. Johannesbriefe, RGG² III (1929), 348; *K. Grayston*, The Johannine Epistles, 160f; *G. Strecker*, Die Johannesbriefe, 357f.368; *F. Vouga*, Die Johannesbriefe, 18.91; *W. Vogler*, Die Johannesbriefe, 30; *M. Hengel*, Die johanneische Frage, 132.
[34] So vermutet *H.-J. Klauck*, Der zweite und dritte Johannesbrief, 99f, der Presbyter beziehe sich auf ein Begleitschreiben für Wandermissionare, das von Diotrephes vernichtet wurde; ähnlich *J. Painter*, 1.2 and 3John, 375. *J. Beutler*, Die Johannesbriefe, 181, meint, das frühere Schreiben sei an »eine Hausgemeinde im Hause des Diotrephes« gerichtet gewesen.
[35] Belege für den Eigennamen finden sich in: Diodorus Siculus, Bibliotheca Historica XV 14,1; Strabon, Geographica XIII 4,15; XIV 2,24; OGIS 219,1. Namensvariante: Διειτρέφης: Thukydides Historiae VII 29,1; VIII 64,1 (athen. Heerführer).
[36] Nach *R. Bultmann*, Die Johannesbriefe, 99, ersetzt der Presbyter damit den wirklichen Titel des Diotrephes: ἐπίσκοπος (»Bischof«).
[37] Vgl. dazu Plut, Ages 2,2; Alcib 2,1; Sol 29,5 (= *Neuer Wettstein* II/2, 1444f), wo sich Varianten desselben Wortstamms finden, die die Grundaussage unterstreichen: ›ehrgeizig, leidenschaftlich und feurig sein‹.
[38] Vgl. *J. Beutler*, Die Johannesbriefe, 181.

stellung die Dinge noch wenden zu können, muss offen bleiben. Offenbar prägten gegenseitige Verleumdungen die Auseinandersetzung; der gute Ruf und die Ehre des anderen sollten herabgesetzt werden. Die Vorwürfe des Presbyters lassen eine innere Steigerung vom Wort zur Tat erkennen, sie reichen von ›bösen Worten‹, Verleumdungen, Nichtaufnahme der Brüder bis hin zum Gemeindeausschluss Andersdenkender. Die starke Stellung des Diotrephes zeigt sich vor allem darin, dass er sogar andere Gemeindeglieder daran hindern kann, die Missionare des Presbyters aufzunehmen. Wer dies beabsichtigt und sich damit ihm entgegenstellt, wird aus der Gemeinde entfernt (vgl. zum Gemeindeausschluss 1Kor 5,13), wobei das Präsens ἐκβάλλει darauf hindeuten könnte, dass Diotrephes dies nach wie vor tut[39]. Die Ablehnung von Wandermissionaren ist im frühen Christentum durchaus bezeugt; schon die Q-Missionare begegneten massiver Ablehnung (vgl. Q 10,10-12); Ignatius von Antiochien berichtet in Phld 11,1 von Gemeindegesandten, die offenbar zuvor von anderen Gemeinden abgelehnt wurden; in Sm 4,1 warnt er die Gemeinde vor den doketischen Falschlehrern (vgl. Ign, Sm 3): »Ich treffe aber Vorsorge für euch gegen die Bestien in Menschengestalt, die ihr nicht nur nicht aufnehmen, sondern denen ihr womöglich auch nicht begegnen dürft; nur beten sollt ihr für sie, ob sie sich vielleicht bekehren, was freilich schwierig ist.«[40] In Did 11; 13 werden Verhaltensregeln gegenüber Wandermissionaren formuliert, die auch eine Begrenzung ihres Aufenthaltes (11,5: ein bis zwei Tage, »wenn er aber drei Tage bleibt, ist er ein Lügenprophet«) und eine Beurteilung ihrer Wahrhaftigkeit mit einschließen[41]. Was aber bewog Diotrephes zu seinem Verhalten und was rief den entschiedenen Widerstand des Presbyters hervor?

In der Forschungsgeschichte[42] sind zwei Erklärungsmodelle bis heute von grundlegender Bedeutung: 1) Es handelt sich bei dem Streit um eine kirchenrechtliche Kontroverse; 2) Die Auseinandersetzung zwischen dem Presbyter und Diotrephes hat theologisch-dogmatische Ursachen. Das *kirchenrechtliche Erklärungsmodell* wurde grundlegend von A. (v.)Harnack erarbeitet. Danach ist der Presbyter der Leiter einer umfassenden Missionsorganisation in der Provinz Asien, der Missionare aussendete und Gemeinden vorstand. Gegen diese Organisationsform und den Herrschaftsanspruch des Presbyters begehrte die Gemeinde des Diotrephes auf. »Es ist der Kampf der alten patriarchalischen und provinzialen Missionsorganisation gegen die sich konsolidierende Einzelgemeinde, die zum Zweck ihrer Konsolidierung und strengen Abschließung nach außen den monarchischen Episkopat aus ihrer Mitte hervortreibt.«[43] Diotrephes ist somit der erste bekannte monarchische Bischof. Das *dogmatische Erklärungsmodell* vertritt W. Bauer. Danach spiegelt sich in der Auseinandersetzung zwischen dem Presbyter und Diotrephes der Konflikt zwischen Häresie und Orthodoxie wider. Bauer sieht im Presbyter den Vertreter der Rechtgläubigkeit, der durch den Einfluss des Ketzerhauptes Diotrephes in die Defensive gedrängt wurde. Es gelang Diotrephes, in seiner Gemeinde den Einfluss des Presbyters zurückzudrängen, der nun seinerseits durch den

---

[39] Vgl. *E. Haenchen*, Neuere Literatur zu den Johannesbriefen, 302.
[40] Vgl. auch Ign, Sm 7,2: »So ist es nun geziemend, von solchen fernzubleiben und von ihnen weder privat noch öffentlich zu sprechen.«
[41] Vgl. zum gesamten Komplex vor allem *M. Leutzsch*, Die Bewährung der Wahrheit, 59-71.
[42] Zur Forschungsgeschichte vgl. *E. Haenchen*, Neuere Literatur zu den Johannesbriefen, 282-300.
[43] *A. (v.) Harnack*, Über den 3. Johannesbrief, 21.

3Joh den Versuch unternahm, das verloren gegangene Terrain wiederzuerlangen[44]. In Umkehrung der These W. Bauers sieht E. Käsemann in Diotrephes einen monarchischen Bischof, im Autor des 2/3Joh hingegen einen aufgrund seiner gnostischen Irrlehre exkommunizierten Presbyter. Käsemann hält den Presbyter auch für den Verfasser des Johannesevangeliums, der als christlicher Gnostiker den Mut hatte, im Umfeld der Gnosis ein Evangelium zu schreiben. Aus der Sicht der Orthodoxie enthielt das Johannesevangelium eine ketzerische gnostische Irrlehre, die zur Exkommunikation des Presbyters führte. »Nicht als Sektenhaupt, sondern als monarchischer Bischof, der sich einem Irrlehrer gegenübersieht und dementsprechend handelt, übt Diotrephes am Presbyter und dessen Anhängern bis in die eigene Gemeinde hinein die kirchliche Disziplinargewalt aus.«[45] Die Einzelelemente des kirchenrechtlichen und des dogmatischen Erklärungsmodells wurden im Verlauf der Forschungsgeschichte vielfältig miteinander kombiniert. Während sich R. Bultmann dem eher dogmatisch orientierten Erklärungsversuch E. Käsemanns anschließt[46], betont R. Schnackenburg die rechtlichen Dimensionen der Auseinandersetzung zwischen dem Presbyter und Diotrephes. Diotrephes leitet bereits allein die Gemeinde, er ist aber noch kein monarchischer Bischof, denn »wir befinden uns in einer Übergangszeit, in der sich der monarchische Episkopat festigt.«[47] K. Wengst sieht wie Harnack in Diotrephes den ersten bekannten monarchischen Bischof. »Und zwar ein rechtgläubiger, kein ketzerischer!«[48] Diotrephes stellt durch seinen Anspruch die Gemeindestruktur des johanneischen Kreises in Frage, die nicht hierarchisch strukturiert ist. Ähnlich wie R. Schnackenburg erblickt R. E. Brown in Diotrephes nicht nur den Leiter einer Lokal- oder Hausgemeinde, sondern »Diotrephes is on his way to become a presbyter-bishop in the style of the Pastorals«[49]. J. W. Taeger zeichnet Diotrephes als einen konservativen Johanneer, der gegen den Presbyter rebelliert, weil dieser sich eine Autorität anmaßt, die dem traditionellen Gemeindeverständnis nicht entspricht. »Genuin johanneisch nämlich ist der Geist das Subjekt der Gemeindeordnung; er leitet und lehrt die Gemeinde, die damit unter der Alleinherrschaft Christi steht, ist doch im Geist/Parakleten der Erhöhte gegenwärtig (Joh 14,16f.25f).«[50] Aus Sorge um den Bestand der johanneischen Gemeinden befindet sich der Presbyter auf dem Weg zum monarchischen Episkopat, demgegenüber versucht Diotrephes, die genuin johanneische Konzeption zu retten. G. Strecker sieht wie E. Käsemann den Presbyter eher auf der Seite der Häresie, denn als Chiliast vertrat er eine Lehre, die offenbar von Diotrephes zurückgewiesen wurde[51]. H.-J. Klauck votiert in Anlehnung an A. v. Harnack für einen Strukturkonflikt: »In einer Gemeinde, die sich vielleicht nur zu gern seiner starken Hand anvertraute, etabliert sich Diotrephes als oberste Autorität. Im Grunde vertritt er den Standpunkt der Redaktion von Joh 21, er tut es in der Praxis, er tut es härter, brutaler, rücksichtsloser und mit Erfolg. Die Zukunft hat ihm Recht gegeben. Ohne eine feste Leitung war die Auseinandersetzung mit der Häresie, insbesondere mit der aufkommenden Gnosis, nicht erfolgreich zu führen.«[52]

---

[44] Vgl. *W. Bauer*, Rechtgläubigkeit und Ketzerei im ältesten Christentum, 96f.
[45] *E. Käsemann*, Ketzer und Zeuge, 173f.
[46] Vgl. *R. Bultmann*, Die Johannesbriefe, 99f.
[47] *R. Schnackenburg*, Die Johannesbriefe, 329.
[48] *K. Wengst*, Der erste, zweite und dritte Brief des Johannes, 233.
[49] *R. E. Brown*, The Johannine Epistles, 738.
[50] *J. W. Taeger*, Der konservative Rebell, 286.
[51] Vgl. *G. Strecker*, Die Johannesbriefe, 365-368.
[52] *H.-J. Klauck*, Der zweite und dritte Johannesbrief, 110.

Der Verlauf der Forschungsgeschichte zeigt deutlich die Schwierigkeiten auf, die Ursache für die Kontroverse zwischen dem Presbyter und Diotrephes exakt zu bestimmen. Bildet nur der 3Joh die Textbasis, so könnten unterschiedliche ekklesiologische Konzeptionen (autonome Orts-/Hausgemeinden contra überregionale Gemeindeverbände mit Wandermission) den Streit ausgelöst haben. Wird hingegen der 2Joh mit einbezogen und Diotrephes zu den πλάνοι (»Verführern«) in 2Joh 7 gezählt, ergibt sich ein komplexeres Bild. Der im 2/3Joh geschilderte Konflikt bewegt sich vermutlich auf vier Ebenen, die miteinander verschränkt sind:

1) Ausgangspunkt des Konfliktes ist offenbar eine *lehrmäßige Kontroverse* über das rechte Verständnis Jesu Christi, denn es geht um nicht weniger als um *die Wahrheit und die Liebe*![53] Der judenchristliche Presbyter (vgl. 3Joh 7) sieht das Kommen Jesu Christi ins Fleisch als Wahrheitsgrundlage an und weist so dem Juden Jesus von Nazareth und der Geschichtlichkeit des Glaubens eine entscheidende Bedeutung zu (2Joh 7). Demgegenüber betonte der geborene Grieche Diotrephes auf seinem kulturellen Hintergrund vornehmlich die Gottheit Jesu Christi und bewertete seine Fleischwerdung als uneigentliches Geschehen. Der Presbyter begründet die notwendige Trennung von den Falschlehrern (und damit auch von Diotrephes) eschatologisch-dualistisch: Sie stammen aus dem Bereich des Antichristen (2Joh 7), ihre Werke sind böse (2Joh 11; 3Joh 11) und im Gegensatz zum Presbyter und seinen Gefolgsleuten wandeln sie nicht in der Wahrheit und der Liebe (2Joh 3-6; 3Joh 3-6). Insgesamt dürfte der *Presbyter* eher auf der Seite der (später siegreichen) *Orthodoxie* und *Diotrephes* eher auf der Seite der (später so genannten) *Häresie* stehen. Allerdings reichen diese Wertbegriffe der späteren Kirchengeschichtsschreibung nicht aus, um den historischen Sachverhalt gerecht zu beurteilen, denn der 2/3Joh sind Zeugnisse der Auseinandersetzung um das rechte Christusverständnis zu einer Zeit, als allgemein verbindliche dogmatische Entscheidungen noch nicht gefallen waren. Auch kirchenrechtliche Strukturen lassen sich hinter den Briefen noch nicht erkennen, denn weder von einer Exkommunikation des Presbyters durch Diotrephes noch von einem monarchischen Bischofsamt ist in beiden Briefen die Rede. Der Presbyter als Gründer der johanneischen Schule verstand sich offenbar als Hüter der wahren Tradition, der den Neuerern und ihrem Haupt Diotrephes entgegentrat.

2) Mit der lehrmäßigen Dimension der Auseinandersetzung (vgl. 2Joh 9f) verbindet sich schon früh ein *Leitungs- und Weisungskonflikt, d. h. ein Machtkonflikt*. Zunächst verbietet der Presbyter die Aufnahme oder den Gruß jener Missionare, die eine doketische Christologie vertreten (2Joh 10). Dabei ist bereits die im 3Joh bezeugte Praxis vorauszusetzen, dass zwischen den einzelnen johanneischen Gemeinden Wandermissionare verkehren und von Hausgemeinde zu Hausgemeinde ziehen. Der Presbyter kann sich mit dieser Weisung nicht durchsetzen; im Gegenteil: Diotrephes dreht den

---

[53] Treffend W. *Bauer*, Rechtgläubigkeit und Ketzerei, 97: »Und die in dem kurzen Schreiben nicht weniger als fünfmal wiederkehrende Versicherung, die zu dem Ältesten haltenden Brüder befänden sich im Besitze der ›Wahrheit‹, jenes Gutes, das im 2. und auch im 1 Joh den Rechtgläubigen im Gegensatz zum Häretiker auszeichnet, macht es mir sehr unwahrscheinlich, daß es sich nur um persönliche Reibungen zwischen dem Ältesten und dem Diotrephes handeln sollte.« Diese Beobachtung spricht deutlich gegen alle Versuche, Lehrstreitigkeiten im 3Joh zu bestreiten, wie es z. B. *J. W. Taeger*, Der konservative Rebell, 269, tut.

Spieß um und ordnet an, die Wandermissionare des Presbyters nicht aufzunehmen und jene aus der Gemeinde auszuschließen, die es tun wollen (3Joh 9f). Diotrephes lehnt offenkundig nicht nur den Führungsanspruch des Presbyters ab, sondern verfügt auch über die Macht, seine Position in seiner Gemeinde durchzusetzen. Wahrscheinlich versammelte sich die Gemeinde des Diotrephes schon immer in dessen Haus und als Gastgeber gelang es ihm, seinen Einfluss immer stärker auszubauen[54]. Möglicherweise wollte er nicht mehr nur einer Hausgemeinde, sondern einer sich bildenden Ortsgemeinde (aus mehreren Hausgemeinden) vorstehen und bestritt so die alleinige Führungskompetenz des Presbyters[55]. Wie groß seine Macht inzwischen geworden war, zeigte sich daran, dass der Presbyter zumindest indirekt Gaius um Hilfe gegen Diotrephes bat (3Joh 11). Worin diese Unterstützung liegen sollte (Zurückdrängen des Einflusses des Diotrephes in dessen Gemeinde/Aufbau von alternativen Strukturen in der Gemeinde des Gaius), lässt sich nicht mehr genau ermitteln.

3) Auch *unterschiedliche ekklesiologische Konzeptionen* dürften die Auseinandersetzungen mit bestimmt haben. Während der Presbyter einen überregionalen Führungsanspruch gegenüber anderen johanneischen Gemeinden nicht nur erhob, sondern durch seine Boten/Wandermissionare/Gefolgsleute auch faktisch durchzusetzen versuchte und damit einen expansiven Kurs verfolgte[56], vertrat Diotrephes offenbar eine auf die einzelne Haus-/Ortsgemeinde konzentrierte partikulare Konzeption. Ferner richtete der Presbyter seine Missionsaktivitäten vornehmlich oder sogar ausschließlich auf Juden aus (vgl. 3Joh 7), während Diotrephes eine solche Konzentration/Beschränkung wahrscheinlich ablehnte.

4) Schließlich handelt es sich um einen *persönlichen Konflikt*; der Presbyter und Diotrephes weisen eine vergleichbare Persönlichkeitsstruktur auf, beide stellen persönliche Ansprüche und wollen immer der Erste sein. Solche persönlichen Konflikte/Rivalitäten waren im Frühen Christentum nicht selten[57]; möglicherweise wandelte sich die Freundschaft zweier ehemaliger Partner und Weggefährten in Feindschaft[58]. Weil Diskurse jeder Art immer auch mit Machtansprüchen verbunden sind[59], sollte dieser im 2/3Joh deutlich erkennbare persönliche Aspekt stärker als bisher berücksichtigt werden.

Der im 2/3Joh bezeugte Konflikt lässt sich nicht monokausal erklären. Wir befinden uns in einer Zeit, in der es noch keine festen kirchenrechtlichen Strukturen gab, zugleich aber Amtsstrukturen im Entstehen waren. Dies lässt sich deutlich am Begriff

---

[54] Vgl. *M. Leutzsch*, Die Bewährung der Wahrheit, 114f.
[55] Vgl. *D. Rusam*, Gemeinschaft der Kinder Gottes, 220f.
[56] Vgl. *E. Haenchen*, Neuere Literatur zu den Johannesbriefen, 303.
[57] Bereits für Paulus wird man solche persönlichen Konflikte annehmen müssen (vgl. Gal 2,1-10.11.15); aus späterer Zeit vgl. Jak 2,1-4; HermVis III 1,8 (Presbyter verlangen eine Ehrenstellung); HermSim VIII 7,4.6 (Streit um die ersten Plätze in der Gemeinde).
[58] Vgl. *M. Leutzsch*, Die Bewährung der Wahrheit, 114f.
[59] Vgl. *A. Landwehr*, Historische Diskursanalyse, 91f.

des ἐπίσκοπος (»Episkopos/Vorsteher/Bischof«) zeigen[60]. Der Phil aus der Spätphase des paulinischen Wirkens (um 60 n. Chr.) bezeugt die Dienste der ἐπίσκοποι und διάκονοι (Phil 1,1), wobei der jeweilige Plural und das Nebeneinander verschiedener Dienste/Aufgabenbereiche darauf hinweisen, dass hier noch keine Amtskategorien vorliegen. Ein anderes Bild zeigt sich in den Pastoralbriefen (um 100 n. Chr.), die eine Episkopen-Ordnung verbunden mit dem Diakonenamt favorisieren[61]. Nach 1Tim 3,1 ist das Episkopen-Amt eine gute Sache, die man anstreben soll. Der Episkopos steht nicht mehr nur einer Hausgemeinde vor, sondern ihm obliegt die Leitung einer Ortsgemeinde, umgeben von Diakonen und Verantwortung wahrnehmenden Ältesten. Die angestrebte Neugestaltung des Episkopen-Amtes und die allmähliche Überwindung des Presbyteriums veranschaulicht die Ordination des Timotheus in 1Tim 4,14. Zwar legen die Presbyter Timotheus die Hand auf (nach 2Tim 1,6 wurde Timotheus durch Paulus ordiniert), er wird aber zum ἐπίσκοπος der Gesamtgemeinde ordiniert. Die Ordination als geistlicher und rechtlich-institutioneller Akt zielt gleichermaßen auf die Autorität der Amtsträger und die Wahrung der Tradition[62]. Ein erster folgerichtiger Abschluss dieser Entwicklung zeigt sich bei Ignatius von Antiochien (um 110 n. Chr.), wo es in Phld 7,2 heißt: »Der Geist aber verkündigte und sagte: Tut nichts ohne den Bischof« (χωρὶς τοῦ ἐπισκόπου μηδὲν ποιεῖτε)[63]. Bei Ignatius hat das Episkopenamt zweifellos bereits eine konstitutive und überregionale Bedeutung. Der 2/3Joh fallen somit genau in die Phase, in der sich überregionale und an der Führungskraft einzelner Personen orientierte Strukturen ausbildeten und durchsetzten, ohne jedoch schon klar erkennbar zu sein.

Eine vergleichbare Entwicklung lässt sich bei der Frage nach richtiger und falscher Lehre beobachten. Auseinandersetzungen um das sachgemäße Verständnis des Christusgeschehens gab es schon sehr früh (vgl. das Apostelkonzil 48 n. Chr.), ohne dass jedoch schon entschieden war, was bleibend als normativ zu gelten hat. Stand in der ersten Phase der Auseinandersetzungen das Verhältnis zum Judentum im Mittelpunkt (vgl. Galaterbrief/Matthäusevangelium), so rücken nun innerchristologische Fragen immer mehr in den Vordergrund. Je mehr das frühe Christentum in den originären griechisch-römischen Kulturbereich vordrang, um so mehr verband es sich auch mit dessen anthropologischem und theologischem Denken. In diese Phase gehören pro-

---

[60] Vgl. dazu *E. Dassmann*, Hausgemeinde und Bischofsamt, in: ders., Ämter und Dienste in den frühchristlichen Gemeinden, Bonn 1994, 74-95.
[61] Nach *J. Roloff*, Der erste Brief an Timotheus, EKK XV, Neukirchen 1988, 170, führt der Verfasser keine neuen Ämter ein, sondern es geht ihm darum, »die bereits vorhandenen Ämter und Dienste zunächst so weit wie möglich in einer Gesamtschau zu integrieren und sie durch eine vertiefte Neuinterpretation so umzugestalten, daß sie den Aufgaben und Anforderungen seiner kirchlichen Situation entsprechen können.«
[62] Vgl. *H. v. Lips*, Glaube – Gemeinde – Amt. Zum Verständnis der Ordination in den Pastoralbriefen, FRLANT 122, Göttingen 1979, 279: »Die Bedeutung der Ordination als Bevollmächtigung und Befähigung für den Amtsträger zielt auf dessen amtliche Funktion und Autorität in der Gemeinde einerseits, auf die Wahrung der Tradition durch Hineinstellen in amtliche Kontinuität andererseits.«
[63] Vgl. ferner Ign, Eph 6,1: »Den Bischof müssen wir also offensichtlich wie den Herrn selbst ansehen«; Ign, Magn 6,1: »Seid bestrebt, alles in Gottes Eintracht zu tun, wobei der Bischof an Gottes Stelle und die Presbyter an Stelle der Ratsversammlung der Apostel den Vorsitz führen«; Ign, Trall 2,1.2: »Denn wenn ihr euch dem Bischof wie Jesus Christus unterordnet ..., dass ihr nichts ohne den Bischof unternehmt ...«; Ign, Trall 3,1: achtet »den Bischof als Abbild des Vaters ...«

tognostische Strömungen wie der Doketismus⁶⁴, der sich wie die spätere Gnosis auch dem platonischen Weltbild verpflichtet fühlt.

Bedenkt man die vagen Angaben des 2/3Joh und erkennt, dass der in den Briefen dokumentierte Konflikt selbst Teil der noch offenen Formierungsphase des frühen Christentums ist, dann erscheint ein mehrschichtiges Erklärungsmodell durchaus plausibel.

3. Die Empfehlung des Demetrius 11-12

(11) Geliebter, ahme nicht das Böse nach, sondern das Gute! Wer Gutes tut, ist aus Gott; wer Böses tut, hat Gott nicht gesehen. (12) Für Demetrios legen alle und die Wahrheit selbst Zeugnis ab; auch wir legen Zeugnis für ihn ab, und du weißt, dass unser Zeugnis wahr ist.

11 Die Anrede ›Geliebter‹ nimmt V. 5 auf; es folgt eine allgemeine ethische Maxime (vgl. V. 8), mit der der Presbyter den Konflikt mit Diotrephes in den Grunddualismus von Gut und Böse einzeichnet. Das Verhalten des Diotrephes wird als ein Nachahmen/Nachfolgen⁶⁵ des Bösen qualifiziert; er ist dem Bösen verhaftet und hat Gott nicht gesehen (vgl. 1Joh 3,6). Demgegenüber tun die Gefolgsleute des Presbyters das Gute, denn sie sind ›aus Gott‹ und haben ›Gott gesehen‹. Die Sprache und der Vorstellungsgehalt klingen gut johanneisch, dennoch sind Besonderheiten zu beachten. In den Johannesbriefen finden sich die Gegensatzpaare ἀγαθός und κακός, ἀγαθοποιεῖν und κακοποιεῖν nur hier (vgl. aber Joh 5,29)⁶⁶. Sie sind sehr viel allgemeiner gehalten als die präzisen Formulierungen in 1Joh 3,6.9f, wonach derjenige Gott nicht gesehen hat, der sündigt, bzw. der nicht aus Gott sein kann, der seinen Bruder nicht liebt. Gemeinsam ist allerdings der Grundgedanke, dass aus dem Handeln auf das Sein zurückgeschlossen werden kann. Bemerkenswert ist, dass sich hier erstmals zwei für die johanneische Theologie grundlegende Gedanken finden: Das ›aus Gott sein‹ ist der grundlegende Status der johanneischen Christen (vgl. 1Joh 3,9.10; 4,6.7; 5,1.4.18; Joh 1,13; 7,17; 8,42.47); sie haben ›Gott gesehen‹ (vgl. 1Joh 3,2; 4,12.20; Joh 1,18; 6,46; 14,7.9) und befinden sich deshalb im Bereich der Wahrheit. Allerdings fehlt wiederum die christologische Pointe des Evangeliums: »Wer mich sieht, der sieht den Vater« (Joh 14,9; vgl. 1,34; 5,37; 6,36.46; 8,38; 14,7; 20,18.25).

12 Innerhalb der Makrostruktur des Briefes entsprechen sich die Anerkennung des Gaius (V. 3f) und das Lob für Demetrius, beide zeichnen sich durch Loyalität gegenüber dem Presbyter aus und sie zeugen so für die Wahrheit⁶⁷. Welches Verhältnis besteht zwischen den drei Männern? Der Presbyter will durch den Brief die Unterstützung des Gaius erlangen und in der Gemeinde des Diotrephes trotz der Schwierigkeiten Einfluss gewinnen, so dass zwischen Gaius und der Gemeinde des

---

64 Vgl. Exkurs 1: Doketismus.
65 Zum Nachahmermotiv vgl. vor allem 1Thess 1,6; 1Kor 4,16; 11,1.
66 Insgesamt herrscht als Negativbeschreibung πονηρός vor; vgl. 2Joh 11; 3Joh 10; 1Joh 2,13.14; 3,12; 5,18.19; Joh 3,19; 7,7; 17,15. In Joh 1,46; 5,29; 7,12 findet sich ἀγαθός und κακός ist in Joh 18,23.30 belegt.
67 Vgl. *J. A. du Rand*, The Structure of 3 John, 129.

Diotrephes eine Beziehung bestehen muss. Möglicherweise ist Demetrius das Verbindungsglied zwischen dem Presbyter und der Gemeinde des Diotrephes; er war gerade beim Presbyter und überbringt nun Gaius dessen Brief[68]. Sein Name (Δημήτριος = ›zur Göttin Demeter gehörig‹) weist ihn (wie Diotrephes) als geborenen Griechen aus[69]. Er könnte in der Abwesenheit des Presbyters der Gegenspieler des Diotrephes in dessen Gemeinde sein. Ihn soll Gaius unterstützen und damit auch die Position des Presbyters stärken, bis dieser selbst zu Gaius kommt (V. 13f). Nach dem ersten offenbar gescheiterten Versuch will damit der Presbyter ein zweites Mal Einfluss auf die Gemeinde des Diotrephes nehmen.

Nachhaltig wird das Zeugnismotiv entfaltet; von allen, der Wahrheit selbst[70] und von der Gemeinde des Presbyters wird für Demetrius Zeugnis abgelegt (vgl. Joh 19,35; 21,24). Die theologische Grundkonzeption des 3Joh wird noch einmal sehr deutlich: Persönliche Integrität und Wahrhaftigkeit zeigen und erweisen sich im Verhalten gegenüber den Wandermissionaren des Presbyters. Wie im 2Joh stehen auch im 3Joh die Begriffe ›Wahrheit‹ (3Joh 1.3.4.8.12) und ›Liebe‹ (3Joh 1.2.5.6.11) nicht als theologische bzw. christologische Abstrakta im Mittelpunkt, sondern vollziehen sich in der sozialen Realität der johanneischen Gemeinden. Gaius wandelt in der Wahrheit und in der Liebe, indem er die mit dem Presbyter verbundenen Wandermissionare aufnimmt. Auch Demetrius hat durch sein bisheriges Verhalten Zeugnis von der Wahrheit abgelegt, so dass er nun von allen empfohlen wird.

IV. Briefschluss 13-15

(13) Vieles hätte ich dir noch zu schreiben; ich will es aber nicht mit Tinte und Feder tun. (14) Ich hoffe, dich bald zu sehen, dann werden wir von Mund zu Mund reden. (15) Friede dir! Es grüßen dich die Freunde. Grüße die Freunde, jeden mit Namen.

13 Der Briefschluss lehnt sich in seiner Motivik sehr stark an 2Joh 12 an. (›Tinte‹ nur noch in 2Joh 12; ›Feder‹ im Sinn von Schreibfeder ist ntl. Hapaxlegomenon). Der Presbyter wechselt von der Wir- zur Ich-Form und betont so das persönliche Verhältnis zu Gaius. Noch vieles wäre zu sagen und zu klären, was aber durch ein Schreiben nicht geleistet werden kann.

14 Deshalb der Wunsch, Gaius bald zu besuchen und mit ihm alles zu erörtern, wobei das Sprechen ›von Mund zu Mund‹ wahrscheinlich der Septuagintasprache entstammt (vgl. Num 12,8; Jer 39,4LXX). Obwohl der Besuchswunsch zum rhetorischen Inventar des Briefschlusses gehört[71], dürfte nach dem Briefinhalt der Besuchswunsch ernst gemeint sein. Vergleichbar mit der ›apostolischen Parusie‹ der Paulusbriefe (vgl. 1Thess 2,17; 1Kor 16,7; Röm 1,11) dient der angekündigte Besuch

---

[68] Vgl. *H.-J. Klauck*, Der zweite und dritte Johannesbrief, 119; *J. Beutler*, Die Johannesbriefe, 184.
[69] Mit dem gleichnamigen Silberschmied von Ephesus (vgl. Apg 19,24.28) dürfte er nicht identisch sein.
[70] In Ep Socr, 15, legt Pythia Zeugnis für Sokrates ab, den ›weisesten und vernünftigsten Mann‹; weitere Parallelen bei *H.-J. Klauck*, Der zweite und dritte Johannesbrief, 117.
[71] Vgl. *H. Koskenniemi*, Studien, 172-180.

gleichermaßen der Pflege der persönlichen Beziehungen und der Klärung sachlicher Probleme.

15 Der eigentliche Briefschluss enthält drei Elemente: Den Friedenswunsch (vgl. Gal 6,16; Eph 6,23; 1Petr 5,14); die Ausrichtung von Grüßen einer dritten Gruppe (vgl. 1Kor 16,19; Röm 16,16b) und schließlich ein Grußauftrag (vgl. Röm 16,3ff). Inhaltlich sind die Grüße vom griechisch-römischen Freundschaftsideal geprägt, das auf Pythagoras zurückgeführt wird[72] und zu den wirkungsmächtigsten Wertideen der Antike zählt. Die Freundschaft erscheint als die höchste Gesinnung im Verhältnis zwischen Gott und Mensch sowie der Menschen untereinander. Diese Grundbedeutung dominiert im Verhältnis zwischen den grüßenden Gemeindegliedern des Presbyters und seiner Aufforderung, jedes Mitglied der Gemeinde des Gaius namentlich zu grüßen. Die Übereinstimmung in der Gesinnung zeichnet die Gemeinden des Presbyters und des Gaius sowie Demetrius aus und deshalb verwenden sie diese anspruchsvolle Selbstbezeichnung (vgl. auch Joh 11,11). In Joh 15,13f wird das Freundschaftsideal christologisch erweitert und ethisch präzisiert: »Größere Liebe hat niemand als die, dass er sein Leben hingibt für die Freunde. Ihr seid meine Freunde, wenn ihr tut, was ich euch gebiete.«[73] Es geht also um mehr als um Loyalität, Konfliktbewältigung und Durchsetzungsvermögen; im Hintergrund steht ein christlich-johanneisches Freundschaftsideal, das sich in der gegenseitigen Verbundenheit in Wahrheit und Liebe, Unterstützung und Aufnahme der Gemeindeglieder zeigt.

---

[72] Vgl. Jamb, Vit Pyth, 229: »In herrlicher Klarheit lehrte Pythagoras die Freundschaft aller mit allen: Freundschaft der Götter mit den Menschen durch Frömmigkeit und wissende Verehrung, Freundschaft der Lehren untereinander und überhaupt Freundschaft der Seele mit dem Leib ... Auch hat er seine Gefährten solch wunderbare Freundschaft gelehrt, dass noch heute das Volk über Menschen, die einander besonders wohl wollen, sagt, sie gehörten zu den Pythagoreern.«
[73] Zur Auslegung vgl. *U. Schnelle*, Joh, 267f.

Der 2/3Johannesbrief und die Geschichte der johanneischen Schule

STRUKTUREN
Die ersten johanneischen Gemeinden entstanden wahrscheinlich im letzten Drittel des 1. Jh. in und um Ephesus. Sie organisierten sich als Orts-/Hausgemeinden (mit ca. 40 Mitgliedern)[1] und standen anfänglich unter der alleinigen Führung ihres Gründers, des Presbyters Johannes. Er war als Traditionsträger und Lehrer der Leiter einer Ortsgemeinde/Hausgemeinde und zugleich die führende Persönlichkeit/der Leiter eines überregionalen Gemeindeverbandes[2]. Der Streit um die Aufnahme von Wandermissionaren setzt mehrere, räumlich nicht unerheblich voneinander getrennte Gemeinden voraus. Eine Hausgemeinde konnte zugleich die gesamte Ortsgemeinde repräsentieren, es ist aber auch denkbar, dass mehrere Hausgemeinden die Substruktur einer Ortsgemeinde bildeten (z. B. in Ephesus)[3]. Für die Existenz mehrerer Haus-/Ortsgemeinden spricht auch der 1Joh, denn er ist im Gegensatz zum 2/3Joh nicht an eine einzelne Ortsgemeinde (2Joh) bzw. an eine Einzelperson (3Joh), sondern an den gesamten Gemeindeverband geschrieben.

Das Haus als zentraler Ort des religiösen Lebens hat in der Antike eine lange Tradition, private Kultvereine, Mysterienzirkel und Philosophenschulen wählten diesen Ort[4]. Zudem trafen sich auch die jüdischen Gemeinden in Haussynagogen[5], und die christliche Mission setzte zunächst im Umfeld der Synagoge ein. In den Briefen des Apostels Paulus werden christliche Hausgemeinden selbstverständlich vorausgesetzt (vgl. die Wendung ἡ κατ' οἶκον ἐκκλησία = »die sich hausweise konstituierende Kirche« in 1Kor 16,19; Röm 16,5; Phlm 2; ferner Röm 16,14f.23; Apg 12,12; 18,7; Kol 4,15)[6]. Dabei setzen 1Kor 14,23; Röm 16,23 eine Unterscheidung zwischen den Hausgemeinden und der gesamten Gemeinde voraus. In der Außenwahrnehmung erschienen die christlichen Gemeinden wie auch die jüdisch-hellenistischen Synagogengemeinden als Vereine[7]. Über die Größe der ersten

---

[1] Vgl. *D. Rusam*, Gemeinschaft der Kinder Gottes, 224. Diese Zahlenangabe ergibt sich in Analogie zum vermutlichen Umfang paulinischer Hausgemeinden, der zwischen 30-50 Personen gelegen haben dürfte; zu Berechnungen vgl. *J. Murphy-O'Connor*, The Corinth that Saint Paul Saw, BA 47 (1984), 147-159.
[2] Anders *R. A. Culpepper*, The Johannine School, 264ff, der im ›Lieblingsjünger‹ den Gründer der joh. Schule sieht, von der Reihenfolge JohEv – 1Joh – 2Joh – 3Joh ausgeht und im Konflikt mit den ›Juden‹ das einschneidende Ereignis in der Geschichte der Schule sieht. Die Briefe werden sehr kurz behandelt (a. a. O., 279-286), wobei der 2/3Joh lediglich summarisch in den Blick kommen. Gegen den ›Lieblingsjünger‹ als Gründer der joh. Schule spricht vor allem, dass er im Evangelium nicht als solcher erscheint und – im Gegensatz zum Presbyter – keinerlei Spuren in der Rezeptionsgeschichte hinterließ.
[3] Zu den frühchristlichen Hausgemeinden vgl. *H.-J. Klauck*, Hausgemeinde und Hauskirche im frühen Christentum, SBS 103, Stuttgart 1981; *R. W. Gehring*, Hausgemeinde und Mission. Die Bedeutung antiker Häuser und Hausgemeinschaften von Jesus bis Paulus, Gießen 2000.
[4] Vgl. *H.-J. Klauck*, Hausgemeinde und Hauskirche, 83-97.
[5] Vgl. dazu *C. Claußen*, Versammlung, Gemeinde, Synagoge, StUNT 27, Göttingen 2002, 160-164.
[6] Nachweisbar sind solche Hausgemeinden in Thessalonich, Philippi, Korinth, Kenchreä, Ephesus und Rom; für die paulinische oder nachpaulinische Zeit zudem in Kolossä und Laodicea; zur Analyse vgl. *R. W. Gehring*, Hausgemeinde und Mission, 238-274.
[7] Vgl. dazu grundlegend *G. Heinrici*, Die Christengemeinden Korinths und die religiösen Genossenschaften der Griechen, ZWTh 17 (1876), 465-526; ferner *H.-J. Klauck*, Umwelt des Urchristentums I, Stuttgart 1995, 49-58; *Th. Schmeller*, Hierarchie und Egalität. Eine sozialgeschichtliche Untersuchung paulinischer Gemeinden und griechisch-römischer Vereine, SBS 162, Stuttgart 1995; *E. Stegemann/W. Stegemann*,

Gemeinden lassen sich nur Mutmaßungen anstellen. 1Kor 11,20; 14,23 ist zu entnehmen, dass sich die gesamte korinthische Gemeinde an einem Ort, d.h. in einem Privathaus versammelte. Das Atrium eines Wohnhauses konnte 30-50 Personen fassen[8], so dass diese Zahlen auch die ungefähre anfängliche Gemeindegröße angeben dürften; existierten in einer größeren Stadt mehrere Hausgemeinden (z. B. in Rom, Ephesus oder Korinth), dann erhöht sich die Gemeindegliederzahl entsprechend. In den Hausgemeinden wurde gebetet (vgl. Apg 12,12), das Wort verkündigt (vgl. Apg 16,32; 20,20), fanden Tauf- und Abendmahlsfeiern statt und wurden Missionare beherbergt (vgl. Apg 16,15). 1Kor 14,23 bezeugt Gemeindeversammlungen in einem Haus und Paulusbriefe wurden in Hausgemeinden vorgelesen (vgl. 1Thess 5,27; ferner Kol 4,16).

Zumindest zwei Gemeinden/Hausgemeinden sind im 2/3Joh sicher vorauszusetzen: 1) die Gemeinde des Presbyters; 2) die ἐκλεκτὴ κυρία aus 2Joh 1. Hinzu könnten kommen: 3) die Gemeinde des Gaius (3Joh 1), der aber auch Mitglied der ἐκλεκτὴ κυρία sein könnte (vgl. 3Joh 9a); 4) die Gemeinde des Diotrephes (3Joh 9), der wiederum Mitglied der ἐκλεκτὴ κυρία sein könnte, wenn man 3Joh 9a auf den 2Joh bezieht; 5) die Gemeinde des Demetrius (3Joh 12), der nicht Mitglied der Gemeinde des Gaius ist, wohl aber (als Gefolgsmann des Presbyters) zur Gemeinde des Diotrephes gehören könnte (oder vom Presbyter in die Gemeinde des Diotrephes geschickt wird). Da Gaius vom Presbyter über das Verhalten des Diotrephes informiert werden muss (3Joh 9.10), können Gaius und Diotrephes nicht der gleichen Gemeinde angehören. Zur Gemeinde des Presbyters dürfte Diotrephes auch nicht zu zählen sein, denn Diotrephes übt in seiner Gemeinde Funktionen aus und erhebt einen Anspruch, die der Presbyter für sich beansprucht. Nach 3Joh 9 nimmt er den Presbyter und seine Missionare nicht auf (3Joh 9: »er nimmt uns nicht auf«). In 3Joh 10a kündigt der Presbyter einen Besuch in der Gemeinde des Diotrephes an. Die Notwendigkeit einer Unterrichtung sowie das gegensätzliche Verhalten des Gaius und des Diotrephes bei der Aufnahme von Wandermissionaren des Presbyters und die Differenzierung in 3Joh 9 (»er will unter ihnen der Erste sein«) lassen vermuten, dass beide nicht der gleichen Gemeinde angehörten.

PERSONEN

Die Zuordnung der Personen zu einzelnen Gemeinden gelingt nicht in jedem Fall; insgesamt dürften jedoch zumindest drei johanneische Gemeinden im 2/3Joh vorausgesetzt sein: 1) die Gemeinde des Presbyters, 2) die ἐκλεκτὴ κυρία aus 2Joh 1 und 3) die Gemeinde des Gaius, der weder Mitglied der Gemeinde des Presbyters noch der Gemeinde des Diotrephes ist. Diotrephes dürfte zur ἐκλεκτὴ κυρία des 2Joh gehört haben. Der Presbyter informiert Gaius darüber, dass er der ἐκλεκτὴ κυρία geschrieben hat (3Joh 9a), was aber bei Diotrephes zu keinem Erfolg führte; im Gegenteil: Diotrephes nimmt die Brüder des Presbyters nicht auf und stößt jetzt sogar jene aus der Gemeinde aus, die dies tun wollen. *Es ist also mit einer Verschärfung des Konfliktes*

Urchristliche Sozialgeschichte, Stuttgart ²1997, 237-248; *M. Öhler*, Römisches Vereinsrecht und christliche Gemeinden, in: M. Labahn/J. Zangenberg (Hg.), Zwischen den Reichen. Neues Testament und Römische Herrschaft, TANZ 36, Tübingen 2002, 51-71.

[8] Vgl. *R. W. Gehring*, Hausgemeinde und Mission, 252-254 (er rechnet mit 40-50 Personen für eine Hausgemeinde).

zwischen dem 2 und 3 Joh zu rechnen. Diotrephes hat offenbar die Leitung der im 2Joh vorausgesetzten Gemeinde übernommen, er erkennt den Anspruch des Presbyters nicht an und übt in seiner Gemeinde eine Art Disziplinargewalt aus. Nun motiviert der Presbyter mit dem 3Joh seinen Gefolgsmann Gaius, weiterhin die Missionare des Presbyters aufzunehmen und schickt ihm mit Demetrius einen besonders bewährten Mitarbeiter.

Die Kommunikation zwischen den Gemeinden erfolgt durch offizielle Briefe von Gemeinde zu Gemeinde (2Joh) oder von einer Gemeinde an einzelne Mitglieder/Leiter anderer Gemeinden (3Joh); durch Wandermissionare, die normalerweise aufgenommen (2Joh 10; 3Joh 3.5-8), gehört und für die weitere Mission ausgerüstet werden, (2Joh 10; 3Joh 3.5-8); durch besondere Einzelpersonen (Demetrius als Briefüberbringer) oder durch Besuche des Presbyters als Leiter des Gemeindeverbandes (vgl. 2Joh 12; 3Joh 10). Dies dokumentiert insgesamt eine sehr hohe soziale und informelle Vernetzung unter den Gemeinden, die mit den paulinischen Netzwerken durchaus vergleichbar ist[9].

Für die Beurteilung des im 2/3Joh bezeugten Konfliktes ist entscheidend, ob man 3Joh 9a auf den 2Joh bezieht. Dafür spricht: 1) der 2Joh ist an eine ἐκκλησία gerichtet (2Joh 1: ἐκλεκτὴ κυρία); 2) Der Konflikt geht in beiden Briefen um Aufnahme/Nichtaufnahme von Wandermissionaren (vgl. 2Joh 10); 3) die Sprach- und Gedankenwelt des 2/3Joh sind vergleichbar. 4) Obwohl im 3Joh eine christologische Kontroverse nicht ausdrücklich erwähnt wird, dürfte sie vorauszusetzen sein. Dafür spricht der in beiden Briefen in unterschiedlicher Weise vorhandene Zusammenhang zwischen Ablehnung von Wandermissionaren, Wahrheitsbegriff und Lehrstreitigkeiten. Die schroffe Reaktion des Diotrephes lässt sich nicht auf den persönlichen Bereich reduzieren, zumal auch der 1Joh und das Johannesevangelium eine christologische Kontroverse voraussetzen (der Streit geht durchgängig um das rechte Verständnis des Menschseins Jesu Christi). 5) Innerhalb beider Briefe kann als Textsignal der Wahrheitsbegriff gelten, denn ἀλήθεια in der Verwendung mit dem Artikel weist eine deutliche Nähe zu ›wahre Lehre‹ auf. Das wahrheitsgemäße Verhalten des Gaius und Demetrius wird ausdrücklich vom Presbyter gelobt; es gibt einen Zusammenhang zwischen der Wahrheit und einem aus der Wahrheit entspringenden guten Verhalten (2Joh 4; 3Joh 3.11.12).

Der Presbyter übt in den Gemeinden eine Lehr- und Führungsautorität aus, die sich mit einem Leitungs- und Weisungsanspruch verbindet. Die Lehrautorität ist in 2Joh 7 (Kritik einer doketischen Christologie) und 2Joh 9.10 (Verpflichtung auf eine διδαχή) offensichtlich. Der Lehranspruch verbindet sich in 2Joh 10 unmittelbar mit einem Führungsanspruch, der auch den Bruch grundlegender sozialer Konventionen in Kauf nimmt. Der 3Joh zeigt, dass der Presbyter sich nicht durchsetzen kann; sein Aufnahmeverbot wird von Diotrephes nicht befolgt, der seinerseits die Missionare des Presbyters nicht aufnimmt und all die aus seiner Gemeinde entfernt, die dies tun bzw. tun wollen. Gaius wird vom Presbyter über diesen Sachverhalt unterrichtet und veranlasst, auf dem bisherigen Weg weiterzugehen.

---

[9] Vgl. dazu *W.-H. Ollrog*, Paulus und seine Mitarbeiter, 93ff.

Aus der Perspektive des Presbyters vertrat Diotrephes eine doketische Irrlehre (vgl. 2Joh 7). Der Presbyter argumentiert dagegen nicht umfassend theologisch, sondern benennt allein den Differenzpunkt und ordnet Gegenmaßnahmen auf der Verhaltensebene an. Da die von Gaius ausgerüsteten Wandermissionare ausdrücklich nichts von den Heiden annehmen sollen (3Joh 7b), was vom Presbyter nachdrücklich gutgeheißen wird (vgl. 3Joh 2-6), darf auch für den Presbyter eine bewusst judenchristliche Position angenommen werden. Dies würde erklären, warum er auf die Fleischwerdung Jesu Christi so viel Wert legt, denn sie schließt den geschichtlichen Jesus von Nazareth mit ein. Der 3Joh zeigt, dass die Auseinandersetzung eskalierte[10]. Diotrephes beugt sich dem Führungsanspruch des Presbyters nicht und versucht seinerseits, den eigenen Führungsanspruch (auf die Orts- oder sogar Gesamtgemeinde?) durchzusetzen. Er nimmt die Anweisung des Presbyters auf und wendet sie gegen jenen selbst, denn aus der Sicht des Diotrephes vertreten der Presbyter und seine Wandermissionare eine (kulturgeschichtlich und denkerisch) nicht akzeptable Christologie, indem sie die volle Leiblichkeit des Erlösers annehmen. Der Name Diotrephes (»von Zeus genährt«) weist eindeutig auf einen Christen aus griechisch-römischer Tradition hin, der wahrscheinlich auf der Basis seiner kulturgeschichtlichen Vorgaben eine doketische Christologie vertrat und eine Begrenzung der Mission auf Juden strikt ablehnte (vgl. 3Joh 7b). Daraufhin sendet der Presbyter Demetrius zu Gaius (beide kennen sich nicht), damit Gaius und Demetrius den Presbyter bei seinem angekündigten Vorgehen gegen Diotrephes unterstützen.

FRÜHE JOHANNEISCHE THEOLOGIE
Auch wenn die beiden kleinen Johannesbriefe in eine akute Kontroverse eingebunden sind, lassen sie die Grundelemente der frühen johanneischen Theologie erkennen[11]. Die Familien- (vgl. τέκνα in 2Joh 1.4.13; 3Joh 4; ἀδελφή in 2Joh 13) und Freundschaftsmetaphorik (vgl. ἀγαπητέ in 3Joh (1).2.5.11; χαρά in 2Joh 12; 3Joh 4 und φίλοι in 3Joh 15) signalisiert das Selbstverständnis der frühen johanneischen Christen als *mystische Liebesgemeinschaft*: Sie verstehen sich als die Gemeinschaft der geliebten und erwählten Kinder Gottes (2Joh 1.13); sie sind aus Gott und haben Gott ›gesehen‹ (3Joh 11). In der Liebe Gottes und der gegenseitigen Liebe sind sie miteinander verbunden (vgl. 2Joh 4-6). Dieses Selbstverständnis verbindet sich mit einem ekklesiologischen Konzept, das eine große Nähe zur Logienquelle aufweist (vgl. 3Joh 7): Wandermissionare sind um Jesu Namen willen ausgezogen (3Joh 7) und verkehren zwischen den einzelnen Gemeinden (2Joh 10; 3Joh 8), sie werden aufgenommen und für ihre weitere Arbeit ausgerüstet (3Joh 5f). Dieses Gefüge der gegenseitigen Freundschaft und geschwisterlichen Verbundenheit in Liebe ist durch einen Lehrkonflikt über das rechte Verständnis der Person Jesu Christi (2Joh 7) auseinandergebrochen (2Joh 10). Die rechte Lehre im Gegensatz zur Falschlehre ist ein weiteres Grundelement der frühen johanneischen Theologie. Wer nicht in der durch den Presbyter repräsentierten Interpretation des Christusgeschehens bleibt, hat weder den Vater noch den Sohn (2Joh 9); wer nicht Zeugnis ablegt für die johanneische Tra-

---

[10] Vgl. auch die Auslegung von 3Joh 10.
[11] Einen (mit einem Fragezeichen versehenen) kurzen Abriss der Theologie der kleinen Johannesbriefe bietet *J. M. Lieu*, Theology of the Johannine Epistles, 91-97.

dition, wandelt nicht in der Liebe (3Joh 3f.6). Gott kommt vor allem als Vater Jesu Christi und als Quelle des Guten in den Blick (vgl. 2Joh 3; 3Joh 6.11); die *Einheit von Vater und Sohn* ist bereits der Basissatz der frühen johanneischen Theologie/Christologie und gewissermaßen die Initialzündung des gesamten johanneischen Denkens (2Joh 3.9). Eine falsche Interpretation des Sohnes hebt nicht nur die Einheit mit dem Vater auf, sondern tangiert naturgemäß auch zwei weitere Zentralbegriffe der frühen johanneischen Theologie: Wahrheit und Liebe. Sie sind keineswegs so christologisch fundiert wie im Johannesevangelium, sondern weisen eine Doppelstruktur auf: Zuallererst sind Wahrheit und Liebe an die theologische Position des Presbyters gebunden (vgl. 2Joh 1b.2.4.5.6; 3Joh 3.4.6.8.12), daneben bzw. darüber hinaus findet sich auch eine theologisch-christologische Füllung (2Joh 2.3.4.5; 3Joh 3.8). Wahrheit und Liebe sind somit nicht nur allgemein gültige Kennzeichen christlicher Existenz, sondern sie werden zur Identitätsbezeichnung all jener, die zum Presbyter stehen.

Dieses Lehr- und Traditionsbewusstsein wurde vielfach als ein Beleg für einen ›späteren‹ historischen und theologischen, einen historisierenden Standort gewertet[12], der die Johannesbriefe signifikant vom Evangelium unterscheide. Diese Sicht ist in zweifacher Hinsicht unzutreffend: 1) Die Auseinandersetzung um das rechte Verständnis des Christusgeschehens prägt von Anfang an die Geschichte des frühen Christentums und ist keineswegs ein Kennzeichen einer späteren Zeit. Um die Wahrheit des Evangeliums (Gal 2,5) ging es bereits auf dem Apostelkonzil und eine schärfere Auseinandersetzung mit Gegnern ist kaum denkbar, als sie Paulus im Galaterbrief führt (vgl. Gal 1,6-9). 2) Der Traditionsgedanke bestimmt nicht nur die Theologie der Johannesbriefe, sondern auch des Johannesevangeliums[13]. Der grundlegende Gedanke der historischen Kontinuität wird im Evangelium in besonderer Weise entfaltet: Der Paraklet und der Lieblingsjünger verbinden die Jetztzeit der johanneischen Gemeinde mit dem Ursprungsgeschehen und verbürgen so die Einzigartigkeit der johanneischen Theologie. Das Kommen des Parakleten setzt Jesu andauernden Fortgang zum Vater (vgl. Joh 16,7, ferner 7,39; 20,22) und das bewusste Leben der joh. Gemeinde in der Zeit (vgl. Joh 17,15) voraus. So wie der Paraklet die Gegenwart der Gemeinde bestimmt und ihre Zukunft erschließt, verbindet der Lieblingsjünger die Gemeinde in einzigartiger Weise mit der Vergangenheit des Erdenwirkens Jesu (vgl. Joh 1,37-40; 18,15-18; 19,25-27; 20,2-10). Theologisch ist der Lieblingsjünger vor allem Traditionsgarant und idealer Zeuge des Christusgeschehens. Von besonderer Bedeutung für das Traditionsverständnis und die Ekklesiologie des 4. Evangelisten ist die Szene unter dem Kreuz (Joh 19,25-27) Vom Kreuz herab setzt Jesus seine Gemeinde ein, die sich wie Maria in die Obhut des Lieblingsjüngers begeben darf, so dass die Stunde der Kreuzigung bei Johannes zur Stunde der Geburt der Kirche wird. Eine intensivere Traditionskonstruktion ist kaum vorstellbar!

Der Konflikt um das rechte Verständnis des Christusgeschehens lässt auch ein apokalyptisches Weltverständnis des Presbyters erkennen. Das Auftreten der Verführer wird als das Erscheinen des Antichrist gewertet und ist ein Zeichen der Endzeit (2Joh

---

[12] Vgl. *H. Conzelmann*, »Was von Anfang war«, 210, der ausdrücklich mit Verweis auf den Traditionsgedanken von ›kirchengeschichtlichen‹ Verschiebungen vom 1Joh zum Evangelium spricht; ihm folgen *G. Klein*, »Das wahre Licht scheint schon«, 267ff; *Th. K. Heckel*, Historisierung, 428ff.

[13] Vgl. dazu *U. Schnelle*, Theologie, 694ff.

7). Damit verbindet sich der Gerichtsgedanke, denn die Glaubenden werden gewarnt, jetzt nicht ihren endzeitlichen Lohn zu verlieren (2Joh 8). Intensiv verknüpft sich der Lehrkonflikt mit der Ethik. Der Wandel in der Wahrheit realisiert sich im Liebesgebot (2Joh 4-6); wer die Wandermissionare des Presbyters aufnimmt, wird zum Mitarbeiter der Wahrheit (2Joh 11). Die Dualismen von ›gut‹ und ›böse‹ erscheinen in 2Joh 11 (wer die Falschlehrer grüßt, hat teil an ihren bösen Werken) und in 3Joh 11, wo die ethische Konzeption des Presbyters besonders deutlich wird: »Geliebter, ahme nicht das Böse nach, sondern das Gute! Wer das Gute tut, ist aus Gott; wer das Böse tut, hat Gott nicht gesehen.« Allerdings zeigen sich die für den 1Joh und das Johannesevangelium bestimmenden dualistischen Formulierungen im 2/3Joh erst in einer rudimentären Form. Demgegenüber gehören der enge Zusammenhang zwischen Wahrheit und Liebe und der damit verbundene Traditionsgedanke zu den Grundelementen johanneischer Theologie. In Wahrheit und Liebe vollzieht sich zugleich der Wandel in den Geboten des Vaters und das Bleiben in der Lehre Christi, worin wiederum die grundlegende Funktion des Traditionsgedankens für die Theologie des Presbyters sichtbar wird.

Bis in die jüngste Zeit hinein fanden die beiden kleinen Johannesbriefe aufgrund ihrer Kürze und des scheinbar theologisch nicht bedeutungsvollen Inhaltes nur wenig Beachtung. Wenn jedoch der bei Papias erwähnte und mit dem Briefautor identische Presbyter Johannes der Gründer der johanneischen Schule ist, dann kommt dem 2/3Joh als *Originaldokument* aus der Anfangszeit johanneischer Theologie eine große Bedeutung zu. Die beiden Presbyterbriefe spiegeln die judenchristlichen Anfänge der johanneischen Schule und das Aufkommen einer doketischen Christologie wider. Der 1Johannesbrief nimmt die Auseinandersetzung um das rechte Verständnis der Person Jesu Christi auf und führt sie auf den beiden zentralen Feldern der Christologie und Ethik weiter. Zugleich erweitert er erheblich die Spektren der Argumentation, um die Grundeinsicht der johanneischen Theologie zu festigen: »Gott ist Liebe« (1Joh 4,8b.16b).

Der 1 Johannesbrief

Richtet sich der 2Joh an eine Einzelgemeinde und der 3Joh an eine Einzelperson, so fehlen im 1Joh die wesentlichen äußeren Kennzeichen eines wirklichen Briefes (Briefpräskript und Schlussgrüße). Andererseits lassen sich briefliche Merkmale nachweisen, so das Auseinandertreten von Schreiber und Adressaten sowie die Anrede der Leser/Hörer mit τεκνία (»Kinder«; vgl. 1Joh 2,1.12.28; 3;7.18; 4,4; 5,21) oder ἀγαπητοί (»Geliebte«; vgl. 1Joh 2,7; 3,2.21; 4,1.7.11). Auch das häufige γράφειν (»schreiben«) scheint auf eine Briefsituation hinzuweisen (vgl. 1Joh 1,4; 2,1.7f.12-14.21.26; 5,13), wobei der Verweis auf die Freude in 1Joh 1,4 den üblichen Segenswunsch abgelöst haben könnte. Für den brieflichen Charakter des Schreibens spricht auch, dass der Verfasser auf die konkreten Probleme der Hörer und Leser eingeht: 1) Die Frage nach der Sündlosigkeit des Christen stellte offenkundig ein akutes dogmatisches und ethisches Problem dar (vgl. 1Joh 1,8ff; 3,4ff; 5,16ff). 2) Wie im 2/3Joh ist auch im 1Joh die Auseinandersetzung mit den aus der Gemeinde hervorgegangenen Falschlehrern ein zentrales Thema (vgl. 1Joh 2,22f; 4,2ff; 5,6ff). Der Umfang der Falschlehrerpolemik zeigt, dass der Einfluss der Gegner innerhalb der johanneischen Schule keineswegs zurückgegangen war, sondern nach wie vor eine ernste Gefahr darstellte. 3) Die durchgängige Ermahnung zur Bruderliebe/Geschwisterliebe in Verbindung mit der Aufforderung zur konkreten sozialen Hilfe für den notleidenden Bruder in 1Joh 3,17f lässt vermuten, dass es innerhalb der johanneischen Schule relevante soziale Unterschiede gab. Der Verfasser des 1Joh versucht diese Problematik durch die fortwährende Ermahnung zur tatkräftigen Geschwisterliebe bis hin zur sozialen Unterstützung zu lösen bzw. zu entschärfen.

Nach 1Joh 5,13 sind diejenigen Leser des Schreibens, die ›an den Namen des Sohnes Gottes glauben‹. Somit richtet sich der 1Joh nicht an eine bestimmte Ortsgemeinde der johanneischen Schule, sondern die Gesamtgemeinde wird angesprochen[1]. Der 1Joh darf weder als Gelegenheitsbrief noch als theologisch abstraktes Traktat oder situationsgelöste Meditation verstanden werden, vielmehr als eine Schrift, die lehrhafte, paränetische und polemische Abschnitte enthält, um die Gemeinde in einer konkreten historischen Bedrohungssituation in grundlegenden Fragen zu unterweisen, zu beraten, zu warnen und zu stärken.

Dieser spannungsreiche Befund führte in der Forschung zu sehr unterschiedlichen Formbestimmungen[2]. So wird der 1Joh als ›pastorales Rundschreiben‹[3], ›amtliches Sendschreiben‹[4], als ›autoritatives Mahnschreiben‹[5], als ›religiöser Traktat‹[6], als

---

[1] Zur vorausgesetzten Gemeindestruktur vgl. den Abschnitt: Der 1Johannesbrief und das Johannesevangelium in der Geschichte der johanneischen Schule.
[2] Einen Forschungsüberblick bietet *H.-J. Klauck*, Die Johannesbriefe, 68-74.
[3] Vgl. *O. Baumgarten*, 1Joh, 185.
[4] Vgl. *W. Nauck*, Die Tradition und der Charakter des ersten Johannesbriefes, 126f.
[5] *R. Schnackenburg*, Die Johannesbriefe, 4.
[6] *H. Windisch/(H. Preisker)*, 1Joh, 107.

›briefartige Homilie‹[7], als ›Handreichung‹[8], »as an exposition of GJohn«[9], als ›paränetischer oder symbuleutischer Brief‹[10] oder als ›postconversiale Mahnrede‹[11] in Briefform bezeichnet. Die schlüssige Zuordnung des 1Joh zu einer Gattung will nicht gelingen, denn das Fehlen wichtiger brieflicher Merkmale, die Erörterung grundlegender Glaubensfragen (z. B. die Sündenthematik), die durchgängige ethische Prägung und die Falschlehrerpolemik lassen sich nicht widerspruchsfrei harmonisieren. Deshalb sollte der 1Joh *als theologischer Diskurs* (in einem Schreiben mit brieflichen Elementen) bezeichnet werden. Das Wort *Diskurs* leitet sich vom lat. *discurro* (›umherlaufen, sich ausbreiten‹), *discurso* (›hin- und herlaufen‹) ab und soll hier in einem bewusst einfachen Sinn verstanden werden[12]: Ein Diskurs ist eine durch Argumentation gekennzeichnete Kommunikationsform, die die Menge all jener Aussagen umfasst, die in einer bestimmten historisch-kommunikativen Situation zu einem Groß-Thema innerhalb einer Gruppe/Gesellschaft gemacht werden, sich mit Rechtfertigungs- und Geltungsansprüchen verbinden und auf Zustimmung aus sind, um so Wirklichkeit zu schaffen und/oder zu verändern[13]. Diskurse sind immer mit Machtansprüchen und Deutungskämpfen verbunden, indem sie bestimmte Wirklichkeitssichten und Wissensformen durchzusetzen versuchen. Im geschichtlichen Bereich präsentieren sich Diskurse in der Regel als Korpora von Einzeltexten[14].

Kennzeichnend für den 1Joh ist eine starke Verschränkung von überwiegend ›ethisch‹ und überwiegend ›lehrhaft‹ ausgerichteten Abschnitten, die von einem Prolog und Epilog gerahmt werden:

1,1-4	Prolog: Das Wort des Lebens
1,5-2,17	Paränese: Die Gemeinschaft mit Gott und ihre Gefährdungen/positiv: Sie realisiert sich in der Freiheit von der Sünde und in der Bruderliebe
2,18-27	Lehrhafte Ausführungen: Die Leugnung Jesu als des Christus durch die Antichristen
2,28-3,24	Paränese: Das Kommen des Herrn und das Halten der Gebote
4,1-6	Lehrhafte Ausführungen: Vom Unterscheiden der Wahrheit und des Irrtums
4,7-5,4	Paränese: Gottesliebe verpflichtet zur Bruderliebe
5,5-12	Lehrhafte Ausführungen: Das Zeugnis von Wasser, Blut und Geist
5,13-21	Epilog: Das ewige Leben und seine Gefährdungen

---

[7] *G. Strecker*, Die Johannesbriefe, 49.
[8] Vgl. *W. Vogler*, Die Briefe des Johannes, 24.
[9] *R. E. Brown*, The Epistles of John, 91.
[10] Vgl. *F. Vouga*, Die Johannesbriefe, 5; *H.-J. Klauck*, Der erste Johannesbrief, 32, spricht von einem ›symbuleutischen Brief‹, »zu dessen Hauptanliegen gutes Zureden und Raten bzw. Abraten gehören.«
[11] Vgl. *K. Berger*, Formgeschichte des Neuen Testaments, Heidelberg 1984, 133; *J. Beutler*, Die Johannesbriefe, 28.
[12] Zur Funktion des basalen Verstehens vgl. *Ph. Sarasin*, Geschichtswissenschaft und Diskursanalyse, Frankfurt 2003, 30ff. Es gibt ein erstes spontanes und direktes Verstehen, das sich seiner Voraussetzungen gar nicht bewusst sein muss, um Einsichten zu gewinnen; nur unter dieser Voraussetzung ist überhaupt Kommunikation möglich.
[13] Zum Diskursbegriff vgl. die Forschungsüberblicke und Darstellungen bei *R. Keller*, Diskursforschung, Wiesbaden ²2004, 13-60; *M. u. S. Jäger*, Deutungskämpfe, 17-37; *A. Landwehr*, Historische Diskursanalyse, 60-90.
[14] Zur konkreten Anwendung des Diskursbegriffes in der Textauslegung vgl. vor allem 1Joh 1,1-4; 1,6-10; 2,1-6; 2,18-27.

Allerdings kann eine solche Aufteilung nicht mehr als eine Hilfskonstruktion sein und eine erste Orientierung geben, denn die gleichförmige Denk- und Schreibweise des Autors erschwert eine wirklich überzeugende Gliederung des 1Joh[15]. Markante Gliederungsmerkmale auf der Makroebene lassen sich nur schwer ausmachen. Kennzeichnend für den Aufbau des 1Joh ist der Wechsel von Glaubensinhalt und Glaubensvollzug; sie gehören für den Verfasser untrennbar zusammen und bedingen einander. Grundlegende Bedeutung kommt dem Prolog in 1Joh 1,1-4 zu, der den Anspruch des Schreibens formuliert und bereits im Hinblick auf die Auseinandersetzung mit den Falschlehrern konzipiert ist.

---

[15] Vgl. zur Forschungsgeschichte *H.-J. Klauck*, Die Johannesbriefe, 59-68, der alle wichtigen (zwei- bis siebenteiligen) Gliederungsmodelle vorstellt. Klauck votiert für eine Dreiteilung des Briefkorpus: 1,5-2,17; 2,18-3,24; 4,1-5,12.

I. Prolog: Das Wort des Lebens 1,1-4*

(1) Was von Anfang an war, was wir gehört haben, was wir mit unseren Augen gesehen haben, was wir geschaut und unsere Hände berührt haben, bezüglich des Wortes des Lebens – (2) und das Leben ist erschienen und wir haben gesehen und bezeugen und verkünden euch das ewige Leben, das beim Vater war und uns erschienen ist – (3) was wir gesehen und gehört haben, verkündigen wir auch euch, damit auch ihr mit uns Gemeinschaft habt. Und unsere Gemeinschaft ist (die Gemeinschaft) mit dem Vater und mit seinem Sohn, Jesus Christus. (4) Und dies schreiben wir, damit unsere Freude vollkommen sei.

Der 1Joh ist eine anonyme Schrift, die erst durch die Überschrift den beiden anderen Johannesbriefen zugeordnet wurde; in der Inscriptio lesen (mit kleinen Abweichungen) ℵ 01.A 02.B 03: Ἰωάννου αʹ. V. 2: Statt καὶ ἑωράκαμεν liest B 03 καὶ ὃ ἑωράκαμεν (»und *was* wir gesehen haben«); eine deutliche Angleichung an V. 3. V. 4: A^c 02.C 04 sowie der Mehrheitstext lesen in V. 4a ὑμῖν (»und dies schreiben wir *euch*«) und vielfach in V. 4b ebenfalls ὑμῖν (»damit *eure* Freude vollkommen sei«); demgegenüber ist die schwierigere LA ἡμεῖς durch ℵ 01.A* 02.B 03 und andere deutlich besser bezeugt.

Der Prolog des 1Johannesbriefes hat die Funktion einer Lektüreanweisung, die das Verstehen des Folgenden präfiguriert. Der Stil des Textes ist durch rhetorisch wirkungsvolle Wiederholungen und Variationen geprägt; so findet sich fünfmal das Relativpronomen ὅ (»was«) und Verben des sinnlichen Wahrnehmens – speziell des Sehens (viermal), des Hörens (zweimal) und des Offenbarwerdens (zweimal) – bestimmen die grammatische, aber auch die emotionale Welt des Textes. Ein weiteres wichtiges Merkmal ist das Gegenüber des ›Wir‹ der Schreibenden (mehrmals in jedem Vers) und des ›Euch/Ihr‹ der Hörenden/Lesenden (lediglich in V. 2.3), das einen deutlichen Autoritätsanspruch zum Ausdruck bringt. Diese komplexe Struktur in Verbindung mit den abstrakten Begriffen ›Logos/Wort‹ (λόγος), ›Leben‹ (ζωή), ›Gemeinschaft‹ (κοινωνία) und ›Freude‹ (χαρά) weist den Abschnitt als einen argumentativen Text aus, was innerhalb der Formbestimmung des 1Joh als theologischen Diskurs nicht überrascht. Dabei wird vorausgesetzt, dass Sprache als elementarer Bedeutungsträger die Wirklichkeit nicht nur abbildet, sondern sie immer auch bildet. In einem Diskurs werden Wissensformen und Weltsichten konstituiert, Formen von Wirklichkeit und

---

* Literatur: *Blank, J.*: Was von Anfang war. Zum Proömium des Ersten Johannesbriefes, in: Anfänge der Theologie (FS J. B. Bauer), Graz 1987, 65-79; *Conzelmann, H.*: »Was von Anfang war«, passim; *Francis, F. O.*: The Form and Function of the Opening and Closing Paragraphs of James and I John, ZNW 61 (1970), 110-126; *Hahn, H.*: Tradition und Neuinterpretation, 55-68; *Heckel, Th. K.*: Historisierung, 428-438; *Jonge, M. de*: An Analysis of 1 John 1,1-4, BiTr 29 (1978) 322-330; *Klauck, H.-J.*: Der »Rückgriff« auf Jesus im Prolog des ersten Johannesbriefs (1 Joh 1,1-4), in: Vom Urchristentum zu Jesus (FS J. Gnilka), Freiburg 1989, 433-451; *Perkins, Ph.*: Koinōnia in 1 Joh 1,3-7. The Social Context of Division in the Johannine Letters, CBQ 45 (1983), 631-641; *Theobald, M.*: Die Fleischwerdung des Logos, 400-437; *Wendt, H. H.*: Der »Anfang« am Beginn des 1. Johannesbriefes, ZNW 21 (1922), 38-42.

Wahrheit entstehen[1]. Genau dies leistet der Prolog des 1Joh, indem er die Vernetzung von Wirklichkeiten und das Einbezogensein von Subjekten in übergeordnete Zusammenhänge zum Gegenstand hat.

Ein solcher Zusammenhang zeigt sich bereits im unvermittelten Einsatz mit einem Relativpronomen, der verdeutlicht, dass der Prolog nur aus einem schon bestehenden Kommunikationszusammenhang zwischen Autor und Adressaten zu verstehen ist. Er muss nicht eigens benannt werden, sondern ist gewissermaßen als zweite Kommunikationsebene bereits präsent[2]. Bei dieser zweiten Ebene handelt es sich um die zuvor im 2Joh bezeugte Kontroverse über eine doketische Christologie, wie die auffällige Betonung des Hörens, Sehens und Berührens und damit der realen Zeugenschaft in 1Joh 1,1-4 zeigt[3]. Im Hinblick auf diese Auseinandersetzung mit den Falschlehrern sowie weiteren Konflikten in den Gemeinden formuliert das Schreiben unübersehbar seine Ansprüche einer *theologischen Augenzeugenschaft*; es kreiert eine neue Wirklichkeit höherer Ordnung, an der die Adressaten partizipieren dürfen. Der authentische Blick des Autors/der Autoren auf das Christusgeschehen wird in 1Joh 1,1-4 zur Perspektive der Hörer und Leser; sie sollen besser hören, klarer sehen und tiefer erkennen.

1 Ein neutrisches Relativpronomen leitet eine bis V. 3 reichende Satzperiode ein, die in ihrer Grundstruktur aus einem Hauptsatz (V. 3b: »verkündigen wir auch euch«), einem Objektsatz (V. 1a: »was von Anfang an war«) und einem Finalsatz (V. 3c: »damit auch ihr mit uns Gemeinschaft habt«) besteht[4]. Das neutrische Relativpronomen ὅ (»was«) bezieht sich nicht auf Einzelbegriffe des Satzes (z. B. ›Logos‹ oder ›Leben‹), sondern auf den Gesamtzusammenhang: das Christusgeschehen als Inhalt der gegenwärtigen Verkündigung[5]. Es wird als Gesamtgeschehen wahrgenommen und in seinen verschiedenen Dimensionen bezeugt. Die Wendung ἀπ' ἀρχῆς (»von Anfang an«) muss als ein Stilmerkmal des 2Joh (2Joh 5.6) und vor allem des 1Joh gelten (1Joh 1,1; 2,7a.13.14b.24a.24b; 3,8a.11)[6]. Eine rein zeitliche Bedeutung von ἀπ' ἀρχῆς liegt in 1Joh 3,8a vor, ansonsten dominiert eindeutig ein Sprachgebrauch, der 2Joh 5.6 aufnimmt: ἀπ' ἀρχῆς bezieht sich auf die johanneische Tradition und Interpretation des Christusgeschehens, wie sie im 2Joh bzw. 1Joh präsentiert wird. Eine direkte Parallele zu 1Joh 1,1 findet sich in 1Joh 2,24 (»Für euch [gilt]: Was ihr von Anfang an gehört habt, soll in euch bleiben. Wenn in euch bleibt, was ihr von Anfang an gehört habt, dann werdet auch ihr im Sohn und im Vater bleiben«); 1Joh 2,7a orientiert sich fast wörtlich an 2Joh 5 (und nicht an Joh 13,34!), 1Joh 2,13.14a

---

[1] Vgl. *M. u. S. Jäger*, Deutungskämpfe, 23, die betonen, dass Diskurse keine passiven Medien sind, sondern: »Sie bestimmen und formen Realität, natürlich immer nur über die dazwischentretenden tätigen Subjekte.«
[2] Im Gegensatz zu *J. M. Lieu*, Us or You?, 817 (»only as constructed by the text«), sehe ich reale Adressaten angesprochen, die sich bereits in einer Argumentation befinden und gerade deshalb den Prolog des 1Joh decodieren können.
[3] Vgl. Exkurs 1: Doketismus.
[4] Vgl. dazu *H.-J. Klauck*, Der erste Johannesbrief, 54f.
[5] Grammatisch handelt es sich um eine Generalisierung; vgl. *Kühner/Gerth*, Grammatik II/1, 61f; *Blass/Debrunner/Rehkopf*, Grammatik § 138,1.
[6] Vgl. dazu mit unterschiedlichen Akzenten *G. Strecker*, Die Johannesbriefe, 56-58; *H.-J. Klauck*, Der erste Johannesbrief, 59f.

beziehen sich erkennbar auf die anfängliche johanneische Unterweisung[7], ebenso 1 Joh 3,11. Im Johannesevangelium erscheint ἀπ' ἀρχῆς im mythisch-zeitlichen Sinn in Joh 8,44 (der Teufel war »ein Menschmörder von Anfang an«) und in einer zeitlich-traditionsorientierten Aussage in Joh 15,27 (»Und auch ihr legt Zeugnis ab, weil ihr von Anfang an mit mir seid«). In Joh 2,11; 8,25 findet sich ἀρχή mit Artikel, in Joh 6,64; 16,4 ἐξ ἀρχῆς und in Joh 1,1.2 ἐν ἀρχῇ (»im Anfang«). Vielfach wird in ἀπ' ἀρχῆς in 1 Joh 1,1 ein direkter Rückgriff auf ἐν ἀρχῇ in Joh 1,1.2 gesehen und als Beleg für die zeitliche Priorität des Evangeliums gewertet[8]: »Der Anfang des Briefes greift auf Joh 1,1 zurück; dadurch ist die Frage zu beantworten, ob ἀπ' ἀρχῆς auf den absoluten Anfang oder den Beginn der Kirche weise ... Also: Der Verf. redet hier vom absoluten Beginn.«[9] Hier werden die dargestellten charakteristischen Unterschiede im Gebrauch von ἀρχή im Prolog des Briefes und des Evangeliums einfach übergangen. Im gesamten johanneischen Schrifttum erscheint ἐν ἀρχῇ nur in Joh 1,1.2 und benennt das Sein des präexistenten Logos bei Gott im absoluten Anfang vor der Weltschöpfung. Demgegenüber bezeichnet ἀπ' ἀρχῆς in 1 Joh 1,1 die anfängliche joh. Tradition des Christusgeschehens in seiner gegenwärtigen Bedeutung für die Gemeinde (4mal ›wir‹!), ohne dass auch nur ansatzweise auf die Schöpfung oder eine Zeit davor rekurriert wird, d. h. vom absoluten Beginn/Anfang ist hier gerade nicht die Rede! Die Wendung ἀπ' ἀρχῆς *ist ein Stilmerkmal des 1 Joh (und 2 Joh) und nicht des Evangeliums!*[10] Sie benennt in 1 Joh 1,1 die johanneische Tradition als Grund und kritische Norm der Verkündigung. An keiner Stelle wird jedoch erkennbar, dass mit dieser Tradition das Johannesevangelium gemeint ist[11]! Auch beim Logosbegriff ist kein direkter Bezug erkennbar, denn der Einsatz mit dem neutrischen Relativpronomen ὅ lässt sich mit dem maskulinen ὁ λόγος in Joh 1,1 nicht in Verbindung bringen. Außerdem unterscheidet sich das umständliche und unscharfe περὶ τοῦ λόγου in 1 Joh 1,1 grundlegend vom präzisen und auf Gleichsetzung mit Gott angelegten Logosbegriff im Prolog des Evangeliums[12]. Fazit: Weder ein Bezug auf das Johannesevangelium noch auf den vorjohanneischen und damit für die zeitliche Priorität des Evangeliums nicht heranzuziehenden Logoshymnus in Joh 1,1-18 ist in 1 Joh 1,1(-4) stringent nachzuweisen.

---

[7] Gegen *H. Conzelmann*, »Was von Anfang war«, 208, der meint, 1 Joh 2,13.14 verwiesen auf die ἀρχή schlechthin.

[8] Vgl. nur *R. Bultmann*, Die Johannesbriefe, 13; *R. E. Brown*, The Epistles of John, 149ff; *H.-J. Klauck*, Der erste Johannesbrief, 60 (nach ihm vermittelt das ἀπ' ἀρχῆς in 1 Joh 1,1 zwischen dem ἐν ἀρχῇ in Joh 1,1 und dem ἀπ' ἀρχῆς in 1 Joh 2,24); *F. Vouga*, Die Johannesbriefe, 24f; *J. Beutler*, Die Johannesbriefe, 35f; *Th. K. Heckel*, Historisierung, 434-436; *H. Hahn*, Tradition und Neuinterpretation, 57-63. Dagegen lehnen z. B. *H. H. Wendt*, Der »Anfang«, 38-42; *U. Schnelle*, Antidoketische Christologie, 66f; *G. Strecker*, Die Johannesbriefe, 57; *J. M. Lieu*, I, II, & III John, 38, eine Deutung von 1 Joh 1,1-4 auf Joh 1,1 ab.

[9] *H. Conzelmann*, »Was von Anfang war«, 208.

[10] Diesen klaren Befund minimiert *Th. K. Heckel*, Historisierung, 436, der von einer ›kleinen Änderung‹ spricht.

[11] Gegen *H. Conzelmann*, a. a. O., 211: »Man versteht die Ausdrucksweise des Briefes m. E. nur durch die Annahme, daß der Verfasser das Johannesevangelium bereits als feste Autorität vor Augen hat.«

[12] Vgl. *J. M. Lieu*, I, II, & III John, 38: »For 1 John the opening appeal is not a (preexistent) person but to some *thing* whose identity and significance is defined by its relationship with the beginning, i. e. its ›ab-origin-ality‹.«

Im 1Joh geht es von Anfang an um ein dynamisches Mitteilungsgeschehen, das von Gott herkommt, sich im Christusgeschehen als ›Wort des Lebens‹ geschichtlich offenbart und in der Verkündigung der ›ersten‹ Zeugen weitergetragen wird. Die Realität dieses Geschehens unterstreichen Verben der sinnlichen Wahrnehmung. Sie setzen beim Hören ein und lassen eine Bewegung von der geistigen hin zur körperlichen Wahrnehmung (›unsere Hände‹) erkennen, mit der eine Intensivierung des Realitätsanspruches verbunden ist.

Die *akustische Dimension* des Christusgeschehens (»was wir gehört haben«) spielt in der Verkündigung der johanneischen Schule und speziell des 1Joh eine hervorgehobene Rolle. Das Hören und nicht das Lesen war in der Antike im Allgemeinen und in der johanneischen Schule im Besonderen die primäre Rezeptionsform. Der Autor denkt sicherlich an die Gottesdienste und/oder Versammlungen in den johanneischen Gemeinden, in denen die authentische Auslegung des Christusgeschehens in Wahrheit und Liebe zu Gehör kam (vgl. 1Joh 2,7.24; 3,11). Die Unmittelbarkeit des Hörens wird in 1Joh 1,5a auf Jesus selbst zurückgeführt und begründet den unüberbietbaren Anspruch der johanneischen Verkündigung: »Wer Gott erkannt hat, hört auf uns, wer nicht aus Gott ist, hört nicht auf uns« (1Joh 4,6). Damit verbindet sich der Anspruch einer unmittelbaren Augenzeugenschaft sowie einer körperlichen Wahrnehmung des ursprünglichen Geschehens »bezüglich des Wortes des Lebens« (περὶ τοῦ λόγου τῆς ζωῆς). Wie das Hören des Christusgeschehens resultiert auch das unmittelbare Sehen und Berühren aus dem besonderen Anspruch der johanneischen Tradition/Theologie. Sie proklamiert nicht eine im neuzeitlichen Sinn historische, wohl aber eine *theologische Augenzeugenschaft*, d.h. ein unverfälschtes, wahrheitsgemäßes und ursprüngliches Erfassen und Auslegen des Christusgeschehens[13].

Hier erscheint bereits jenes theologische Konzept, das dann im Johannesevangelium umfassend entfaltet wird: Die wahre und wirkliche Erkenntnis des Christusgeschehens aus der *nachösterlichen geistgewirkten Anamnese*[14]. Das Johannesevangelium erhebt explizit den Anspruch, aus der nachösterlichen, vom Parakleten gewährten Anamnese des Christusgeschehens erwachsen zu sein (vgl. Joh 2,17.22; 10,6; 12,16; 13,7; 14,26; 18 32; 20,9). Der 1Joh verbindet dieses Konzept noch nicht mit dem Parakleten (vgl. die Auslegung von 1Joh 2,1), sondern mit der Vorstellung des Chrisma, der Salbung mit dem heiligen Geist (vgl. 1Joh 2,20.27). Das Chrisma lehrt die Glaubenden alles Wissen und schenkt den göttlichen Blick, der im Gegensatz zum Antichristen in Jesus Christus den fleischgewordenen Sohn des Vaters erkennt (vgl. 1Joh 2,22-24; 4,1-3). Weil die johanneischen Christen vom erhöhten Christus und damit auch von Gott gelehrt sind (vgl. 1Joh 2,20), ihnen das Chrisma Gleichzeitigkeit vermittelt, haben sie gegenüber den ›historischen‹ Augenzeugen keinen Nachteil, sie erkennen sogar aus nachösterlicher Perspektive tiefer und wahrer die vielfältigen Dimensionen des Christusgeschehens. Deshalb kann der 1Joh auch die 1. Pers. Pl. verwenden, denn im ›Wir‹ der johanneischen Schule (vgl. auch Joh 1,14.16; 3,11; 21,24) bündelt sich der Anspruch der johanneischen Tradition, trotz der historischen

---

[13] H.-J. *Klauck*, Der erste Johannesbrief, 76, verbleibt bei dem m. E. hier nicht gemeinten Begriff der bloßen, historischen Augenzeugenschaft, den er natürlich ablehnen muss.
[14] Vgl. dazu U. *Schnelle*, Das Johannesevangelium als neue Sinnbildung, in: G. van Belle/J. G. van der Watt/ P. Maritz (Hg.), Theology and Christology in the Fourth Gospel, 291-313.

Nachzeitigkeit den Anfang sachgemäß zu erfassen[15]. Es handelt sich bei dem ›Wir‹ um einen Plural, der eine kommunikative, die Zeiten überspringende und zugleich verbindende Funktion hat. In dem konstatierenden und zugleich bekennenden ›Wir‹ verschränken sich die Zeitebenen; es wird von den ersten Zeugen und auf der Ebene der johanneischen Gemeinde zugleich gesprochen.

Dieses authentische Erfassen des Christusgeschehens in seinen irdischen und göttlichen Dimensionen vollzieht sich weiter als ›sehen‹ und ›wahrnehmen‹. Das ›sehen‹ wird zunächst als augenfällige Wahrnehmung mit dem Verb ὁρᾶν beschrieben (2Joh nicht belegt; 3Joh 2mal; 1Joh 9mal; Evangelium 63mal). Die 1. Pers. Pl. Perf. »hebt die Wirkung am Subjekt hervor«[16], benennt also die impressive Dimension des Geschehens; es gründet in der Vergangenheit und bestimmt die Gegenwart[17]. Mit dem selteneren Verb θεᾶσθαι (2Joh nicht belegt; 3Joh nicht belegt; 1Joh 3mal; Evangelium 6mal) wird das Thema variiert[18]. Der Akzent verlagert sich ein wenig vom konkreten Sehen (des Irdischen) auf das theologische Betrachten/Schauen, d. h. auf die grundsätzliche, göttliche Bedeutung des Geschehens (vgl. 1Joh 4,14: »Und wir haben geschaut und bezeugen, dass der Vater den Sohn als Retter der Welt gesandt hat«). Die Wiederholungen und Variationen in V. 2f zeigen wiederum die Bedeutung dieses Themas für den 1Joh an; es geht um das genuin johanneische Konzept der Sichtbarkeit Gottes. Das Konzept der Gottesschau gehört zum Urgestein johanneischer Theologie (3Joh 11: »wer das Böse tut, hat Gott nicht gesehen«). Dabei zeigen sich vom 1Joh zum Johannesevangelium beachtenswerte Verschiebungen. In 1Joh 4,12 (»Niemand hat Gott jemals gesehen«) und 4,20 wird ausdrücklich betont, dass man Gott nicht sehen könne. Zwar geht auch das Johannesevangelium von der Unsichtbarkeit Gottes aus (vgl. Joh 1,18; 5,37; 6,46), betont aber in Joh 12,45; 14,8-10 ebenso emphatisch: Wer den Sohn sieht, sieht den Vater. Dieser Gedanke findet sich im 1Joh in dieser Prägnanz nicht, so dass eine christologische Profilierung des Konzeptes der Sichtbarkeit Gottes im Evangelium konstatiert werden kann[19]. Im umgekehrten Fall wäre mit einer christologischen Reduktion vom Evangelium zum 1Joh zu rechnen.

Die Wahrnehmung wird in V. 1e (»und unsere Hände berührt haben«) um die Dimension des *Tastens/Berührens* erweitert. Das Verb ψηλαφᾶν findet sich in den johanneischen Schriften nur hier, insgesamt gibt es vier Belege im Neuen Testament. Die Nähe dieses Motives zur Thomasperikope Joh 20,24-29[20] ist unübersehbar, zumal das Verb ψηλαφάω auch in der sachlichen Parallele Lk 24,39 vorkommt (»Berührt mich und seht, denn ein Geist hat nicht Fleisch und Knochen«). Dennoch unterscheiden sich die Thomaserzählung und 1Joh 1,1 in zwei grundlegenden Punkten: 1) Joh 20,24-29 (und Lk 24,39) bezieht sich exklusiv auf die Begegnung mit dem Auferstandenen,

---

[15] Eine Forschungsübersicht zum ›Wir‹ (1. kommunikatives ›Wir‹; 2. schriftstellerischer Plural; 3. Indiz für eine Gruppe mit exklusivem Selbstverständnis) bietet *H.-J. Klauck*, Der erste Johannesbrief, 73-77.
[16] *Blass/Debrunner/Rehkopf*, Grammatik, 280.
[17] Zu ὁράω im joh. Schrifttum vgl. umfassend *C. Hergenröder*, Wir schauten seine Herrlichkeit, 106-216.
[18] Zur Bedeutung von θεάομαι in der joh. Theologie insgesamt vgl. *C. Hergenröder*, a. a. O., 95-105.
[19] Vgl. *E. E. Popkes*, Die Theologie der Liebe Gottes, 302.
[20] Zur Auslegung vgl. *U. Schnelle*, Joh, 330-334.

während 1Joh 1,1 einen generellen, grundlegenden, umfassenden und anhaltenden Sachverhalt beschreibt. 2) Der Makarismus Joh 20,29 (»Selig, die nicht sehen und doch glauben«) setzt einen völlig anderen Akzent als 1Joh 1,1-4; die Zeit der unmittelbaren Augenzeugen ist vorüber, was in den schwebenden Formulierungen von 1Joh 1,1-4 gerade nicht ausgeschlossen wird. Deshalb sollte nicht davon ausgegangen werden, dass 1Joh 1,1e die Thomasperikope vor Augen hatte[21], sondern dass beide Texte in unterschiedlicher Weise dasselbe Thema bearbeiten: Die Leiblichkeit des Logos, Gottessohnes und Retters Jesus Christus in seiner irdischen wie himmlischen Existenz[22]. Dieses Thema war dem 1Joh völlig unabhängig vom Evangelium vorgegeben, nämlich durch den Konflikt mit den Falschlehrern um das wirkliche Kommen Jesu Christi ins Fleisch (vgl. 2Joh 7; 1Joh 2,22; 4,2f). Das ›Berühren/Betasten‹ über das ›Hören und Sehen‹ hinaus setzt bereits hier einen deutlichen antidoketischen Akzent; was berührt und betastet werden konnte, existiert wirklich und unterliegt keinem Schein.

Was ›wir gehört, gesehen und berührt haben‹, wird in 1Joh 1,1f nicht einfach direkt als ›das Wort des Lebens‹ vorgestellt, sondern durch die Präposition περί (»über/bezüglich«) mit dem Logos- und Lebensbegriff in Beziehung gesetzt[23]. Damit dürfte zwar Jesus Christus als das personale Wort Gottes und als das verkündigte Wort Gottes der johanneischen Schule zugleich gemeint sein, zu beachten bleibt aber die zurückhaltende Beschreibungssprache, die (anders als im Prolog Joh 1,1-18) keine Gleichsetzungen vornimmt. Als personales Wort Gottes erscheint der Logos als Träger des Lebens, wobei aber der Lebensbegriff letztlich den Status des Logos definiert, wie die Verankerung des Lebens im Vater in V. 2 deutlich zeigt (vgl. auch Joh 5,26). Als Lebensträger kann und will der Logos den Menschen in der Verkündigung/Weitergabe des Wortes das Leben schenken[24]. Ob mit περὶ τοῦ λόγου τῆς ζωῆς auf Joh 1,1.14 verwiesen wird, muss bezweifelt werden, denn zu sehr unterscheidet sich die umständliche Wendung des Briefes (man erwartet einen Akkusativ) vom nur im Johannesprolog erscheinenden absoluten ὁ λόγος. Liegt dort der Ton auf dem uranfänglichen Sein des Logos bei Gott, seiner Schöpfungsmittlerschaft, der Ablehnung durch den ungläubigen Kosmos und der Inkarnation, so in 1Joh 1,1 auf der Apposition τῆς ζωῆς. Die begriffliche Entwicklung verläuft eher vom 1Joh zum Evangelium, denn die Klarheit und Brillanz des Evangeliumsprologs wird hier nicht erreicht. Zwar werden Logos und Leben in 1Joh 1,1f eng miteinander verbunden, aber im Prolog des Evangeliums macht das Leben geradezu das Wesen des Logos aus. Zudem kann die Vorstellung, der Logos trage die Heilsgabe des Lebens, durchaus unabhängig von

---

[21] Einen Bezug auf die Thomasperikope und damit auf das Evangelium sehen *H.-J. Klauck*, Der erste Johannesbrief, 62; *Th. K. Heckel*, Historisierung, 436-438.
[22] Eine Beschränkung auf die irdische Existenz liegt m. E. nicht vor; anders *R. E. Brown*, The Epistles of John, 163; *J. Beutler*, Die Johannesbriefe, 37.
[23] Die mit περί eingeführte Genitiv-Wendung ist als gen. qualitatis aufzufassen (der Logos, der das Leben in sich trägt). Warum der Autor einen Akkusativ vermeidet, lässt sich nicht mehr erhellen; Vermutungen finden sich bei *R. Schnackenburg*, Die Johannesbriefe, 60f.
[24] Vgl. *J. Beutler*, Die Johannesbriefe, 37.

Joh 1,1-18 in der johanneischen Schule entstanden sein (vgl. 1Joh 2,7)[25]. Im Evangelium ist λόγος 39mal (ohne Joh 21,23), im 1Joh 6mal belegt.

Theologisch höchst bedeutsam ist es, dass sowohl der Briefprolog als auch der Evangeliumsprolog ihr christologisches Programm mit dem Logos-Begriff verbinden. Mit ihm eröffnen sich für die Leser/Hörer des 1Joh intertextuelle und interkulturelle Anspielungen. Die alttestamentlich-jüdische Tradition kommt vor allem in der Gestalt des jüdischen Weisheitsmythos und Philos in den Blick[26]. Der λόγος-Begriff eröffnet über seine jüdische Rezeptionsgeschichte hinaus bewusst einen weiteren Kulturraum: die Welt der griechisch-römischen Philosophie und Bildung[27]. Als Schlüsselwort der griechischen Bildungsgeschichte aktiviert λόγος ein umfangreiches Anspielungspotential, das bei der produktiven Mitarbeit der Hörenden/Lesenden in den Verstehensprozess mit einfließt. Der Logos ist als Vernunft nach durchgängiger griechischer Tradition eine Gabe der Götter. Im Logos, der alles Vernünftige auszeichnet, vollzieht sich die Verbindung zwischen den Menschen und der Gottheit/den Göttern: »So zielt diese Lehre, um es kurz zu sagen, darauf ab, das Menschengeschlecht mit der Gottheit harmonisch in Verbindung zu bringen und in einem Begriff als Vernunftbegabte (καὶ ἑνὶ λόγῳ περιλαβεῖν πᾶν τὸ λογικόν) zusammenzufassen; denn in der Vernunft sieht sie die einzige sichere und unauflösliche Grundlage von Gemeinschaft und Gerechtigkeit«[28]. Mit der johanneischen Literatur zeitgleiche Autoren wie Plutarch[29], Dion von Prusa oder Epiktet[30] zeigen das Vor- und Mitwissen an, das auch die johanneischen Christen aktivierten, wenn in ihrer Mitte der Logos Jesus Christus verehrt wurde: In der Gestalt des Logos treten Gott/die Götter mit den Menschen in Verbindung und der Logos als die größte Gabe Gottes/der Götter ermöglicht das Leben[31].

---

[25] Selbst wenn man einen Bezug des Briefprologs auf den Evangeliumsprolog beim Logosbegriff annehmen würde, ist damit noch nicht über das chronologische Verhältnis 1Joh – Johannesevangelium entschieden, denn Joh 1,1-18 ist (ohne V. 6-8.15) ein Traditionstext; vgl. den Nachweis bei *U. Schnelle*, Joh, 44f.52.

[26] Vgl. hierzu *M. Endo*, Creation and Christology, WUNT 2.149, Tübingen 2002.

[27] Zum Logosbegriff insgesamt vgl. *B. Jendorff*, Der Logosbegriff, EHS 20.19, Frankfurt 1976; *W. Kelber*, Die Logoslehre. Von Heraklit bis Origenes, Stuttgart 1976; *A. Schmidt*, Die Geburt des Logos bei den frühen Griechen, Berlin 2002. Klassisch Diog Laert 6,3: »Als erster definierte Antisthenes den Logos, indem er sagte: Ein Logos ist das, was klar macht, was etwas war oder ist« (Λόγος ἐστὶν ὁ τὸ τί ἦν ἤ ἔστι δηλῶν); weitere Texte in: *U. Schnelle*, Joh, 38-40; *Neuer Wettstein* I/2, 10-15.

[28] Dio Chrys, Or 36,31.

[29] Vgl. Plut, Mor 377F.378A: »Es sind nicht die einen Götter bei diesem, die andern bei jenem Volk, keine Barbaren- und Hellenengötter, keine südlichen und nördlichen; sondern wie Sonne und Mond, Himmel, Erde und Meer allen gemeinsam sind, aber von den einen so, von anderen anders genannt werden, so ist es ein einziger Logos, der dies alles ordnet, eine einzige Vorsehung, die darüber waltet, und es gibt dienende Mächte, die für alle Bereiche der Welt eingesetzt sind; und für all diese Wesen gibt es verschiedene Ehren und Benennungen bei den verschiedenen Völkern nach ihrem Brauch«; Mor 378B.C: »So gilt es denn, hierbei vor allem den Logos aus der Philosophie als Mysterienführer heranzuziehen, um es, was in den Riten gesprochen und getan wird, in frommer Weise aufzufassen, damit es uns nicht geht wie Theodoros, der gesagt hat: Wenn er seine Worte mit der rechten Hand darreiche, ergriffen manche Hörer sie mit der linken.«

[30] Diss II 8,1-2: »Gott ist nützlich, aber auch das Gute ist nützlich. Wahrscheinlich liegt das Gute dort, wo das Wesen Gottes ist. Was ist nun das Wesen Gottes? Fleisch? Keinesfalls. Landbesitz? Ruhm? Keinesfalls. Geist, Erkenntnis, wahre Vernunft (λόγος ὀρθός).«

[31] Vgl. Cornut, De Natura Deorum 16,1, über den Götterboten Hermes: »Hermes ist die Vernunft (λόγος), welche die Götter aus dem Himmel zu uns Menschen sandten (ἀπέστειλαν), wobei sie von den Lebewesen

2 In einer Art Parenthese, die zeitlogisch V. 1 vorangeht, rückt nun der Lebensbegriff in das Zentrum der theologischen Reflexion (ζωή = »Leben«; 36 Belege im Evangelium und 13 Belege im 1Joh). Charakteristisch ist zunächst die Verbindung mit dem Verb φανεροῦν (»offenbaren«/pass.: »erscheinen«) und damit der johanneischen Offenbarungssprache: Im Logos Jesus Christus ist das Leben erschienen, das zuvor beim Vater war; d. h. φανεροῦν benennt hier das Inkarnationsgeschehen in seiner Gesamtheit[32]. Der durchgängige Gebrauch von φανεροῦν im Aorist Passiv lässt deutlich erkennen, dass immer Gott als der eigentliche Lebensspender und Urheber des Geschehens gedacht ist (vgl. 1Joh 2,28; 3,2.5.8b; 4,9). Dies wird durch die Zeitdimensionen des Offenbarungsgeschehens unterstrichen, es umfasst Präexistenz (1Joh 1,2: »das beim Vater war«), Inkarnation (1Joh 1,2: »das Leben ist erschienen«/»und euch erschienen ist«) und die Parusie (1Joh 2,28: »Und nun, Kinder, bleibt in ihm, damit, wenn er offenbar wird, wir Freimut haben und nicht beschämt werden von ihm bei seiner Parusie«; 3,2b: »Wir wissen aber, wenn er offenbar wird, werden wir ihm gleich sein, denn wir werden ihn sehen, wie er ist«). Leben ist auch im Johannesevangelium zuallererst ein Attribut des Vaters[33], der dem Sohn das Leben gibt: »Denn wie der Vater Leben in sich selbst hat, so hat er auch dem Sohn verliehen, Leben in sich selbst zu haben« (Joh 5,26; vgl. Joh 6,57). Der Sohn wiederum erhielt vom Vater die Macht über alle Menschen, »damit er das ewige Leben allen gebe, die du ihm gegeben hast« (Joh 17,2b). Schon der präexistente Logos hatte das Leben in sich, das zum Licht der Menschen wurde (Joh 1,4; 1Joh 1,2).

Das neue Sein wird nicht nur als ζωή (»Leben«), sondern als ζωὴ αἰώνιος (»ewiges Leben«) qualifiziert[34]; d. h. es ist durch Gott ermöglichtes Leben und unterliegt deshalb keinerlei Beschränkungen. Deshalb ist ›ewig‹ weitaus mehr als ein Zeitbegriff, es benennt eine eigene Qualitätskategorie. Im Sohn gewährt der Vater ein immerwährendes Leben, das durch den biologischen Tod nicht zerstört wird. Eine Gleichsetzung Jesu Christi mit dem ›ewigen Leben‹ findet sich noch in 1Joh 5,20; in 1Joh 2,24f; 3,14-17; 5,11-13 erscheint das ›ewige Leben‹ als Anteilhabe am Vater und am Sohn in der gegenseitigen Liebe. Die Qualität, ewiges Leben zu sein, gewinnt das Leben exklusiv beim und vom Vater; es geht vom Vater aus und wirkt nun im und durch den Sohn[35]. Als eine in der Gegenwart[36] beginnende Gemeinschaft des Glaubenden mit Gott/Jesu Christi eröffnet das ewige Leben eine nie endende Zukunft. Nicht Unsterblichkeit, sondern andauerndes wahres Leben bei Gott wird den Glaubenden verheißen.

Die Realität des im Logos Jesus Christus erschienenen Lebens wird zunächst unter Aufnahme der Perfektform ἑωράκαμεν (= »was wir gesehen haben«) aus V. 1 betont,

---

der Erde allein den Menschen zur Vernunft begabt (λογικόν) machten, etwas, was sie selbst für das Herausragendste über alles andere hinaus hielten.«

[32] Vgl. *C. Hergenröder*, Wir schauten seine Herrlichkeit, 245. Diese allgemeine joh. Offenbarungssprache setzt keinesfalls einen zwingenden Bezug auf Joh 1,14 voraus, wie *J. Beutler*, Die Johannesbriefe, 38, meint.

[33] Vgl. dazu *F. Mußner*, ZΩH, 70ff.

[34] Die Wendung ζωὴ αἰώνιος erscheint erstmals Dan 12,2LXX; vgl. ferner 2Makk 7,9.11.14.36; PsSal 3,12; JosAs 8,10. Aus der griechischen Tradition beachte Aristot, Metaphysik 1072 b 28ff: »Wir behaupten, dass Gott ein ewiges vortreffliches Lebewesen ist, so dass Leben und ewige Zeit (ζωὴ καὶ αἰών) Gott zu eigen ist; denn dies ist Gott« (τοῦτο γὰρ ὁ θεός).

[35] Dabei drückt das ἦν nicht Vergangenheit, sondern Dauer aus; so *J. Beutler*, Die Johannesbriefe, 39 (mit Bezug auf B. F. Westcott).

[36] Vgl. das Perfekt μεταβεβήκαμεν in 1Joh 3,14 und den Aorist ἔδωκεν in 1Joh 5,11.

um dann mit Präsensformen vom Offenbarungsempfang zur Offenbarungsweitergabe voranzugehen. Diese Weitergabe wird durch die Differenzierung zwischen den Schreibern (›Wir‹) und den Empfängern (›Euch‹) signalisiert und vollzieht sich als Zeugnis und Verkündigung. Das Zeugnis-Motiv[37] steht einmal in der Kontinuität zum 3Joh, indem es die Zuverlässigkeit der johanneischen Tradition betont. Darüber hinaus verbindet sich mit der Verkündigungssituation ein zentraler Gedanke der gesamten johanneischen Theologie: das ganzheitliche Bestimmtsein durch die Offenbarung Gottes in Jesus Christus. Die Wahrnehmung dieses Geschehens ist keineswegs nur ein intellektueller Akt, sondern betrifft die ganze Existenz. Das Zeugnis der Anfangszeugen setzt sich im Zeugnis der gegenwärtigen Schule als Verkündigung (ἀπαγγέλλειν = verkündigen; 2mal im 1Joh und 1mal im Evangelium) des ewiges Leben spendenden Logos Jesus Christus fort.

3 Die Wirklichkeit des Gesehenen, Gehörten und Verkündigten tritt als Rekapitulation von V. 1b-2 wiederum in den Vordergrund, wobei eine klare Verlagerung vom geoffenbarten göttlichen Lebenswort hin zur Verkündigung der johanneischen Gemeinde zu erkennen ist. Sie zeigt sich im Gegenüber der ›Wir-Gruppe‹ und der Adressaten als ›Ihr-Gruppe‹ sowie dem Schlüsselbegriff des Verses: κοινωνία (= »Gemeinschaft/Teilhabe«). Damit führt die ›Wir-Gruppe‹ eine neue partizipative Dimension ein. Im Neuen Testament erscheint κοινωνία insgesamt 19mal, davon 13mal bei Paulus und 4mal in 1Joh 1,3.6f (vgl. ferner Apg 2,42; Hebr 13,16)[38]. Bei Paulus kann κοινωνία in ganz verschiedenen Zusammenhängen gebraucht werden, von der Gemeinschaft mit Christus (vgl. 1Kor 1,9; Phil 3,10), der Gemeinschaft in den Sakramenten (1Kor 10,16), dem Evangelium (vgl. Phil 1,5) und dem Geist (vgl. 2Kor 13,13; Phil 2,1) bis hin zur Kollekte (vgl. 2Kor 8,4; 9,13; Gal 2,9; Röm 15,26). Die bei Paulus dominierenden Aspekte der Teilhabe bzw. des Anteilnehmens finden sich auch im 1Joh. Die Empfänger/Hörenden sollen hineingenommen werden (»auch ihr«) in die exklusive Gemeinschaft der Sprechenden mit dem Vater und dem Sohn Jesus Christus. Die Betonung des Gemeinschaftsgedankens resultiert nicht zuletzt aus seiner Gefährdung durch die Falschlehrer[39], die aus der wahren Gemeinschaft der Glaubenden herausgetreten sind (vgl. 2Joh 11; 1Joh 2,19) und nun das Fundament der johanneischen Theologie bedrohen: Die reale Gestaltwerdung der Liebe Gottes in seinem Sohn Jesus Christus (vgl. 1Joh 4,8f).

4 Mit 1Joh 5,13 (»dieses habe ich euch geschrieben«) bildet V. 4a (»und dies schreiben wir«) den brieflichen Rahmen des Schreibens. Die ›Wir-Gruppe‹ erscheint nur in 1Joh 1,1-4.5, danach tritt das ›Ich‹ eines Schreibenden in den Vordergrund (vgl. 1Joh 2,1.7.8.12-14.21.26; 5,13); ein deutliches Zeichen für das besondere Gewicht des Prologs. Wie ist dieses ›Wir‹ zu verstehen?[40] Es handelt sich kaum um einen schriftstellerischen Plural, der eigentlich ein ›Ich‹ meint und dann mit 1Joh 5,13 gleichzu-

---

[37] Vgl. dazu *J. Beutler*, Martyria, 283f.
[38] Vgl. dazu *J. Hainz*, Art. κοινωνία, EWNT II, Stuttgart 1981, 749-755.
[39] Möglicherweise war κοινωνία auch ein Schlüsselbegriff der Falschlehrer; so *J. Painter*, 1, 2, and 3 John, 122.
[40] Einen Überblick zu wichtigen Lösungsvorschlägen bietet *J. Beutler*, Die Johannesbriefe, 41f.

setzen wäre⁴¹. Dagegen spricht der erwähnte Wechsel zwischen Plural und Singular, vor allem aber, dass sich der in 1Joh 1,1-4 formulierte Anspruch von einer Einzelperson gar nicht erheben lässt, sondern nur von der johanneischen Tradition insgesamt. Das ›Wir‹ des Prologs ist das ›Wir‹ der johanneischen Schule. Dieses ›Wir‹ wird nicht von einem Einzelnen, sondern von einer realen Gruppe von Lehrern/Gemeindeleitern um den Autor herum in Anspruch genommen und steht nun als grundlegende Autorität den Adressaten gegenüber. V. 4b steht in direkter Tradition von 2Joh 12; das Ziel der Unterweisung der Sprechenden ist ›unsere Freude‹, d. h. die gegenseitige Gemeinschaft des Glaubens in der Gewissheit der Wahrheit des Überlieferten und Bezeugten. Die Freude ist das Kennzeichen vollendeter Gemeinschaft auf Seiten der Sprechenden und der Hörenden⁴².

Der Prolog des 1Johannesbriefes ist ein kraftvoller Anfang⁴³, der keiner textexternen Verstehenshilfen bedarf⁴⁴. Er präsentiert nicht nur das theologische Programm des Schreibens, sondern verbindet damit unüberhörbar und unübersehbar mit dem ›Wir‹ der bestimmenden Diskursgruppe⁴⁵ einen massiven Anspruch: Die theologische Augenzeugenschaft der johanneischen Schule. Sie schließt vom Selbstanspruch her eine historische Augenzeugenschaft und die soziale Kontinuität innerhalb der johanneischen Schule mit ein, hört aber unmittelbarer und blickt tiefer, indem sie die wahre Bedeutung der Offenbarung des Logos Jesus Christus als ins Fleisch gekommenen Gottessohn erfasst. Die Dominanz der johanneischen Epiphanie- und Offenbarungssprache (3mal ὁράω, je 2mal ἀκούω und φανερόω, je 1mal μαρτυρέω und θεάομαι) und das Umgreifen/Begreifen des Logos in V. 1 lassen deutlich erkennen, dass es dem 1Joh um die Realität des Heilsgeschehens geht, so dass der Briefprolog als Diskurseinsatz auch bereits die Auseinandersetzung mit der Falschlehre eröffnet⁴⁶. Dabei zeigt die Voranstellung des Hörens in V. 1 in Verbindung mit dem zweifachen

---

[41] So auch *H.-J. Klauck*, Der erste Johannesbrief, 72.
[42] Vgl. *K. Wengst*, Der erste, zweite und dritte Brief des Johannes, 44f.
[43] Zweifellos gehen der Prolog des Briefes und des Evangeliums auf gemeinsame traditionsgeschichtliche Wurzeln in der joh. Schule zurück. Es ist aber nicht nachzuweisen, dass Joh 1,1-18 die literarische Vorlage für 1Joh 1,1-4 bildete; das Gegenteil ist weitaus wahrscheinlicher! Für eine literarische Abhängigkeit des Briefprologs von Joh 1,1-18 plädieren u.a: *R. Bultmann*, Die Johannesbriefe, 13; *R. Schnackenburg*, Die Johannesbriefe, 51; *H. Balz*, Die Johannesbriefe, 167; *R. E. Brown*, The Johannine Epistles, 176ff; *H.-J. Klauck*, Der erste Johannesbrief, 56f; *W. Vogler*, Die Briefe des Johannes, 54f; *Th. K. Heckel*, Historisierung, 434-436. Unentschlossen hingegen *H. Windisch/(H. Preisker)*, 1Joh, 108; *K. Wengst*, Der erste, zweite und dritte Johannesbrief, 38f. Einen Bezug von 1Joh 1,1-4 auf Joh 1,1-18 bestreiten: *U. Schnelle*, Antidoketische Christologie, 65-67; *G. Strecker*, Die Johannesbriefe, 56ff; *J. Frey*, Eschatologie III, 55f; *E. E. Popkes*, Die Theologie der Liebe Gottes, 303; *J. M. Lieu*, I, II, & III John, 38.
[44] Gegen *Th. K. Heckel*, Historisierung, 436, der behauptet: »Die Adressaten des Briefes sollen an den Prolog des Evangeliums denken und erst unter dieser Voraussetzung werden sie an das besondere Thema des 1Joh herangeführt.«
[45] *M. u. S. Jäger*, Deutungskämpfe, 30f, sprechen von ›Diskursgemeinschaften‹, d. h. von Gruppen, »die durch die Anerkennung und Befolgung relativ homogener Aussagesysteme (Doktrinen, Ideologien, Diskurspositionen, ›Wahrheiten‹) zusammengehalten werden« (a. a. O., 31).
[46] Ein Bezug auf die gegnerische Lehre in 1Joh 1,1-4 wird von den meisten Exegeten gesehen, vgl. die Darstellung bei *W. Uebele*, »Viele Verführer sind in die Welt ausgegangen«, 125-128; anders z. B. *D. Neufeld*, Reconceiving Texts as Speech Acts, 71, der eine selbstreferentielle Funktion annimmt: »Therefore what we had been heard, seen and touched is not directed against Gnostics who denied the reality of Christ, but the attempt of an author to establish the credibility of his message before an audience unknown to him.«

ἀπαγγέλλειν in V. 2f, dass diese Auseinandersetzung vor allem auf der Ebene der Verkündigung in den johanneischen Gemeinden geführt wird. Das johanneische Hören und Sehen ist ein Erkennen, das zum Glauben an den wirklich ins Fleisch gekommenen Gottessohn Jesus Christus führt; es erreicht sein Ziel, wenn es in der Gestalt des Irdischen zugleich den Sohn Gottes erkennt und umgekehrt (vgl. 1Joh 2,22; 4,1-3).

Damit leistet 1Joh 1,1-4 genau das, worauf es bei einem Diskurs ankommt: Es wird eine Wirklichkeit hergestellt, mit der die Argumentation bestimmt und die eigenen Ansprüche legitimiert werden[47].

---

[47] Vgl. *A. Landwehr*, Historische Diskursanalyse, 117; ferner *M. u. S. Jäger*, Deutungskämpfe, 24.

II. Die Gemeinschaft mit Gott und ihre Gefährdungen 1,5-2,17

1. Die erste Gottesdefinition: Gott ist Licht 1,5*

(5) Und dies ist die Botschaft, die wir von ihm gehört haben und euch verkündigen: Gott ist Licht und es gibt keinerlei Finsternis in ihm.

V. 5: Das seltene ἀγγελία wird von C 04 und vielen weiteren HS durch ἐπαγγελία ersetzt; eine sekundäre Angleichung.

Dem Vers kommt eine Transferfunktion zu; er schließt den Briefprolog ab und ist zugleich Überschrift und Programmsatz für das Folgende[1].

5 Ähnlich wie bei Paulus in 1Kor 15,1-3a; 11,23 verbindet sich mit dem Traditionsprinzip der Anspruch auf Authentizität und Autorität: Die im 1Joh entfaltete Botschaft wird auf Jesus Christus (vgl. V. 3) zurückgeführt[2] und findet nun in der theologischen Augenzeugenschaft des ›Wir‹ der johanneischen Schule ihren Weg zu den Hörern. Über Paulus hinaus beansprucht hier die Sprechergruppe der authentischen Zeugen, den originären Inhalt der Verkündigung wiederzugeben[3]. Der 1Joh verzichtet dabei ebenso wie das Johannesevangelium auf den εὐαγγέλιον-Begriff (»Evangelium/gute Nachricht«; vgl. aber εὐαγγέλιον in Offb 14,6; εὐαγγελίζειν in Offb 10,2; 14,6). Dieser markante Unterschied zu Paulus und den Synoptikern (Lk nur in der Apg) spiegelt das besondere Selbstverständnis der johanneischen Schule wider, die ihre eigenen Traditionen hat und nicht auf Schlüsselbegriffe anderer Traditionsströme zurückgreifen muss. Zugleich sind ἀγγελία (»Nachricht/Botschaft«; im NT nur in 1Joh 1,5; 3,11) und ἀναγγέλλειν (»melden/ansagen/verkündigen«; 14 Belege im Neuen Testament, davon 1mal im 1Joh; 5mal im Johannesevangelium) stammverwandt mit εὐαγγέλιον, so dass hier kein wirklicher Gegensatz vorliegt.

Der Inhalt der Botschaft wird in einem Definitionssatz dargeboten, der die lehrhafte und auch religionsphilosophische Dimension der johanneischen Theologie (vgl. 1Joh 4,8.16; Joh 1,1-4.14.18; 4,24; 18,38) prägnant zum Ausdruck bringt[4]: »Gott ist Licht«. Innerhalb der johanneischen Symbolsprache bezeichnet Licht als Inbegriff der

---

* Literatur: *Bultmann, R.*: Zur Geschichte der Lichtsymbolik im Altertum, in: ders., Exegetica, Tübingen 1967, 323-355; *Klein, G.*: »Das wahre Licht scheint schon«, 284ff; *Schäfer, O.*: »Gott ist Licht«, 1Joh 1,5. Inhalt und Tragweite des Wortes, ThStKr 105 (1933), 467-476; *Schwankl, O.*: Licht und Finsternis, 279-294.

[1] Teilweise wird V. 5 noch zum Prolog gezählt (z.B. *J. Painter*, 1,2 and 3John, 119ff); zumeist aber als Beginn des corpus angesehen; z. B. *H.-J. Klauck*, Der erste Johannesbrief, 79f.

[2] Vgl. *G. Strecker*, Die Johannesbriefe, 76; *H.-J. Klauck*, Der erste Johannesbrief, 80.

[3] Vgl. *O. Schwankl*, Licht und Finsternis, 291.

[4] Ob die Falschlehrer/Opponenten auch den Licht-Begriff für sich in Anspruch nahmen (so *K. Wengst*, Der erste, zweite und dritte Johannesbrief, 50; *J. Painter*, 1, 2, and 3 John, 139; *J. Beutler*, Die Johannesbriefe, 46), lässt sich nicht mehr klären.

Offenbarung den Bereich der Gottzugehörigkeit und damit des wahren Lebens, während Finsternis für Gottesferne, Gericht und Tod steht.

Die Gleichsetzung Gottes mit dem positiven, strahlenden, Leben schaffenden und Leben lenkenden Bereich des Lichtes (der Sonne und der Sterne) ist ein anthropologisch naheliegender Vorgang, so dass es nicht verwunderlich ist, dass er in vielen Religionen/Philosophien vollzogen wurde[5]. Im Alten Testament finden sich vor allem im Psalter und in der prophetischen Überlieferung lichtmetaphorische Aussagen[6]. Gott ist das Licht des Beters (Ps 27,1), Licht ist das Kleid Gottes (Ps 104,2) und nach Ps 36,10 gilt: »in deinem Licht schauen wir das Licht«. Gott ist das Licht Israels (Jes 10,17), in seinem Licht soll Israel wandeln (Jes 2,3.5), Gott ist der Schöpfer von Licht und Finsternis (Jes 45,7; vgl. Am 5,8; Gen 1,3f), Gott wird zum ewigen Licht (Jes 60,19). Im antiken Judentum sind vor allem Philo von Alexandrien und die Qumrantexte von Bedeutung. In seiner Auslegung verschiedener Genesistexte konstatiert Philo: »zuallererst nämlich ist Gott Licht« (Som I 75: πρῶτον μὲν ὁ θεὸς φῶς ἐστι); vgl. ferner Praem 45f; Op 30f.71). In zentralen Qumranschriften erscheint in einem Endzeitkontext der Gegensatz zwischen den ›Kindern des Lichtes‹ und den ›Kindern der Finsternis‹ (1QS 1,9f: »... und alle Söhne des Lichtes zu lieben, ... aber alle Söhne der Finsternis zu hassen«; vgl. 1QS 3,20f; 1QM 1,1-17; ferner TestLev 19,1)[7]. Im griechisch-hellenistischen Bereich[8] findet sich ebenfalls die Antithese ›Licht‹ – ›Finsternis‹ (nach Diog Laert VIII 26 erstmals bei den Pythagoreern); die Epiphanie des Göttlichen vollzieht sich im Licht (Eur, Bakchen 1082f); nach Plato ist das wahre Sein ebenso wie das Gute und Wahre Licht (Plato, Resp VII 518c.540a; Phaed 109e) und im Aufstieg zum Licht vollzieht sich der Einzug in das wahre Sein (Resp VII 517b). Nach Seneca, Ep 102,22-28, trennt sich beim Tod die Seele vom Körper und strebt dem wahren, göttlichen Licht entgegen; es gibt nichts Helleres, Höheres und Erhabeneres. Die Schau des wahren Lichtes ist in den Mysterienreligionen das Zentrum der Begegnung des Mysten mit der Gottheit (Apul, Metamorphoses XI 23; Dio Chrys, Or 12,33). Schließlich wird in nachneutestamentlicher Zeit in den gnostischen Systemen eine umfangreiche Licht-Finsternis-Metaphorik entwickelt[9].

Nicht zufällig finden sich die drei einzigen neutestamentlichen Definitionen Gottes in der johanneischen Literatur: Gott ist Licht (1Joh 1,5: ὁ θεὸς φῶς ἐστίν), Gott ist Liebe (1Joh 4,16b: ὁ θεὸς ἀγάπη ἐστίν) und Gott ist Geist (Joh 4,24: ὁ θεὸς πνεῦμα [ἐστίν]). Dies entspricht der johanneischen Tendenz, sowohl begrifflich zu fixieren und zu präzisieren als auch geläufige religiöse Symbole aufzunehmen, um so Verstehen zu ermöglichen. Subjekt und Prädikat sind in der johanneischen Symbolsprache unumkehrbar; Symbole menschlicher Religiosität werden mit Gott verbunden, dürfen aber

---

[5] Einen sehr guten Überblick vermittelt *H. Conzelmann*, Art. φῶς, ThWNT 9, Stuttgart 1973, 302-349; vgl. ferner *O. Schwankl*, Licht und Finsternis, 50-73.
[6] Vgl. hierzu ausführlich *S. Aalen*, Die Begriffe »Licht« und »Finsternis« im Alten Testament, im Spätjudentum und im Rabbinismus, SNVAO.HF 1951/1, Oslo 1951; ders., ThWAT I, hg. v. G. J. Botterweck/H. Ringgren, Stuttgart 1973, 160-182.
[7] Eine wirkliche Parallele bilden die dualistischen Aussagen in den Qumranschriften nicht; vgl. *J. Frey*, Licht aus den Höhlen. Der ›johanneische Dualismus‹ und die Texte von Qumran, in: J. Frey/U. Schnelle (Hg.), Kontexte des Johannesevangeliums, (117-203) 130-170.
[8] Vgl. hier *D. Bremer*, Hinweise zum griechischen Ursprung und zur europäischen Geschichte der Lichtmetaphysik, ABG 17 (1973), 7-35.
[9] Vgl. hier *H. Conzelmann*, Art. φῶς, ThWNT 9, 324-334.

nicht mit ihm verwechselt werden[10]. Licht weist eine hohe metaphorische Potenz auf; Licht kommt von ›oben‹, ist hell, klar und rein, gibt Sicherheit und Geborgenheit und weist somit Eigenschaften des Göttlichen auf, ebenso ist die Finsternis fest in der menschlichen Erfahrung als Ort der Gefährdung verankert. Bei dieser Opposition von Licht und Finsternis kann allerdings nicht von einem Dualismus im Sinne gleichrangiger, konkurrierender Prinzipien gesprochen werden, denn erst aus der positiven Gleichsetzung Gottes mit dem Licht ergibt sich als Folge, dass Finsternis nicht in Gott sein kann.

Auffälligerweise wird die Lichtmetaphorik im 1Joh theozentrisch und im Johannesevangelium christologisch entfaltet. Im Evangelium konstituieren sich ›Licht‹ und ›Finsternis‹ angesichts der Offenbarung in Jesus Christus[11]; zunächst verhüllt (Joh 1,4f.9), dann in Bezug auf die Sendung des Sohnes (Joh 3,19ff), um schließlich in die machtvolle Selbstoffenbarung Jesu zu münden: »Ich bin das Licht der Welt« (Joh 8,12). Die auffällige Beschränkung des φῶς–Begriffes auf das öffentliche Wirken Jesu in Joh 1-12 qualifiziert das Auftreten Jesu als eine begrenzte und abgeschlossene Zeit (vgl. Joh 9,5; 11,9f), die den Glauben an das Licht fordert (vgl. Joh 12,36) und in die Verheißung mündet: »Ich bin als Licht in die Welt gekommen, damit jeder, der an mich glaubt, nicht in der Finsternis bleibe« (Joh 12,46). Demgegenüber weist der 1Joh eine theozentrische Lichtmetaphorik auf; Licht erscheint als Inbegriff des Göttlichen (1Joh 1,5) und damit als Bereich der Gottzugehörigkeit und des wahren Lebens, während Finsternis für Gottesferne, Gericht und Tod steht (1Joh 1,7; 2,8.9.10). Diese theozentrische Konzeption des 1Joh lässt sich kaum als Weiterführung der *ausschließlich* christologischen Lichtmetaphorik des Evangeliums verstehen[12], denn in diesem Fall läge eine sekundäre Theologisierung des Lichtbegriffes vor, unter völliger Absehung der starken christologischen Akzente des Evangeliums. Weitaus wahrscheinlicher ist die umgekehrte Annahme, dass der Verfasser des Evangeliums die Lichtmetaphorik des 1Joh aufnahm und der Gesamtausrichtung seines Evangeliums entsprechend christologisch profilierte: So wie das Licht ein Kennzeichen der Offenbarung in Jesus Christus ist, zeugt die Finsternis von ihrer Abwesenheit[13].

2. Die Gemeinschaft mit Gott und die Sünde 1,6-10*

(6) Wenn wir sagen: Wir haben Gemeinschaft mit ihm und wandeln in der Finsternis, dann lügen wir und tun die Wahrheit nicht. (7) Wenn wir aber im Licht wandeln, wie er selbst im

---

[10] Vgl. *C. R. Koester*, Symbolism in the Fourth Gospel, 4: »A symbol is an image, an action, or a person that is understood to have transcendent significance. In Johannine terms, symbols span the chasm between what is ›from above‹ and what is ›from below‹ without collapsing the distinction.«

[11] Vgl. die Skizze bei *J. Frey*, Zu Hintergrund und Funktion des johanneischen Dualismus, in: D. Sänger/ U. Mell (Hg.), Paulus und Johannes, WUNT 198, Tübingen 2006, (3-73) 31-42.

[12] So aber *H.-J. Klauck*, Der erste Johannesbrief, 83, der mit großer Selbstverständlichkeit feststellt: »Es bedarf keiner gewagten Hypothesen, um den Rekurs des Briefautors auf die Lichtmetaphorik zu erklären. Ihm stand die reiche Evangelientradition zur Verfügung, die davon förmlich durchzogen wird.«

[13] Vgl. *E. E. Popkes*, Die Theologie der Liebe Gottes, 300-302.

* Literatur: *Goldhahn-Müller, I.*: Die Grenze der Gemeinde, 50-60; *Griffith, T.*: Keep Yourselves from Idols, 116-124; *Hahn, H.*: Tradition und Neuinterpretation, 161-185; *Neufeld, D.*: Reconceiving Texts as Speech Acts, 82-95; *Schmid, H.*: Gegner im 1Johannesbrief?, 186ff (weitere Literatur zur Sündenthematik in der Auslegung zu 1Joh 3,4-10; 5,16-17).

Licht ist, dann haben wir Gemeinschaft untereinander und das Blut seines Sohnes Jesus reinigt uns von jeder Sünde. (8) Wenn wir sagen: Wir haben keine Sünde, führen wir uns selbst in die Irre und die Wahrheit ist nicht in uns. (9) Wenn wir (aber) unsere Sünden bekennen, ist er treu und gerecht, dass er uns die Sünden vergibt und uns von aller Ungerechtigkeit reinigt. (10) Wenn wir sagen: Wir haben nicht gesündigt, machen wir ihn zum Lügner und sein Wort ist nicht in uns.**

V. 7: Statt μετ' ἀλλήλων (»untereinander«) lesen A^{vid} 02. vg^{mss}.Clem.Cyr μετ' αὐτοῦ (»mit *ihm*«); inhaltlich zwar möglich, von der äußeren Bezeugung aber eindeutig sekundär.

Während die Frage, ob Joh 1,5 noch zum Prolog gehört oder der Beginn eines neuen Abschnittes ist, sich nur vage mit der Transferkategorie beantworten ließ, setzt mit 1 Joh 1,6 zweifellos ein neuer Abschnitt ein, angezeigt durch die ἐάν-Konstruktion, die in V. 7.8.9.10 aufgenommen bzw. weitergeführt wird. Die für den Anfang einer Schrift auffällig massive theologische Argumentation wird fortgesetzt, indem das Koinonia- und das Licht/Finsternis-Motiv aufgegriffen (vgl. 1 Joh 1,3.5) und mit der offensichtlich sowohl theoretisch als auch praktisch umstrittenen Sündenthematik verbunden werden. Der theologische Diskurs setzt sich fort, indem der *erste Sub-Diskurs* des Schreibens eröffnet wird[14]. Die exponierte Stellung des Themas, seine Wiederaufnahme bzw. Variation in 1 Joh 3,4-10; 5,16-17, die hohe Zahl der ἁμαρτία (17mal) und ἁμαρτάνειν-Belege (10mal) und eine durchdachte Textstruktur[15] lassen einen Sub-Diskurs erkennen und zeigen seine große Bedeutung für Autor und Gemeinde an. In V. 6.8.10 wird mit einem Konditionalsatz der jeweilige theologische Slogan formuliert, wobei sich stets im Schlussteil des anschließenden Hauptsatzes eine Negation findet. Ebenfalls mit ἐάν (»wenn«) eingeleitet finden sich in V. 7.9 die positiven Gegenthesen; eine weitere Verknüpfung wird durch die Wiederaufnahme bzw. Variation von Schlüsselbegriffen erreicht (6b/7c: ›Gemeinschaft haben‹; V. 6c/7a: ›wandeln‹; V. 6d/10c: ›lügen/Lügner‹; V. 6e/8d: ›Wahrheit‹; V. 8b/9a.c/10b: ›Sünde/sündigen‹. Durch das kommunikative ›Wir‹ und die Sachargumente zielt der Diskurs auf Erkenntnispartizipation und nicht auf bloßes Befehlen oder Ablehnen.

6 Vom exklusiven ›Wir‹ der ersten ›Zeugen‹ in 1,1-4.5 geht der Autor zu einem inklusiven ›Wir‹ über, das ihn selbst und seine Gemeinde umfasst[16]. Bei der durchdachten Struktur des Textes ist die 1. Pers. Pl. nicht als unpersönliches ›man‹ zu interpretieren[17], sondern als deutliches Signal zu verstehen, dass die Sündenproblematik ein

---

[14] Wie lassen sich Diskurse bzw. Sub-Diskurse identifizieren? Durch eine Ansammlung von Aussagen zu einem Thema; wenn Themen wiederholt werden und eine gewisse inhaltliche Gleichförmigkeit auftritt, die zu einer Korpusbildung führt; zur Struktur von Diskursen vgl. *A. Landwehr*, Historische Diskursanalyse, 100ff. *M. u. S. Jäger*, Deutungskämpfe, 25f, sprechen von ›Diskurssträngen‹, die miteinander verflochten und verschränkt sind.
[15] Vgl. dazu *H.-J. Klauck*, Der erste Johannesbrief, 86f.
[16] Vgl. *H. Schmid*, Gegner im 1Johannesbrief?, 187. *T. Griffith*, Keep Yourselves from Idols, 1118ff; *ders.*, A Non Polemical Reading of 1Joh, TynB 49 (1998), (253-276) 254-260, weist darauf hin, dass die sogen. ›slogans‹ in der griechischen Literatur (›Wenn einer sagt‹/›Wenn wir sagen‹) die rhetorische Funktion haben, schulinterne Debatten zu initiieren und sich nicht auf ›Gegner‹ beziehen.
[17] So aber *R. Bultmann*, Die Johannesbriefe, 24 Anm. 1; *R. Schnackenburg*, Die Johannesbriefe, 80; *K. Wengst*, Orthodoxie und Häresie, 39 Anm. 74; *W. Uebele*, Verführer, 139.

Thema ist, mit dem Autor und Gemeinde gleichermaßen ringen, wofür nicht zuletzt die weitere Bearbeitung in 1Joh 3,4-10; 5,16-17 spricht. Folglich greift der Autor in 1,6-10 nicht eine gegnerische Parole auf (speziell V. 8.10: »wir haben keine Sünde/ haben nicht gesündigt«)[18], sondern steigt in einen (realen) innergemeindlichen theologischen Diskurs ein[19]. Dabei benennt er innerschulische Diskussionen/Positionen mit der 1. Pers. Pl., die natürlich auch die rhetorische Funktion hat, die Angeredeten in die Argumentation mit einzubeziehen.

Methodisch ist gegen die Gegnerhypothese zunächst einzuwenden, dass der Autor die gegnerischen Parolen nicht als solche kenntlich macht (z. B. mit der 3. Pers. Pl. = »wenn sie sagen ...«[20])! Herangezogen werden sollten nur Texte, in denen der Verfasser des 1Joh erkennbar die gegnerische Meinung referiert bzw. attackiert, indem er entweder mit ψεύστης, ἀντίχριστος und ψευδοπροφῆται die Gegner direkt benennt oder aber mit positiven bzw. negativen Bekenntnisformeln ihre Theologie zurückweist. Antithetische Formulierungen, mögliche Anspielungen, Mahnungen und moralische Diffamierungen sind hingegen keine ausreichenden Kriterien, um gegnerische Positionen herauszuarbeiten[21]. Hinzu kommt, dass sich der Autor in 1,6-10 ausdrücklich durch die 1. Pers. Pl. als Teilnehmer an einem umfassenden Diskurs zu erkennen gibt, d. h. die Frage der Sündlosigkeit stellt ein umfassendes innergemeindliches Problem dar[22]. Schließlich spricht 1Joh 3,9 gegen die These, nur die ›Gegner‹ hätten sich selbst für sündlos gehalten. Hier behauptet der Verfasser des 1Joh die Sündlosigkeit für die Christen der joh. Schule. Bezöge sich 1Joh 1,5-10 auf die Gegner, dann würde der Briefschreiber in 1Joh 3,9 genau das vertreten, was er dort bekämpft[23]!

Die Ablehnung eines direkten Bezuges auf gegnerische Parolen in 1,6-10 bedeutet allerdings nicht, dass die in 1Joh 2,18-27; 4,1-3 auf dem Feld der Christologie bekämpften Gegner nichts mit der Kontroverse über Sünde/Sündlosigkeit in der Gemeinde zu tun haben. Das Gegenteil dürfte der Fall sein, denn die christologische Kontroverse mit der Folge einer Spaltung der Gemeinde (vgl. 1Joh 2,19) zeigt, wie groß der Einfluss dieser Gegner war[24]. Die These der Sündlosigkeit der

---

[18] Die Wiedergabe einer gegnerischen Parole/Position (zumeist im Sinn eines ethischen Libertinismus) sehen in 1,6 (wie in 1,8.10): *C. H. Dodd*, The Johannine Epistles, 19-23; *R. Bultmann*, Die Johannesbriefe, 22f; *R. Schnackenburg*, Die Johannesbriefe, 16; *K. Wengst*, Häresie und Orthodoxie, 38ff; *H.-J. Klauck*, Der erste Johannesbrief, 88; *O. Schwankl*, Licht und Finsternis, 295; *W. Vogler*, Die Briefe des Johannes, 61; *U. Wilckens*, Gegner, 123; *J. Beutler*, Die Johannesbriefe, 46; *J. Painter*, 1, 2, and 3John, 143ff. Demgegenüber lehnt *J. M. Lieu*, I, II, & III John, 60, einen Gegnerbezug ab: »The letter is an invitation to look not outside but inside, and to embark on a journey that in the end will demand a decision as to where indeed the truth is to be found.«

[19] Vgl. in diesem Sinn z. B. *U. Schnelle*, Antidoketische Christologie, 74; *G. Strecker*, Die Johannesbriefe, 80f.

[20] Vgl. *G. Strecker*, Die Johannesbriefe, 80.

[21] Vgl. dazu die guten methodischen Überlegungen von *K. Berger*, Die impliziten Gegner. Zur Methode des Erschließens von »Gegnern« in neutestamentlichen Texten, in: Kirche (FS G. Bornkamm), hg. v. D. Lührmann/G. Strecker, Tübingen 1980, 373-400, der zu Recht den Subjektivismus bei der Rekonstruktion von ›Gegnern‹ bzw. deren ›Lehren‹ kritisiert und ein klares methodisches Instrumentarium fordert (vgl. bes. a. a. O., 392-394). *M. J. J. Menken*, The Opponents in the Johannine Epistles, 201f, nennt zwei wesentliche Kriterien für die Rekonstruktion/Konstruktion eines Gegnerbildes: 1) Es muss kohärent sein und 2) durch vergleichbare Befunde integrierbar sein in die Geschichte des frühen Christentums.

[22] Vgl. *H. Windisch*/(*H. Preisker*), 1Joh, 111.

[23] *K. Wengst*, Häresie und Orthodoxie, 44, entgeht diesem Problem einfach mit der Behauptung, 1Joh 3,9 sei ein Zitat der Gegner.

[24] Vgl. auch *H. Hahn*, Tradition und Neuinterpretation, 170: »Auf jeden Fall ist die Hauptabsicht des Verfassers in diesen Versen nicht die Widerlegung der Gegner, sondern die Bewahrung seiner eigenen Anhänger vor deren – offenbar tatsächlich vorhandenen – Einfluß.«

Glaubenden würde zu ihrer Christologie gut passen, denn wenn sie den irdischen Leib Jesu soteriologisch negierten (vgl. den Exkurs ›Doketismus‹ und die Auslegung von 1Joh 2,22f; 4,1-3), könnten sie auch ihren eigenen Leib für heilsirrelevant erklären und sich selbst den Status prinzipieller Sündlosigkeit zugeschrieben haben. Trotz eines solchen möglichen Zusammenhanges muss betont werden: Die Sündenproblematik ist kein spezielles Gegner-, sondern ein allgemeines Gemeindephänomen, das den Autor selbst bedrängt und anders als die christologische Kontroverse nicht zu Spaltungen führte.

Ebenso wenig wie die Gegnerhypothese überzeugt die Annahme, es läge kein wirkliches Gemeindeproblem vor, sondern der Autor konstruiere innerhalb eines durchgängig selbstreferentiellen Ansatzes systemimmanente Gefährdungen, um mögliche ethische Grenzüberschreitungen anzuzeigen[25]. Dagegen spricht das Ringen des Autors mit dem Thema, das sich in der inneren Unausgeglichenheit von 1Joh 1,6-10; 3,4-10; 5,16-17 deutlich erkennen lässt. Zudem zeigen zahlreiche Texte, dass auch in völlig anderen Überlieferungssträngen die Sündenthematik im frühen Christentum heftig umstritten war (vgl. die Auslegung von V. 8), d. h. es handelt sich nicht um ein konstruiertes, sondern ein reales Problem, das in vielen Gemeinden kontrovers behandelt wurde[26].

Ausgangspunkt der theologischen Argumentation des Autors ist die Gemeinschaft der Glaubenden mit Gott, die ein Wandeln in der Finsternis ausschließt. Indem (indirekt) der Gegensatz ›Licht – Finsternis‹ durch die Antithese ›Wahrheit – Lüge‹ ersetzt wird, kann ein Selbstwiderspruch von Theorie und Praxis kenntlich gemacht werden: Die Gemeinschaft mit Gott realisiert sich nur in einem ganz bestimmten Handeln; ist dies nicht der Fall, fallen Wort und Tat, Anspruch und Wirklichkeit auseinander, d. h. »wir lügen und tun nicht die Wahrheit«. Die Verben περιπατεῖν und ποιεῖν signalisieren eindeutig, dass nicht das Reden, sondern das Tun (gegenüber Gott und den Mitgeschwistern) entscheidend für den Verbleib in der Wahrheit ist. Verständlich wird die Argumentation des Autors allerdings nur, wenn ein Vorwissen der Rezipienten angenommen wird, das sich in Texten wie 1Joh 2,4 (»Wer sagt: Ich habe ihn erkannt und hält seine Gebote nicht, ist ein Lügner und die Wahrheit ist nicht in ihm«) oder 4,20 (»Wenn jemand sagt: Ich liebe Gott und er hasst seinen Bruder, ist er ein Lügner. Denn wer seinen Bruder nicht liebt, den er vor Augen hat, kann nicht Gott lieben, den er nicht sieht«) findet. Die wahre Gemeinschaft mit Gott kann sich nur in der von der Liebe geprägten Einheit von Anspruch und Wirklichkeit vollziehen.

---

[25] Vgl. *H. Schmid*, Gegner im 1Johannesbrief?, 188: »Unpolemisch verstanden kann man die ›Slogans‹ und die mit ihnen verbundenen Verhaltensweisen als hypothetische Szenarien auffassen, die den Leser zu ethischem Verhalten auffordern sollen«; vgl. *ders.*, Gegner im 1Johannesbrief?, 232: »Der Autor von 1Joh erkennt *systemimmanente Gefährdungen* und stellt mit 1Joh einen Absicherungsmechanismus bereit, indem er die Grenzen benennt und den Leser durch die Lektüre des Textes dahingehend zu prägen versucht, daß er einen festen Stand innerhalb der Systemgrenzen bewahrt.« Vgl. auch *D. Neufeld*, Reconceiving Texts as Speech Acts, 84, der zu den Einführungsformeln feststellt: »The author articulates them as hypothetical assertions and then places them into a linguistically defined speech act circumstance. The circumstance and the hypothetical statements specify the types of confessions and actions that are potentially possible in that circumstance.«

[26] Vgl. die Überlegungen bei *K. Berger*, Die impliziten Gegner, 389f.

7 Das Thema wird als positive Gegenthese variiert: Der Wandel im Licht vollzieht sich in der Gemeinschaft miteinander. Weil Gott selbst Licht ist und sich der Lichtwandel in der gegenseitigen Gemeinschaft realisiert, bedingen sich Gottesgemeinschaft und die Gemeinschaft untereinander. Die wahre Koinonia besitzt somit immer eine vertikale und horizontale Ausrichtung/Wirklichkeit, es gibt das eine nicht ohne das andere[27]. Mitzudenken ist dabei: Wer diese Gemeinschaft (aus der Sicht des Autors) durch sein Verhalten und/oder eine defizitäre theologische Einstellung (vgl. V. 8a/10a) verlässt und damit auch auf der sozialen Ebene schädigt, kann nicht zugleich im Licht wandeln, sondern befindet sich in der Finsternis und damit im Bereich der Sünde. Für die Gemeinde keine ausweglose Situation, denn das Blut Jesu, d.h. der irdische, am Kreuz gestorbene Jesus reinigt »uns« von den Sünden[28]. Nur an dieser Stelle bezieht sich der Autor ausdrücklich auf den Kreuzestod Jesu[29] (in 1Joh 5,6.8 mitzudenken) und nimmt mit dem alttestamentlich-jüdischen Opferkult verbundene Vorstellungen auf (vgl. Lev 16,30 zum Versöhnungstag: »denn an diesem Tag erwirkt man für euch Sühne, um euch zu reinigen; von all euren Sünden sollt ihr rein werden vor dem Herrn«; ferner Lev 16,14-16; 17,11), die dann in 1Joh 2,2 weitergeführt werden. Die Realität der Sünde/des Sündigens wird hier ebenso vorausgesetzt wie die Möglichkeit, davon gereinigt/befreit zu werden[30].

8 Deshalb kann niemand behaupten, keine Sünde zu haben. Erst jetzt wird das zur Debatte stehende theologische Sachproblem ausdrücklich benannt: Die Frage nach der Sündlosigkeit der Glaubenden. Aus heutiger Sicht eine merkwürdige Diskussion, innerhalb des frühen Christentums jedoch ein nahe liegender Diskurs. Auch mit dem 1Johannesbrief befinden wir uns in einer Zeit, in der noch nicht feststand, was sich als christliche Lehre durchsetzen und was als Falschlehre ausgeschieden werden sollte. Diskussionen über den Status der Glaubenden im Verhältnis zur Sünde legten sich schon aufgrund der ältesten Überlieferungen nahe.

Nach 1Kor 15,3b starb Christus »für unsere Sünden«, die Taufe bewirkt als Ort der Gegenwart des Todes Christi und des Geistempfanges die reale Trennung vom Bereich der Sünde und eine Neuausrichtung der Existenz (vgl. Röm 6,3-5.6-7; 1Kor 6,11; Röm 3,25; 4,25[31]; ferner Apg 2,38; 22,16; Hebr 10,22; Barn 11,1.11). Paulus vertritt das Konzept der Gemeinde als sündenfreier Raum[32]. Weil das neue Sein in Christus in der Kraft des Geistes nicht nur nominell, sondern real

---

[27] Vgl. *J. Beutler*, Die Johannesbriefe, 47.
[28] Anders *O. Schwankl*, Licht und Finsternis, 304, der eine Aporie in V. 7 sieht: »Nach der Logik des ganzen Satzes reinigt uns das Blut Jesu nur dann von jeder Sünde, wenn wir ›im Licht wandeln‹ und Gemeinschaft miteinander haben; kann man statt dessen aber nicht auch sagen: wenn wir nicht sündigen? Das scheint auf eine Aporie hinauszulaufen: Die Reinigung von Sünden setzt einen sündenlosen Lebenswandel voraus.«
[29] Im 1Joh fehlen σταυρός und σταυρόω; demgegenüber σταυρός 4mal und σταυρόω 10mal im JohEv.
[30] *R. Bultmann*, Die Johannesbriefe, 26f, hält V. 7b für einen Zusatz seiner ›kirchlichen Redaktion‹ und sieht ihn als sachlich störend an. Demgegenüber ist festzuhalten, dass die Anerkennung der Realität der Sünde für den Autor gerade zur Voraussetzung hat, durch das Christusgeschehen davon befreit zu werden.
[31] Zur Analyse vgl. *U. Schnelle*, Gerechtigkeit und Christusgegenwart, 34ff.
[32] Vgl. hierzu *H. Umbach*, In Christus getauft – von der Sünde befreit. Die Gemeinde als sündenfreier Raum bei Paulus, FRLANT 181, Göttingen 1999; *U. Schnelle*, Paulus, 661-665.

begonnen hat[33], befinden sich die Getauften nicht mehr im Machtbereich der Sünde und leben in der Gemeinde als sündenfreiem Raum. Die Heiligung der Gemeinde schließt eine scharfe Abgrenzung zur Welt mit ein, die auch die empirische Gestalt der Gemeinde prägt, denn Paulus kennt nicht die ekklesiologische Vorstellung der Gemeinde als corpus mixtum[34]. Die Gemeinde gehört auf die Seite des Lichts und hat die Werke der Finsternis abgelegt (1Thess 5,1ff; Röm 13,11-14). Sie richtet sich nicht nach der Welt (Röm 12,2), vollbringt keine Werke des Fleisches mehr (Gal 5,19ff) und leuchtet wie ein Himmelslicht in einer verkehrten Welt (Phil 2,14f). Die paulinischen Mahnungen und Imperative (z. B. 1Kor 6,18 7,23; 8,12 u. ö.) zeugen insgesamt von der Möglichkeit, dass Christen wieder unter den Herrschaftsbereich der Sünde gelangen können (vgl. 1Kor 7,5; 10,9.13; Gal 6,1). Der Satan tritt in der Gestalt des Lichtengels auf und versucht, die Gemeinden zu verwirren (vgl. 2Kor 11,13-15). Die Gemeinde in Galatien fällt aus der Gnade heraus, wenn sie sich unter die Herrschaft des Gesetzes begibt, das wiederum nur ein Werkzeug der Sünde ist. Die Überwindung des alten Seins bedeutet für die Getauften nicht, dass sie der Welt insgesamt enthoben sind, denn sie leben weiterhin ἐν σαρκί (»im Fleisch«) und bleiben den Versuchungen der Sünde ausgesetzt. Vor allem in der Gestalt der Begierde tritt die Sünde gewissermaßen als Vergangenheit der Getauften wieder in Erscheinung (Röm 7,7ff)[35]. Die korinthische Gemeinde zeigt, dass innerhalb der paulinischen Gemeinden auch eigenständige Entwicklungen möglich waren, die sich in ihren theologischen Grundannahmen erheblich von Paulus unterschieden. Teile der korinthischen Gemeinde waren offenbar Vertreter einer weisheitlichen Durchdringung der Christusbotschaft (vgl. 1Kor 1-3), aus der sie ein umfassendes ›schon jetzt‹ des Heils folgerten (vgl. 1Kor 4,8: »Ihr seid schon jetzt satt; ihr seid schon jetzt reich; ohne uns seid ihr zur Herrschaft gelangt«; ferner 1Kor 2,6; 4,10.18.20; 5,2; 6,12; 10,1ff.23; 15,12)[36]. Im Gegensatz zu Paulus verstanden die Korinther die Tauf-Gabe des Geistes zuallererst als Überwindung der Begrenztheit des bisherigen kreatürlichen Seins, als Steigerung von Lebenskraft und Lebenserwartung. Im Mittelpunkt steht die Potenzierung der Lebensmöglichkeiten durch eine Gottheit, die in ihrem Schicksal die Grenze des Todes überwand und nun die umfassende Gegenwart des Jenseits im Diesseits verbürgt. Innerhalb dieses präsentischen und individualistischen Ansatzes wurde das Leiden ausgeblendet und die Hamartiologie minimiert. Auf dem Hintergrund griechischer Anthropologie sahen die Korinther den Leib nicht als heilsrelevant an und hielten sich als Geistträger für sündlos, so dass sie z. B. ihre gewohnten sexuellen Praktiken weiterführten (vgl. 1Kor 5; 6,12-20).
Auch der Hebräerbrief, das Matthäusevangelium und zahlreiche Texte des 2./3. Jh. n. Chr. zeugen von einer heftigen Auseinandersetzung innerhalb des frühen Christentums über die Frage, ob ein getaufter Christ weiterhin sündigen kann und wie sich die Gemeinde gegenüber Sündern in ihrer Mitte verhalten soll (vgl. die Auslegung von 1Joh 5,16.17).

Der Status der Glaubenden und Getauften gegenüber der Sünde konnte durchaus unterschiedlich bestimmt werden, wobei die jeweiligen kulturgeschichtlichen Vorgaben von großer Bedeutung waren. Für Judenchristen (wie Paulus) legte es sich schon von der alttestamentlichen Überlieferung her nahe, die Sünde als eine bleibende Rea-

---

[33] Vgl. *H. Windisch*, Taufe und Sünde, 104.
[34] Vgl. *W.-H. Ollrog*, Paulus und seine Mitarbeiter, 137.
[35] Zum paulinischen Sündenverständnis vgl. insgesamt *U. Schnelle*, Paulus, 571-579.
[36] Vgl. hierzu *U. Schnelle*, Paulus, 201-250.

lität und Gefährdung auch der christlichen Existenz anzusehen[37]. Demgegenüber ließ hellenistische Anthropologie mit ihrer Geringschätzung des Leibes[38] und ihrer Hochschätzung des rein geistig orientierten Weisen durchaus den Schluss zu, wie der auferstandene Jesus Christus bereits dem Bereich der Sünde enthoben zu sein. Hinzu kommen verschiedene Möglichkeiten, die ›Sündlosigkeit‹ zu bestimmen: Sie konnte als ontologische Realität, als ethisches Ideal oder als ethische Aufgabe aufgefasst werden; in allen Fällen bedeutet derselbe Begriff etwas völlig anderes! Deshalb ist anzunehmen, dass es in den johanneischen Gemeinden (wie bei Paulus in Korinth) unterschiedliche Meinungen zu diesem zentralen Thema gab, ohne dass dafür externe ›Gegner‹ in Anspruch genommen werden müssen. Es handelt sich vielmehr um ein komplexes theologisches Problem, das verschiedene Lösungsmodelle zuließ. Der Autor des 1Joh weist hier die Theorie ›keine Sünde zu haben‹ als Selbstirrtum aus und klassifiziert sie als wahrheitswidrig. Das Verb πλανᾶν (»in die Irre führen«) mit dem Reflexivpronomen verweist hier (anders als in 1Joh 2,26) nicht auf eine Verführung von außen, sondern benennt eine Selbsttäuschung, eine denkerische Fehlleistung. Während in V. 6 die Wahrheit Objekt eines Tuns, des richtigen Wandels in der Gemeinschaft mit Gott ist, erscheint sie hier als Personifikation einer zutreffenden Erkenntnis. Wer hingegen leugnet ›Sünde zu haben‹, in dem ist die (von Gott kommende) Wahrheit nicht, d. h. er befindet sich selbstverschuldet im Bereich des Irrtums.

9 Demgegenüber bewirkt das Bekenntnis eine Vergebung der Sünden. Mit dieser positiven Bestimmung eröffnet der Autor einen Weg, sich aus der Selbstillusion der Sündlosigkeit zu befreien. Das Verb ὁμολογεῖν (»bekennen«) bezieht sich in 2Joh 7; 1Joh 2,23; 4,2.3.15 auf das christologische Bekenntnis (vgl. für Paulus Röm 10,9); für das öffentliche Sündenbekenntnis steht zumeist das Kompositum ἐξομολογεῖν (vgl. für den Täufer Mk 1,5par; für die frühe Mission Apg 19,18). Im Hintergrund steht alttestamentlich-jüdische Überlieferung (vgl. Ps 32,3-5; Lev 5,5ff; Spr 28,13; Philo, Praem 163; 1QS 1,24; CD 20,28f), die es auch wahrscheinlich macht, dass hier ein öffentliches Sündenbekenntnis (in der Gemeindeversammlung/im Gemeindegottesdienst?) angestrebt wird, wie es dann auch in Joh 20,22f vorauszusetzen ist[39]. Die Vergebung der Sünden und damit zugleich die Reinigung von ›aller Ungerechtigkeit‹ (vgl. 1Joh 5,17) bewirkt der dem reuigen Sünder entgegenkommende Gott, der wiederum in Aufnahme alttestamentlicher Traditionen als ›treu und gerecht‹ bezeichnet wird (vgl. Dtn 32,4; 7,9; Jes 42,3; Mi 7,18-20). Die Sündenvergebung ist im Neuen

---

[37] Zum atl. Sündenverständnis vgl. *R. Knierim*, Art. Sünde II, TRE 32, Berlin 2001, 365-372; zum Sündenverständnis in den Qumrantexten vgl. *H. Lichtenberger*, Studien zum Menschenbild in Texten der Qumrangemeinde, SUNT 15, Göttingen 1980, 79-98.209-212.
[38] Vgl. dazu neben den in Exkurs 1: *Doketismus* angeführten Texten z. B. Xenoph, Mem I 2,53f; Ep Cyn 3: »Kümmert euch um eure Seele, um den Leib jedoch nur, soweit es notwendig ist, um die äußeren Güter aber überhaupt nicht«; Sen, Ad Marciam de Consollatione 24: »Was du uns beigegeben siehst, Gebeine, Muskeln, die Haut darüber, das Gesicht, die hilfreichen Hände und all das andere um uns herum, das ist ein dunkler Kerker unserer Seele. Erdrückt wird sie darin, erstickt, befleckt und ferngehalten vom Wahren und ihr Gemäßen, da sie in Nichtiges gebannt ist. Nichts als Streit hat sie mit diesem trägen Fleisch, um sich nicht selbst untreu zu werden und abzusinken.«
[39] Vgl. *H.-J. Klauck*, Der erste Johannnesbrief, 95; *J. Beutler*, Die Johannesbriefe, 50; offen lässt diese Frage *G. Strecker*, Die Johannesbriefe, 84f.

Testament primär mit der Taufe verbunden (vgl. Mk 1,4; 1Kor 6,11; Röm 3,25; Apg 2,38); hier allerdings werden Getaufte angesprochen, was ein weiterer Hinweis auf ein gefordertes öffentliches Sündenbekenntnis vor der Gemeinde ist.

10 Wer hingegen bei der Behauptung stehen bleibt, nicht gesündigt zu haben[40], erweist Gott als Lügner (vgl. 1Joh 5,10), denn er negiert Gottes Vergebungsbereitschaft. Deshalb kann auch Gottes Wort nicht in ihm sein, das sich als Wort der Liebe realisiert (vgl. 1Joh 2,5.7; 3,18). Die Sündlosigkeitstheorie scheitert nicht zuletzt an der Praxis, denn wenn Gemeinschaft und Liebe in der Gemeinde fehlen, kann man nicht zugleich behaupten, nicht zu sündigen. Das Verb ἁμαρτάνειν (»sündigen«) verweist hier ebenso wie der Plural ἁμαρτίας (»Sünden«) in V. 9 auf einzelne ethische Verfehlungen, während in V. 8a mit dem Singular ἁμαρτία (»Sünde«) eher eine Wesensbestimmung gemeint ist. Der Autor spitzt so seine Argumentation bewusst auf die Realität von Verfehlungen in der Gemeinde zu[41], um seine Position einsichtiger zu machen.

Der Status der Glaubenden und Getauften im Verhältnis zur Sünde ist offenbar ein in der Gemeinde des 1Joh kontrovers diskutiertes und noch offenes Thema. Deshalb bestimmt diese Thematik die Eröffnung des ersten Sub-Diskurses, der nicht nur in 1Joh 3,4-10; 5,16-17 weitergeführt wird, sondern offen (vgl. 1Joh 2,1.2.12) oder unterschwellig (mangelnde Liebe als Zeichen eines falschen Bewusstseins) ständig präsent ist. Der Autor des 1Joh reiht sich durch die 1. Pers. Pl. in die Diskussion ein und plädiert hier (anders in 3,9!) vehement für die theologische Einsicht, dass die Behauptung einer prinzipiellen Sündlosigkeit das Heilswerk Gottes in Jesus entwerten würde (1Joh 1,7.9) und zudem der Gemeindewirklichkeit nicht entspricht (1Joh 1,6.8.10). Deshalb weist er andere Positionen dem Bereich der Finsternis zu und sieht sich selbst auf der Seite des Lichtes, auf der Seite Gottes.

3. Der Fürsprecher Jesus und seine Gebote 2,1-6*

(1) Meine Kinder, das schreibe ich euch, damit ihr nicht sündigt. Und wenn einer sündigt, haben wir einen Fürsprecher beim Vater, Jesus Christus, (als) Gerechten. (2) Und er selbst ist die Sühne für unsere Sünden, aber nicht nur für unsere allein, sondern auch für die der ganzen Welt. (3) Und daran erkennen wir, dass wir ihn erkannt haben: wenn wir seine Gebote halten. (4) Wer sagt: Ich habe ihn erkannt und hält seine Gebote nicht, ist ein Lügner und die Wahrheit ist nicht in ihm. (5) Wer aber sein Wort hält, in dem ist die Liebe Gottes wahrhaftig zum Ziel gekommen. Daran erkennen wir, dass wir in ihm sind. (6) Wer sagt: Er bleibt in ihm, ist verpflichtet, so wie jener gewandelt ist, auch selbst zu wandeln.

---

[40] *J. Beutler*, Die Johannesbriefe, 50, sieht hier in besonderer Weise »die stolze Behauptung der Gegner«, niemals gesündigt zu haben.
[41] Vgl. *H.-J. Klauck*, Der erste Johannesbrief, 97.
* Literatur: *Grayston, K.*: The Meaning of PARAKLETOS, JStNT 13 (1981), 67-82; *Hahn, H.*: Tradition und Neuinterpretation, 82-94; *Lyonnet, S.*: The Noun *hilasmos* in the Greek Old Testament and in 1 John, in: ders./L. Sabourin, Sin, Redemption, and Sacrifice. A Biblical and Patristic Study, AnBib 48, Rom 1979, 148-155; *Thornton, T. C. G.*: Propitiation or Expiation? Ἱλαστήριον and Ἱλασμός in Romans and 1 John, ET 80 (1968), 53-55.

V. 4: Statt ἐν τούτῳ ἡ ἀλήθεια liest ℵ 01 ἡ ἀλήθεια τοῦ θεοῦ; eine deutliche Angleichung an ›Liebe Gottes‹ in V. 5. V. 6: Nach αὐτός lesen ℵ 01.C 04.025.044 und viele andere HS οὕτως; es fehlt hingegen in A 02.B 03.5.33.61.88 und anderen HS; es dürfte sich um eine nachträgliche Auffüllung handeln.

Wie zuvor 1Joh 1,5 hat auch 2,1-6 eine Transferfunktion: Die Sündenthematik wird fortgeführt, zugleich markieren aber die Anrede τεκνία μου (»meine Kinder«) und die Wendung ταῦτα γράφω ὑμῖν (»das schreibe ich euch«) ein Gegenüber von Autor und Gemeinde, d. h. der Autor des 1Joh löst sich aus dem vorhergehenden ›Wir‹ und tritt der Gemeinde als ›Ich‹ direkt gegenüber. Hinzu kommen theologische Schlüsselbegriffe wie παράκλητος (»Paraklet/Fürsprecher«) und ἱλασμός (Sühne«), die ebenfalls einen Neueinsatz signalisieren[42]. Zudem führen V. 3-6 zum Hauptthema des gesamten Schreibens hin und *leiten den Haupt-Diskurs ein: Die Sichtbarkeit des Glaubens in der Liebe. Weil das Christentum des 1Joh ein ethisches Christentum ist*[43], *steht der Gedanke der sichtbaren, tatkräftigen Liebe im Zentrum des Schreibens*. Diskurse sind in der Regel keine exakt abgrenzbaren, undurchlässigen Gebilde, sondern zeichnen sich durch Vernetzungen, Brüche/Diskontinuitäten und das Nebeneinander diskursiver Formationen aus, so dass von einem Diskursgewebe gesprochen werden kann[44]. Der *Haupt-Diskurs* des 1Joh lässt sich anhand der regelmäßig auftauchenden und funktionstragenden Bestandteile identifizieren: Das Erkennen Gottes, die Liebe zu Gott und das Bleiben in seinem Gebot zeigen sich in der aktiven Geschwisterliebe. Dieser einfache und zugleich anspruchsvolle Grundgedanke durchzieht das gesamte Schreiben (er dominiert in 1Joh 2,3-6.7-11.12-17; 2,28-3,3; 3,11-18.19-24; 4,7-10.11-16.17-21; 5,1-4.13-21) und wird vom Autor mit einem wiederkehrenden sprachlichen Repertoire gebildet (γινώσκειν 25mal; ὁρᾶν 9mal; μένειν 24mal; τηρεῖν 7mal; περιπατεῖν 5mal; ἐντολή 14mal; ἀγαπᾶν 28mal; ἀγάπη 18mal). Zudem weist der Haupt-Diskurs klar erkennbare interdiskursive Verbindungen zu den beiden Sub-Diskursen (Sünden- und Falschlehrerthematik) auf: Wer die Macht der Sünde und/oder die heilsrelevante Leiblichkeit des Gottessohnes verleugnet, bleibt nicht in der Liebe zu Gott und den Geschwistern im Glauben. Der Haupt-Diskurs und die Sub-Diskurse sind vielfältig miteinander vernetzt und das Eine ist im Anderen offen oder latent gegenwärtig. Zugleich muss aber betont werden, dass der Haupt-Diskurs sich nicht primär gegen irgendwelche ›Gegner‹ richtet[45], sondern er ruft für alle Gemeindeglieder ebenso wie für die interessierten Außenstehenden die ethischen Grundlagen des johanneischen Christentums in Theorie und Praxis in Erinnerung.

---

[42] Anders z. B. *R. E. Brown*, The Epistles of John, 191ff, der 1Joh 1,5-2,2 als Einheit ansieht. Da sowohl in 2,1 als auch in 2,7 mit der direkten Anrede der Adressaten und dem Schreibmotiv vom Autor gewollte Gliederungssignale vorliegen, ist es m. E. nicht möglich, eine Zäsur zwischen 2,2 und 2,3 vorzunehmen.
[43] Vgl. *H. H. Wendt*, Die Johannesbriefe, 11: »Unsere Johannesbriefe haben ihre eigentümliche Bedeutung darin, daß sie deutlichste Zeugnisse sind für den Kampf um die ethische Art des Urchristentums«.
[44] Vgl. *A. Landwehr*, Historische Diskursanalyse, 93f; *M. u. S. Jäger*, Deutungskämpfe, 29f.
[45] So (vor allem mit Blick auf 1Joh 2,4) z. B. *R. Schnackenburg*, Die Johannesbriefe, 102; *J. Painter*, ›Opponents‹, 57f; *J. Beutler*, Die Johannesbriefe, 57.

1 Mit der direkten Anrede ›meine Kinder‹ (vgl. 1Joh 2,12.28; 3,7.18; 4,4; 5,21; Joh 13,33) nimmt der Autor die Autorität des weisen Vaters für sich in Anspruch[46] und unterstreicht mit dem Finalsatz ›damit ihr nicht sündigt‹ das Ziel seiner Ermahnungen: Die Einsicht in die Realität der Sünde und das Bekennen der Sünden sind keine Aufforderungen zum Sündigen, sondern im Gegenteil ein Aufruf, nicht zu sündigen[47]. Während in 1Joh 1,6-10 die statische Sündlosigkeitstheorie und die vergangenen Sünden im Mittelpunkt stehen, wird nun der Blick auf die Zukunft gelenkt. Wenn jemand sündigt, ›so haben wir‹ (= Autor und Gemeinde) bei Gott einen Fürsprecher (παράκλητος), Jesus Christus als Gerechten. Als substantivisch gebrauchtes Verbaladjektiv (mit passivischer Bedeutung) von παρακαλεῖν wird παράκλητος in der Profangräzität im Sinn von ›Anwalt‹, ›Beistand‹ oder ›Fürsprecher‹ gebraucht[48]. Der traditions- und religionsgeschichtliche Hintergrund dieser Vorstellung lässt sich nicht monokausal bestimmen[49].

Die Vorstellung eines (irdischen) Fürsprechers findet sich häufig im Alten Testament (vgl. Gen 18,20-33: Abraham; Ex 8,28-30: Mose); Henoch wird in den Himmel versetzt und bittet dort Gott, einen Rest der Menschheit zu verschonen (äthHen 84,4f); der verklärte Jeremia betet und bittet in 2Makk 15,14 für sein Volk und die Stadt Jerusalem; in Hiob 33,23-26 bittet ein Engel Gott, den Menschen zu vergeben. In der Bedeutung von ›Fürsprecher, Beistand‹ bietet Philo zahlreiche Parallelen (vgl. Flacc 13.22f:»...Vom Kaiser kannst du nichts Gutes erwarten. Also müssen wir einen mächtigen Fürsprecher finden, der den Gaius freundlich stimmen kann ...«; Flacc151.181; OpMund 23.165; Jos 239f.; SpecLeg I 237; VitMos II 134). Nach Röm 8,26f tritt der Geist für die Glaubenden vor Gott ein, eine Funktion, die dann in Röm 8,34 dem erhöhten Christus zugeschrieben wird. Nach Hebr 7,25; 9,24 bittet der himmlische Hohepriester Jesus für die Christen auf Erden.

Hier erscheint Jesus als himmlischer Fürsprecher der Glaubenden vor Gott, d.h. Jesus Christus und der Paraklet sind identisch. Der forensische Kontext wird durch δίκαιος (»Gerechter«) deutlich angezeigt; in 1Joh 1,9 galt dieses Attribut noch für Gott, dessen Gerechtsein der Ungerechtigkeit der Menschen gegenübersteht. Offensichtlich denkt der Autor an ein himmlisches Gerichtsforum, bei dem die (verstorbenen) Gemeindeglieder zur Rechenschaft über ihre Sünden gezogen werden und nur durch ihren Fürsprecher/Beistand Jesus Christus vor der Strafe bewahrt bleiben.

Im Johannesevangelium[50] findet sich ein verändertes Paraklet-Konzept. Der Paraklet vergegenwärtigt in der nachösterlichen Situation den verherrlichten Jesus Christus in seiner Gemeinde, ohne mit

---

[46] Parallelen aus der weisheitlichen Mahnrede bieten Sir 2,2; 3,1; Tob 4,3.12.13.
[47] *K. Wengst*, Der erste, zweite und dritte Johannesbrief, 61; sieht hier eine Analogie zu Röm 3,8; *J. Beutler*, Die Johannesbriefe, 51, zu Röm 6,15.
[48] Zu den sprachlichen Aspekten vgl. *J. Behm*, Art. παράκλητος, ThWNT V, Stuttgart 1954, 799-801.
[49] Die relevanten religionsgeschichtlichen Ableitungsversuche der Paraklet-Vorstellung (Gnosis, Vorläufer-Vollender-Idee; Fürsprecher-Vorstellung, Qumran, Gattung Abschiedsrede) sind zusammengestellt bei *R. Schnackenburg*, Joh III, 163-169; *O. Betz*, Der Paraklet, AGSU 2, Leiden 1963; *G. M. Burge*, The Anointed Community, Grand Rapids 1987, 10-30.
[50] Neben den Kommentaren vgl. hier: *H. Windisch*, Die fünf johanneischen Parakletsprüche, in: Festgabe für A. Jülicher, hg. v. H. v. Soden/R. Bultmann, Tübingen 1927, 110-137; *G. Bornkamm*, Der Paraklet im Johannes-Evangelium, in: ders., Geschichte und Glaube I, BEvTh 48, München 1968, 68-89; *F. Mußner*,

ihm einfach identisch zu sein[51]. Der ausdrücklich mit dem πνεῦμα ἅγιον (»Heiliger Geist«) bzw. πνεῦμα τῆς ἀληθείας (»Geist der Wahrheit«, vgl. Joh 14,17.26; 15,26; 16,13) identifizierte Paraklet weilt und wirkt in der Gemeinde bis in Ewigkeit (vgl. Joh 14,16f). Er lehrt und erinnert die Gemeinde an das, was Jesus sagte (vgl. Joh 14,26) und ist so das Gedächtnis der Gemeinde. Der Paraklet zeugt von Jesus (vgl. Joh 16,13f). Er nimmt aus der Offenbarungsfülle Jesu und gibt es der Gemeinde weiter: »Alles, was der Vater hat, ist mein. Deshalb habe ich gesagt, dass er (sc. der Paraklet) aus dem Meinigen nimmt und es euch verkündigen wird« (Joh 16,15). Der Paraklet ist somit der Ermöglichungsgrund der geistgewirkten Auslegung des Christusgeschehens, wie sie im Johannesevangelium als umfassende Vergegenwärtigung dieses Heilsgeschehens entfaltet wird. Durch den Parakleten spricht der verherrlichte Christus selbst, so dass im Parakleten der Abstand zwischen Vergangenheit und Gegenwart aufgehoben ist. Es findet eine Horizontverschmelzung statt, die durch die Betonung der Einheit vom präexistenten, gegenwärtigen, verherrlichten und wiederkommenden Christus ermöglicht wird[52]. Das gesamte Johannesevangelium ist nichts anderes als eine Auslegung des Christusgeschehens durch den Parakleten, in dem wiederum der verherrlichte Christus spricht und die joh. Tradition legitimiert. Weil in der Abschiedssituation die Wahrung der Kontinuität als Fortführung des Ermahnens und der Lehre begriffen wurde, nahm Johannes den Begriff παράκλητος in diesem Sinn auf und weitete ihn aus: Der Paraklet bekommt vor allem eine hermeneutische Funktion: Er erschließt als Lehrer, Zeuge und Interpret für die Gemeinde die Bedeutung der Person Jesu Christi und führt die Glaubenden in die Zukunft.

Das sehr begrenzte und traditionsgeschichtlich eindeutig ältere Paraklet-Konzept des 1Joh[53] lässt sich kaum als Weiterentwicklung der umfassenden hermeneutischen Konzeption des Evangeliums begreifen[54]. Vielmehr dürfte umgekehrt das Evangelium die Vorstellung aus dem 1Joh aufgenommen und weiterentwickelt haben[55]. Dafür spricht vor allem Joh 14,16: »Und ich werde den Vater bitten, und er wird euch einen anderen Parakleten geben, damit er mit euch sei in Ewigkeit.« Die Wendung ἄλλον παράκλητον (»anderen Parakleten«) verweist auf einen ›ersten‹ Parakleten, nämlich

---

Die johanneischen Parakletsprüche und die apostolische Tradition, BZ 5 (1961), 56-70; *U. B. Müller*, Die Parakletvorstellung im Johannesevangelium, ZThK 71 (1974), 31-77; *Y. Ibuki*, Der andere Paraklet, BSU 13 (1977), 19-43; *Chr. Dietzfelbinger*, Paraklet und theologischer Anspruch im Johannesevangelium, ZThK 82 (1985), 389-408; *E. Franck*, Revelation Taught. The Paraclete in the Gospel of John, CB.NT 14, Lund 1985; *Chr. Hoegen-Rohls*, Der nachösterliche Johannes, WUNT 2.84, Tübingen 1996; *H.-Chr. Kammler*, Jesus Christus und der Geistparaklet, in: O. Hofius/H. Chr. Kammler, Johannesstudien, WUNT 88, Tübingen 1996, 87-190.

[51] Vgl. die Differenzierungen in Joh 14,16 (ἄλλον παράκλητον [»anderen Parakleten«]); 14,26 (ἐν τῷ ὀνόματί μου [»in meinem Namen«]); Joh 15,26c (»jener wird von mir zeugen«) und die Sendung des Parakleten durch Jesus in Joh 15,26a; 16,7e. Der Erhöhte wirkt im Parakleten und durch den Parakleten, er ist aber nicht der Paraklet! Gegen *R. Bultmann*, Joh, 477: »Wie die Weissagung des Parakleten den urchristlichen Pfingstgedanken aufnimmt, so die der Wiederkunft Jesu die urchristliche Parusieerwartung; eben im Kommen des Geistes kommt er selbst ...«

[52] Grundlegend hier *F. Mußner*, Die johanneische Sehweise, 56ff.

[53] Dies räumt auch *H.-J. Klauck*, Der erste Johannesbrief, 105, ein.

[54] *H. Hahn*, Tradition und Neuinterpretation, 82ff, versucht die offensichtliche Nichtaufnahme des Parakletkonzeptes des Evangeliums im 1Joh mit der Vermutung zu erklären, der Brief habe »das – für ihn nach wie vor dringliche – Problem der Kontinuität der Jesusoffenbarung – ohne Rückgriff auf den Parakleten – in einer anderen, gegenüber der Tradition neuen Weise gelöst.«

[55] So u.a. *G. Johnston*, The Spirit-Paraclete in the Gospel of John MSSNTS 12, Cambridge 1979, 75-77; *G. Strecker*, Die Johannesbriefe, 92; *M. Hengel*, Die johanneische Frage, 169.

auf die streng christologisch-forensische Konzeption von 1Joh 2,1; zugleich kennzeichnet sie den hermeneutischen Ansatz des Evangelisten als einen ›anderen, weiteren‹ Parakleten, nämlich als einen geistgewirkten Ansatz[56].

2 Die soteriologische Funktion Jesu Christi wird weiter entfaltet: Als ἱλασμός (»Sühne«) übernimmt er die Tilgung der Sünden der Glaubenden. Sein irdisches Leiden als Sühnung/Aufhebung menschlicher Schuld ermöglichte überhaupt erst seine gegenwärtige Funktion als himmlischer Paraklet.

Im Neuen Testament erscheint ἱλασμός nur in 1Joh 2,2; 4,10; wie ἱλάσκομαι (Lk 18,13; Hebr 2,17) und ἱλαστήριον (Röm 3,25; Hebr 9,5) verweist es auf alttestamentlich-jüdische Sühnetraditionen und ist stets mit der Sündenthematik verbunden. Von besonderer Bedeutung ist die vorpaulinische Tradition[57] Röm 3,25.26a, wo es über Jesus Christus heißt: »Den Gott eingesetzt hat als ἱλαστήριον («Sühneort/Sühnemittel«) durch den Glauben kraft seines Blutes zum Erweis seiner Gerechtigkeit durch den Erlass der zuvor geschehenen Sünden in der Geduld Gottes.« Der genaue traditionsgeschichtliche Hintergrund dieser Vorstellung ist umstritten. Ein Erklärungsmodell leitet ἱλαστήριον aus dem kultischen Ritual am großen Versöhnungstag ab (vgl. Lev 16; ferner Ez 43)[58]; ein anderes Modell sieht Röm 3,25 auf dem Hintergrund von 4Makk 17,21f, wo dem Opfertod der Märtyrer Sühnekraft zugeschrieben wird[59]. Die Bedeutungsbreite von ἱλαστήριον und die Probleme einer einlinigen traditionsgeschichtlichen Ableitung lassen es als sachgemäß erscheinen, ἱλαστήριον in Röm 3,25 im weiteren Sinn als ›Sühnemittel‹ zu verstehen[60]. Gott selbst hat die Möglichkeit zur Sühne geschaffen, indem er Jesus Christus als Sühnemittel herausgestellt hat. Sowohl die Tradition als auch Paulus betonen die Theozentrik des Geschehens; ein Gedanke, der auch in 1Joh 2,2 dominiert, denn Ausgangspunkt der heilschaffenden Sühne ist immer Gott. Hier zeigt sich eine Kontinuität in den Grundanschauungen der alttestamentlichen Sühnevorstellung. Sie impliziert keineswegs ein sadistisches Bild Gottes, der für die Sünden der Menschen durch ein Opfer Genugtuung fordert. Vielmehr ist Sühne eine Setzung Gottes: »Denn das Leben des Fleisches ist im Blut und ich habe es euch für den Altar überlassen, damit es für eure Seelen Sühne schaffe. Denn das Blut ist es, das durch das Leben sühnt« (Lev 17,11). Das alleinige Subjekt der Sühne ist Gott, der die Opfer einsetzte, um die Menschen rituell von der Sünde zu befreien, um so den Unheilszusammenhang zwischen sündiger Tat und ihren Folgen zu durchbrechen[61]. Zugleich sprengt bereits die vorpaulinische Tradition Röm 3,25.26a das alttestamentliche Sühneverständnis in mehrfacher Weise: Während im alttestament-

---

[56] Vgl. dazu *U. Schnelle*, Johannes als Geisttheologe, NT 40 (1998), 17-31.
[57] Zum Nachweis des vorpaulinischen Charakters von Röm 3,25.26a vgl. *U. Schnelle*, Gerechtigkeit und Christusgegenwart, 68f.
[58] So mit Unterschieden *U. Wilckens*, Der Brief an die Römer, EKK VI/1, Neukirchen 1978, 193; *P. Stuhlmacher*, Biblische Theologie des Neuen Testaments I, Göttingen 1992, 193f; *W. Kraus*, Der Tod Jesu als Heiligtumsweihe, WMANT 66, Neukirchen 1991, 150-157; *M. Gaukesbrink*, Die Sühnetradition bei Paulus, fzB 82, Würzburg 1999, 229-245; *Th. Knöppler*, Sühne im Neuen Testament, WMANT 88, Neukirchen 2001, 113-117; *C. Breytenbach*, Art. Sühne, ThBLNT, Wuppertal/Neukirchen 2005, (1685-1691) 1691.
[59] Vgl. dazu *E. Lohse*, Märtyrer und Gottesknecht, FRLANT 64, Göttingen ²1963, 151f; *J. W. van Henten*, The Tradition-Historical Background of Romans 3,25: A Search for Pagan and Jewish Parallels, in: M. de Boer (Hg.), From Jesus to John (FS M. de Jonge), JSNT.S 84, Sheffield 1993, 101-128 (Analyse aller relevanten Texte mit dem Ergebnis: »that the traditional background of the formula probably consists of ideas concerning martyrdom«; a.a.O., 126); *K. Haacker*, Der Brief an die Römer, ThHK 6, Leipzig ³2006, 99f.
[60] Vgl. *H. Lietzmann*, An die Römer, HNT 8, Tübingen ⁵1971, 49f; *U. Schnelle*, Gerechtigkeit und Christusgegenwart, 70f; *G. Barth*, Der Tod Jesu Christi, Neukirchen 1992, 38-41.
[61] Vgl. dazu grundlegend *B. Janowski*, Sühne als Heilsgeschehen, WMANT 55, Neukirchen ²2000.

lichen Kult die Sühne des Opfers auf Israel beschränkt ist, gilt die Sündenvergebung universal, ein Aspekt, der auch in 1 Joh 2,2b dominiert. Der Sühnopferkult bedarf der jährlichen Wiederholung, Jesu Tod am Kreuz hingegen ist eschatologisches, endgültiges Geschehen.

Die universale Perspektive der johanneischen Soteriologie tritt nun in den Vordergrund und die Grenzen der johanneischen Gemeinde werden überschritten. Ging es bisher um die Sünden von Christen, so kommt jetzt die gesamte Welt in den Blick, der das rettende Sühnegeschehen am Kreuz ebenfalls gilt. Der erste Beleg von κόσμος (»Welt«) im 1 Joh mit seinen universalen und positiven Konnotationen zeigt deutlich, dass die ›Welt‹ keineswegs an sich negativ beurteilt wird. Wie in 1 Joh 4,9.14 ist hier die Welt das Objekt des Heilshandelns Gottes in der Sendung seines Sohnes. Negativ erscheint die ›Welt‹ dort, wo sie als Ort der Verführung (1 Joh 2,15-17; 4,1.3.5), der Ungerechtigkeit (1 Joh 3,13), des Bösen (1 Joh 5,19) und des Unglaubens (1 Joh 3,1) erscheint. Der Glaube überwindet die Welt in der Liebe und führt so die Welt ihrer eigentlichen Bestimmung zu (1 Joh 5,4.5).

Der Kosmos wird auch im Johannesevangelium keineswegs durchgehend negativ betrachtet[62]. Die Welt Gottes und die Welt des Menschen gehören ursprünglich zusammen. Bereits in der Schöpfung zeigt sich eine Vorzeitigkeit des Guten, sie ist ein Werk des im Anfang bei Gott seienden Logos (Joh 1,1-5). Aus Liebe sandte Gott seinen Sohn in die Welt (Joh 3,16; vgl. 10,36; 1 Joh 4,9f.14); Jesus Christus ist der in die Welt gekommene Prophet bzw. Sohn Gottes (Joh 6,14; 11,27). Als das vom Himmel herabgestiegene Brot gibt er dem Kosmos Leben (Joh 6,33; vgl. 6,51), er ist das Licht der Welt (Joh 9,5). Jesus kam, um den Kosmos zu retten (vgl. Joh 3,17; 12,47), er ist der σωτὴρ τοῦ κόσμου (Joh 4,42: »Retter der Welt«; vgl. 1 Joh 2,2; 4,14). Ganz bewusst bittet der scheidende Christus den Vater, die Gemeinde nicht aus der Welt zu nehmen (Joh 17,15), sondern sie vor dem Bösen zu bewahren. Die Gemeinde lebt im Kosmos, sie ist aber nicht ἐκ τοῦ κόσμου (vgl. Joh 15,19; 17,14). Jesus sendet seine Jünger in die Welt (Joh 17,18) und dem Kosmos werden sogar die Fähigkeiten des Erkennens und Glaubens an Jesu Sendung zugesprochen (vgl. Joh 17,21.23). Nicht der Kosmos an sich wird negativ bewertet, sondern der Unglaube macht den Kosmos zur widergöttlichen Welt (vgl. Joh 16,9; 1,10; 7,7; 8,23; 9,39; 14;17)[63]. Weil er Jesus nicht annimmt (Joh 1,10; vgl. 17,25), ihn und die Jünger hasst (vgl. Joh 7,7; 15,18.19; 17,14), als Bereich des Widergöttlichen erscheint (vgl. Joh 8,23; 12,25; 14,17.22.27.30; 15,19; 16,8.20.33; 17,6.11.13f.16; 18,36), ergeht das Gericht über ihn (Joh 9,39; 12,31; 16,11). Der Evangelist hat wie der Autor des 1 Joh weder ein rein negatives noch ein doppeltes Kosmosverständnis, sondern allein der Glaube bzw. der Unglaube entscheidet darüber, ob Menschen in Gottes geliebter Schöpfung ihrer Bestimmung gemäß leben (vgl. 1 Joh 4,9; Joh 3,16f) oder der Kosmos zur widergöttlichen Welt wird (vgl. 1 Joh 5,19; Joh 16,9). Deshalb zielt die joh. Konzeption nicht auf eine Verwerfung, sondern auf eine innerweltliche (1 Joh 5,4f; Joh. 17,5) Überwindung des Kosmos als Ort des Unglaubens[64]. Die

---

[62] Übersichten zum joh. κόσμος-Gebrauch finden sich bei *R. E. Brown*, John I, 508-510; *N. H. Cassem*, A Grammatical and Contextual Inventory of the Use of κόσμος in the Johannine Corpus, NTS 19 (1972/73), 81-91; zur Interpretation vgl. *T. Onuki*, Gemeinde und Welt im Johannesevangelium, WMANT 56, Neukirchen 1984, 29ff; *L. Kierspel*, The Jews and the World in the Fourth Gospel, WUNT 200, Tübingen 2006, 13-110.
[63] Vgl. *R. Bultmann*, Joh, 34.
[64] Vgl. *H. Balz*, Art. κόσμος, EWNT II, 772.

negativen Aussagen müssen transkosmisch und nicht antikosmisch verstanden werden. Die dualistischen Aussagen zu Gott und Welt besitzen keine ontologische Qualität, sondern resultieren aus der eschatologischen Offenbarung Gottes in Jesus Christus, die den Gegensatz von Glauben und Unglauben begründet und im Glauben zugleich dessen Überwindung ermöglicht.

3 Woran ist abzulesen, dass die Glaubenden ihr Verhaftetsein an die Sünde bekennen und die Heilstat Gottes in Jesus Christus für sich gelten lassen? Hier gibt es ein eindeutiges und sichtbares Kriterium: Das Erkennen Jesu, die Annahme der Christusbotschaft und der damit vollzogene Bruch mit der Sünde führen zur Beachtung des Willens Gottes (vgl. auch 1Joh 3,19.24; 4,13)[65]. Weil Sünde/Sündigen nichts anderes ist als die Absonderung von Gott und dem Leben, das er gibt und will, erscheint das positive Tun als entscheidendes Kriterium für das Erkennen Gottes, Jesu Christi und der Wahrheit. Konkret ist die Bruderliebe/Geschwisterliebe das Kennzeichen derer, die Gott bzw. die Liebe Gottes kennen, wie 1Joh 5,2 verdeutlicht (»Daran erkennen wir, dass wir die Kinder Gottes lieben, wenn wir Gott lieben und seine Gebote tun«; vgl. ferner 1Joh 2,7f; 3,16; 4,7f). Das Verb γινώσκειν (»erkennen/kennen«) findet sich 25mal im 1Joh und 57mal im Johannesevangelium[66] und kann als ein Schlüsselbegriff der gesamten johanneischen Theologie gelten. Das ›Erkennen‹ in der gegenwärtigen Situation (Präsens γινώσκομεν) basiert auf dem vergangenheitlichen, aber andauernden ›Erkennen‹ (Perfekt ἐγνώκαμεν), d. h. Erkennen ist identisch mit Zum-Glauben-Kommen und weiterhin im Glauben bleiben. Sichtbar wird der Glaube ebenso wie das Erkennen im Halten der Gebote (vgl. 1Joh 3,23: »Und dies ist sein Gebot, dass wir dem Namen seines Sohnes Jesus Christus glauben und einander lieben, wie er uns ein Gebot gegeben hat«).

Auch für den Evangelisten Johannes ist ›glauben an Jesus‹ gleichbedeutend mit Jesus ›erkennen‹[67]. So heißt es in Joh 14,7: »Wenn ihr mich erkannt habt, werdet ihr auch meinen Vater erkennen. Und von nun an erkennt ihr ihn und habt ihn gesehen.« Jesus sagt von sich: »Ich bin der gute Hirte und kenne die Meinen, und die Meinen kennen mich« (Joh 10,14). Die Glaubenden haben Jesus erkannt (1Joh 4,16; Joh 6,69), sie kennen ihn und wissen, wer er ist: Der Gesandte Gottes, der Menschensohn, die Wahrheit (vgl. Joh 7,17; 8,28; 14,6.17.20; 17,7f.25; 1Joh 2,4; 3,19; 5,20). Denen, die im Wort Jesu bleiben, gilt die Verheißung: »Ihr werdet die Wahrheit erkennen und die Wahrheit wird euch freimachen« (Joh 8,32). Das johanneische Erkennen orientiert sich nicht am äußerlich Vorfindlichen, es dringt durch zum Wesen des Erkannten. In Jesus von Nazareth offenbart sich die Herrlichkeit Gottes, er ist der von Gott gesandte Retter der Welt (Joh 4,42). Deshalb beinhaltet ›erkennen‹ bei Johannes, Jesus als Herrn anzuerkennen und damit in ein persönliches Verhältnis zu ihm zu treten. Das τηρεῖν τὸν λόγον (»das Wort bewahren«, Joh 8,51; 14,23; 15,20; 17,6) und das μένειν ἐν τῷ

---

[65] Vgl. zu γινώσκειν *G. Strecker*, Die Johannesbriefe, 319-325.
[66] Ferner 2Joh 1.
[67] Vgl. dazu *H. Schlier*, Glauben, Erkennen, Lieben nach dem Johannesevangelium, in: ders., Aufsätze zur Biblischen Theologie, Leipzig 1968, 290-302; *F. Hahn*, Sehen und Glauben im Johannesevangelium, in: Neues Testament und Geschichte (FS O. Cullmann), hg. v. H. Baltensweiler/B. Reicke, Zürich/Tübingen 1972, 125-141; *ders.*, Das Glaubensverständnis im Johannesevangelium, in: Glaube und Eschatologie (FS W. G. Kümmel), hg. E. Gräßer/O. Merk, Tübingen 1985, 51-69; *C. Hergenröder*, Wir schauten seine Herrlichkeit, 489ff.

λόγῳ (»bleiben im Wort«, Joh 8,31) gehören zum Wesen des Glaubens, weil das Erkennen des Offenbarers das Bekennen zu seinem Wort und Willen mit einschließt. Jesus erkennen heißt, ihm nachzufolgen (Joh 10,27: »Meine Schafe hören meine Stimme und ich kenne sie und sie folgen mir«). Das Erkennen löst sich nicht vom Glauben, sondern der Glaube ist ein erkennender Glaube. Im Verhältnis von Vater und Sohn löst hingegen das unmittelbare Erkennen den Glauben ab: »So wie mich der Vater kennt, so kenne ich den Vater« (Joh 10,15a; vgl. 17,25).

Das ›Erkennen‹ vereint somit in der johanneischen Sichtweise intellektuelle und emotionale Dimensionen; es eröffnet einen vom Chrisma/Geist gewährten neuen Blick (1 Joh 2,20.27) auf den Vater, den Sohn, die Welt und den Glaubenden selbst.

4 Die enge Verbindung zwischen Glaubenserkenntnis und Glaubensvollzug wird noch einmal unterstrichen: Wenn das Kriterium der richtigen Gotteserkenntnis das Tun der Gebote Gottes ist, zeugt umgekehrt das Nichthalten der Gebote vom Nichterkennen Gottes[68]. Die distanzierte Zitationsformel ›wer sagt‹ weist auf Schlagworte der Schul- bzw. Gemeindediskussionen hin, die wahrscheinlich um die Frage kreisten[69], wie und woran die wahre Gotteserkenntnis abzulesen ist. Speziell die Konzentration auf die tatkräftige Geschwisterliebe mit ihren sozialen Dimensionen (vgl. 1 Joh 3,17) dürfte für Gemeindeglieder aus dem griechisch-römischen Kulturbereich nicht ohne weiteres einsichtig gewesen sein. Zwar zeichnet sich die griechisch-römische Ethik durch zahlreiche Tugenden aus (Gerechtigkeit, Besonnenheit, Sanftmut, Milde), die dem Liebesgedanken sachlich nahe kommen, dennoch spielt der Liebesbegriff dort nicht die herausragende Rolle wie im frühen Christentum[70]. Für den Autor des 1 Joh sind die Zusammenhänge hingegen klar: Wer behauptet, Gott erkannt zu haben und zugleich gegen das Liebesgebot verstößt, erweist sich als Lügner und befindet sich nicht im Bereich der Wahrheit. Der Lügner sagt nicht einfach nur die Unwahrheit, sondern lebt außerhalb der Wahrheit und damit im Bereich der Nichtigkeit[71].

5 Die positiven Aussagen von V. 3 werden aufgenommen und verstärkt, um so den Gegensatz zu V. 4 hervorzuheben: Wer sein Wort beachtet, in dem vollendet sich die Liebe Gottes. Das ›Halten‹ der Gebote ist sachlich identisch mit dem ›Beachten‹ des Wortes, beides kann abwechselnd gebraucht werden (vgl. 1 Joh 2,7; Joh 14,15.23.24; 15,9.20). Das Verb τελειοῦν (»vollenden/ans Ziel gelangen«) und die Genitivverbindung ἀγάπη θεοῦ (»Liebe Gottes«) verdeutlichen, dass die Aussagen des 1 Joh nicht auf den Bereich der handlungsorientierten Ethik zu beschränken sind. Die eschatologische (= endzeitliche und endgültige) Dimension verbindet 1 Joh 4,17 mit dem Verb τελειόω: »Darin ist die Liebe unter uns zur Vollendung gekommen, dass wir Zuversicht haben am Tag des Gerichtes, weil, so wie jener ist, auch wir sind in dieser Welt.« Das Beachten/Halten des Wortes bezeichnet die Gesamtausrichtung der von der Liebe Gottes geprägten Existenz der Glaubenden, die auch im Gericht Bestand haben wird. Dies ermöglicht allein die Liebe Gottes, die als Grundlage und Zielpunkt

---

[68] Vgl. *G. Strecker*, Die Johannesbriefe, 95.
[69] Es gibt keinen Hinweis im Text für ›Gegner‹; anders z. B. *J. Beutler*, Die Johannesbriefe, 57.
[70] Vgl. Exkurs 2: Die Liebe als theologischer Schlüsselbegriff der johanneischen Schule.
[71] Vgl. *R. Bultmann*, Die Johannesbriefe, 31.

christlicher Existenz die Liebe der Glaubenden zu Gott, das Halten der Gebote und damit auch die Liebe zum Bruder/zur Schwester umfasst. Von der Liebe Gottes[72] her eröffnet sich das Leben und gelangt zu seiner Vollendung, so dass ein Sein in Gott ablesbar ist am Sein in der Liebe und d.h. am Beachten des Wortes/Halten der Gebote (vgl. 1Joh 4,12b). Von der Gotteserkenntnis und Gottesverbundenheit in der Liebe zeugt sichtbar die Gottesverpflichtung der Liebe. Das Sein in Gott ist durchaus mit räumlichen Vorstellungen verbunden, denn es liegt die Vorstellung eines Wirkungsraumes zugrunde: Der Glaubende und Getaufte ist in seiner Existenz vollständig durch Gott, genauer: durch Gottes Liebe bestimmt.

6 Wieder wird ein Schlagwort der Schuldiskussionen angeführt (»Wer sagt: Er bleibt in ihm«) und zu einem positiven Regelsatz erweitert, um eine mögliche Gefährdung des neuen Status und zugleich die Bedingung seines Erhaltes kenntlich zu machen: Das In-Gott-Sein realisiert sich nur dann als In-Gott-Bleiben, wenn sich damit ein erkennbarer Wandel verbindet. Bereits in 2Joh 4; 3Joh 3f wurde ein Wandel in der Wahrheit gefordert, der sich im Halten der Gebote vollzieht (2Joh 6) und in 1Joh 1,6.7 stehen sich der Wandel in der Finsternis und im Licht gegenüber. Dabei geht es nicht um einzelne Taten, sondern um die Gesamtausrichtung der Existenz, denn der Glaubende soll wie ›er‹, d.h. wie Jesus Christus wandeln (vgl. ἐκεῖνος in 1Joh 3,3.5.7.16; 4,17)[73]. So wie Jesus Christus sich vollständig von der Liebe Gottes bestimmen ließ, sollen auch die Glaubenden aus der Liebe Gottes heraus leben und handeln, um so in Gott zu bleiben[74]. Jesus Christus ist somit Grund, Vorbild und Richtschnur der Existenz und des Handelns der Glaubenden in der Liebe.

Die erste Stellungnahme zu den gemeindeinternen Diskussionen über den neuen Status der Glaubenden/Getauften und ihr Verhältnis zur Sünde/den Sünden/zum Sündigen schließt der Autor mit zwei markanten Thesen: 1) Das Sühnopfer Jesu Christi hebt zwar nicht die Realität der Sünde auf, es begründet aber Jesu Christi Eintreten für die Sünder vor Gott, so dass die verklagende Macht der Sünde/des Sündigens für die Glaubenden und den gesamten Kosmos aufgehoben ist. 2) Die Erkenntnis dieser Zusammenhänge offenbart sich in einem bestimmten Verhalten, das sich am Wort/den Geboten Gottes orientiert und von der Liebe Gottes getragen weiß. Die Wirklichkeit des neuen Seins muss aufzeigbar und ablesbar sein, sonst ist sie bloße Behauptung oder Selbsttäuschung! Das τηρεῖν τὸν λόγον (»das Wort bewahren«) und das μένειν (»Bleiben«) in Gott/Jesus bzw. im Wort gehören zum Wesen des Glaubens, weil das Erkennen Gottes bzw. des Offenbarers das Bekennen zu seinem Wort und die

---

[72] Es ist umstritten, ob ἀγάπη θεοῦ (»Liebe Gottes«) als genitivus subjectivus (Gottes Liebe zu uns), als genitivus objectivus (unsere Liebe zu Gott) oder als genitivus qualitatis (im Sinne von ›göttliche Liebe‹; so R. *Schnackenburg*, Die Johannesbriefe, 103; G. *Strecker*, Die Johannesbriefe, 97) zu verstehen ist oder ob damit eine unsachgemäße Verengung der Wendung vorgenommen wird. Insbesondere 1Joh 4,12b (»Wenn wir aber einander lieben, bleibt Gott in uns, und seine Liebe ist unter uns zur Vollendung gekommen«) legt eine Interpretation als genitivus subjectivus nahe (vgl. H.-J. *Klauck*, Der erste Johannesbrief, 117), die aber keine Alternativsetzungen beinhalten sollte.

[73] Einen anderen Akzent setzt G. *Strecker*, Die Johannesbriefe, 102, der hier vor allem »ein aktives menschliches Verhalten in einem bestimmten Raum« betont sieht.

[74] Zu μένειν im 1Joh und im Johannesevangelium vgl. die Auslegung von 1Joh 3,24.

Entsprechung zu seinem Willen mit einschließt[75]. Hier wird bereits eine theologische Argumentationsfigur sichtbar, die den gesamten 1Joh bestimmt: Die Opposition von zutreffenden und nicht zutreffenden theologischen Erkenntnissen wird mit einer Wertung der Handlungen der Andersdenkenden verbunden, die negativ sein müssen, weil die zugrunde liegende Erkenntnis negativ ist. Das Selbstverständnis der verschiedenen theologischen Strömungen innerhalb (und außerhalb) der Gemeinde dürfte durch solche Zuschreibungen nicht wiedergeben werden.

4. Das Gebot und seine Verpflichtung 2,7-11*

(7) Geliebte, nicht ein neues Gebot schreibe ich euch, sondern ein altes Gebot, das ihr von Anfang an hattet. Das alte Gebot ist das Wort, das ihr gehört habt. (8) Wiederum schreibe ich euch ein neues Gebot, was wahr ist in ihm und in euch, denn die Finsternis vergeht und das wahre Licht scheint schon. (9) Wer sagt, er sei im Licht und hasst seinen Bruder, ist bis jetzt in der Finsternis. (10) Wer seinen Bruder liebt, bleibt im Licht und einen Anstoß gibt es in ihm nicht. (11) Wer aber seinen Bruder hasst, ist in der Finsternis und wandelt in der Finsternis und er weiß nicht, wohin er geht, denn die Finsternis hat seine Augen blind gemacht.

V. 7: Statt ἀγαπητοί (bezeugt von: א 01.A 02.B 03.025 u. a.) lesen K 018.L 020 und viele Minuskeln: ἀδελφοί, was als sekundäre liturgische Angleichung zu gelten hat.

Der Haupt-Diskurs über die Sichtbarkeit des Glaubens gewinnt an Intensität, indem der unauflösliche Zusammenhang von Gottes- bzw. Christuserkenntnis, Gottesliebe und Geschwisterliebe fortgesetzt und zugleich zugespitzt wird. Erstmals stehen sich die Liebe und der Hass auf den Bruder gegenüber (V. 9.11). Mit dieser Verschärfung spricht der Autor nicht nur seine aktuelle Gemeinde an, sondern hat darüber hinaus auch die Falschlehrer in 1Joh 2,18 und vor allem das von ihnen ausgelöste schmerzhafte Schisma in 2,19 im Blick, denn das Fortgehen zahlreicher Gemeindeglieder offenbart, dass sie nicht in der Liebe Gottes, sondern im Hass gegenüber den Brüdern wandeln.

7/8 Die Anrede ἀγαπητοί (»Geliebte«; vgl. 4,1.7.11) drückt das persönliche Verhältnis zu den Empfängern aus; zugleich markiert sie einen Neueinsatz, der inhaltlich das Liebesgebot variiert. Die Textstruktur wird von den Attributen ›alt‹ und ›neu‹ bestimmt, die chiastisch angeordnet sind: neu (7a) – alt (7b) – alt (7d) – neu (8a). Damit verbindet sich der Begriff ἐντολή (»Gebot«), der 4mal an dieser Stelle vorkommt (NT: 67mal; 2Joh 4mal; 1Joh 14mal; JohEv 10mal)[76]. Die johanneische

---

[75] Vgl. hier *J. Heise*, Bleiben, 44ff; *H. Hahn*, Tradition und Neuinterpretation, 240-246.

* Literatur: *Hahn, H.*: Tradition und Neuinterpretation, 284-303; *Klein, G.*: »Das wahre Licht scheint schon«, 270-284.304-307; *Lieu, J. M.*: Blindness in the Johannine Tradition, NTS 34 (1988), 83-95; *Rese, M.*: Das Gebot der Bruderliebe in den Johannesbriefen, ThZ 41 (1985), 44-58; *Schlier, H.*: Die Bruderliebe nach dem Evangelium und den Briefen des Johannes, FS B. Rigaux, hg. v. A. Descamps/A. de Halleux, Gembloux 1970, 235-245; *Schwankl, O.*: Licht und Finsternis, 309-329.

[76] Vgl. dazu *R. Schnackenburg*, Die Johannesbriefe, 110-113; *M. Limbeck*, Art. ἐντολή, EWNT I, 1121-1125; *G. Strecker*, Die Johannesbriefe, 105f.

Tradition setzt mit ἐντολή eigene Akzente, denn es bezeichnet nicht (wie bei Paulus und den Synoptikern)[77] die Tora oder Einzelbestimmungen der Tora, sondern steht exklusiv für das Liebesgebot (vgl. 2Joh 4.5.6; 1Joh 3,22-24; 4,21; 5,2f; Joh 13,34; 14,15.21; 15,10.12). Dabei zeigt der Wechsel zwischen ἐντολαί (»Gebote«) und ἐντολή (»Gebot«) bzw. umgekehrt in 2Joh 5.6; 1Joh 2,3f.7f; 3,22-24; 4,21; 5,2f; Joh 13,34; 14,15.21; 15,10.12, dass Plural und Singular bedeutungsgleich sind und stets das Liebesgebot ihr Inhalt ist[78]. *Die Grundausrichtung des Handelns entspricht somit der Grundausrichtung der Existenz und dem Wesen Gottes: der Liebe* (vgl. 1Joh 4,8b.16b).

V. 7 nimmt deutlich 2Joh 5 (und nicht Joh 13,34a) auf[79]; es entsprechen sich die negative Eingangsformulierung (2Joh 5a: »Und nun bitte ich dich, Herrin, nicht als ob ich dir ein neues Gebot schreibe«) und der jeweils mit ἀπ' ἀρχῆς formulierte Verweis auf den Anfang (2Joh 5b: »sondern eines, was wir von Anfang an hatten«); neu ist die Qualifizierung des ›nicht neuen Gebotes‹ als ›altes Gebot‹. Der Autor verdeutlicht so: Das Liebesgebot gehört zur grundlegenden und unaufgebbaren Tradition der johanneischen Schule (vgl. 2Joh 5f).

V. 8a bezeichnet dieses eine Zentralgebot nun als ›neues Gebot‹. Warum ist das ›nicht neue, alte‹ Gebot jetzt ein ›neues Gebot‹? Zumeist wird mit dem Verweis auf Joh 13,34 geantwortet (»Ein neues Gebot schreibe ich euch, dass ihr einander liebt, gleichwie ich euch geliebt habe, damit auch ihr einander liebt«); weil nach dem Johannesevangelium Jesus selbst das Liebesgebot gesprochen hat, ist es das neue Gebot[80]. Ein solcher Bezug ist möglich, aber mit zahlreichen Problemen belastet: 1) Die Bezüge innerhalb von V. 8a und 8b sind höchst unklar; das neutrische Relativpronomen ὅ (»etwas, was«) in V. 8b kann sich ebenso wie das neutrische ἀληθές (»wahr«) nicht auf die feminine Wendung ἐντολὴν καινήν (»neues Gebot«) beziehen. Zumeist wird dieses Problem mit der Auskunft beantwortet, der Inhalt von V. 8a sei gemeint[81] oder das Relativpronomen generalisiere die Satzaussage[82]. Warum aber formuliert der 1Joh so unklar (»etwas, was«), wenn er sich hier auf das klare Liebesgebot Jesu in Joh 13,34 beziehen will? 2) Auch der Bezug von ἐν αὐτῷ (»in ihm«) ist nicht eindeutig. Nimmt man einen Verweis auf Joh 13,34 an, wäre natürlich Jesus Christus gemeint. Vom Kontext her könnten vor allem ›Gott‹ (vgl. 1Joh 2,5.6a) und (eingeschränkt) ›Jesus Christus‹ (vgl. 1Joh 2,6b) gemeint sein. 3) Ein weiteres Argument gegen einen Bezug auf Joh 13,34 ist darin zu sehen, dass in V. 8b.c das Liebesgebot *überhaupt nicht zitiert wird*[83], sondern eschatologische Aussagen innerhalb der Licht-Finsternis-Antithetik entfaltet werden, so dass von einer wirklichen Rezeption nicht gesprochen werden kann. Vielmehr weisen der eindeutige Bezug von V. 7 auf 2Joh 5 und die inkonsis-

---

77 Vgl. nur Röm 7,8-13; 13,8-10; Mt 5,17; 15,3.
78 Vgl. *G. Strecker*, Die Johannesbriefe, 105.
79 Anders *H.-J. Klauck*, Der erste Johannesbrief, 121, der Joh 13,34 bereits bei V. 7 einträgt, obwohl es zu diesem Vers keine wirkliche Übereinstimmung gibt.
80 So z. B. *H.-J. Klauck*, Der erste Johannesbrief, 122: »Das gleiche soeben noch als ›alt‹ apostrophierte Gebot kann in 8a schon allein deswegen ›neu‹ heißen, weil es im Evangelium von Jesus so genannt wird (13,34)«; vgl. ferner *R. Schnackenburg*, Die Johannesbriefe, 111; *J. Beutler*, Die Johannesbriefe, 60.
81 So *G. Strecker*, Die Johannesbriefe, 108: »Daß das Gebot ›neu‹ ist, dies ist ›wahr‹ in ihm und in der Gemeinde.«
82 Vgl. *H.-J. Klauck*, Der erste Johannesbrief, 120.
83 Vgl. *E. E. Popkes*, Die Theologie der Liebe Gottes, 141.

tente Struktur von V. 8 darauf hin, dass nicht das Johannesevangelium, sondern *die Tradition des Liebesgebotes als Grundelement johanneischer Theologie* in 1Joh 2,7.8 im Hintergrund steht. Der 1Joh schließt sich eng an 2Joh 5 an und entwickelt aus dem ›nicht neuen Gebot‹ eine Dialektik von ›altem‹ und ›neuem‹ Gebot. Von hieraus lässt sich auch das Relativpronomen ὅ erklären, das wie in 1Joh 1,1.3 generalisierend auf die Tradition der johanneischen Schule verweist, ohne sich auf bestimmte vorhergehende Satzglieder zu beziehen; es ist das Liebesgebot, das sich in Gott (oder Jesus Christus) und der Gemeinde als wahr erweist.

Warum aber ist das ›alte‹ zugleich das ›neue‹ Gebot? Das Gebot ist ›alt‹, weil es zum Grundbestand der johanneischen Theologie gehört und von Anfang an in den Gemeinden gelehrt wurde. Zugleich ist es ›neu‹, weil es seinem Wesen nach immer aktuell ist und immer wieder neu bewährt werden muss, vor allem angesichts des noch nicht lange zurückliegenden Gemeindeschismas. Diese ontologisch-ethische Interpretation entspricht weitaus mehr dem Textbefund im 1Joh als ein Bezug auf die christologische Variante des Liebesgebotes in Joh 13,34. Wiederum ergibt sich ein plausibles theologisches und auch chronologisches Gefälle; erst das Johannesevangelium vollzieht im Rahmen seiner Christologisierung der johanneischen Theologie eine exklusiv christologische Begründung des Liebesgebotes.

In der Situation des Wegganges Jesu benennt das Liebesgebot in Joh 13,34, wie die Jünger, und damit die textexterne Gemeinde, mit Jesus verbunden bleiben können[84]. Indem in der Gemeinde die Liebestat Jesu als Bruderliebe Gestalt gewinnt, ist Jesu einmaliger Dienst im Handeln der Glaubenden gegenwärtig[85]. Die Jünger dürfen und sollen sich hineinnehmen lassen in die durch Gott ausgelöste Liebesbewegung und darin Jesus und ihrer Jüngerschaft entsprechen. Während in der synoptischen Tradition das Liebesgebot in der Gestalt des Doppelgebotes aus der Schrift abgeleitet wird (vgl. die Aufnahme von Dtn 6,4.5; Lev 19,18 in Mk 12,30.31), begründet es hier Jesus selbst. Dies entspricht johanneischer Logik, denn bereits die Schrift zeugt von Jesus (vgl. Joh 5,46), er ist auch Herr der Schrift. Das Prädikat ›neu‹ für das Liebesgebot verdankt sich ebenfalls diesem Denkansatz, denn die Neuheit liegt nicht in der Anweisung als solcher, sondern allein bei dem, der sie spricht. Indem der präexistente, inkarnierte, gekreuzigte und erhöhte Jesus Christus das Liebesgebot formuliert, erhält es eine neue Qualität.

In V 8c.d erfährt die neue Wirklichkeit der Liebe eine eschatologische Begründung: Die Endzeit hat begonnen und das Eschaton ist schon gegenwärtig. Allerdings löst das Licht nicht bruchlos die Finsternis ab, sondern es findet ein Ablösungsprozess statt, in dem sich die Gemeinde gerade befindet[86]. Die zeitlich gedachte Ablösung der Finsternis durch das Licht vollzieht sich in einem die Gemeinde bedrängenden Kampf. Grundsätzlich ist die Macht der Finsternis durch das Erscheinen des Lichtes schon gebrochen, aber die vollständige Durchsetzung dieses Sieges in der Geschichte

---

[84] Vgl. *U. Wilckens*, Der Paraklet und die Kirche, in: Kirche (FS G. Bornkamm), hg. v. D. Lührmann/ G. Strecker, Tübingen 1980, (185-203) 187; *U. Schnelle*, Abschiedsreden, 66; *J. Frey*, Eschatologie II, 312f.
[85] Vgl. *R. Bultmann*, Joh, 404.
[86] Vgl. *O. Schwankl*, Licht und Finsternis, 317.

steht noch aus. Dabei ist das ›Licht‹ nicht einfach mit Christus gleichzusetzen[87], sondern benennt die von Gott (vgl. 1Joh 1,5) eingeleitete, endzeitliche Wende in ihrer Gesamtheit, zu der auch die Gemeinde gehört, insofern sie sich in rechter Weise zu Jesus Christus bekennt und in der Liebe handelt[88].

9 Diese Dimension wird nun im Hinblick auf die Situation des Einzelnen weiter entfaltet. Die sich im Vollzug befindende eschatologische Wende realisiert sich für den Christen in seinem ethischen Handeln. In der Zuwendung zum Bruder ereignet sich der Übergang von der Finsternis zum Licht und umgekehrt verbleibt derjenige in der Finsternis, der seinen Bruder hasst, auch wenn er behauptet, im Licht zu sein. Da die ›Bruderliebe‹ explizit nur im 1Joh erscheint (vgl. 1Joh 2,9.10; 3,14; 4,21)[89], liegt hier ein Schwerpunkt der Argumentation des Autors und zugleich ein aktuelles Gemeindeproblem. Die Liebe zu Gott als Kennzeichen des Seins im Licht fordert die konkrete Bruderliebe/Geschwisterliebe[90]. Mit dieser ethischen Sinnschicht verbindet sich eine theologisch-soteriologische Sinnschicht: Wer sich im Raum des Lichtes und damit Gottes (1Joh 1,5) befindet, gehört dem Heilsraum an, während die Finsternis für Unheil und Verlorenheit steht. Weil sich Licht und Liebe bzw. Finsternis und Hass entsprechen, sind Liebe und Hass mehr als individuelle ethische oder emotionale Haltungen/Regungen, sie benennen eine Verfasstheit, die sich aus der Zugehörigkeit zum Heils- oder Unheilsbereich ergibt. Zugleich deutet aber die Wendung ἕως ἄρτι (»bis jetzt«) die Möglichkeit an, durch Ablegen des Bruderhasses den Raum der Finsternis zu verlassen.

10 Die positive Option rückt nun in den Mittelpunkt, denn die Bruderliebe/Geschwisterliebe hat das Bleiben im Licht zur Folge. Mit μένειν (›bleiben‹) wird die zeitliche Dimension des Gesamtgeschehens noch einmal betont (vgl. V. 8c.d: ›vergehen‹; ›schon‹; V. 9d: ›bis jetzt‹): Das Sein im Licht ist kein zeitloser, habitueller Zustand, sondern wesentlich vom Verhalten des Glaubenden und Getauften

---

[87] Vgl. H.-J. Klauck, Der erste Johannesbrief, 123.
[88] G. Klein, »Das wahre Licht scheint schon«, konstatiert hier grundlegende Unterschiede zwischen dem Evangelium und dem 1Joh, die für ihn auf die zeitliche Priorität des Evangeliums hinweisen: »Die Finsternis-Aussagen des 1Joh lassen also die durchlaufende Tendenz erkennen, den aus dem JohEv überkommenen (und im 1Joh in einer Aussageschicht aufbewahrten) chronologisch undifferenzierten Sachgegensatz von Licht und Finsternis als gegenwärtig widerfahrbarer Mächte zu einem chronologischen Gegensatz auszuarbeiten« (280.282). Ist die christologische Prägung des Gegensatzes Licht – Finsternis im Evangelium unverkennbar, so kann daraus kein Gegensatz zum 1Joh abgeleitet werden, denn auch dort manifestiert sich das Lichtsein Gottes im Sohn. Der Inhalt der ἀγγελία in 1Joh 1,5 ist Jesus Christus, wie der vorhergehende Briefprolog und die Begründung für den Wandel der Gläubigen im Licht in 1Joh 1,7b deutlich zeigen (vgl. 1Joh 3,23; 5,1.5). Der in der Offenbarung Gottes in Jesus Christus begründete Sieg des Lichtes über die Finsternis ist sowohl im 1Joh als auch im JohEv eine im Glauben vorausgesetzte Gegebenheit, der eine eschatologische und chronologische Qualität zukommt. Er ist endgültig und unüberbietbar, gleichzeitig vollzieht er sich für den Glaubenden in der Geschichte. Auch im Evangelium ist eine Entscheidung zwischen Licht und Finsternis vorausgesetzt (Joh 3,19), der die ethische Forderung entspricht, Söhne des Lichtes zu sein (Joh 12,35f). Liegt im 1Joh der Akzent mehr auf der chronologischen und ethischen Ebene, so ist dies in der spezifischen Situation des Briefes, nicht aber in grundsätzlichen theologischen Verschiebungen begründet.
[89] In 2Joh 5; Joh 13,34f wird sie zweifellos vorausgesetzt, aber nicht ausdrücklich formuliert.
[90] Treffend G. Strecker, Die Johannesbriefe, 110: »Die Bruderliebe ist nicht Ersatz, auch nicht Beweis, vielmehr das Kennzeichen der Liebe zu Gott.«

abhängig. Eine punktuelle Behauptung der Lichtexistenz bleibt hinter dem neuen Sein zurück, es geht vielmehr um die bleibende Verbundenheit mit dem Licht in der Liebe, um die geschichtliche Bewährung des Liebesgebotes und darin um die Bewahrung der johanneischen Tradition. So wie die Bruderliebe vom dauernden Übertritt in die Sphäre des Lichtes zeugt, signalisiert der Hass gegenüber dem Bruder das Verbleiben oder das erneute Hineingleiten in die Sphäre der Finsternis. Deshalb bewahrt nur das bewusste Verbleiben im Bereich des Lichtes davor, ›einen Anstoß in ihm‹ hervorzurufen. Gemeint ist mit dieser eigentümlichen Formulierung vermutlich, dass der Liebende durch sein Verhalten keinen Anstoß/kein Fehlverhalten sich selbst gegenüber (vgl. Ps 119,165; Hos 4,17LXX) oder (wahrscheinlicher) gegenüber anderen hervorruft[91]. Diesen Anstoß erregen hingegen aus der Perspektive des Autors gerade jene, die durch die Trennung von der Gemeinde das einigende Band der Liebe abgelegt haben.

11 Der Bezug zum innergemeindlichen Schisma steht weiterhin im Hintergrund. Zunächst werden antithetisch die Aussagen aus V. 10ab aufgenommen; wer seinen Bruder hasst, ist in der Finsternis, indem er in der Finsternis wandelt. Die bildhafte Ausweitung lässt die Finsternis als aktive Macht erscheinen, die in Orientierungslosigkeit führt; sie beherrscht all jene, die sich der Bruderliebe entzogen haben. Im Raum der Finsternis ist kein Erkennen mehr möglich und die Richtung des Lebens wird unklar; man weiß nicht mehr, wohin man geht. Dieser Gefahr sind jene erlegen, die die Gemeinde verließen und damit zeigten, dass sie nie wirklich zum Bereich des Lichtes gehörten (V. 19).

Der Abschnitt ist geprägt vom unauflöslichen Ineinander von richtiger Erkenntnis und richtigem Handeln. Die Lichtmetapher wird in die ethische Kategorie der Liebe überführt, so dass sich das altbewährte und immer neue Gebot der Bruderliebe/ Geschwisterliebe und das Licht ebenso wie die Finsternis und der Hass gegenüber dem Bruder notwendigerweise entsprechen. Liebe und Hass besitzen eine transemotionale Dimension, denn sie entspringen zwangsläufig dem Bereich, dem der Mensch angehört: Licht oder Finsternis. Während der Raum des Lichtes von der Helligkeit der Liebe geprägt ist, herrscht in der Finsternis die Orientierungslosigkeit, die unausweichlich in die falsche Richtung führt. Die gegnerische Strömung dürfte die negativen Zuschreibungen des 1Joh kaum akzeptiert und sich auch nicht unethisch verhalten haben. Für den Autor des 1Joh dient diese rigide Antithetik hingegen zur Klärung der aktuellen theologischen und sozialen Situation in der Gemeinde und muss von dorther verstanden werden[92]. Eine unzutreffende Erkenntnis Gottes und Jesu Christi führt in die Irre und gefährdet jene, die im Bereich des Lichtes und der Liebe wandeln.

---

[91] Diskussion der Möglichkeiten bei *H.-J. Klauck*, Der erste Johannesbrief, 126f; *O. Schwankl*, Licht und Finsternis, 324f.
[92] Vgl. *O. Schwankl*, Licht und Finsternis, 326-329.

5. Der Status der Glaubenden und die Welt 2,12-17*

(12) Ich schreibe euch, Kinder: Euch sind die Sünden vergeben worden durch seinen Namen. (13) Ich schreibe euch, Väter: Ihr habt den erkannt, der von Anfang an war. Ich schreibe euch, junge Männer: Ihr habt den Bösen besiegt. (14) Ich habe euch geschrieben, Kinder: Ihr habt den Vater erkannt. Ich habe euch geschrieben, Väter: Ihr habt den erkannt, der von Anfang an ist. Ich habe euch geschrieben, junge Männer: Ihr seid stark und das Wort Gottes bleibt in euch und ihr habt den Bösen besiegt. (15) Liebt nicht die Welt, noch was in der Welt ist. Wenn aber einer die Welt liebt, ist die Liebe des Vaters nicht in ihm. (16) Denn alles, was in der Welt ist, das Begehren des Fleisches und das Begehren der Augen und das Prahlen mit dem Besitz, ist nicht aus dem Vater, sondern aus der Welt. (17) Und die Welt vergeht und ihre Begierde; wer aber den Willen Gottes tut, der bleibt in Ewigkeit.

V. 13: Statt τόν (den Bösen) liest ℵ 01 τό (das Böse). V. 14: Anstelle von ἔγραψα (bezeugt von: ℵ 01.A 02.B 03. C 04 u. a.) schreiben viele spätere HS γράφω; eine Angleichung an V. 12.13.

Der Schlussabschnitt des 1. Hauptteils gliedert sich in zwei Teile: In V. 12-14 wendet sich der Autor eindrücklich den Adressaten zu, in V. 15-18 schließt sich eine eindringliche Warnung vor der Welt an. Der unvermittelte Einsatz mit γράφω ὑμῖν (»ich schreibe euch«) gab Anlass zu literarkritischen Überlegungen[93], jedoch lässt sich eine starke inhaltliche und sprachliche Vernetzung des Abschnittes zum Kontext zeigen, die für literarische Einheitlichkeit spricht[94]. Theologisch bestimmen am Ende des 1. Hauptteils die V. 12-14 noch einmal das Innen- und die V. 15-17 das Außenverhältnis der Gemeinde. Vor der expliziten Auseinandersetzung mit den Schismatikern und Falschlehrern (vgl. 1Joh 2,18ff) stärkt der 1Joh auf diese Weise noch einmal das Selbstverständnis seiner Gemeinde, indem er den empfangenen Heilsstand formuliert und auch seine Gefährdungen nicht verschweigt.

12-14 Der Textabschnitt weist eine rhetorisch-poetische Struktur auf: V. 12-13 und V. 14 sind parallel aufgebaut, wobei sich die Einleitung mit γράφειν (»schreiben«) sowie τεκνία und παιδία (»Kinder«) als Oberbegriffe entsprechen[95], denen jeweils die ›Väter‹ und ›jungen Männer‹ zugeordnet sind. Schließlich fügt sich durchgängig ein ὅτι-Satz an[96]. In der ersten Trias wird dreimal das Präsens γράφω ὑμῖν (»ich schreibe euch«) gebraucht, in der zweiten Trias dreimal die Aoristform ἔγραψα ὑμῖν

---

* Literatur: *Klauck, H.-J.*: In der Welt – aus der Welt (1 Joh 2,15-17). Beobachtungen zur Ambivalenz des johanneischen Kosmosbegriffs, FS 71 (1989), 48-68; *Hahn, H.*: Tradition und Neuinterpretation, 338-368; *Koutlemanis, P.*: Exegesis of 1 Jn 2,16, DBM (1976), 117-132; *Noack, B.*: On John II.12-14, NTS 6 (1959/60), 236-241; *Watson, D. F.*: 1John 2.12-14 as Distributio, Conduplicatio, and Expolitio, JStNT 35 (1989), 97-110.

[93] *R. Bultmann*, Die Johannesbriefe, 36, weist V. 15-17 der ›Kirchlichen Redaktion‹ zu.
[94] Zu γράφω vgl. 1Joh 1,4; 2,1.7.8; zu τεκνία vgl. 1Joh 2,1; zur Sündenthematik vgl. 1Joh 1,6-2,2; zu γινώσκειν vgl. 1Joh 2,3-5; zu λόγος vgl. 1Joh 1,1f; 2,7; zu ἀπ' ἀρχῆς vgl. 1Joh 1,1; 2,7; zu κόσμος vgl. 1Joh 2,2.
[95] Vgl. *G. Strecker*, Die Johannesbriefe, 115.
[96] Das ὅτι wird nicht kausal mit ›weil‹ oder ›denn‹ übersetzt, sondern mit einem Doppelpunkt wiedergegeben, um so den Zuspruchcharakter (deklarativ) der Aussagen zu betonen; vgl. auch *H.-J. Klauck*, Der erste Johannesbrief, 132f; *J. Beutler*, Die Johannesbriefe, 66f.

(»ich habe euch geschrieben«); inhaltlich differieren die Obersätze V. 12b und V. 14b, während sich die Anweisungen an die ›Väter‹ und ›jungen Männer‹ weitgehend entsprechen (mit einem Achterngewicht auf V. 14c).

Formgeschichtlich liegt keine Haustafel[97], sondern eine *Gemeindetafel* vor[98]. Die Haustafeln[99] in Kol 3,18-4,1 und Eph 5,21-6,9 formulieren im Kontext antiken Ordnungsdenkens[100] die jeweiligen Verpflichtungen von Frau und Mann, Kindern und Eltern/Vätern, Sklaven und Herren. Demgegenüber geht es in 1Joh 2,12-14 um eine rhetorisch aufgefächerte Anrede der Gesamtgemeinde, deren Heilsstand mit den ὅτι–Sätzen umfassend beschrieben wird. Inhaltlich weist der Textabschnitt zwei Hauptprobleme auf: 1) Worauf bezieht sich γράφειν und wie ist der Wechsel vom dreimaligen Präsens zum dreimaligen Aorist zu erklären? 2) Handelt es sich bei den angeschriebenen ›Kindern, Vätern und jungen Männern‹ um (zumindest teilweise) konkrete Gemeindegruppen oder spricht der Autor mit dieser rhetorischen Variation die Gesamtgemeinde an? Zu 1: Das Verb γράφειν (»schreiben«) erscheint 13mal im 1Joh, wobei es sich in 1Joh 1,4; 2,1.7.8.21.26; 5,13 immer auf das vorliegende Schreiben, also den 1Joh bezieht. Dieses Verständnis liegt auch beim Präsens γράφω ὑμῖν (»ich schreibe euch«) vor, während beim Aorist ἔγραψα ὑμῖν (»ich habe euch geschrieben«) auch der Bezug auf ein früheres Schreiben möglich ist[101]. Allerdings finden sich in den beiden kleinen Johannesbriefen keine wirklichen Parallelen zu 1Joh 2,14 und ab 2,14 erscheint nur noch der Aorist ἔγραψα ὑμῖν (1Joh 2,21.26; 5,13), was ebenfalls für eine stilistische Variation spricht. Wahrscheinlich handelt es sich bei ἔγραψα in V. 14 um einen schriftstellerischen Aorist des Briefstils, der aus der Perspektive des Empfängers den Vorgang des Briefschreibens in der Vergangenheitsform reflektiert und als rhetorisches Element zu verstehen ist[102]. Der Tempuswechsel innerhalb der jeweils mit γράφειν einsetzenden Sechserreihe variiert und verstärkt das feierlich vorgetragene Sachanliegen des Autors. Zu 2: Unstrittig ist, dass der 1Joh mit τεκνία und παιδία (»Kinder«) in 2,12.14 ebenso wie in 1Joh 2,1.18.28; 3,7.18; 4,4; 5,21 die Gesamtgemeinde anspricht, denn die Aussagen in V. 12a und V. 14a lassen sich nicht auf ›Kinder‹ begrenzen. Bei den ›Vätern‹ und ›jüngeren Männern‹ könnte man an Amtsträger denken (für die ›Jungen‹ vgl. Apg 5,6.10; für die ›Väter‹ wäre an das Presbyter- oder Episkopenamt zu denken) oder eine Gliederung nach

---

[97] So tendenziell *H. Windisch*/(*H. Preisker*), 1Joh, 115 (»eine Art Haustafel«); *H.-J. Klauck*, Der erste Johannesbrief, 132, der meint, der Verfasser orientiere sich am Haustafelschema und wandele es leicht ab.
[98] Vgl. *G. Strecker*, Die Johannesbriefe, 115f; anders: *J. Beutler*, Die Johannesbriefe, 66 (postconversionale Mahnrede);
[99] Zur Forschungsgeschichte und Interpretation vgl. *M. Gielen*, Tradition und Theologie neutestamentlicher Haustafelethik, BBB 75, Frankfurt 1990.
[100] Das hinter der Haustafel stehende Gesellschaftsmodell wird entfaltet bei Aristot, Politica 1252ff; vgl. ferner als Anschauungstext Cic, De Officiis I 17; zivilrechtliche Bestimmungen finden sich in Gaius, Instit I 52-107 (hg. v. U. Manthe, Darmstadt 2004). Die wichtigste direkte Parallele ist Sen, Ep 94,1: »Ein Teilgebiet der Philosophie gibt besondere Vorschriften jeder Person und bildet den Menschen nicht insgesamt, sondern rät dem Ehemann, wie er sich verhält gegenüber seiner Frau, dem Vater, wie er seine Kinder erzieht, dem Herrn, wie er seine Sklaven anleitet«; vgl. ferner Epikt, Diss II 14,8; 17,31.
[101] So *H. H. Wendt*, Die Beziehung unseres ersten Johannesbriefes auf den zweiten, ZNW 21 (1922), 140-146; aufgenommen von *G. Strecker*, Die Johannesbriefe, 113f, wonach sich die Aoristform auf den 2Joh oder 3Joh beziehen soll.
[102] Vgl. u. a. *R. Schnackenburg*, Die Johannesbriefe, 125f; *R. E. Brown*, The Epistles of John, 297; *H.-J. Klauck*, Der erste Johannesbrief, 131f.

Alterstufen vermuten[103]. Dafür könnte auch sprechen, dass in den Johannesbriefen nur Männer erwähnt werden. Andererseits deutet der Text solche Differenzierungen nicht wirklich an, so dass zu vermuten ist, dass mit den ›Vätern‹ und ›jungen Männern‹ ebenfalls alle Glaubenden gemeint sind und rhetorisch variierend angesprochen werden[104].

In **V. 12** wird die Gemeinde in ihrem gegenwärtigen Heilsstatus gestärkt, indem er ihr noch einmal zugesprochen wird. Die Anrede ›Kinder‹ signalisiert den Geschenkcharakter des neuen Seins, der sich vor allem in der bereits erfolgten Sündenvergebung zeigt. Damit wird die Argumentation in 1 Joh 1,8-2,2 aufgenommen und die Grundaussage bestätigt: Die Gemeinde muss die Realität der Sünde bzw. des Sündigens nicht leugnen, weil ihr die Sünden in der Taufe gültig und bleibend vergeben wurden. Ein Taufbezug legt sich aus zwei Gründen nahe: a) Die Taufe ist nach breiter frühchristlicher Überzeugung der Ort der Sündenvergebung (vgl. Mk 1,4; 1 Kor 6,11; Röm 3,25; Apg 2,38), wo b) der Name Jesu Christi über dem Täufling ausgesprochen wird (vgl. 1 Kor 1,13.15; 6,11; Röm 6,3f; Apg 2,38; 8,16; 10,48; 19,5)[105]. In **V. 13ab** fordert der Akkusativ-Artikel τόν eine personale Ergänzung, die ›Jesus Christus‹ sein dürfte[106]. Dann ergibt sich als Interpretationsmöglichkeit: Die ›Väter‹ werden dafür gelobt, dass sie den von Anfang an Seienden erkannt haben, d. h. die Präexistenz Christi wäre mit ἀπ' ἀρχῆς gemeint. Dies steht allerdings in Spannung zu dem sonstigen Gebrauch von ἀπ' ἀρχῆς, der eindeutig auf die Validität der johanneischen Tradition zielt (vgl. 1 Joh 1, 1; 2,7). Diese Bedeutung könnte auch hier mitschwingen, indem die ›Väter‹ als Traditionsträger dafür hervorgehoben werden, dass sie den ewig seienden Jesus Christus ›von Anfang an‹, d. h. gemäß der johanneischen Tradition und damit zutreffend erkannt haben. Wahrscheinlich überlagern sich beide Bedeutungsebenen und können nicht wirklich unterschieden werden. Deutlicher ist die Metaphorik in **V. 13cd,** denn die νεανίσκοι sind die wehrfähigen, sportlichen und damit auch für den Sieg geeigneten jungen Männer[107]. Das Verb νικᾶν (»siegen«) findet sich 6mal im 1 Joh (28mal im NT; 17mal in der Offb), das Substantiv νίκη (»Sieg) ist im gesamten Neuen Testament nur in 1 Joh 5,4 belegt. Im Hintergrund dürfte die vor allem in der jüdischen Apokalyptik belebte Motivik des endzeichlichen Kampfes zwischen Gut und Böse, den Auserwählten und den Verworfenen stehen[108], wie sie z. B. in den Qumrantexten zu finden ist (vgl. 1QM). Auch die Ansage der ›letzten Stunde‹ und das Auftreten des ›Antichristen‹ in 1 Joh 2,18 weisen in diese Richtung.

---

[103] Vgl. *R. Schnackenburg*, Die Johannesbriefe, 124; *R. Bultmann*, Die Johannesbriefe, 36f; *R. E. Brown*, The Epistles of John, 297-300.
[104] So tendenziell (mit kleinen Unterschieden) die meisten Ausleger; vgl. *C. H. Dodd*, The Johannine Epistles, 38f; *G. Strecker*, Die Johannesbriefe, 115f (konkrete Gruppen werden angesprochen, aber mit gesamtekklesialer Ausrichtung); *H.-J. Klauck*, Der erste Johannesbrief, 132; *J. Beutler*, Die Johannesbriefe, 67f (sieht atl. Traditionen wie Jer 38,34LXX im Hintergrund).
[105] Vgl. *U. Schnelle*, Art. Taufe II, TRE 32, Berlin 2001, 665f.
[106] Dafür spricht vor allem τὸ ὄνομα αὐτοῦ in V. 12; vgl. *G. Strecker*, Die Johannesbriefe, 117; *H.-J. Klauck*, Der erste Johannesbrief, 133f; *J. Beutler*, Die Johannesbriefe, 68.
[107] Vgl. Plut, Mor 544E (= NW II/2, 1430).
[108] Vgl. dazu *O. Böcher*, Der johanneische Dualismus im Zusammenhang des nachbiblischen Judentums, Gütersloh 1965; *P. von der Osten-Sacken*, Gott und Belial, SUNT 6, Göttingen 1969; *R. Bergmeier*, Glaube als Gabe, 48ff; *H. Haag* (Hg.), Teufelsglaube, Tübingen ²1974, 141-269; *J. Frey*, Licht aus den Höhlen. Der ›johanneische Dualismus‹ und die Texte von Qumran, in: J. Frey/U. Schnelle (Hg.), Kontexte des Johannesevangeliums, 156-170 (dort weitere Literatur!).

Die ›jungen Männer‹ haben ›den Bösen‹, d. h. den endzeitlichen Widersacher Gottes bzw. Jesu Christi besiegt. Im 1Joh und im 4. Evangelium finden sich zahlreiche satanologische Aussagen: Der Teufel ist der ›Herr/Fürst‹ der Welt (1Joh 5,19; Joh 12,31; 14,30; 16,11), er lässt die Taten der Welt böse sein (Joh 3,19; 7,7). Er ist nicht nur für den Verrat Jesu verantwortlich (vgl. Joh 6,70; 13,2.27), sondern jede Art von Sünde hat in ihm ihren Ursprung (vgl. 1Joh. 3,8; Joh 8,44). Die johanneische Schule steht damit in der Tradition des antiken Judentums, in dem zunehmend die menschliches Begreifen übersteigenden Erfahrungen des Bösen auf einen Gegenspieler Gottes zurückgeführt wurden[109]. Zwar bleibt Gott der Herr von Schöpfung und Geschichte, aber unerklärliche oder mit dem Heilsplan Gottes unvereinbare Ereignisse konnten nun diesem Gegenspieler zugeschrieben werden. Die textpragmatische Funktion der Aussagen vom Sieg der Glaubenden über den Bösen (vgl. 1Joh 5,18.19) liegt zweifellos in der Vergewisserung und Stärkung der Selbst- und Weltsicht der Gemeinde. Mit ihrer Bereitschaft, die Realität der Sünde ebenso anzuerkennen wie ihre Überwindung, hat sie ›den Bösen‹ besiegt. **V. 14** variiert und wiederholt die Aussagen von V. 12-13. Die Aoristform ἔγραψα ist ebenso wie die Anrede παιδία (»Kinder«) in V. 14aα als Variation einzustufen, V. 14aβ nimmt die Metaphorik des ›Kindes‹ auf, das den ›Vater‹ erkannt hat. V. 14b ist bis auf die einleitende Aoristform eine wörtliche Wiederholung von V. 13a. Erheblich erweitert ist demgegenüber V. 14c, der deutlich das Schwergewicht der zweiten Trias bildet. Die Kraft/Stärke der ›jungen Männer‹ besteht in der Kraft ihres Glaubens (vgl. Jes 40,30f), denn der Logos Gottes bleibt in ihnen. Die Wendung ὁ λόγος τοῦ θεοῦ erscheint in den johanneischen Schriften nur hier und betont die bleibende Immanenz der göttlichen Botschaft in der Gemeinde, die es auch ermöglicht, den ›Bösen‹ zu besiegen.

15 Im Kontext der endzeitlichen Belehrungen (ab V. 18) geht der Autor von der nachhaltigen Vergewisserung zur Ermahnung über. Er führt der Gemeinde die große Versuchung vor Augen, sich an der Welt zu orientieren und so die Liebe zu Gott zu verlieren. Die Liebe Gottes zum Glaubenden und die Liebe des Glaubenden zu Gott lassen sich nicht vereinbaren mit der Liebe zur Welt, denn Christus bzw. Gott haben die Welt als Raum der Versuchung besiegt/überwunden (vgl. Joh 16,33). Die Welt erscheint hier als ein negativer Bereich, die den Menschen in ihren Bann schlagen, beherrschen und von Gott weglocken kann.

V. 16 Dieser Aspekt wird nun präzisiert: Was in der Welt ist, wird von der dreifachen Begierde des Fleisches, der Augen sowie der Prahlerei/Geltungssucht bestimmt. Die ἐπιθυμία (»Begierde«) gilt sowohl in der jüdischen als auch der hellenistischen Tradition als das Grundübel schlechthin. Die in Ex 20,17 auf Eigentumsdelikte bezogene Begierde wird immer mehr auf alle ethischen Bereiche bezogen (vgl. 4Makk 2,5f), so dass Philo sagen kann: »Ein so großes und überragendes Übel ist also die Begierde oder vielmehr, um es richtig zu bezeichnen, sie ist die Quelle aller Übel« (SpecLeg IV

---

[109] Vgl. hierzu die Auslegung von 1Joh 2,18.

84f)[110]. Im Hellenismus[111] ist es vor allem Epikur, der in den Begierden eine mögliche Störung des Wohlbefindens sieht: »An alle Begierden richte man diese Frage: Was wird mir geschehen, wenn das erfüllt wird, was die Begierde erstrebt, und was, wenn es nicht erfüllt wird« (Epic, Sentenzen 71). Plutarch konstatiert: »Deshalb ist jede Leidenschaft eine Verfehlung und jeder, der betrübt ist oder sich fürchtet oder etwas begehrt, verfehlt sich« (Mor 449D): πᾶν μὲν γὰρ πάθος ἁμαρτία κατ' αὐτούς ἐστι καὶ πᾶς ὁ λυπούμενος ἢ φοβούμενος ἢ ἐπιθυμῶν ἁμαρτάνει)[112]. Im Neuen Testament erscheinen vergleichbare Argumentationsmuster vor allem bei Paulus (und Jak 1,14f). Die Begierden (ἐπιθυμίαι) entspringen der σάρξ (Gal 5,16f.24)[113] und die Sünde vermag sich sogar in der Gestalt der Begierde des Gesetzes zu bemächtigen, um dessen Intentionen als guter Lebenswille Gottes ins Gegenteil zu verkehren (Röm 7,7-13.7,14-25a)[114]. Mit den Begierden des ›Fleisches‹ dürfte vor allem sexuelles Begehren[115], mit den Begierden der ›Augen‹ als Einfallstor des Menschen das Besitzstreben und mit der ›Prahlerei des Lebens‹ die Geltungs- und Ruhmsucht[116] gemeint sein. Mit Hinweis auf 1Joh 3,17 (»Wer auch immer Reichtum im Leben hat und seinen Bruder Not leiden sieht und sein Inneres verschließt, wie soll die Liebe Gottes in ihm bleiben?«) kann vermutet werden, dass vor allem soziale Verwerfungen in der Gemeinde kritisiert werden[117]. Darüber hinausgehende Folgerungen lassen sich kaum ziehen, denn die Trias der hier angeführten Laster findet sich auch in der philosophischen Unterweisung[118]. Deutlich ist auf jeden Fall: Wer diesen Verlockungen verfällt, dokumentiert damit zugleich seine Herkunft ›aus der Welt‹, die dem Sein ›aus dem Vater‹ gegenübersteht. Für das johanneische Denken bestimmt der Ursprung das Sein, so dass die mit ἐκ (»aus«) benannte Ursprungsbezeichnung zugleich eine Wesensaussage darstellt (vgl. Joh 3,6.31; 8,23.44). Weil das Wesen eines Seins durch seine Herkunft bestimmt wird, kann Gleiches nur Gleiches hervorbringen. Es ist unmöglich, gleichzeitig aus der Welt und aus Gott zu sein.

---

[110] Vgl. dazu *E. Reinmuth*, Geist und Gesetz, ATh XLIV, Berlin 1985, 22ff; *G. Röhser*, Metaphorik und Personifikation der Sünde, WUNT 2.25, Tübingen 1987, 104ff; *H. Lichtenberger*, Das Ich Adams und das Ich der Menschheit, WUNT 164, Tübingen 2004, 242-252.
[111] Vgl. hierzu *E. Schweizer*, Die hellenistische Komponente im neutestamentlichen σάρξ–Begriff, in: ders., Neotestamentica, Zürich 1963, 29-48.
[112] Vgl. auch die Texte in: *Neuer Wettstein* II/1, 140-149.
[113] Zu σάρξ bei Paulus vgl. *U. Schnelle*, Paulus, 569-571.
[114] Neben den Kommentaren vgl. zur Analyse *R. Weber*, Die Geschichte des Gesetzes und des Ich in Römer 7,7-8,4, NZSTh 29 (1987), 147-179; *O. Hofius*, Der Mensch im Schatten Adams, in: ders., Paulusstudien II, WUNT 143, Tübingen 2002, 104-154.
[115] Plutarch, Mor 1096c, spricht Epikur und seinen Schülern die Denkfähigkeit ab und begründet dies so: »Vielmehr ziehen sie das Denkvermögen herab in den Körper, wobei die fleischlichen Begierden (ταῖς τῆς σαρκὸς ἐπιθυμίαις) wie Bleigewichte wirksame Hilfe leisten.«
[116] Der ἀλάζων (»Prahler«) ist ein typischer Charakter in der griechischen Komödie; vgl. z.B. Theophrast, Charaktere 23: Der Prahler.
[117] So vor allem *K. Wengst*, Der erste, zweite und dritte Brief des Johannes, 95-97.
[118] Vgl. Dio Chrys, Or 4,84, wo drei Lebensformen genannt werden, in die Menschen ohne Überlegung hineingeraten: »Die erste der genannten Lebensformen ist dem Vergnügen und der Ausschweifung in allen sinnlichen Genüssen ergeben, die zweite dem Besitz und dem Reichtum, die dritte, noch auffallender und ungeordneter als die beiden ersten, der Ehre und dem Ruhm.«

17 Die eschatologische Perspektive tritt nun in den Vordergrund: Wie die Finsternis vergeht (1Joh 2,8), wird auch die Welt vergehen (vgl. 1Kor 7,31) und mit ihr die Begierden. Das egoistische Trachten der Welt nach vorübergehender Befriedigung, nach Besitz und Ansehen ist dem Untergang geweiht. Wer sich in dieser Situation am Willen Gottes und damit dem Tun der Wahrheit (1Joh 1,6) und der Gerechtigkeit (1Joh 2,29; 3,7.10) orientiert, wird nicht der Vergänglichkeit preisgegeben, sondern bleibt in Ewigkeit. Der Gemeinde wird damit zugesagt, über die vergängliche Existenz des Kosmos hinaus von der Liebe Gottes getragen zu werden.

Wiederum pendelt der 1Joh in seiner Argumentation zwischen Gewissmachung und Ermahnung, Zusage und Warnung, um so die Gemeinde zu motivieren, zu mahnen und gleichzeitig nicht mutlos zu machen. Die Gemeinde darf sich ihres Sieges über den Bösen gewiss sein und dennoch muss sie vor den Verlockungen der Welt auf der Hut sein. Die positiven Aussagen über den Kosmos (vgl. 1Joh 2,2; 4,9) werden nicht aufgehoben, sondern der Gemeinde wird die Welt als Ort der Verführung vor Augen geführt. Dabei kommen auch die in V. 18 ausdrücklich genannten Gegner schon in den Blick; sie stammen aus dem Kosmos (vgl. 1Joh 4,5) und mit ihrem Auftreten bricht die Endzeit an.

III. Das Kommen der Endzeit 2,18-3,24

1. Erkenntnis und Bekenntnis in der letzten Stunde 2,18-27*

(18) Kinder, es ist letzte Stunde; und wie ihr gehört habt, dass ein Antichrist kommt, so sind nun viele Antichristen aufgetreten, woran wir erkennen, dass es (die) letzte Stunde ist. (19) Von uns sind sie ausgegangen, aber sie waren nicht von uns. Denn wenn sie zu uns gehört hätten, wären sie bei uns geblieben. Aber es sollte an ihnen offenbar werden, dass sie nicht alle zu uns gehören. (20) Und ihr habt das Salböl (die Salbung)[1] vom Heiligen und seid alle Wissende. (21) Ich habe euch nicht geschrieben, weil ihr die Wahrheit nicht kennt, sondern weil ihr sie kennt und wisst, dass jede Lüge nicht aus der Wahrheit ist. (22) Wer ist der Lügner, wenn nicht der, der leugnet, dass Jesus der Christus ist? Dieser ist der Antichrist, der leugnet den Vater und den Sohn. (23) Jeder, der den Sohn leugnet, hat auch den Vater nicht; wer hingegen den Sohn bekennt, hat auch den Vater. (24) Für euch (gilt): Was ihr von Anfang an gehört habt, soll in euch bleiben. Wenn in euch bleibt, was ihr von Anfang an gehört habt, dann werdet auch ihr im Sohn und im Vater bleiben. (25) Und diese ist die Verheißung, die er selbst uns gegeben hat: das ewige Leben. (26) Dies habe ich euch geschrieben mit Blick auf die, die euch verführen wollen. (27) Und für euch (gilt): Das Salböl (die Salbung), das ihr von ihm empfangen habt, bleibt in euch und ihr habt es nicht nötig, dass euch jemand belehrt, sondern sein Salböl lehrt euch über alles; und so ist es wahr und keine Lüge ist und so, wie es euch belehrt hat, bleibt in ihm.

V. 20: Nach οἴδατε wird ein Objekt erwartet, so dass die Wendung πάντες οἴδατε (»ihr *alle* wisst/seid *alle* Wissende«; bezeugt von: ℵ 01.B 03.0 25.0 44 u. a.) schwieriger ist als die Objekt-Ergänzung πάντα (»ihr wisst *alles*«; bezeugt von: A 02.C 04 und vielen Minuskeln). V. 27: Statt τὸ αὐτοῦ χρῖσμα (»*sein* Chrisma«; bezeugt von: ℵ² 01.B 03.C 04 u. a.) lesen A 02 sowie zahlreiche Minuskeln τὸ αὐτὸ χρῖσμα (»*dasselbe* Chrisma«); ℵ* 01 sowie einige Minuskeln lesen τὸ αὐτοῦ πνεῦμα (»*sein Geist*«); die erste LA ist besser bezeugt und kann als schwieriger gelten.

Der Ton des Schreibens verändert sich, die Bildsprache wird drastischer und die Worte mit warnendem Signalcharakter nehmen zu. Der Autor appelliert an die Emotionen seiner Hörer/Leser: Die Endzeit hat begonnen, eschatologische Gegenspieler treten auf und es geht um nicht weniger als um Lüge und Wahrheit, Heil und Unheil. Die Gemeinde wird nicht mehr wie in 1Joh 1,6ff vom Autor in einen breit gefächerten Argumentationsgang mit hineingenommen, sondern er greift ehemalige Gemeinde-

---

* Literatur (vgl. auch zu 2Joh 7): *Ernst, J.*: Die eschatologischen Gegenspieler in den Schriften des Neuen Testaments, BU 3, Regensburg 1967,168-177; *Griffith, T.*: Keep Yourselves from Idols, 166-179; *Jenks, G. C.*: The Origins and Early Development of the Antichrist Myth, 328-347; *Klauck, H.-J.*: Der Antichrist und das johanneische Schisma. Zu 1 Joh 2,18-19, in: Christus bezeugen (FS W. Trilling), EThSt 59, Leipzig 1989, 237-248; *Lietaert-Peerbolte, L. J.*: The Antecedents of the Antichrist, 96ff; *Schmid, H.*: Gegner im 1Johannesbrief?, 81-141; *Taeger, J.-W.*: Johannesapokalypse 188-195; *Uebele, W.*: »Viele Verführer sind in die Welt ausgegangen«, 133-136

[1] Vgl. dazu die Auslegung von V. 20 und V. 27.

glieder (V. 19) und ihre falsche Lehre direkt an (V. 22f). Nicht Argumentation und Motivation, sondern Abgrenzung, Konfrontation und massive Warnung herrschen vor. Diese Verschiebungen lassen zwei mögliche Erklärungen zu: a) Der Autor wendet sich gegen reale Gegner, die aus seiner Gemeinde hervorgingen und eine christologische Falschlehre vertreten. b) Der Autor konstruiert einen Gegnerkonflikt[2], um so in der Gemeinde eine Reflexion über die christologischen und vor allem ethischen Dimensionen des Christusgeschehens auszulösen[3]. Innerhalb dieser beiden Thesen sind vielfältige Akzentuierungen möglich, zu klären ist aber zunächst die Frage, ob ein realer oder ein konstruierter Gegnerkonflikt vorliegt. Gegen die Annahme eines inszenierten Konfliktes sprechen m. E. folgende Argumente: 1) Der Autor nimmt in 1Joh 2,19 Gemeindewissen auf und setzt es argumentativ ein (»Von uns sind sie ausgegangen, aber sie waren nicht von uns«). Läge ein rein fiktiver Konflikt vor, dann wüsste die Gemeinde, dass diese sie unmittelbar berührende Information nicht stimmt und dem Autor des 1Joh wäre die Überzeugungskraft entzogen[4]. Können reale Adressaten beeinflusst, zu zentralen Erkenntnissen geführt und die Gruppengrenzen gefestigt werden, wenn sie wissen, dass gerade die sie betreffenden Behauptungen eines Autors nicht zutreffen? 2) Die gesamte endzeitliche Inszenierung in V. 18 würde deshalb bei der Annahme eines fiktiven Konfliktes ebenso an Überzeugungskraft verlieren wie die christologische Argumentation in V. 22f und ihre Variationen in 1Joh 4,1-3; 5,6-8. 3) Ist es möglich, den christologischen Konflikt für konstruiert, den ethischen aber für real zu erklären?[5] Für eine solche Differenzierung gibt es keinerlei Anzeichen im Text. 4) Die These einer aus textpragmatischer Intention konstruierten Gegnerfront[6] und eines rein selbstreferentiellen Argumentationssystems ist selbst ein neuzeitliches Konstrukt, das (umstrittene) neuzeitliche Theorien[7] zum Interpretationsmaßstab antiker

---

[2] Vgl. *H. Schmid*, Gegner im 1Johannesbrief?, 137: »Erinnerung und Vergangenheitsbezug des Gegnermotivs haben infolgedessen eine handlungspragmatische Dimension. Das Konstrukt des Gegnerkonfliktes erzeugt eine Entscheidungsnotwendigkeit und eine Handlungskompetenz für Gegenwart und Zukunft. Die Narrativität des Gegnermotivs kann somit als ein Element des Gegnertopos verstanden werden und ist kein Beleg für die reale Existenz der Gegner.« Ohne Gegnerbezug versteht den Abschnitt auch *D. Neufeld*, Reconceiving Texts as Speech Acts, 96-112.

[3] Vgl. *H. Schmid*, Gegner im 1Johannesbrief?, 140f: »Die Gegner dienen als Exemplum der Negativität, das der Autor dem Leser vorhalten kann, ... Das sinnlose, bedrohliche antithetische Szenario stiftet und erhält damit selbst Sinn, indem es zum einen in den Rahmen der übergreifenden Konzeption göttlicher Geschichte eingeordnet, zum anderen für die Paränese funktionalisiert wird.«

[4] *H. Schmid*, Gegner im 1Johannesbrief?, 114ff, nivelliert die Bedeutung von 1Joh 2,19 mit der Behauptung, dass 1Joh 2,19 aus Joh 6,60-71 entwickelt wurde mit dem Ziel: »Der Leser soll also seine Position zum Sinnsystem überprüfen und vertiefen. Somit fungiert V. 19 als Reflexionsanlaß« (a. a. O., 131).

[5] So faktisch *H. Schmid*, Gegner im 1Johannesbrief?, 277: »Die ethische Frage ist das Hauptthema von 1Joh. Nicht am Bekenntnis entscheidet sich primär die bleibende Gottzugehörigkeit des Lesers – dieses wird ohnehin schon vorausgesetzt, sondern am ethischen Verhalten. ... Entsprechend der Schwerpunktsetzung von 1Joh geht es nicht darum, die ethische Problematik der christologischen Diskussion zuzuordnen, sondern in umgekehrter Blickrichtung die Funktion der christologischen Abschnitte innerhalb der übergreifenden ethischen Argumentation zu bestimmen.« Hier gilt: »Der retrospektive Blick auf die eindeutig geklärte christologische Problematik ermutigt den Leser dazu, die ethische Problematik zu bestehen« (a. a. O., 281); »Somit fungiert die christologische Problematik als Stellvertreterkonflikt und Projektionsfläche für die ethische Problematik, die den Leser von 1Joh primär beschäftigt« (a. a. O., 282).

[6] Vgl. *H. Schmid*, Gegner im 1Johannesbrief?, 282: »Die Gegner spielen folglich keine eigenständige Rolle, sondern sind eine mehrfach auf das Grundanliegen von 1Joh hin funktionalisierte Größe.«

[7] Als Metatheorien für Wirklichkeitserklärung fungieren vor allem die Sprechakt-Theorie (D. Neufeld, H. Schmid) und die Systemtheorie N. Luhmanns (H. Schmid).

Texte macht. Theoretisch kann nicht ausgeschlossen werden, dass auch antike Texte polemische Konstruktionen vornehmen. Dann müssen sich dafür aber im Text selbst (und nicht erst durch das Interpretationsmodell *konstruiert!*) eindeutige Hinweise finden. Nur wenn der Text des 1Joh zu erkennen gibt, dass er konstruierte Aussagen enthält und die Adressatengemeinde diese auch verstehen und akzeptieren würden, wäre die Hypothese einer konstruierten Gegnerfront plausibel. Dies ist aber nicht der Fall! 5) Der 2/3Joh zeigen vielmehr, dass es reale theologische und persönliche Konflikte in der johanneischen Schule gab, so dass dies auch für den 1Joh angenommen werden kann. Fazit: Das textpragmatische Ziel einer Gemeindefestigung in zentralen Fragen des Denkens (Christologie) und Handelns (Ethik) kann nur erreicht werden, wenn es sich bei dem in die Argumentation einfließenden Gemeindewissen um reales Wissen handelt, das vom Autor modelliert in die aktuelle Situation wieder eingespeist wird. Dem Autor und den Adressaten ist bewusst, dass es ethische Probleme in der Gemeinde gibt, und sie wissen, dass aus ihrer Mitte eine starke Gruppe hervorgegangen ist, die eine alternative Christologie entwickelte und so eine Spaltung in der johanneischen Schule hervorrief. Damit wird die Gegnerfrage/Falschlehre nicht zum Interpretationsschlüssel des gesamten 1Joh, sie ist aber dort zu berücksichtigen, wo der Textbefund es erfordert.

Mit 1Joh 2,18-27 wird der *zweite Sub-Diskurs* im 1Joh umfassend eröffnet. Das Thema der wahrnehmbaren Gegenwart des Göttlichen in Jesus Christus war bereits in 1Joh 1,1-4 präsent (»… was wir gehört haben, was wir mit unseren Augen gesehen haben, was wir geschaut und unsere Hände berührt haben …«), nun tritt es in das Zentrum der Argumentation. Dabei steht die Gottessohnschaft Jesu Christi auf Seiten des Autors und auf Seiten seiner Gegner außer Frage; wohl aber war umstritten, wie sie zu bestimmen ist, genauer, welche soteriologische Bedeutung der irdischen Existenz des Gottessohnes zukommt. Die Wiederaufnahme des Themas in 1Joh 4,1-6; 5,5-8 und seine Bearbeitung mit theologischen Schlüsselthemen (Verhältnis Vater – Sohn, die wirkliche Fleischwerdung Jesu Christi, die Präsenz Gottes/ Jesu Christi in den Sakramenten) bzw. Schlüsselbegriffen (ἀντίχριστος; ἔρχεσθαι = das ›Gekommensein‹ Jesu Christi; σάρξ; πνεῦμα) weisen die Frage nach dem Realitätsstatus der Gottessohnschaft Jesu Christi als zweiten Sub-Diskurs des 1Joh aus. Er ist mit dem Haupt-Diskurs (Die Sichtbarkeit des neuen Seins in der Liebe) und dem ersten Sub-Diskurs (Der Christ und die Sünde) gedanklich verbunden, indem der 1Joh eine klare Verbindung zwischen einer unzutreffenden Selbsteinschätzung, einer falschen Lehre und einem lieblosen Verhalten in der Gemeinde herstellt (vgl. 1Joh 2,4ff; 3,1ff.11ff; 4,7ff; 5,1ff). Zudem wird man sich die Fronten in der Gemeinde nicht allzu starr vorstellen dürfen, denn es gab sicherlich Gemeindeglieder, die in der einen Frage mehr auf Seiten des Autors, in der anderen Frage eine abweichende Position einnahmen oder sogar mehr auf der Seite der Gegner standen, ohne deshalb bereits Schismatiker zu sein. Es musste dem 1Joh also daran gelegen sein, die Themen *zugleich* zu unterscheiden und miteinander zu verbinden, um so den verschiedenen Positionen in der Gemeinde gedankliche Brücken zu bauen. Es galt die Falschlehrer zu attackieren und zugleich ihre in der Gemeinde verbliebenen (heimlichen oder offenen) Sympathisanten zu überzeugen. Deshalb können die einzelnen Diskurse weder gleichgesetzt noch getrennt werden, sondern müssen in ihrer sachlichen Interdependenz und ihren (vermuteten) personalen Verknüpfungen gesehen werden.

18 Die Anrede παιδία (»Kinder«) markiert deutlich einen Neueinsatz und gilt wie in 1Joh 2,14 der gesamten Gemeinde. Sprachlich wird der Vers durch die seltenen, rein johanneischen Wendungen ἐσχάτη ὥρα und ἀντίχριστος besonders profiliert. Im Neuen Testament erscheint nur hier zweimal die Wendung ἐσχάτη ὥρα (»letzte Stunde«); sie hat Signalcharakter und rahmt am Versanfang und -ende die Aussagen über den/die Antichristen. Die Vorstellung einer ›letzten Stunde‹ bezeichnet in der Regel die letzte Zeitspanne vor dem Ende und ordnet sich in ein breites prophetisch-apokalyptisches Motivfeld ein. Im Alten Testament erscheint häufig die Wendung von den ›letzten Tagen‹ (vgl. Jes 2,2; Mi 4,1; Ez 38,1; Gen 49,1; Dtn 31,29), die in der jüdischen Apokalyptik (vgl. Dan 2,28; 10,14; 1QS[a] 1,1; 1QpHab 2,5f; 9,6; 4QMidrEscht III 2.12.15.19; V 3; IX 10.14. X 5.7; XI 7; XII 6) und im frühen Christentum aufgenommen wurde (vgl. Joh 6,39f.44.54; 11,24; 12,48; 1Petr 1,5.20; Apg 2,17; Hebr 1,2; 1Tim 4,1; 2Tim 3,1; Jak 5,3; 2Petr 3,3; Did 16,2.3; Barn 4,9; 12,9; 16,5; 2Clem 14,2; HermV 2,2,5; 9,12,3). Eine direkte Parallele zu der Wendung ἐσχάτη ὥρα gibt es dennoch m. W. nicht, d.h. der 1Joh nimmt eine sprachliche Neuschöpfung vor, die sich grundlegend vom Gebrauch von ὥρα (»Stunde«) im Johannesevangelium unterscheidet[8] und im Gegensatz zu anderen frühchristlichen Schriften die ›letzte Stunde‹ nicht unmittelbar mit dem Auftreten bzw. Wirken Christi verbindet. Vielmehr wird die Gegenwart durch das Auftreten eines eschatologischen Gegenspielers bzw. vieler Gegenspieler[9] als ›letzte Stunde‹ qualifiziert. Der Begriff ἀντίχριστος (»Anti*christ*«) wurde offenbar in der johanneischen Schule gebildet (sonst nur noch in 2Joh 7; 1Joh 2,22; 4,3), um in einer *christologischen* Kontroverse den eschatologischen Feind zu benennen. Wie in 2Joh 7 ist auch hier das ἀντί im Sinne von ›gegen‹ zu verstehen[10]; der Anti-Christ ist derjenige, der sich gegen das zutreffende christologische Bekenntnis wendet. Die Pluralbildungen πλάνοι (»Verführer«) in 2Joh 7 und ἀντίχριστοι (»Antichristen«) in 1Joh 2,18 zeigen dabei deutlich, dass die Aufnahme einer solchen mythologischen Gestalt von Anfang an auf eine Historisierung, d. h. die Gleichsetzung mit den Falschlehrern zielte[11]. Ihr Auftreten wird so in einen umfassenden Deutungskontext gestellt, der in der Gemeinde für Orientierung sorgen soll, denn die ›Antichristen‹ stammen aus ihrer Mitte.

---

[8] Mit dem Begriff der ›*Stunde*‹ stellt Johannes das gesamte öffentliche Wirken Jesu unter eine kreuzestheologische Perspektive. Der Evangelist spricht von der Stunde der Verherrlichung Jesu (Joh 12,23.27f.; 17,1), der Stunde, die für die Sendung Jesu vom Vater zeugt (Joh 13,1; 7,30; 8,20), der Stunde der Annahme der Passion (Joh 12,27) und der Stunde, die da kommt (Joh 4,21.23; 5,25; 16,2.4.25). Beim ersten Auftreten sagt Jesus unvermittelt zu seiner Mutter: »Meine Stunde ist noch nicht gekommen« (Joh 2,4c), wie in Joh 7,6.8.30; 8,20 trennt οὔπω (»noch nicht«) die Zeit vor der Passion und die Passion. Johannes baut mit diesem ›noch nicht‹ eine erzählerische Spannung auf, die erst durch die Proklamation ›der‹ Stunde in Joh 12,23 aufgelöst wird (»Jesus aber antwortet ihnen und spricht: Die Stunde ist gekommen, dass der Menschensohn verherrlicht wird«); zur Auslegung der Texte vgl. *Th. Knöppler*, theologia crucis, 102-115.

[9] Literatur und Texte zu dieser Vorstellung bei der Auslegung von 2Joh 7.

[10] Vgl. *H.-J. Klauck*, Der erste Johannesbrief, 150f; *J. Beutler*, Die Johannesbriefe, 72, sieht in der Wendung auch noch den Vorwurf enthalten, »sich an die Stelle Christi zu setzen«.

[11] *C. H. Dodd*, The Johannine Epistles, 49, spricht von einer ›Rationalisierung‹ des Mythos; *R. Bultmann*, Die Johannesbriefe, 41, von der ›Historisierung‹ einer mythischen Gestalt.

19 Das Unfassbare verlangt nach einer Deutung: Nicht von außen trat die endzeitliche Bedrohung an die Gemeinde heran, sondern sie entstand in ihrer Mitte. Das historische Faktum eines innerjohanneischen Schismas wird vom 1Joh mit einem vierfachen ἐξ ἡμῶν (»von uns«) nachdrücklich betont, zugleich theologisch interpretiert und damit auch relativiert. Weil die Herkunft das Sein bestimmt, kann umgekehrt vom gegenwärtigen Sein/Handeln auf die Herkunft zurückgeschlossen werden (vgl. 1Joh 2,16). Dieser Rückschluss lässt nur die Erkenntnis zu, dass die Schismatiker nie wirklich zur Gemeinde gehörten, denn sonst hätten sie den Weg aus der Gemeinde heraus nie einschlagen können[12]. Vielmehr offenbart nun ihr Verhalten ihre wahre Herkunft und ihr wahres Wesen. Das ›Herausgehen‹ aus der Gemeinde ist zugleich ein ›Herausgehen‹ aus der Tradition, als deren Wahrer nun der 1Joh und seine (verbliebene) Gemeinde erscheinen (vgl. 1Joh 1,1-4).

Im Johannesevangelium findet sich eine erzählerische Aufarbeitung dieses Konfliktes[13]; im Anschluss an den eucharistischen Abschnitt (Joh 6,51c-58) kommt es zu einem Schisma unter den Jüngern (Joh 6,60-66) und zum Petrusbekenntnis (Joh 6,66-71)[14]. Hier sind die Texte transparent für die aktuelle johanneische Gemeindesituation, denn im Hintergrund von Joh 6,60-66 dürfte die in 1Joh 2,19 erwähnte Spaltung innerhalb der johanneischen Schule stehen (vgl. vor allem Joh 6,66 mit 1Joh 2,19a-d), die sich an der soteriologischen Bedeutung der irdischen Existenz Jesu entzündete (vgl. 1Joh 2,22; 4,2f; Joh 1,14; 19,34b.35) und bei der die Eucharistie offensichtlich eine wichtige Rolle spielte (vgl. 1Joh 5,6; Joh 6,51c-58). Der eigentliche Anstoß des Konfliktes wird in Joh 6,62 von Jesus genannt: Die ἀνάβασις des Menschensohnes führt ihn dorthin, wo er zuvor war. Wahrscheinlich lehnte eine Gruppe innerhalb der Jünger die mit dem Aufstieg unmittelbar verbundene Vorstellung ab, Jesus sei aus dem Himmel herabgestiegen, denn das ἀναβαίνειν greift antithetisch das καταβαίνειν der vorangegangenen Reden auf (vgl. 6,33.41.42.50.51.58). Das Schisma unter den Jüngern entzündete sich an der Bedeutung der Inkarnation und damit der irdischen Existenz Jesu, die wirkliche Menschwerdung Jesu wurde von vielen Jüngern geleugnet. Damit verband sich ein jeweils unterschiedliches Eucharistieverständnis; die vom Evangelisten in Kap. 6,51c-58 vorgetragene Interpretation war für die einer doketischen Christologie zuneigenden Gegner offenbar unannehmbar. Wohl konnten sie akzeptieren, dass Jesus als der ›Erhöhte‹ in den Himmel hinaufgestiegen ist, seine wirkliche Menschwerdung und sein wirkliches Leiden, so wie sie im eucharistischen Abschnitt vorausgesetzt werden, waren für sie jedoch unannehmbar[15]. Für Johannes hingegen ist deutlich: Wer in den Himmel hinaufsteigt, muss zuvor wirklich aus der himmlischen Sphäre herabgestiegen sein; allein der inkarnierte, gekreuzigte und auferstandene, in der Eucharistie gegenwärtige Jesus Christus ist der wahre Lebensspender. Der Evangelist projiziert damit eine zentrale Problematik seiner Zeit und des 1Joh in das Leben Jesu zurück und legitimiert

---

[12] Zum elliptischen ἀλλά vgl. *Blass/Debrunner/Rehkopf*, Grammatik § 448,8.
[13] Vgl. dazu *L. Schenke*, Das johanneische Schisma und die ›Zwölf‹ (Joh 6,60-71), NTS 38 (192), 105-121; *U. Schnelle*, Antidoketische Christologie, 64.75; *ders.*, Joh, 152-156; *J. Frey*, Eschatologie III, 72-83; *Th. Popp*, Grammatik des Geistes, 386-437; *ders.*, Die Kunst der Wiederholung. Repetition, Variation und Amplifikation im vierten Evangelium am Beispiel von Joh 6,60-71, in: J. Frey/U. Schnelle (Hg.), Kontexte des Johannesevangeliums, 559-592.
[14] Zur Einheit von Joh 6 vgl. *U. Schnelle*, Joh, 128-156; *Th. Popp*, Grammatik des Geistes, 379-386. 437-456.
[15] Vgl. *F. Neugebauer*, Die Entstehung des Johannesevangeliums, Stuttgart 1968, 19f.

damit seine Position durch Jesus selbst. Petrus und Judas[16] fungieren als Prototypen eines Verhaltens gegenüber Jesus, das der Evangelist in seiner Zeit als Treue bzw. Verrat wiedererkennt.

20 Die sprachliche und damit auch theologische Profilierung geht weiter, indem der Autor einen weiteren johanneischen Sonderbegriff einführt: das Chrisma. Es dient als grundlegendes Unterscheidungsmerkmal zwischen den Schismatikern und der angesprochenen Gemeinde: Nur sie hat ›vom Heiligen‹ das Chrisma/das Salböl/die Salbung empfangen und deshalb sind alle Gemeindeglieder ›Wissende‹. Der ›Heilige‹ könnte Gott sein (vgl. Jes 1,4; Ps 71,22; Hab 3,3; Sir 23,9; Joh 17,11; 1Petr 1,15f; Offb 4,8; 6,10), vom Kontext legt sich jedoch eher ein Bezug auf Christus nahe, weil das ἀπ' αὐτοῦ in V. 27b auf αὐτός in V. 25b (= Christus)[17] zurückweist. Sachlich besteht dabei kein Unterschied, denn auch Christus kann der ›Heilige Gottes‹ genannt werden (Joh 6,69) und den Parakleten senden nach Joh 14,25; 15,25 Vater und Sohn.

Was ist mit χρῖσμα gemeint? Zunächst bedeutet τὸ χρῖσμα (abgeleitet von χρίειν = bestreichen; vgl. auch τὸ χρῖμα) das Aufgestrichene, das mit der Hand Aufgetragene[18]. In der LXX findet sich χρῖσμα 9mal (Ex 29,7; 30,25 [2x]; 35,[14].19; 38,25; 40,9.15; Sir 38,30; Dan 9,26), zumeist für hebr. מִשְׁחָה (außer Sir und Dan). In Verbindung mit ἔλαιον bezeichnet es das Salböl: Ex 30,25; vgl. ἔλαιον τοῦ χρίσματος (Ex 29,7; 35,14.19 u. ö.)[19]. Gesalbt werden die Priester (Ex 29,7; 30,25), der König (1Sam 16,13) oder der Prophet (Jes 61,1), wobei mit der Salbung in der Regel auch die Geistverleihung verbunden ist[20]. Josephus verwendet χρῖσμα im Zusammenhang der Einsetzung des aaronitischen Priestertums; die Hütte und die Priester werden mit einer wohlriechenden Salbe gereinigt, die aus Myrrhe, Iris, verschiedenen Gewürzen sowie Olivenöl besteht (Ant 3,197). Philo erwähnt χρῖσμα als wohlriechendes Salböl im Zusammenhang der Einsetzung der Priester am Sinai (VitMos II 146.152). Besonders aufschlussreich ist der Gebrauch von χρῖσμα in Joseph und Aseneth, wo es deutlich eine metaphorische Bedeutung im Sinne einer göttlichen Gabe/Ausstattung bekommt: »Nicht ist es geziemend einem gottverehrenden Manne, der segnet (mit) seinem Munde Gott den lebenden und ißt gesegnetes Brot (des) Lebens und trinkt gesegneten Kelch (der) Unsterblichkeit und salbt sich (mit) gesegneter Salbe (der) Unverweslichkeit (καὶ χρίεται χρίσματι εὐλογημένῳ ἀφθαρσίας), (zu) küssen eine fremde Frau, welche segnet (mit) ihrem Munde (Götzen)bilder tot und stumm und ißt von ihrem Tisch Brot (der) Erwürgung und trinkt aus ihrem Trankopfer Kelch (des) Hinterhalts und salbt sich (mit) Salbe (des) Verderbens« (JosAs 8,5)[21]; »Siehe doch, von dem (Tage) heute (an) wirst du wieder erneuert und wieder geformt und wieder lebendig gemacht werden und wirst essen gesegnetes Brot (des) Lebens und trinken

---

[16] Zu Recht weist *H.-J. Klauck*, Der erste Johannesbrief, 154, auf die Übereinstimmungen zwischen 1Joh 2,19 und Judas hin (vgl. Joh 6,70f; 13,2.27.30; 17,12).
[17] Vgl. *R. Schnackenburg*, Die Johannesbriefe, 153; *H.-J. Klauck*, Der erste Johannesbrief, 159.
[18] Vgl. *F. Passow*, Handwörterbuch der griechischen Sprache II/2, 2414; χρῖσμα gehört zu den griechischen Substantiven auf -μα, »welche meistens das Ergebnis der Handlung bedeuten« (*Kühner/Gerth*, Grammatik I/2, 272).
[19] Zu den verschiedenen Funktionen von Ölen vgl. umfassend B. Kranemann, Art.: Krankenöl, RAC 21, Stuttgart 2006, 915-965.
[20] Vgl. hier umfassend *E.-J. Waschke*, Der Gesalbte, BZAW 306, Berlin 2001; für die Entwicklung in jüdisch-hellenistischer Zeit vgl. *M. Karrer*, Der Gesalbte. Die Grundlagen des Christustitels, FRLANT 151, Göttingen 1991, 95-267.
[21] Übers.: *Chr. Burchard*, Joseph und Aseneth, JSHRZ II/4, Gütersloh 1983, 649f.

gesegneten Kelch (der) Unsterblichkeit und dich salben (mit) gesegneter Salbe (der) Unverweslichkeit (καὶ χρισθήσῃ χρίσματι εὐλογημένῳ τῆς ἀφθαρσίας)« (JosAs 15,5)[22].
Im griechisch-römischen Bereich wird χρῖσμα für alles Aufgetragene bzw. Aufgestrichene gebraucht, vor allem für kosmetische und medizinische Salben (vgl. Hippocrates, De medico 1,1; De diaeto II 30; III 9.14; De alimento 16; De humoribus 5; vgl. ferner Rufus medicus, De renumet vesicae morbis 11,12; 15,5; De satyriasmo 23,3.32f; 47,3; Quaest. medic. 52,2). Vor einem Gastmahl pflegt man sich zu reinigen und zu salben; vgl. Xenoph, Symposion I 7, wo von einer Einladung des Kallias an Sokrates und seine Freunde berichtet wird: »Bald darauf fanden sich die Gäste bei ihm ein, nachdem sie zuvor noch ein wenig Sport getrieben und sich gesalbt (καὶ χρισάμενοι) oder auch ein Bad genommen hatten.« Aber auch andere Akzente sind möglich; so berichtet Philostrat von dem Brauch der Inder, das Brautpaar mit einer Hochzeitssalbe zu besprengen, damit es den Segen der Aphrodite erhält (VitAp III 1). Lukian, Anarchasis 1,18, spottet gegenüber einem Skyten über die Griechen: »Wenn du dich, wie ich hoffe, länger unter den Griechen aufhalten solltest, so gedenke ich es noch bald genug zu erleben, dass du selbst einer von diesen Besalbten und Eingepuderten sein wirst, so angenehm und nützlich wirst du die Sache finden«. Ähnlich ironisch Theophrast, Charaktere 5,6, über den, der immer gut aussehen und allen gefallen will: »Überaus häufig geht er zum Friseur, hält seine Zähne weiß, wechselt seinen Mantel, so dass er immer sauber aussieht, und schmiert sich mit Salben ein«.
Im Neuen Testament erscheint χρῖσμα nur in 1Joh 2,20.27; eine Sachparallele mit dem Verb χρίειν findet sich in 2 Kor 1,21f: »Der uns aber mit euch auf Christus fest gegründet hat und uns gesalbt hat, der uns versiegelt und das Angeld des Geistes in unsere Herzen gegeben hat.« Gott selbst ist es, der in der Taufe die Gemeinde und den Apostel mit Christus verband und so das Fundament schuf, auf dem beide stehen. Die Endgültigkeit und zugleich die Verbindlichkeit dieses Geschehens wird von Paulus mit rechtlichen Begriffen aus der Profangraezität betont; zudem verweist der Geistempfang auf das Taufgeschehen (vgl. 1Kor 6,11; 10,1 ff; 12,13; Gal 5,24.25; Röm 5,5)[23]. Bei den Zitaten oder Zitatanspielungen (Lk 4,18; Apg 4,27; 10,38; Hebr 1,9) ist χρίειν vor allem im Kontext von Taufe und Geistbegabung Jesu von Bedeutung (vgl. Lk 4,18; Apg 10,38), denn von hieraus war die Bezeichnung des Jesus von Nazareth als Χριστός (»Gesalbter/Messias«) im Kontext antiker Salbungsriten rezipierbar. Die im gesamten Mittelmeerraum verbreiteten Salbungsriten zeugen von einem gemeinantiken Sprachgebrauch, wonach gilt: »wer/was gesalbt ist, ist heilig, Gott nah, Gott übergeben«[24]. Sowohl Judenchristen als auch Christen aus griechisch-römischer Tradition konnten Χριστός als Prädikat für die einzigartige Gottnähe und Heiligkeit Jesu verstehen, so dass Χριστός (bzw. Ἰησοῦς Χριστός) gerade als Titelname zum idealen Missionsbegriff wurde. Ebenso konnte der neue Status der getauften Christen mit χρῖσμα und χρίειν zum Ausdruck gebracht werden, denn auch sie waren von Gott auserwählt und mit der Gabe des Geistes ausgezeichnet worden und unterschieden sich so grundlegend von ihrer Umwelt. Dabei wurde kaum noch exakt zwischen ›Salböl‹ und ›Salbung‹ unterschieden, sondern Handlung und Sache gehören zusammen, *so dass χρῖσμα die Salbung mit Salböl im Kontext von Taufe und Geistempfang meint*.

---

[22] A. a. O., 675.
[23] Zur umfassenden Analyse von 2Kor 1,21f vgl. *U. Schnelle*, Gerechtigkeit und Christusgegenwart, 124-126.
[24] *M. Karrer*, Der Gesalbte, 211.

Der 1Joh steht in Kontinuität zu frühchristlichen Vorstellungen, indem er den Taufakt samt Geistverleihung mit einer rituellen Salbung verbindet[25]. Für eine solche Interpretation spricht vor allem die Vorstellung, dass mit dem χρῖσμα ein umfassender Abwaschungs- und Erneuerungsvorgang verbunden ist, der im frühen Christentum in der Taufe seinen Ort hat. Hinzu kommen die Nähe zu 2Kor 1,12f und die sachlichen Übereinstimmungen mit den Paraklet- und damit Geistaussagen im Johannesevangelium (vgl. V. 27). Darin geht die Chrisma-Vorstellung aber nicht auf! Es dürfte kein Zufall sein, dass die Aussagen über das χρῖσμα genau dort erscheinen, wo es um Wahrheit und Lüge (V. 21.22.26.27) und um falsche Lehre geht (V. 22). Das Chrisma lehrt, Wahres und Falsches zu unterscheiden (V. 27), so dass ihm eine noetische Funktion zukommt. Hierin zeigt sich das exklusive Selbstverständnis des 1Joh und seiner Gemeinde, denn sie wurden rituell gereinigt/gesalbt und wissen sich so in besonderer Weise von Gott gelehrt, denn sie sind ›alle Wissende‹. Während die Falschlehrer – wie alle Christen – den Geist empfangen haben, lebt und urteilt die Gemeinde des 1Joh im Besitz des Chrismas[26]. Die Funktionen des Chrismas zeigen deutlich (vgl. vor allem V. 27!), dass nicht die Salbung als solche, sondern die mit der Taufe verbundene Geistverleihung die eigentliche Basis des gesamten Vorstellungskomplexes ist, so dass durchaus von einem ›Geist-Chrisma‹ gesprochen werden kann. Zugleich beansprucht aber der 1Joh (wie das Evangelium mit dem Parakleten) ein superadditum, das bewusst mit einem Ritus verbunden wird. Rituale (wie Taufe und Salbung) als Verdichtungen von Wirklichkeit können kollektive Identitäten herstellen, stabilisieren und erhalten. Rituale sind wie Symbole eine zentrale Kategorie religiöser Sinnvermittlung[27] und die johanneische Schule bedient sich ihrer in vielfacher Form (vgl. 1Joh 5,6-8; Joh. 3,5; 13,1-20)[28]. Taufe, Geist und Chrisma müssen nach dem 1Joh unterschieden, können aber auch nicht getrennt werden; sie bilden eine wirkmächtige Einheit, ohne identisch zu sein.

21 Dieser Status wird vom Autor noch einmal ausdrücklich bestätigt, indem das Wissen der Gemeinde mit dem Wahrheitsbegriff gleichgesetzt wird. Unter ›Wahrheit‹ ist hier kaum »die göttliche Wirklichkeit«[29] an sich zu verstehen, sondern das kon-

---

[25] Anders *H.-J. Klauck*, Der erste Johannesbrief, 157, der im χρῖσμα »eine figurative Verschlüsselung« dessen sieht, »was sich in der Sehweise des Glaubens bei der Taufe mit Wasser ereignet.« Auch *J. Beutler*, Die Johannesbriefe, 73, bleibt hinter der Sachaussage des Textes zurück, wenn er meint, beim Chrisma sei an den »empfangenen Glauben zu denken«.

[26] Gegen *H.-J. Klauck*, Der erste Johannesbrief, 159, der behauptet: »Vom ›Chrisma‹ ist nur positiv die Rede; es erscheint als etwas, das allen Gläubigen unbestritten eignet, damit allerdings auch denen, die inzwischen ihren eigenen Weg gesucht haben.« Dagegen sprechen neben dem Gesamtkontext vor allem das direkte ὑμεῖς χρῖσμα ἔχετε (»ihr habt das Chrisma bekommen«) und das betonte ›ihr seid alle Wissende‹, womit jeweils ein Gegensatz behauptet wird. *K. Wengst*, Häresie und Orthodoxie, 48, vermutet, dass die Gegner das Chrisma exklusiv für sich beanspruchten.

[27] Vgl. *C. Geertz*, Dichte Beschreibung, Frankfurt 1987, 90: »Jemand, der beim Ritual in das von religiösen Vorstellungen bestimmte Bedeutungssystem ›gesprungen‹ ist, ... und nach Beendigung desselben wieder in die Welt des Common sense zurückkehrt, ist – mit Ausnahme der wenigen Fälle, wo die Erfahrung folgenlos bleibt – verändert. Und so wie der Betreffende verändert ist, ist auch die Welt des Common sense verändert, denn sie wird jetzt nur noch als Teil einer umfassenderen Wirklichkeit gesehen, die sie zurechtrückt und ergänzt«.

[28] Vgl. dazu die Auslegung von 1Joh 5,6-8.

[29] So *R. Schnackenburg*, Die Johannesbriefe, 155; ähnlich *R. Bultmann*, Die Johannesbriefe, 43.

krete geistgewirkte Glaubenswissen der Gemeinde ist mit der Wahrheit identisch; es wird der Lüge (der Falschlehrer) gegenübergestellt. So wie es einen ›Geist der Wahrheit‹ und einen ›Geist der Verwirrung‹ (1 Joh 4,6) gibt, stehen sich Wahrheit und Lüge gegenüber; weil das eine mit dem anderen nicht vereinbar ist, ist eine strikte Abgrenzung unumgänglich.

22 Im Verhältnis zur Länge des Schreibens finden sich im 1 Joh die meisten Belege im Neuen Testament für das Wortfeld ψεύστης (»Lügner«: 1 Joh 1,10; 2,4.22; 4,20; 5,10), ψεῦδος (»Lüge«: 1 Joh 2,21.27), ψεύδεσθαι (»lügen«: 1 Joh 1,6), ψευδοπροφήτης (»Lügenpropheten«: 1 Joh 4,1); ein deutlicher Hinweis auf die emotionalen Dimensionen der Konflikte in der Gemeinde des 1 Joh. Hier wird der Lügner personifiziert und identifiziert; es ist derjenige, der leugnet, dass Jesus der Christus ist. Dadurch erweist er sich als der Antichrist, der den Vater und den Sohn leugnet. Den Lügner und Antichrist kennzeichnet somit aus der Sicht des 1 Joh eine doppelte Negierung, die sich auf das Verständnis Jesu Christi und das Verhältnis von Vater und Sohn bezieht. Beide Aspekt müssen zunächst für sich behandelt werden, gehören aber durch die Identifizierung οὗτός ἐστιν (»dieser ist«) untrennbar zusammen.

Die Wendung ›Jesus ist nicht der Christus‹ (᾽Ιησοῦς οὐκ ἔστιν ὁ Χριστός) lässt vier ernsthafte Interpretationsmöglichkeiten zu[30]: 1) Es könnte sich um eine jüdische Leugnung der Messianität Jesu handeln[31]. Dagegen sprechen aber vor allem zwei Gründe: a) Die Parallelität von Χριστός (»Gesalbter/ Christus«) und υἱός (»Sohn«) am Ende von V. 22a und 22b macht eine einseitige Konzentration auf die Messiasproblematik unwahrscheinlich. b) Nach 1 Joh 2,19 gehörten die Falschlehrer zur johanneischen Gemeinde, kamen also nicht von außen. 2) Dieses Problem wäre hinfällig, wenn es sich um Judenchristen handelte, die Jesu Messianität infrage stellten. Sollten sie die johanneische Christologie als Verletzung des jüdischen Monotheismus abgelehnt haben?[32] Warum aber sollten sie dies getan haben? Sie sind der johanneischen Gemeinde doch sehr wahrscheinlich beigetreten, weil sie in Jesus von Nazareth die jüdischen Messiashoffnungen erfüllt sahen, in ihm den Messias und Gottessohn erblickten (vgl. Ps 2,7; 110)[33]. Zudem dürfte es in der johanneischen Schule nie eine andere als die uns in den Briefen und dem Evangelium vorliegende ›hohe‹ Christologie (mit der Einheit von Vater und Sohn) gegeben haben, worauf nicht zuletzt V. 22d.23 hinweisen! Wer sich als geborener Jude einer johanneischen Gemeinde anschloss, muss von Anfang an mit solchen Vorstellungen konfrontiert worden sein

---

[30] Eine Forschungsübersicht bietet *H.-J. Klauck*, Die Johannesbriefe, 127-151.

[31] So *A. Wurm*, Irrlehrer, 24f u. ö.; *H. Thyen*, Art. Johannesbriefe, 194, bezeichnet (im Anschluss an A. Wurm) die Gegner als ›orthodoxe Juden‹, die die Notwendigkeit eines himmlischen Offenbarers zur Gotteserkenntnis bestreiten. Von einem ›innerjüdischen Konflikt‹ sprechen auch *E. Stegemann*, »Kindlein«, 294; *K. Erlemann*, 1 Joh und der jüdisch-christliche Trennungsprozess, 288.291(»zwischen Juden und Judenchristen ist vor der Abfassung des Briefes noch nicht klar zu unterscheiden, die Grenze ist fließend«).

[32] So vor allem *U. Wilckens*, Gegner, 90: »Diese Gegner sind Christen der johanneischen Gemeinde (2,19), die deren emphatisches Bekenntnis zu Jesus als Gottes Sohn, wie es im Johannesevangelium ausgearbeitet ist (vgl. 10,30!), als Verletzung des jüdischen Grundmonotheismus im Sinne von Dtn 6,4 und Ex 20,2ff abgelehnt haben und demgemäß beanspruchten, als Christen ›orthodoxe Juden‹ zu sein«.

[33] Zu den jüdischen ›Sohn-Gottes‹-Konzeptionen vgl. *M. Hengel*, Der Sohn Gottes, Tübingen ²1977, 35-89.

und sie auch akzeptiert haben. Die Vermutung, diese judenchristliche Gruppe sei zur Synagoge zurückgekehrt und habe von dort aus agitiert[34], überzeugt ebenfalls nicht, denn offenkundig handelt es sich um einen anhaltenden Konflikt *innerhalb* der johanneischen Schule. Nur diese Annahme erklärt die Vehemenz der Argumentation, denn nach der Rückkehr zur Synagoge wäre diese Gruppe nur da, wo sie vor ihrem Anschluss an eine johanneische Gemeinde auch schon war, was den 1Joh kaum zu einer solchen Polemik bewegt hätte. 3) Es könnte sich bei den Falschlehrern (wie in Korinth) um Pneuma-Enthusiasten handeln, die ein Vollendungsbewusstsein hatten und für die Zukunft »keinen ›Gesalbten‹ im herausragenden und heilsvermittelnden Sinne, also keinen ›Christus‹ mehr brauchen.«[35] Bei diesem primär anthropologischen Ansatz wird zumeist auch der Konflikt um die Sünde/Sündlosigkeit (1Joh 1,6-2,1) miteinbezogen[36]. Unsere Analysen ergaben hingegen, dass diese Auseinandersetzungen die aktuelle Gemeinde des 1Joh betreffen und mit den Falschlehrern nur indirekt etwas zu tun haben. Zudem lässt sich ein (anthropologischer und ethischer) Heilsenthusiasmus für die Falschlehrer kaum nachweisen, zumal der Streit um die ›Fleischwerdung‹ des Jesus Christus (vgl. 1Joh 4,2) damit überhaupt nicht erklärt werden kann. 4) Die Falschlehrer vertraten eine doketische Christologie[37], d. h. sie leugneten aus der Sicht des Briefschreibers die soteriologische Identität zwischen dem irdischen Jesus und dem himmlischen Christus (Ἰησοῦς οὐκ ἔστιν ὁ Χριστός; vgl. ferner die Identitätsaussagen in 1Joh 4,15; 5,1.5)[38]. Offenbar waren für die Gegner nur der Vater und der himmlische Christus heilsrelevant, nicht jedoch das Leben und Sterben des geschichtlichen Jesus von Nazareth, das sie nur als ein unwesentliches Scheingeschehen einstuften. Diese Interpretation ergibt sich (neben dem Zusammenspiel mit 2Joh 7; 1Joh 4,2f; 5,6) in V. 22 aus der Unterscheidung von Ἰησοῦς und Χριστός, vor allem aber aus der Synonymität von Christus und Gottessohn. Sie zeigt wie V. 23, dass nicht – isoliert – die Messianität Jesu zur Debatte steht, sondern das Verständnis des Sohnes in seinem Verhältnis zum Vater, so dass der Χριστός-Titel inhaltlich dem υἱός-Titel zuzuordnen ist[39]. Die Falschlehrer beanspruchten Gott ebenso für sich wie

---

[34] So *D. Rusam*, Gemeinschaft der Kinder Gottes, 192f; vgl. auch *T. Griffith*, Keep Yourselves from Idols, 175: »I wish to argue that 2.19 describes a situation where ethnic Jews who had become Christians were returning to the synagogue and thereby denying their formerly held belief that the Messiah was Jesus.«

[35] *J. Beutler*, Die Johannesbriefe, 23; ähnlich bereits *K. Weiß*, Die »Gnosis« im Hintergrund und im Spiegel der Johannesbriefe, 356.

[36] Vgl. *J. Beutler*, Die Johannesbriefe, 74.

[37] Vgl. dazu die Auslegung von 1Joh 4,2f und Exkurs 1: *Doketismus*. Für eine dezidiert doketische Interpretation von 1Joh 2,22 votieren *U. Schnelle*, Antidoketische Christologie, 74f; *G. Strecker*, Die Johannesbriefe, 137f; *M. Hengel*, Die johanneische Frage, 170-185; *J. Frey*, Eschatologie III, 72; *W. Vogler*, Die Briefe des Johannes, 17f; *W. Uebele*, »Viele Verführer sind in die Welt ausgegangen«, 133-136.

[38] Für einen gnostisch(-doketischen) Standort der Gegner sprechen sich (mit unterschiedlichen Gewichtungen) aus: *H. Windisch/(H. Preisker)*, 1Joh, 127f; *C. H. Dodd*, The Johannine Epistles, 55f; *R. Schnackenburg*, Die Johannesbriefe, 22.156f; *R. Bultmann*, Die Johannesbriefe, 44; *E. Haenchen*, Neuere Literatur zu den Johannesbriefen, 274; *H. Balz*, Die Johannesbriefe, 183; *K. Wengst*, Der erste, zweite und dritte Johannesbrief, 112; *R. E. Brown*, The Epistles of John, 352; *W. Schmithals*, Johannesevangelium und Johannesbriefe, 278f. Für eine Mischform aus griechischen und jüdischen Vorstellungen hält *S. S. Smalley*, 1.2.3John, 108, die Falschlehre. *P. E. Kinlaw*, The Christ is Jesus, 107, bietet als Lösung an: »The opponents hold to a temporary possession modell.« Bewusst unpräzis ist *H.-J. Klauck*, Der erste Johannesbrief, 162; eine wirkliche Festlegung vermeidet auch *J. M. Lieu*, I, II, & III John, 105-108.

[39] Vgl. *R. Schnackenburg*, Die Johannesbriefe, 157.

der 1Joh, für den allerdings der den Vater nicht hat, der das Wirken des Sohnes falsch lehrt. Vater und Sohn, Sohn und Vater gehören für den 1Joh untrennbar zusammen; er sieht die irdische und himmlische Existenz des Sohnes als Einheit und versteht den Vater vom Sohn her.

23 Die für die Sachlogik entscheidende Frage nach dem Wesen und dem Status des Sohnes wird nachdrücklich in den Mittelpunkt gestellt. Dabei ist das reziproke Verhältnis zwischen Sohn und Vater *der* Basissatz johanneischer Theologie (vgl. 2Joh 9; Joh 5,23; 6,46; 10,30); hier schlägt das Herz des johanneischen Denkens, denn in keinem anderen neutestamentlichen Entwurf wird der Sohn so nah an den Vater herangerückt wie in der johanneischen Schule, ohne allerdings das irdische Wirken und Leiden des Sohnes zu negieren[40]. Wer das zuvor in V. 22 bestimmte Wesen des Sohnes leugnet, hat auch keinen Zugang zum Vater und umgekehrt öffnet das zutreffende Bekenntnis zum Sohn (vgl. Joh 1,20) die Erkenntnis Gottes. Die jeweilige Voranstellung des Sohnes in V. 23a und V. 23b zeigt, dass in der Bestimmung des Sohnes das eigentliche Anliegen des 1Joh zu sehen ist. Die Falschlehrer nehmen auch den Vater für sich in Anspruch, lehren aber das Verhältnis zum Sohn anders und ›haben‹ somit den Vater nicht[41].

Die alles überragende Gottesanrede und Gottesprädikation im 4. Evangelium ist πατήρ (»Vater«); sie erscheint 121mal bei Johannes, bei keinem neutestamentlichen Autor finden sich mehr Belege[42]. Im AT ist ›Vater‹ eine seltene, in den Schriften des antiken Judentums eine geläufige Gottesbezeichnung bzw. Gottesanrede; häufig belegt ist sie auch als Anrede für Zeus. So konnten johanneische Christen mit unterschiedlichen kulturellen Hintergründen in das Grundbekenntnis zu Gott als πατήρ einstimmen. Vater ist Gott zuallererst *in seiner Relation zum Sohn*, Jesus wiederum spricht von ›seinem Vater‹ (Joh 6,32.57; 8,19.54; 10,18.25 u.ö.). Der Vater liebt den Sohn (Joh 3,35; 14,21.23; 15,9) und sendet ihn (Joh 3,16; 5,37; 6,29 u.ö.). Er bewirkt (Joh 5,17.19.20.36.8,18; 14,10) und beglaubigt das Tun des Sohnes (Joh 5,43) und zeugt für den Sohn (Joh 5,37; 10,25). Den Willen des Vater vollzieht der Sohn (Joh 4,34; 5,30; 6,38.39.40). Der Vater ist Lebensträger und verleiht dem Sohn die Macht über das Leben (Joh 5,25.26; 6,57). Die Glaubenden legt der Vater in die Hand des Sohnes (Joh 6,37.44.65; 13,3), denn alles, was der Vater hat, gehört auch dem Sohn (Joh 16,15). Der Vater lehrt den Sohn (Joh 8,28), der nur redet, was er vom Vater hört (Joh 8,38; 12,49.50; 14,24). Der Sohn vollbringt die Werke des Vaters (Joh 10,37; 14,31), der vom Sohn geehrt wird (Joh 8,49). Der Vater richtet (Joh 8,16) und hat dem Sohn die Vollmacht übergeben, ebenfalls zu richten (Joh 5,22b). Schließlich verherrlicht der Vater den Sohn, so wie der Sohn den Vater verherrlichte (Joh 8,54; 12,28; 17,1). Der exklusive Bezug des Vaters auf den Sohn und der einzigartige Anspruch des Sohnes innerhalb der johanneischen Theologie konnten nicht ohne Widerspruch bleiben. Der Evangelist verarbeitet ihn im Disput um die wahre Abrahamskindschaft in Joh 8,37-47. Ausdrücklich erkennt Jesus die Berufung der Ἰουδαῖοι (»Juden«) auf die Abrahamskindschaft an (Joh 8,37: »Ich

---

[40] Vgl. dazu *U. Schnelle*, Theologie, 629-664.
[41] Vgl. zur Wendung ›Gott haben‹ die Auslegung von 2Joh 9.
[42] Zur Thematik vgl. *A. Reinhartz* (Hg.), God the Father in the Fourth Gospel, Semeia 85 (1999); *T. Larsson*, God in the Fourth Gospel, CB.NT 35, Stockholm 2001; *M. M. Thompson*, The God of the Gospel of John, Grand Rapids 2001; *D. R. Sadananda*, The Johannine Exegesis of God, BZNW 121, Berlin 2004; *E. Zingg*, Das Reden von Gott als »Vater" im Johannesevangelium, HBS 48, Freiburg 2006.

weiß, dass ihr Same Abrahams seid; aber ihr sucht mich zu töten, weil mein Wort nicht in euch haftet.«). Zugleich gilt aber: »Wäre Gott euer Vater, so würdet ihr mich lieben. Denn von Gott bin ich ausgegangen und gekommen. Denn nicht von mir aus bin ich gekommen, sondern jener hat mich gesandt« (Joh 8,42). Die wahre Gottes- und Abrahamskindschaft entscheidet sich am Glauben bzw. Unglauben gegenüber dem Gottessohn.

Die zentrale *theo*logische Vorstellung im Johannesevangelium ist das Wirken des Vaters im Sohn. Es ist nicht ein Wirken des Vaters durch den Sohn, denn der Sohn ist weitaus mehr als Instrument, Bote oder Agent des Vaters: Er hat teil am Wesen des Vaters. Die Einheit von Vater und Sohn ist die Basis der johanneischen Theologie und Christologie (Joh 10,30). Der Vater offenbart sich umfassend im Sohn, der beansprucht, in Einheit mit dem Vater/Gott zu sein und zu wirken. Jesus wirkt nicht allein, sondern der Vater ist in und bei ihm (Joh 8,16.29; 16,32). Prägnant wird die Seins- und Wirkeinheit des Vaters mit dem Sohn in Joh 5,17ff entfaltet, denn der Vater ermächtigt den Sohn, wie er selbst Macht über Leben und Tod auszuüben. In der Begegnung mit Jesus vollzieht sich nun der Schritt vom Tod zum Leben, in Jesus ist das Heilsgut des ewigen Lebens bereits gegenwärtig. Schließlich: Die Offenbarung des Vaters im Sohn gründet ausschließlich in Gottes Liebe: »Denn so hat Gott die Welt geliebt, dass er seinen einzig geborenen Sohn gab, damit jeder, der an ihn glaubt, nicht verloren gehe, sondern ewiges Leben habe« (Joh 3,16). Die Liebe des Vaters zum Sohn (vgl. Joh 3,35; 10,17) ist Ausdruck der wesensmäßigen Verbundenheit zwischen ihnen und deshalb zeigt der Vater dem Sohn alles, was er selbst tut (Joh 5,20). Der Vater hat ihn mit ewiger Liebe geliebt (17,26; 15,9) und in dieser Liebe bleibt Jesus (15,10); durch sie empfängt er seine Vollmacht (3,35; 5,20). Sie hält ihn auch, wenn er sein Wirken in der Lebenshingabe vollendet (10,17).

24 Wiederum nimmt der 1Joh den Traditionsgedanken für sich in Anspruch (vgl. 1Joh 1,1; 2,13.14); die Falschlehrer sind ›Neuerer‹ und treten aus der Überlieferung heraus (vgl. 2Joh 9). Demgegenüber zeichnet die direkt angesprochene und damit herausgehobene Gemeinde (›Ihr‹) ein Bleiben in der Tradition und damit auch ein Verbleiben in der Wahrheit aus. Das ›Bleiben‹ vollzieht sich nicht nur als Festhalten der Gemeinde am zutreffenden Bekenntnis, sondern dem gehörten Wort selbst eignet nach V. 24c eine beharrende Kraft[43], so dass es das Bleiben und zukünftige Verbleiben der Glaubenden im Sohn und im Vater ermöglicht (vgl. Joh 15,7). Gegenüber 1Joh 2,6 (›bleiben‹ in Jesus) erfolgt eine Erweiterung der johanneischen Immanenzvorstellung, indem das Bleiben im Wort und die Energie des Wortes das Verbleiben im Sohn und im Vater gewährleisten.

25 Das zentrale Heilsgut des ewigen Lebens (vgl. 1Joh 1,2) wird von Jesus (= αὐτός)[44] jenen verheißen, die sich an das Wort binden und es wirken lassen, so dass sie im Sohn und im Vater bleiben. Der Begriff ἐπαγγελία (= »Verheißung«) erscheint in den johanneischen Schriften nur hier, ist aber bei Paulus ein theologischer Zentralbegriff (20 Belege), der vor allem die alttestamentlichen Verheißungen meint, die in Jesus Christus erfüllt wurden oder werden (vgl. nur Gal 3,16-18.22.29; Röm 3,9.20; 4,16; 9,4.8f). Das ›ewige Leben‹ erscheint hier als zukünftige Gabe (anders in 1Joh 5,11),

---

[43] Vgl. *H.-J. Klauck*, Der erste Johannesbrief, 165.
[44] Vgl. *R. Schnackenburg*, Die Johannesbriefe, 160.

was neben dem ἐπαγγελία–Begriff vor allem die eschatologischen Ausblicke 1 Joh 2,28; 3,1-2 nahelegen.

26/27 Mit dem Schreib-Motiv wird das Ende des Abschnitts eingeleitet; die Gemeinde soll die falsche Lehre der Verführer/Verwirrer[45] erkennen, beurteilen und sich von ihr distanzieren können. Durch die Gabe des Chrisma/des Salböls/der Salbung[46] ist sie dazu in besonderer Weise in der Lage. Das von Jesus gewährte und mit der Taufe/Geistverleihung verbundene Chrisma ›bleibt‹ in den Glaubenden, so dass sie an der Ursprungslehre festhalten und keinerlei Belehrung (durch die Falschlehrer) nötig haben. Die Bezüge in V. 27fin sind unübersichtlich; indem das Chrisma die Gemeinde lehrt, befähigt es sie, in Christus zu bleiben, d.h. μένετε ἐν αὐτῷ bezieht sich wie ἀπ' αὐτοῦ in V. 27a auf Christus[47]. Auffallend sind die Parallelen zum Parakleten im Johannesevangelium, denn auch er ist bei den Glaubenden »in Ewigkeit« (Joh 14,16) und von ihm gilt: »denn er bleibt bei euch und wird in euch sein« (Joh 14,17). Die nachösterliche Lehre ist ebenfalls eine Grundfunktion des Parakleten: »Der Paraklet, der Heilige Geist, den der Vater in meinem Namen senden wird, jener wird euch alles lehren und euch an alles erinnern, was ich euch gesagt habe« (Joh 14,26). Schließlich belehrt der Paraklet als »Geist der Wahrheit« (Joh 14,17) wie das Chrisma über ›die Wahrheit‹ bzw. ›was wahr ist‹. Die Funktionen, die im 1 Joh das Chrisma wahrnimmt, kommen im Johannesevangelium dem Parakleten zu. Offenbar haben Brief und das Evangelium eine unterschiedliche Parakletkonzeption; während der Paraklet in 1 Joh 2,1 mit Jesus gleichgesetzt wird und ihm nur eine begrenzte Funktion zukommt, liegen im Evangelium breit gefächerte Parakletaussagen vor[48].

Das Chrisma ist mehr als ein Synonym für Taufe oder Geist, denn mit diesem schillernden Begriff verbindet der 1 Joh ein erkennbares theologisches Programm und textpragmatisches Ziel[49]: Er führt in seiner Kontroverse mit den Schismatikern die Vorstellung einer rituellen Geistsalbung in den Gesamt-Diskurs ein, um so der Gemeinde ihren besonderen Status und ihre exklusive Erkenntnisfähigkeit zu verdeutlichen. Das Chrisma lehrt die Glaubenden alles Wissen und schenkt den göttlichen Blick, der im Gegensatz zum Antichristen in Jesus Christus den fleischgewordenen Sohn des Vaters erkennt (vgl. 1 Joh 2,22-24; 4,1-3). Weil die johanneischen Christen vom erhöhten Christus und damit auch von Gott gelehrt sind (vgl. 1 Joh 2,20; Joh 6,45), ihnen das Chrisma Gleichzeitigkeit vermittelt, haben sie gegenüber den ›historischen‹ Augenzeugen keinen Nachteil, sie erkennen sogar aus nachösterlicher Perspektive tiefer und wahrer die vielfältigen Dimensionen des Christusgeschehens. Es geht dabei um ein

---

[45] Das Wortfeld πλανάω/πλάνη (=»verführen/täuschen/Betrug«) gehört traditionell in den Kontext der Polemik gegen Falschpropheten (Dtn 13,6), falsche Messiasanwärter (Mk 13,5f.22) oder das Wirken des Satans (Offb 12,9).
[46] Während bei χρῖσμα in V. 20 und V. 27a zwischen der Handlung, dem Mittel der Handlung und dem Effekt der Handlung nicht wirklich unterschieden werden kann (deshalb die Übersetzung: *Salböl* [*Salbung*]), entfernt sich in V. 27b der Akzent deutlich von der Handlung (deshalb nur: *Salböl*).
[47] Vgl. *H.-J. Klauck*, Der erste Johannesbrief, 167.
[48] Vgl. die Auslegung von 1 Joh 2,1.
[49] Weshalb 1 Joh 2,18-27 »mit einem christologischen Schwerpunkt innerhalb seines Umfelds erst einmal thematisch fremd erscheint« (so *H. Schmid*, Gegner im 1. Johannesbrief?, 95), erschließt sich mir nicht.

Erkennen, das eine intellektuelle Dimension miteinschließt, denn das Bekenntnis der Gemeinde unterscheidet sich in einem entscheidenden Punkt von der (erfolgreichen) Verkündigung der Falschlehrer. Während in der Gemeinde der Geist Gottes wirkt, der mit dem Chrisma als superadditum alles lehrt, täuschen und verwirren die Falschlehrer, so dass sich der Geist der Wahrheit und der Geist des Irrtums/der Lüge gegenüberstehen. Das Chrisma fungiert als ein ›innerer‹ Lehrer, der eine neue Form des Wissens und damit das Bleiben in der Tradition, im Wort, in der Liebe und somit im Vater und im Sohn gewährt. Dem Chrisma kommt so eine Schlüsselrolle für das Grundanliegen des 1Joh zu, Identitätsstiftung und Identitätssicherung durch Zuspruch, Aufklärung und Abgrenzung vorzunehmen.

2. Die Hoffnung auf das zukünftige Sein 2,28-3,3*

(28) Und nun, Kinder, bleibt in ihm, damit, wenn er offenbar wird, wir Freimut haben und nicht beschämt werden vor ihm bei seiner Parusie. (29) Wenn ihr wisst, dass er gerecht ist, erkennt ihr auch, dass jeder, der Gerechtigkeit tut, aus ihm gezeugt ist. (3,1) Seht, welch große Liebe uns der Vater gegeben hat, dass wir Kinder Gottes genannt werden und wir es sind. Darum erkennt uns die Welt nicht, weil sie ihn nicht erkannt hat. (2) Geliebte, nun sind wir Kinder Gottes, und es ist noch nicht offenbar geworden, was wir sein werden. Wir wissen aber, wenn er offenbar wird, werden wir ihm gleich sein, denn wir werden ihn sehen, wie er ist. (3) Und jeder, der diese Hoffnung auf ihn hat, reinigt sich selbst, so wie jener rein ist.

3,1: καὶ ἐσμέν (»und wir sind es«) wird von allen wichtigen Zeugen gelesen (P^{74vid}.א 01.B 03.C 04 u. a.); für die Auslassung bei einigen späteren Zeugen (K 018.L 020.049.69 u. a.) kann angeführt werden, dass es sich um eine Kopisteneintragung handeln könnte, die den neuen Heilsstatus betont. Dennoch spricht die äußere Bezeugung eindeutig für die erste LA.

Die mit 1Joh 2,18 einsetzende eschatologische Perspektive geht nun über die Bedrohung durch die Falschlehrer hinaus und öffnet sich für das Universalgeschehen bei der Parusie Jesu Christi. Wieder zeigt der 1Joh ein eigenes Profil, das mit der Etikettierung ›Begleitschreiben zum Evangelium‹[50] überhaupt nicht erfasst wird; er dokumentiert, dass futurische Eschatologie in universal- und individualgeschichtlicher Perspektive zu den Grundbeständen der johanneischen Theologie insgesamt gehört[51]. Mit der eschatologischen Perspektive kommt auch der Haupt-Diskurs wieder stärker in den Blick, denn im Gerichtsgeschehen steht die Sichtbarkeit und Bewährung der glaubenden Existenz in der Liebe und der Gerechtigkeit zur Debatte. Diese Handlungsdimension des Glaubens wird mit drei Imperativen unübersehbar formuliert,

---

* Literatur: *Frey, J.*: Eschatologie III, 83-97; *Schnelle, U.*: Neutestamentliche Anthropologie, 154-158; *Stählin, G.*: Zum Problem der johanneischen Eschatologie, ZNW 33 (1934), 225-259.

[50] So *M. Theobald*, Der Streit um Jesus als Testfall des Glaubens, BiKi 53 (1998), (183-189) 184: »Der erste Johannesbrief – ein Begleitschreiben zum Johannesevangelium«.

[51] Zu *R. Bultmanns* Vermutung, der 1Joh habe ursprünglich mit Kap. 2,27 geschlossen, vgl. § 3 des Einleitungskapitels. Diese These hängt ursächlich mit der Annahme zusammen, nur die präsentische Eschatologie des Evangeliums sei als authentisch ›johanneisch‹ anzusehen (vgl. *ders.*, Joh, 194-197).

es geht um das ›Bleiben‹ (V. 28: μένετε), das ›Erkennen‹ (V. 29: γινώσκετε) und das ›Sehen‹ (3,1: ἴδετε)⁵².

28 Das betonte καὶ νῦν (»und nun«) und die Anrede τεκνία (»Kinder«) markieren einen Neueinsatz⁵³, zugleich signalisiert die Wiederaufnahme der Mahnung μένετε ἐν αὐτῷ (»bleibt in ihm«) aus V. 27fin die Kontinuität zum vorhergehenden Abschnitt. Der Blick der Leser/Hörer wird auf das endzeitliche Erscheinen Christi gerichtet. Das Verb φανεροῦν (»erscheinen/sichtbar werden«) erscheint auch hier im Aorist-Passiv (vgl. 1Joh 1,2; 3,2.5.8b; 4,9); ein deutlicher Hinweis darauf, dass Gott als der eigentliche Urheber des Geschehens zu denken ist. Während in 1Joh 1,2; 3,5.8; 4,9 vom bereits erfolgten Erscheinen der Offenbarung, Christi oder der Liebe Gottes die Rede ist, bezieht sich φανεροῦν in 2,28; 3,2 streng auf das zukünftige Offenbarwerden Christi bei der Parusie. Der Begriff παρουσία bezeichnet in der Bedeutung »Ankunft als Eintritt der Anwesenheit«⁵⁴ ursprünglich die Ankunft eines Herrschers/Würdenträgers (vgl. 3Makk 3,17) oder die Epiphanie einer Gottheit⁵⁵. Im Neuen Testament erscheint παρουσία 24mal, davon allein 11mal bei Paulus. Im 1Thessalonicherbrief schließt fast jedes Kapitel mit einem Ausblick auf die Parusie (vgl. 1Thess 2,19; 3,13; 4,15; 5,23); besonders instruktiv ist 1Kor 15,23-28, wo die Parusie Christi das Ende einleitet, bei dem alle gottfeindlichen Mächte vernichtet werden und Gott alles in allem sein wird. Im johanneischen Schrifttum erscheint zwar παρουσία nur hier (vgl. aber 1Joh 4,17: ›Tag des Gerichtes‹), die Vorstellung des endzeitlichen Kommens Jesu Christi findet sich aber auch in Joh 14,2f.18.28; 16,23f⁵⁶. Eine große Nähe besteht zwischen 1Joh 2,28; 5,14 und Joh 16,23f: »Und an jenem Tag werdet ihr mich nichts (mehr) fragen. Amen, amen, ich sage euch: Wenn ihr den Vater in meinem Namen um etwas bitten werdet, so wird er euch geben. (24) Bis jetzt habt ihr um nichts in meinem Namen gebeten. Bittet, und ihr werdet empfangen, damit eure Freude vollkommen sei.« Die freimütige Rede, die Gebetsgewissheit und der Ausblick auf die Parusie bilden offenbar einen geprägten Motivkomplex. ›An jenem Tag‹ wird es keine Fragen mehr geben, denn die Glaubenden sind dann endgültig in den Bereich der göttlichen Wahrheit eingetreten, und ihre Gebete erfüllen sich (vgl. Joh 14,13-14; 15,16).

1Joh 2,28 nimmt den Grundgehalt der frühchristlichen Parusie-Vorstellung auf: Mit dem Kommen Christi verbindet sich ein Gerichtsgeschehen, das mit dem Vergehen des Kosmos einhergeht (1Joh 2,17; vgl. 2,8) und in dem sich die Gemeindeglieder bewähren müssen. Der endzeitlichen Beurteilung in diesem Gericht dürfen die Glaubenden getrost entgegengehen, denn sie hoffen auf die Furchtlosigkeit und den Freimut der Gerechten. Der Terminus παρρησία (»Öffentlichkeit/Freimut«) findet sich im Neuen Testament 31mal, davon allein 13mal in den johanneischen Schriften (1Joh 4mal; Johannesevangelium 9mal). Die Konzeptionen im Brief und im Evan-

---

⁵² Vgl. *J. Beutler*, Die Johannesbriefe, 79.
⁵³ Anders *J. M. Lieu*, I, II, & III John, 119, die einen neuen Abschnitt erst mit V. 29 beginnen lassen will.
⁵⁴ *W. Bauer*, Wörterbuch⁶, 1272.
⁵⁵ Vgl. Diod Sic IV 3,3; SIG³ III 1169,34; Joseph, Ant III 80.202f; IX 35; XVIII 161.
⁵⁶ Zur Begründung vgl. *U. Schnelle*, Joh, 251f.255f.276f.

gelium sind allerdings sehr unterschiedlich[57]; während im Brief der freie, direkte Zugang zu Gott das Thema ist (vgl. 1Joh 2,28; 3,21; 4,17; 5,14), liegt im Evangelium wiederum eine christologische Konzentration vor. Jesus redet frei und wahrhaftig (vgl. Joh 7,4.26; 10,24; 11,14; 16,25.29), so dass man ihm später nicht den Vorwurf machen kann, er habe seine Sendung vom Vater verschwiegen (vgl. Joh 18,20). Die wahrhaftige und freimütige Existenz zeichnet sich durch eine Übereinstimmung von Person, Handeln und Reden aus[58]. Jesus lebt in der Übereinstimmung mit Gott, der Wahrheit und sich selbst, wie kein anderer kann er das Prädikat der παρρησία für sich in Anspruch nehmen. Demgegenüber dient παρρησία im 1Joh zur Charakterisierung des unmittelbaren, freien Zugangs zu Gott im Gericht (1Joh 2,28; 4,17) oder im Gebet (1Joh 3,21; 5,14), so dass von einem ekklesiologischen παρρησία-Begriff gesprochen werden kann. Dem Freimut der Gerechten steht das ebenfalls zur Gerichtssprache gehörende Motiv des ›Beschämtwerdens‹ der Sünder gegenüber. Die Gemeinde darf sich gewiss sein, im Gericht nicht beschämt zu werden, denn sie gehört der Sphäre der Gerechtigkeit an.

29 Absichtsvolle Unklarheiten in der Zuordnung von Pronomen, Adjektiven und Subjekten zeigten sich bereits mehrfach und liegen auch hier vor. Zunächst ist das Subjekt von δίκαιος (»gerecht«) zu ergänzen, nach dem unmittelbaren Kontext kann dies nur Christus sein. Die Glaubenden haben Jesus Christus als den Gerechten kennen gelernt und erfahren (vgl. 1Joh 2,1: ›Jesus Christus, der Gerechte‹; 3,7)[59]. Er trug als Sündloser ihre Sünden (vgl. 1Joh 2,1f; 3,5) und wurde so zu ihrem sittlichen Vorbild (vgl. 1Joh 2,6; 3,7.16; 4,17). Deshalb sollen sie auch erkennen[60], dass sie trotz des Gerichtes durch das Tun der Gerechtigkeit Gottes Kinder sind und bleiben (3,1), also von Gott abstammen. Hier ist zwischen V. 29a und V. 29d von einem Subjektwechsel auszugehen und ἐξ αὐτοῦ (= »aus ihm«) auf Gott zu beziehen, denn es gibt auch für den 1Joh nur eine ›Zeugung aus Gott‹ (vgl. 1Joh 3,9; 4,7; 5,1.4.18; ferner Joh 1,13; 3,3.5)[61]. Diese Zeugung realisiert sich nach 1Joh 4,7 in der Liebe, die als Geschwisterliebe identisch ist mit dem Tun der Gerechtigkeit (vgl. 1Joh 3,10). Die johanneische Vorstellung einer ›Zeugung aus Gott‹ ordnet sich in einen alttestamentlichen (vgl. Ps 2,7; 110,3), vor allem aber einen breiten hellenistischen Vorstellungshintergrund ein[62]. Im Zeushymnus des Kleanthes heißt es: »Denn aus dir sind wir entstanden« (ἐκ σοῦ γὰρ γενόμεσθα)[63]; bei Epikt, Diss IV 10,16, spricht der

---

[57] Vgl. dazu ausführlich *M. Labahn*, Die παρρησία des Gottessohnes im Johannesevangelium. Theologische Hermeneutik und philosophisches Selbstverständnis, in: J. Frey/U. Schnelle (Hg.), Kontexte des Johannesevangeliums, 321-363. Antike Texte zu παρρησία finden sich in: *Neuer Wettstein* I/1.1, 396-415.
[58] Für den Philosophen gilt ebenfalls, dass er sich durch eine mutige Übereinstimmung von Existenz, Lehre und freimütigem Reden auszeichnet; vgl. nur Diog Laert V 5; Dio Chrys 4,58f; Luc, Demonax 3.
[59] Anders 1Joh 1,9, wo Gott als ›gerecht‹ bezeichnet wird.
[60] Ich verstehe γινώσκετε als Imperativ; vgl. *J. Beutler*, Die Johannesbriefe, 79.
[61] Vgl. *R. Schnackenburg*, Die Johannesbriefe, 166f; ihm folgt *H.-J. Klauck*, Der erste Johannesbrief, 172f. *G. Strecker*, Die Johannesbriefe, 147, betont, dass eine christologisch-theologische Alternative nicht beabsichtigt ist: »So wenig das Gerechtsein des Christus ohne den göttlichen Ermöglichungsgrund gedacht ist, so wenig geht die Zeugung der Glaubenden aus Gott an der Christuswirklichkeit vorbei.«
[62] Vgl. hierzu *C. H. Dodd*, Interpretation, 303-305; *R. Schnackenburg*, Die Johannesbriefe, 175-183; *G. Strecker*, Die Johannesbriefe, 148-150.
[63] Zitiert nach *B. Effe* (Hg.), Hellenismus, Stuttgart 1985, 156f.

Beter zu Gott: »Du hast mich gezeugt«; vgl. ferner Philo, OpMund 84; SpecLeg II 30f; III 189; Sobr 56; Dio Chrys, Or 4,21-23; Apul, Metamorphoses XI 21; Plut, De Iside et Osiride 35. Innerhalb des johanneischen Denksystems ist die ›Zeugung aus Gott‹ mit der Taufe verbunden, wie die Vorstellung des ›von neuem/von oben‹ Geborenwerdens in Joh 3,3.5 zeigt. Das dem Irdischen (Blut, Fleisch, Sexualität) verhaftete Geschehen einer natürlichen Zeugung ist grundsätzlich getrennt von der Neuschaffung des Menschen aus dem Glauben. Johannes löst die Existenz der Glaubenden von allen geschichtlichen und blutsmäßigen Voraussetzungen (vgl. Joh 1,13), wobei immer die Vorstellung mitschwingt, dass der Ursprung das Sein bestimmt und Gleiches nur Gleiches hervorbringen kann.

3,1 Der Imperativ ›sehet‹ markiert einen weiteren rhetorischen Neueinsatz, der aber an die vorhergehende Argumentation anschließt, denn der Begriff τέκνα θεοῦ (»Kinder Gottes«) nimmt die Vorstellung der Gotteszeugung auf (2,29b). Die übergroße Liebe des Vaters[64] zeigt sich im Geschenk der Gotteskindschaft[65]. ›Kind Gottes‹ findet sich 5mal im 1Joh (3,1.2.10; 5,2; vgl. ferner 2Joh 1.4.13; 3Joh 4; Joh 1,12; 11,52)[66] und steht in einer alttestamentlich-jüdischen (vgl. Dtn 14,1: »Ihr seid Kinder des Herrn; Jub 1,24f: »Ich werde dann ihr Vater sein und sie meine Kinder«), aber auch hellenistischen Traditionslinie (der Philosoph als ›Kind/Sohn‹ Gottes bzw. des Zeus)[67]. Anders als Paulus (vgl. Gal 4,5ff; Röm 8,16ff) vermeidet der 1Joh die Bezeichnung ›Sohn Gottes/Söhne Gottes‹ für die Glaubenden und reserviert den Sohnes-Titel streng für Jesus Christus. Innerhalb der johanneischen Familienmetaphorik erscheinen die Glaubenden als ›Kinder Gottes‹, weil sie ›aus Gott gezeugt‹ sind (1Joh 2,29; 3,9; 4,7) und einem anderen Wirklichkeitsbereich angehören als die aus dem Irdischen stammenden Menschen. Die johanneische Denk- und Sehweise löst die Existenz der Glaubenden von allen geschichtlichen und blutsmäßigen Voraussetzungen und propagiert eine universale familia dei[68]. Diese Zusammenhänge sollen die Glaubenden erkennen und sich ihres neuen Status' bewusst werden. Diesen neuen Status stellt der Autor in die in 3,1-3 dominierende eigentümliche Verschränkung von noch ausstehender Heilsvollendung und gegenwärtiger Heilsgewissheit hinein. Sie zeigt sich in dem Nebeneinander des prospektiven ἵνα...κληθῶμεν (»dass ... wir genannt werden«) und des emphatischen καὶ ἐσμέν (»und wir es sind«)[69]. Wie bei Paulus wird damit ein futurischer Vorbehalt ausgesprochen (vgl. 1Kor 13,12; 2Kor 4,7; 5,7; Röm 8,24), der die umfassende Teilhabe der Christen am neuen Sein aber nicht einschränkt, sondern die zeitliche Struktur christlicher Existenz zum Ausdruck bringt: Sie vollzieht sich zwischen den Grunddaten Auferstehung und Parusie, so dass von umfassender Heilsgegenwart und Heilsgewissheit, nicht aber von Heilsvollendung gesprochen werden kann. Die Glaubenden leben zwar schon in der Endzeit, aber das Ende ist noch nicht da! Der Kosmos kann diese neue Realität nicht wahrnehmen, weil er Gott, den Vater, nicht erkannt hat.

---

[64] Das absolute ὁ πατήρ findet sich sehr häufig im 1Joh (1,2f; 2,1.14-16.22-24; 3,1; 4,14; vgl. 2Joh 3f.9).
[65] In 3,1b ist das ἵνα epexegetisch zu verstehen; vgl. *Blass/Debrunner/Rehkopf*, Grammatik § 394.
[66] Zu τεκνία vgl. 1Joh 2,1.12.28; 3,7.18; 4,4; 5,21; Joh 13,33.
[67] Vgl. Epikt, Diss I 3,1-2; 9,5-6; 19,9; Dio Chrys 4,21-23; Plot II 9,9,87-88.
[68] Vgl. hierzu *D. Rusam*, Die Gemeinschaft der Kinder Gottes, 105-134.
[69] Hier dürfte eine Anspielung auf die Taufe vorliegen; vgl. *G. Strecker*, Die Johannesbriefe, 148.

2 Die gegenwärtige Gotteskindschaft wird noch einmal nachhaltig betont (νῦν), um dann in Relation zu ihrer eigenen Zukunft gesetzt zu werden. Für die Kinder Gottes steht noch etwas aus, das sich in naher Zukunft zeigen wird. Was der 1Joh genau meint, lässt sich aufgrund der unsicheren Bezüge nur vermutungsweise sagen. Vor allem die Bedeutung von ὅτι ἐὰν φανερωθῇ ist unklar; es könnte sich auf das endgültige Offenbarwerden der Gotteskindschaft beziehen und wäre dann mit »wenn es offenbar wird« zu übersetzen[70]. Möglich wäre aber auch ein Bezug auf den in der Parusie sich offenbarenden Christus, so dass mit »wenn er offenbar wird« zu übersetzen wäre[71]. Für einen Bezug auf das künftige Sein der Glaubenden würde vor allem die Wiederaufnahme von οὔπω ἐφανερώθη durch ἐὰν φανερωθῇ sprechen; dann wäre die Rede von einer zukünftigen Gottesschau bzw. Gottesähnlichkeit. Dagegen ist allerdings einzuwenden, dass der Zeitpunkt des gesamten Geschehens nach 2,28 eindeutig die Parusie Christi ist. Auch ἐκεῖνος (»jener«) in V. 3fin bezieht sich wahrscheinlich auf Christus[72], so dass αὐτῷ und αὐτόν in V. 2d.e ebenfalls auf Christus gedeutet werden können. Der 1Joh spricht dann von einer Schau Christi bei seiner Parusie durch die Glaubenden, die der Auftakt ihrer eigenen Verwandlung sein wird. Nach Joh 17,24 sollen die Glaubenden die Doxa Christi sehen: »Vater, ich will, dass jene, die du mir gegeben hast, dort mit mir zusammen seien, wo ich bin, damit sie meine Herrlichkeit sehen, die du mir gegeben hast, denn du hast mich geliebt vor Grundlegung der Welt.« Auch hier dürfte die Parusie (vgl. Joh 14,2f) den Horizont des erwarteten Geschehens markieren[73]. Den gegenwärtigen Zustand der Gemeinde kann der Evangelist kaum als Stand der Vollendung bezeichnen, so dass sich der erwartete Umschwung bei der Parusie ereignen soll. Dann wird die erhoffte Vollendung der Gemeinde mit Christus bei Gott eintreten[74]. Die Gemeinde bekommt Anteil an der göttlichen Herrlichkeit, die Jesus bereits vor der Grundlegung der Welt hatte, die er in seinem Erdenwirken offenbarte und in der er nun für immer verweilen wird. Gegenwärtig gilt nach Ex 33,20.23, dass ›niemand Gott gesehen hat‹ (vgl. 1Joh 4,12.20), nur Christus bringt Kunde von ihm (vgl. Joh 1,18; 6,46). Dann aber sehen die Glaubenden bei der Parusie Jesu unverhüllte Doxa (›wir werden ihn sehen, wie er ist‹) und werden ›ihm gleich sein‹. Die Vorstellung einer verwandelnden Gottesschau knüpft zum einen an die Wesensverwandtschaft des Menschen mit Gott an (Gen 1,26LXX: ὁμοίωσις)[75], nimmt aber vor allem urchristlich-paulinische Anschauungen auf. Nach Röm 6,5 sind die Getauften mit der ›Gleichgestalt‹ (ὁμοίωμα) seines Todes und (zukünftig) seiner Auferstehung verbunden; nach 1Kor 15,44 erfolgt bei der Parusie Christi die Verwandlung in das σῶμα πνευματικόν (›geistlicher Leib‹), und nach Röm 8,17.29 werden die Kinder/Miterben Gottes/Christi im Endgeschehen verwandelt und dem Bild Christi gleichgestaltet werden. Auch vom Evangelisten Johannes wird die Gottesschau christologisch gefasst, denn Gott und Jesus Christus sind eins (Joh 10,30) und es gilt: Wer Jesus sieht, sieht Gott (Joh 14,9).

---

[70] Zur exemplarischen Argumentation vgl. *H.-J. Klauck*, Der erste Johannesbrief, 178f.
[71] Vgl. wiederum exemplarisch *J. Frey*, Eschatologie III, 89f.
[72] So auch *H.-J. Klauck*, Der erste Johannesbrief, 179.
[73] So u. a. *C. K. Barrett*, Joh, 497; 160; *J. Frey*, Eschatologie II, 397.
[74] Eine Polemik gegen das Vollendungsbewusstsein von Falschlehrern kann ich nicht erkennen; so aber *J. Beutler*, Die Johannesbriefe, 83.
[75] Nach syrBar 51,3 werden die auferstandenen Gerechten in Herrlichkeit verwandelt.

3 Die futurisch-eschatologische Grundausrichtung des Gesamtabschnitts wird durch den Gebrauch von ἐλπίς (»Hoffnung«) unterstrichen, das in den johanneischen Schriften nur hier erscheint[76]. Die Hoffnung gilt dem Gott, der seine Liebe in der Sendung (1Joh 4,9) und dem sühnenden Werk des Sohnes (1Joh 1,7; 2,2) sowie der Neuschöpfung der Glaubenden als Kinder Gottes erwiesen hat und erweisen wird. Deshalb ist die Gemeinde aufgefordert, sich selbst ›zu reinigen‹, d.h. ein Leben jenseits der Sünde zu führen (vgl. 1Joh 3,4). Obwohl die Reinigungsvorstellung im Kult beheimatet ist (vgl. Ex 19,10f), verweist das Modellverhalten Jesu Christi deutlich auf den ethischen Bereich[77]. So wie jener durch seinen Sühnetod die Sünde überwunden und die Sünden der Glaubenden beseitigt hat (vgl. 1Joh 1,7.9; 2,2; 4,10), sollen sie sich von der Sünde fern- und freihalten.

Die Spannung zwischen dem gegenwärtigen und dem zukünftigen Sein der Glaubenden prägt nicht nur 1Joh 2,28-3,3, sondern die gesamte Eschatologie des 1Joh. Der Brief betont nachdrücklich die Gegenwart des Heils[78]: Wer an den Sohn glaubt, ›hat‹ das ewige Leben (1Joh 5,12; vgl. Joh 3,36); er ist vom Tod zum Leben hinübergeschritten (1Joh 3,14; vgl. Joh 5,24) und ist definitiv aus Gott gezeugtes ›Kind Gottes‹ (1Joh 2,29; 3,1f). Gegenüber diesen Aussagen sind die futurisch-eschatologischen Aussagen keineswegs ein literarischer Fremdkörper[79] oder ein inhaltliches Dekadenzphänomen[80], sondern sie fügen sich organisch in die Gesamtargumentation des 1Joh ein und bringen ein zentrales theologisches Anliegen zum Ausdruck: Gerade weil die gegenwärtige Gemeinde vom Kosmos bedrängt wird, Falschlehrer auftreten und der Teufel die Welt beherrscht (1Joh 5,19), hofft sie auf die bevorstehende Vollendung ihres Heils bei der Parusie Christi[81]. Futurisch-eschatologisches Gedankengut gehört zu den Grundelementen des johanneischen Denkens und ist – auch im Johannesevangelium – keineswegs ein Sekundärphänomen[82].

---

[76] Das Verb ἐλπίζειν (»hoffen«) erscheint untheologisch in 2Joh 12; 3Joh 14; ferner in Joh 5,45 (die Juden hoffen auf Mose).
[77] Vgl. *G. Strecker*, Die Johannesbriefe, 158f.
[78] Vgl. *W. Vogler*, Die Briefe des Johannes, 48.
[79] So vor allem *R. Bultmann*, Die kirchliche Redaktion des ersten Johannesbriefes, 388f, der kurzerhand 1Joh 2,28; 3,2; 4,17 für Interpolationen erklärt.
[80] So z.B. *G. Klein*, »Das wahre Licht scheint schon«, 325, der in der futurischen Eschatologie des 1Joh nichts anderes als eine Partizipation »an der futurischen Eschatologie des durchschnittlichen Christentums« sieht.
[81] Vgl. *J. Frey*, Eschatologie III, 94f.
[82] Zu den umstrittenen Einschätzungen der Eschatologie des Evangeliums vgl. *R. Bultmann*, Die Eschatologie des Johannes-Evangeliums, in: ders., Glauben und Verstehen I, Tübingen ⁸1980, 134-152; *J. Blank*, Krisis. Untersuchungen zur johanneischen Christologie und Eschatologie, Freiburg 1964; *J. Neugebauer*, Die eschatologischen Aussagen in den johanneischen Abschiedsreden, BWANT 140, Stuttgart 1995; *A. Hammes*, Der Ruf ins Leben. Eine theologisch-hermeneutische Untersuchung zur Eschatologie des Johannesevangeliums mit einem Ausblick auf ihre Wirkungsgeschichte, BBB 112, Bodenstein 1997; *J. Frey*, Eschatologie III, passim; *H.-Chr. Kammler*, Christologie und Eschatologie, WUNT 126, Tübingen 2000; *H.-J. Eckstein*, Die Gegenwart im Licht der erinnerten Zukunft. Zur modalisierten Zeit im Johannesevangelium, in: ders., Der aus Glauben Gerechte wird leben, Münster 2003, 187-206; *U. Schnelle*, Theologie, 702-707.

3. Die Freiheit der Kinder Gottes von der Sünde 3,4-10*

(4) Jeder, der die Sünde tut, tut auch die Gesetzlosigkeit und die Sünde ist die Gesetzlosigkeit. (5) Und ihr wisst, dass jener erschienen ist, damit er die Sünden wegnehme; die Sünde ist nicht in ihm. (6) Jeder, der in ihm bleibt, sündigt nicht. Jeder, der sündigt, hat ihn nicht gesehen, hat ihn nicht erkannt. (7) Kinder, niemand soll euch in die Irre führen! Wer die Gerechtigkeit tut, ist gerecht, so wie jener gerecht ist. (8) Wer die Sünde tut, ist aus dem Teufel, denn der Teufel sündigt von Anfang an. Dazu ist der Sohn Gottes erschienen, dass er die Werke des Teufels zerstöre. (9) Jeder, der aus Gott gezeugt ist, tut keine Sünde, weil sein Same in ihm bleibt. Und er kann nicht sündigen, weil er aus Gott gezeugt ist. (10) Darin sind die Kinder Gottes und die Kinder des Teufels zu erkennen: Jeder, der nicht die Gerechtigkeit tut, ist nicht aus Gott und ebenso der, der seinen Bruder nicht liebt.

V. 5: Statt οἴδατε (»*ihr* wisst«) lesen ℵ 01 und wenige andere HS οἴδαμεν (»*wir* wissen«); die äußere Bezeugung (A 02.B 03 und viele andere) spricht für die erste LA. Nach ἁμαρτίας lesen ℵ 01.C 04.K 018.L 020.Ψ 044 und zahlreiche Minuskeln ἡμῶν (also: »*unsere* Sünden«); eine sekundäre Angleichung an 1Joh 2,2; 4,10.

Die ab 2,28 dominierende eschatologische Perspektive bleibt erhalten, denn sowohl die ἀνομία (»Gesetzlosigkeit/Frevel«) als auch das Wirken des Teufels sind Zeichen der Endzeit. Zugleich rückt die Sündenthematik und mit ihr der erste Sub-Diskurs wieder in den Vordergrund. Das Thema ›Sünde‹ klang mit dem Motiv der Reinigung in 3,3 bereits an, nun wird es Gegenstand grundlegender Reflexionen. Sie nehmen einerseits die Überlegungen in 1Joh 1,6-2,2 und damit die Eröffnung des ersten Sub-Diskurses auf, andererseits entwickelt sich die Argumentation in eine völlig andere Richtung, die in einer starken Spannung zu den anfänglichen Aussagen steht.

4 Mit πᾶς (»jeder«) wird der allgemeingültige Charakter der Ausführungen signalisiert; nicht eine spezielle Gruppe (z. B. die Falschlehrer)[83], sondern die Gesamtgemeinde ist angeredet (vgl. V. 7: τεκνία). Die Bestimmung der Schlüsselbegriffe ἁμαρτία (»Sünde«) und ἀνομία (»Gesetzlosigkeit/Frevel«) erfolgt in zweifacher Weise; sie werden zunächst parallelisiert und dann im Sinne einer Steigerung identifiziert. Im Alten Testament können beide Begriffe synonym verwendet werden; vgl. Ps 50,5LXX: »Denn ich kenne mein Vergehen (ἀνομίαν) und meine Sünde (ἁμαρτία) steht mir immer vor Augen« (ferner Ps 32,1; Ex 34,9; Jer 31,34). Im griechisch-hellenistischen Bereich kann ἀνομία den Zustand der Gesetzlosigkeit oder Ungesetz-

---

* Literatur: *Goldhahn-Müller, I.*: Die Grenze der Gemeinde, 61-72; *Griffith, T.*: Keep Yourselves from Idols, 128-142; *Hahn, H.*: Tradition und Neuinterpretation, 185-209; *Inman, V. K.*: Distinctive Johannine Vocabulary and the Interpretation of 1 John 3,9, WThJ 40, 1977-78, S. 136-144; *Kotzé, P. P. A.*: The meaning of 1 John 3,9 with reference to 1 John 1,8 and 10, Neot 13 (1979), 68-83; *Metzner, R.*: Verständnis der Sünde, 284-306; *Stalder, K.*: In ihm ist keine Finsternis, IKZ 72 (1982) 191-206; *Wennemer, K.*: Der Christ und die Sünde nach der Lehre des ersten Johannesbriefes, GuL 33 (1960), 370-376; *Windisch, H.*: Taufe und Sünde, 256-280.

[83] Gegen *R. Bultmann*, Die Johannesbriefe, 54f, der die Argumentation des gesamten Verses direkt gegen die Irrlehrer gerichtet sieht: »Das eben ist der Vorwurf gegen die Irrlehrer, daß sie in ihrem Wahn, sündlos zu sein, gerade der ἀνομία verfallen sind.«

lichkeit bezeichnen[84], deren Überwindung z. B. in Epikt, Diss III 26,32 Herakles zugeschrieben wird: »Herakles aber war ... ein Zerstörer aller Gesetzlosigkeit und Ungerechtigkeit (ἀδικίας καὶ ἀνομίας), ein Stifter der Gerechtigkeit und des untadeligen Lebens; und dies alles vollbrachte er arm und bloß und allein.« Da ἀνομία im johanneischen Schrifttum nur hier erscheint und mit dieser besonderen Wortwahl nicht einfach nur eine Wiederholung von ἁμαρτία gemeint sein kann, legt sich die Annahme einer Steigerung nahe: »Wer sich der ἁμαρτία schuldig macht, der verfällt auch der ἀνομία.«[85] Einen Hinweis auf den Sinn dieser Steigerung gibt 2Thess 2,1-12[86], wo der endzeitliche Widersacher als ›Mann der ἀνομία‹ (2,3) oder als ἄνομος (2,8) bezeichnet wird, mit dem das ›Geheimnis der Gesetzlosigkeit‹ (2,7) offenbar wird. Ihn wird der Kyrios Jesus bei seiner Parusie vernichten (2,8). Dahinter steht eine jüdisch-apokalyptische Tradition, wonach in der Endzeit ein Geist/eine Gestalt des Frevels auftritt, die unter der Macht das Satans steht und dem die Frommen widerstehen sollen (vgl. 1QS 3,18-21; 4,9.17-20; 1QH 1,36: »Gerechte, macht dem Frevel ein Ende«)[87]. Für den Zusammenhang von ἁμαρτία und ἀνομία ergibt sich dann folgender Sinn: Wer sündigt, begeht nicht nur ein Fehlverhalten, sondern beteiligt sich am widergöttlichen Wirken des endzeitlichen Widersachers[88]. Damit wird die Sünde ihres rein individuellen Charakters entkleidet und in einen eschatologischen Horizont eingezeichnet.

5 Der Rückgriff auf das gemeinsame Glaubenswissen (οἴδατε) zeigt noch einmal, dass es sich um innergemeindliche Probleme handelt. Bezog sich φανεροῦσθαι (»offenbar werden«) in V. 28 auf die Parusie, so hier auf das gesamte Wirken Jesu Christi: Es diente dazu, die Sünden/Verfehlungen der Menschen aufzunehmen/zu tragen[89]. Diese Aussagen nehmen die Argumentation von 1Joh 1,7; 2,2 auf und stehen zugleich den Täuferworten über das Gotteslamm im Johannesevangelium nahe (Joh 1,29: »Siehe, das Lamm Gottes, das die Sünde der Welt trägt«; Joh 1,36: »Siehe, das Lamm Gottes«)[90]. Das Wegschaffen der Sündenlast setzt innerhalb des Denkens in den Kategorien des Opferkultes (vgl. Lev 16,21f; Jes 53,4-7) die Makellosigkeit des Opfers und des Opfernden voraus. Für Jesus trifft dies in beiderlei Hinsicht umfassend zu, denn ›in ihm ist keine Sünde‹. Die Vorstellung der Sündlosigkeit Jesu Christi als Voraussetzung seines rettenden Handelns gehört zum ältesten Traditionsbestand des frühen Christentums (vgl. 2Kor 5,21: »der keine Sünde kannte«; ferner Joh 7,18; 8,46; 19,4.6; 1Petr 2,22; Hebr 4,15). Mit dem Singular ἁμαρτία markiert der 1Joh

---

[84] Vgl. *W. Gutbrod*, Art. νόμος, ThWNT 4, Stuttgart 1966, 1077f.
[85] *G. Strecker*, Die Johannesbriefe, 160; für eine Steigerung plädiert auch *H.-J. Klauck*, Der erste Johannesbrief, 186.
[86] Vgl. auch Did 16,4; Barn 4,1; 14,5; 15,7; 18,2.
[87] Für diese Interpretation spricht auch, dass die LXX den in Qumran gebräuchlichen Terminus für ›Frevel‹ (עולה) auch mit ἀνομία übersetzen kann (vgl. Ps 52,2; 57,3).
[88] Begründet wurde dieser Auslegungstyp von *R. Schnackenburg*, Die Johannesbriefe, 186f; ihm folgen fast alle neueren Kommentare.
[89] Vgl. *F. Passow*, Handwörterbuch der griechischen Sprache I/1, 62, wonach αἴρω in seiner Grundbedeutung meint: »aufheben, aufnehmen, bes. um zu tragen«.
[90] *H.-J. Klauck*, Der erste Johannesbrief, 187, sieht hier einen direkten Rückgriff auf das Evangelium; m. E. gibt es wohl traditionsgeschichtliche, nicht aber direkte literarische Bezüge.

die soteriologische Differenz zwischen Jesus Christus und den Glaubenden; er selbst unterliegt der Sünde nicht und trägt die Sünden/Verfehlungen (Plural) der Glaubenden[91].

6 Aus der Sündlosigkeit Jesu wird nun wiederum in grundsätzlicher Form (wie in V. 4 mit πᾶς) gefolgert, dass jeder, der in ihm bleibt, ebenfalls nicht sündigt. Der Indikativ οὐχ ἁμαρτάνει ist durativ zu verstehen, bezeichnet also eine andauernde neue Wirklichkeit, die in V. 6a an das ›Bleiben‹ und im negativ-antithetisch aufgebauten V. 6b an das ›Sehen‹ und ›Erkennen‹ Jesu Christi gebunden ist. Alle drei Begriffe umschreiben den einen Vorgang des Glaubens an den Gottessohn, wie er der Gemeinde von Anfang an überliefert wurde. Wie ist diese neue Wirklichkeit zu verstehen? Ist sie ethisch gemeint[92], beschreibt sie eine neue ontologische Wirklichkeit[93] oder handelt es sich um eine bewusst mehrdeutige Feststellung, die sich einem direkten Zugriff entzieht? Zunächst muss festgestellt werden, dass weder ein verkappter Imperativ noch eine kategoriale Aussage (anders in V. 9!) vorliegt[94]; auch das μένειν (»Bleiben«) spricht keineswegs für eine rein ethische Interpretation, denn es bezieht sich in 2,24.27.28 als generelle Haltung auf weit mehr als auf ethische Inhalte[95]. Die in V. 6b eingeräumte negative Möglichkeit des Sündigens zeigt, dass es zwar um Handlungen geht, die allerdings vom Glauben oder Unglauben zeugen, was wiederum über die Handlungsebene hinausgeht. Somit lassen sich nicht die Einzelheiten erkennen, wohl aber die Grundintention: An Jesus Christus glauben und das Sündigen/die Sünde schließen sich (eigentlich) aus.

7 Wieder wird die Gemeinde direkt angesprochen, wobei die imperativische Formulierung »niemand soll euch in die Irre führen« Warnfunktion hat (vgl. 1,8; 2,26). Ein Denkfehler in der Verhältnisbestimmung von Sünde und Gerechtigkeit soll verhindert werden. Damit nimmt der Autor die Argumentation in 1Joh 2,29 wieder auf, zugleich formuliert er aber auch seine Position im antiken Diskurs über Gerechtigkeit. Im Alten Testament[96], vor allem aber in der griechischen Tradition ist die Gerechtigkeit an das Tun des Gerechten gebunden. Nach Platon, Gorgias 460b, gilt: ὁ δὲ δίκαιος δίκαια πράττει (»Der Gerechte aber tut das Gerechte«) und Aristoteles,

---

[91] Keine Differenz zwischen dem Singular und dem Plural will *G. Strecker*, Die Johannesbriefe, 163 Anm. 20, sehen.

[92] Dafür votiert nachdrücklich *G. Strecker*, Die Johannesbriefe, 164: »Es handelt sich nicht um die Darlegung eines objektiv feststellbaren Tatbestandes, sondern im Zusammenhang des paränetischen Kontextes um die Ermahnung an die Gemeinde, für sich die notwendigen Folgerungen aus dem befreienden Indikativ des Christusgeschehens zu ziehen.«

[93] Knapp *H. Windisch/(H. Preisker)*, 1Joh, 121: »Entsündigung durch Christusschau.«

[94] Darauf weist *R. Schnackenburg*, Die Johannesbriefe, 188, zu Recht hin. Seine These, hier läge eine ›Regel‹ oder ›Beobachtung‹ vor, überzeugt allerdings auch nicht, denn die Gemeindewirklichkeit ist ja von Sünde geprägt; vgl. 1Joh 1,6-2,2.

[95] Auch *H.-J. Klauck*, Der erste Johannesbrief, 188, bemerkt zu Recht: »Aber mit dieser Ethisierung der Sünde kommen wir im 1Joh nicht durch.«

[96] Vgl. Jes 5,7LXX, wonach Gott nicht ἀνομία, sondern δικαιοσύνη will; vgl. ferner 2Sam 8,15, wo es über David heißt: »und er schaffte all seinem Volk Recht und Gerechtigkeit«; nach Jes 56,1 sagt Jahwe seinem Volk: »Wahrt das Recht und sorgt für Gerechtigkeit; denn bald bringe ich Rettung, meine Gerechtigkeit wird sich bald offenbaren«; eine Einführung in die Thematik bieten: *J. Scharbert*, Art. Gerechtigkeit, TRE 12, Berlin 1984, 404-411; *H. Spieckermann*, Art. Rechtfertigung, TRE 28, Berlin 1997, 282-286.

EthNic II 1105b, konstatiert: ἐκ τοῦ τὰ δίκαια πράττειν ὁ δίκαιος γίνεται (»aus dem Tun des Gerechten entsteht der Gerechte«). Die Gerechtigkeit des Menschen ergibt sich aus einem normengemäßen und d. h. einem gerechten, an den Gesetzen orientierten Verhalten[97]. Auch der 1Joh setzt diese Zusammenhänge indirekt voraus, indem er in 3,4 die Sünde mit der ἀνομία (»Ungesetzlichkeit«) in Beziehung setzt. Hier jedoch zielt die Argumentation auf einen anderen Aspekt: Die Gerechtigkeit wird an ihre sichtbare Seite, das Tun (des Gerechten), gebunden[98], d. h. der anthropologische Status und seine ethische Erscheinungsform müssen sich entsprechen. Darin ist Jesus Christus Urbild und Vorbild, denn er ist durch die Überwindung der Sünde der wahrhaft Gerechte (vgl. 1Joh 2,1f.29). Offenbar wird eine Gerechtigkeitskonzeption kritisiert, die zwar den neuen Status für sich proklamiert, dies aber nicht durch ein konkretes Tun verifiziert.

8 Auf die positive Beschreibung von Gerechtigkeit als Tun des Gerechten folgt zunächst antithetisch eine negative Aussagereihe. Dem einen Gerechten Jesus Christus wird der Teufel gegenübergestellt, dessen Wesen es geradezu ist, zu sündigen, denn ›er sündigt von Anfang an‹. Sachlich besteht hier eine große Nähe zu Joh 8,44: »Ihr stammt von dem Vater, dem Teufel, und wollt die Begierden eures Vaters tun. Jener war ein Menschenmörder von Anbeginn (ἀπ' ἀρχῆς), und in der Wahrheit hatte er keinen Stand, weil in ihm die Wahrheit nicht ist. Wenn er die Lüge spricht, spricht er aus seinem eigenen Wesen, denn er ist ein Lügner und der Vater der Lüge.« Der Unglaube der ›Juden‹ wird auf die übermenschliche Macht des Bösen, auf den Teufel, zurückgeführt. Wenn die Gegner Jesus töten wollen, dann erweisen sie damit ihr Sein ›aus dem Vater, dem Teufel‹. Die Herkunft bestimmt das Sein und das Verhalten. So wie Gott, die Wahrheit und das Leben zusammengehören, sind auf der anderen Seite der Teufel, die Lüge und der Tod ursächlich miteinander verbunden[99]. Der Teufel hat mit der Wahrheit nichts zu tun, seinem Wesen entspricht die Lüge, deshalb ist er der Vater der Lüge. Ebenso hat jede Art von Sünde im Teufel ihren Ursprung, so dass ein Tun der Sünde auf das Sein ›aus dem Teufel‹ hinweist. Die gewichtige Rolle des Teufels in der Argumentation des 1Joh (vgl. 2,13) und des Johannesevangeliums erklärt sich aus dem beiden Autoren zugänglichen Traditionsmaterial, vor allem aber lässt die Gestalt des Teufels eine personale Konfrontation zu: Das Offenbarwerden Jesu Christi zielt geradezu darauf, die Werke des Teufels, d. h. die Sünde zu vernichten[100].

---

[97] Vgl. Aristot, EthNic V 1138a: »Wer die Gesetze mißachtet, ist ungerecht, so hatten wir gesehen, wer sie achtet, ist gerecht. Das heißt also: alles Gesetzliche ist im weitesten Sinn etwas Gerechtes«; EthNic V 1134a: »Denn Recht ist da, wo die Beziehungen von Mensch zu Mensch durch das Gesetz geordnet sind, und das Gesetz ist da, wo unter Menschen Ungerechtigkeit möglich ist«; ferner EthNic X 1180: »Das Gesetz aber hat jene zwingende Gewalt: es ist ein Ordnungsprinzip, das auf sittlicher Einsicht und Vernunft beruht.«

[98] Vgl. Aristot, EthNic V 1129a: »Wir sehen nun, dass alle ein derartiges Verhalten Gerechtigkeit nennen, auf Grund dessen wir fähig sind, gerecht zu handeln, und dies auch tun und wollen«.

[99] *E. E. Popkes*, Die Theologie der Liebe Gottes, 117, weist zu Recht darauf hin, dass Christus und der Teufel hier nicht wirklich gleichrangig gedacht werden, weil dem Teufel keine Schöpfungsmittlerschaft zuerkannt wird (lediglich ἀπ' ἀρχῆς).

[100] Treffend *H. Windisch*/(*H. Preisker*), 1Joh, 121: »Der Teufel ist der Urheber der ersten ... und der Anstifter aller Sünde, der Sohn Gottes ist der Welterneuerer, der das Werk des alten Weltverderbers zerstört.«

9 Dieser Vers ist die crux interpretum des 1Johannesbriefes! In 1Joh 1,8-10 wird ausdrücklich gesagt, die Behauptung der Sündlosigkeit der Christen sei wider die Wahrheit Gottes (1,8: »Wenn wir sagen: Wir haben keine Sünde, führen wir uns selbst in die Irre, und die Wahrheit ist nicht in uns«). Demgegenüber schließen hier das Gezeugtsein aus Gott und die Verbundenheit mit Christus das Sündigen/die Sünden aus; mehr noch, wer aus Gott gezeugt ist, *kann* nicht sündigen (οὐ δύναται ἁμαρτάνειν)!

Die Argumentation setzt wie in V. 4 mit einem allgemeinen πᾶς (»jeder«) ein, d. h. der Autor formuliert einen Grundsatz, der für die Gesamtgemeinde gilt und sich nicht an einzelne Gruppen (oder Gegner) wendet. Das Nicht-Sündigen wird zunächst aus dem Gezeugtsein aus Gott (zur Vorstellung vgl. 2,29) gefolgert, dann schließt sich als eigentliche Begründung an: ›weil sein Same in ihm bleibt‹. Der von Gott Gezeugte ist im Besitz des göttlichen Samens, der bewirkt, dass er nicht sündigt. Unter σπέρμα θεοῦ (»Same Gottes«) wird hier nicht nur die einmalige Zeugung, sondern offenbar eine kontinuierliche Kraft verstanden, die die Glaubenden vom Sündigen fernhält[101]. Dann dürfte mit dem ›Samen Gottes‹ das Wort Gottes oder der Geist Gottes, das Chrisma gemeint sein. Für eine Interpretation auf das Wort Gottes kann vor allem auf 1Joh 1,10 hingewiesen werden[102], andererseits verweist aber die Zeugungsmetaphorik auf das mit Taufe und Geistverleihung verbundene Geist-Chrisma (vgl. 1Joh 2,20.27)[103]. Der Geist ist eine schöpferische Kraft, die nach 1Joh 3,24 bewirkt, dass die Glaubenden Jesu Gebot der Bruderliebe halten, »aus dem Geist, den er uns gegeben hat« (vgl. auch 1Joh 4,13). In V. 9b vollzieht sich innerhalb der Argumentation ein Kategoriensprung, denn es erfolgt ein Wechsel von der Handlungsebene zur Seinsebene: Wer aus Gott geboren ist, kann nicht sündigen. Kann V. 9a in Aufnahme von 3,6 noch im Kontext menschlicher (Nicht-)Aktivität und damit ethisch interpretiert werden, so ist dies in V. 9b nicht mehr möglich[104]. Es ist ein fundamentaler Unterschied, ob der Glaubende keine Sünde tut oder keine Sünde tun kann!

Die Spannungen zu 1Joh 1,8.10 sind offenkundig und es verwundert nicht, dass es zahlreiche Versuche gibt, sie zu erklären. Drei Modelle sind in der Forschung von Bedeutung[105]: 1) Zwischen der »Unsündlichkeit des Christen«[106] in 1Joh 3,9 und den Aussagen über die Sünde/das Sündigen in 1Joh 1,6-10; 5,16f besteht ein Wider-

---

[101] Durchaus vergleichbar ist Musonius, Dissertationes 2, der davon ausgeht, dass jeder Mensch von Geburt an Anteil an der Tugend hat: »Was beweist dies nun anderes als die Tatsache, dass der Seele des Menschen von Natur die Anlage zur Sittlichkeit innewohnt und der Keim der Tugend einem jeden von uns eingepflanzt ist (σπέρμα ἀρετῆς ἑκάστῳ ἡμῶν ἐνεῖναι).«
[102] Vgl. *C. H. Dodd*, The Johannine Epistles, 77, der auch auf Jak 1,18; 1Petr 1,23 verweist.
[103] So z. B. *R. Schnackenburg*, Die Johannesbriefe, 190f; *G. Strecker*, Die Johannesbriefe, 171f; *H.-J. Klauck*, Der erste Johannesbrief, 194.
[104] Vgl. *H.-J. Klauck*, Der erste Johannesbrief, 195.
[105] Einen Forschungsüberblick bieten *I. Goldhahn-Müller*, Die Grenze der Gemeinde, 65-68; *H.-J. Klauck*, Der erste Johannesbrief, 195-197; nicht dargestellt werden hier weitere Lösungsmodelle, die m. E. dem Befund in keiner Weise gerecht werden (die Annahme verschiedener Sündenarten in 1,6-10 und 3,9; die Unterscheidung von Einzelsünden in 1,6-10 und der Sündenfreiheit der Gesamtgemeinde in 3,9; literarkritische Modelle, wonach 3,9 einer ›Vorlage‹ entnommen ist).
[106] *H. Windisch*/(*H. Preisker*), 1Joh, 121.

spruch¹⁰⁷. Diese Interpretation versucht nicht, die Spannungen wortreich aufzulösen oder zu leugnen, sondern führt sie entweder auf verschiedene Traditionen zurück¹⁰⁸ oder lässt sie einfach als nüchternen Textbefund stehen. Allerdings muss sie eine Inkonsistenz der Argumentation annehmen und es bleibt zu fragen, ob der Autor so sein Ziel erreichen konnte, seine Gemeinde in dieser zentralen Frage zu einer einheitlichen Position zu bringen. 2) Die ethisch-eschatologische Erklärung, wonach die besonders starke Ausdrucksweise dazu dient, »die Gemeinde zu ermahnen, nicht zu sündigen. ... Das ›nicht sündigen können‹ stellt die eschatologische Wirklichkeit, aus der sie seit ihrer Entstehung lebt, grundsätzlich sachgemäß dar. Dies aber beseitigt die irdische Realität nicht, in der die Sünde eine bedrohende Macht bleibt, die es bis zum Ende der Welt immer wieder zu überwinden gilt.«¹⁰⁹ Positiv ist bei diesem Erklärungsmodell anzuerkennen, dass es versucht, die Aussagen des 1 Joh zur Sünde als relative Einheit zu verstehen. Dennoch wird es dem Textbefund nicht gerecht; es scheitert an 3,9b, weil hier von einer Sündenfreiheit jenseits menschlicher Aktivität die Rede ist¹¹⁰. 3) Der Autor nimmt in 3,9 eine Spitzenaussage der Gegner auf. »Er kann nicht zulassen, daß sie allein – in der Theorie zumindest – als vollkommene Christen dastehen, die Restgemeinde hingegen als ein Haufen notorischer Sünder. Außerdem teilt er ein Stück weit ihr perfektionistisches Ideal. Aber die Gegner fassen die Sündlosigkeit zu statisch und nicht als dynamischen, prozeßhaften Vorgang.«¹¹¹ Gegen diese These ist einzuwenden, dass ein Bezug auf die Gegner in keiner Weise erkennbar ist; im Gegenteil, πᾶς in V. 4.6.9 und die direkte Anrede τεκνία in V. 7 verdeutlichen, dass es um die Gesamtgemeinde (und nicht um Gegner) geht.

Man wird zunächst einzuräumen haben, dass jedes Erklärungsmodell aufgrund des Textbefundes an Grenzen kommt und Zusatzannahmen machen muss. Zugleich darf aber vorausgesetzt werden, dass der Autor ein bestimmtes Argumentationsziel verfolgte, das zumindest in Umrissen erkennbar sein muss. Dabei sollte ein Erklärungsmodell alle programmatischen Aussagen über die Sünde im Brief und damit den gesamten ersten Sub-Diskurs mit einbeziehen; neben 1,6-2,2; 3,4-10 auch 1 Joh 5,16f: »Wenn jemand seinen Bruder sündigen sieht, eine Sünde die nicht zum Tod

---

¹⁰⁷ Vgl. *H. Windisch*, Taufe und Sünde, 256ff; *ders./(H. Preisker)*, 122 zu 3,9: »In dem Perfektionismus des Joh verbindet sich somit christlich gedeuteter Messianismus mit verkirchlichter Gnosis; und mit 1,6ff 5,16f ist er nicht zu vereinen.«

¹⁰⁸ So *H. Windisch*, Taufe und Sünde, 272ff.

¹⁰⁹ *G. Strecker*, Die Johannesbriefe, 173f. Für eine ethisch-eschatologische Interpretation plädieren auch: *R. Schnackenburg*, Die Johannesbriefe, 192: »Die ›Zeugung aus Gott‹, mit der in 3,9 unsere Unfähigkeit zum Sündigen begründet wird, ist nicht ein für sich bestehender übernatürlicher Akt Gottes, sondern innerlich auf die sittliche Bewährung der Kinder Gottes hingeordnet«; *R. Bultmann*, Die Johannesbriefe, 58: »Das οὐ δύναται ἁμαρτάνειν muß also als die Möglichkeit des Nichtsündigens verstanden werden, die der Glaubende als das unverlierbare Geschenk der ἀγάπη Gottes empfangen hat, eine Möglichkeit, die freilich stets zu realisieren ist, wie auch V. 10 sogleich zum Ausdruck bringt«; vgl. ferner *I. Goldhahn-Müller*, Die Grenze der Gemeinde, 69; *J. Beutler*, Die Johannesbriefe, 89; *R. Metzner*, Verständnis der Sünde, 294; *H. Hahn*, Tradition und Neuinterpretation, 209: »Der Widerspruch zwischen 3,9 und 1,8ff. ist also nur ein scheinbarer. Er erklärt sich daraus, daß der Verfasser in 3,9 stärker die Unmöglichkeit des Sündigens im Blick hat, in 1,8ff. aber dessen Wirklichkeit im konkreten Lebensvollzug der Christen.«

¹¹⁰ Zur Kritik am ethischen Modell vgl. auch *H.-J. Klauck*, Der erste Johannesbrief, 195.

¹¹¹ *H.-J. Klauck*, Der erste Johannesbrief, 197f. Auch nach *K. Wengst*, Der erste, zweite und dritte Brief des Johannes, 138, nimmt der Autor in 3,9 eine gegnerische Aussage auf, wertet sie aber anders aus.

führt, soll er bitten, und er wird ihm Leben geben, denen, die nicht sündigen zum Tode. Es gibt Sünde zum Tode, nicht über diese sage ich, dass er bitten soll. (17) Jede Ungerechtigkeit ist Sünde und es gibt auch Sünde, die nicht zum Tod führt.« Diese Unterscheidung zwischen zwei verschiedenen Sündenarten am Ende des Briefes nimmt 1Joh 1,6-2,2 und 3,4-10 auf und führt zu einem Lösungsvorschlag: Mit der ›Sünde zum Tode‹ wird an der prinzipiellen Unvereinbarkeit von Sünde und Christsein festgehalten, so wie es auch in 1Joh 3,9 ausgesagt wird[112]. Mit den Sünden, die nicht zum Tode führen und damit vergebbar sind, greift der Autor die Argumentation in 1Joh 1,6-2,2 auf. Die gesamte Gemeinde des 1Joh stimmte darin überein, dass zwischen Sünde und Christsein ein wesenhafter Gegensatz besteht. Unterhalb dieser Ebene gab es aber offenbar (jenseits der Falschlehrer) zwei verschiedene Auffassungen zum Verhältnis Christsein – Sünde. Die eine Position orientierte sich mehr an der Gemeindewirklichkeit; sie erkannte die Realität der Sünde in der Gemeinde an und sah in der Vergebung durch den gerechten Fürsprecher Jesus Christus (1,6-2,2) die Überwindung der Sündenmacht. Die zweite Gruppe argumentierte grundsätzlicher, sie behauptete eine Unfähigkeit/Unmöglichkeit des Sündigens für die Getauften. Diese Position wurde wahrscheinlich auch von den Falschlehrern vertreten, aber eben nicht nur von ihnen, sondern auch von Teilen der Gemeinde, die sich der christologischen Falschlehre nicht anschlossen. Deshalb sah sich der 1Joh gezwungen, beide Strömungen in der Gemeinde in seine Argumentation aufzunehmen und zu einem Kompromiss zusammenzuführen (vgl. die Auslegung zu 1Joh 5,16f).

10 Weil das Handeln die jeweilige Herkunft offenbar macht, ist eine klare Trennung zwischen den ›Kindern Gottes‹ und den ›Kindern des Teufels‹ möglich[113]. Sie zeigt sich im Tun der Gerechtigkeit, also in der Bruderliebe. So wie die Bruderliebe der innere Kern der Gerechtigkeit ist, zeugt das Nichttun der Gerechtigkeit und damit der Hass gegenüber dem Bruder für die Zugehörigkeit zum Teufel. Das Gezeugtsein aus Gott und die Verbundenheit mit Christus hingegen schließen Sünden aus, denn sie bewirken ein Nicht-Sündigen-Können. Die Gemeinde kann deshalb am Handeln ablesen, wer zu den ›Kindern Gottes‹ und wer zu den ›Kindern des Teufels‹ gehört.

Kein anderer Abschnitt im 1Joh zeugt so nachdrücklich vom ernsten Willen der johanneischen Christen, ihre Gemeinde von der Sünde freizuhalten, denn Christsein und Sünde schließen sich wesenhaft aus. Der Sünde und dem Teufel wird das Tun der Gerechtigkeit in der Nachfolge des Gerechten Jesus Christus entgegengestellt. *Eine solche Gerechtigkeit als Freiheit von der Sünde hat in der Bruderliebe ihre allen sichtbare Gestalt.* Diese Kernaussage bestätigt sich auch, wenn alle spannungsreichen Aussagen (1Joh 1,6-2,2; 3,4-10; 5,16f) des ersten Sub-Diskurses zum Thema ›Sünde/sündigen‹ in den Blick genommen werden.

---

[112] Vgl. *I. Goldhahn-Müller*, Die Grenze der Gemeinde, 71.
[113] Vgl. dazu Joh 8,44; Offb 13,10; Mt 13,38; vergleichbar ist die Unterscheidung zwischen den ›Kindern des Lichts‹ und ›Kindern der Finsternis‹ in 1QS 1,9ff; 1QH 6,29f; Jub 15,26ff; TestDan 4,7.

4. Sichtbare Bruderliebe 3,11-18

(11) Denn dies ist die Botschaft, die ihr von Anfang an gehört habt, dass wir einander lieben sollen. (12) Nicht wie Kain, (der) aus dem Bösen war und seinen Bruder erschlug. Und weshalb erschlug er ihn? Weil seine Werke böse waren, die seines Bruders aber gerecht. (13) Wundert euch nicht, Brüder, wenn die Welt euch hasst. (14) Wir wissen, dass wir aus dem Tod in das Leben hinübergeschritten sind, weil wir die Brüder lieben. Wer nicht liebt, bleibt im Tod. (15) Jeder, der seinen Bruder hasst, ist ein Menschenmörder und ihr wisst, dass kein Menschenmörder das ewige Leben hat, das in ihm bleibt. (16) Daran haben wir die Liebe erkannt, dass jener sein Leben für uns gab. Auch wir sind verpflichtet, das Leben für die Brüder zu geben. (17) Wer auch immer Reichtum im Leben hat und seinen Bruder Not leiden sieht und sein Inneres vor ihm verschließt, wie soll die Liebe Gottes in ihm bleiben? (18) Kinder, lasst uns nicht mit Wort und Zunge lieben, sondern durch Tat und Wahrheit!

V. 10: Statt des joh. Sonderbegriffs ἀγγελία (bezeugt durch: A 02.B 03.049 und zahlreiche Minuskeln) lesen ℵ 01.C 04.P 025.Ψ 044 das häufiger belegte ἐπαγγελία; offenkundig eine sekundäre Angleichung.

Der Abschnitt 1 Joh 3,11-24 ist nur schwer zu unterteilen, denn die Anreden ἀδελφοί (»Brüder«) in V. 13, τεκνία (»Kinder«) in V. 18 und ἀγαπητοί (»Geliebte«) in V. 21 können jeweils als Signale für einen Neueinsatz verstanden werden[114]. Zugleich schließt aber V. 18 die Ausführungen über die Bruderliebe mit einem kraftvollen Aufruf ab und in V. 19-24 stehen die Themen ›Zuversicht‹, ›Gewissen‹ und ›Gebet‹ im Zentrum[115], so dass eine Zäsur nach V. 18 sinnvoll erscheint. Der Haupt-Diskurs über die Sichtbarkeit des Glaubens in der Liebe bildet nun wieder unübersehbar den Mittelpunkt.

11 Der eigentliche Anlass der Reflexionen über die Unmöglichkeit des Sündigens wird noch einmal wie in V. 10 herausgestellt: Die Bruderliebe als Realisierung und Zeichen der Gerechtigkeit. Das Liebesgebot als anfängliche und andauernde Grundbotschaft der gesamten johanneischen Theologie rückt damit wieder in das Zentrum (vgl. 1Joh 1,5; 2,7.44)[116]. Es gehört zur anfänglichen Unterweisung der Glaubenden/ Getauften und wird nun (anders als in 1Joh 2,7f) in seiner ausgeführten Form (vgl. Joh 13,34) zitiert: einander lieben (zu ἀγαπᾶν ἀλλήλους vgl. auch 2Joh 5; 1Joh 3,23; 4,7.11.12). Die Bruderliebe dokumentiert den Bruch mit der Sünde und demonstriert die neue Ausrichtung des Lebens der Glaubenden.

12 Als Kontrast zu dieser positiven Grundbestimmung erscheint Kain als Urbild des Bruderhasses und Brudermordes (vgl. Gen 4,1-16). Er ist die einzige Bezugnahme des 1Joh auf das Alte Testament, denn anders als im Evangelium fehlen alttestament-

---

[114] So lässt z. B. *H.-J. Klauck*, Der erste Johannesbrief, 207f.214f, einen neuen Abschnitt mit V. 13 und V. 18 beginnen; *R. Schnackenburg*, Die Johannesbriefe, 204, hingegen mit V. 21.
[115] Einen Neueinsatz bei V. 19 sehen z. B. *G. Strecker*, Die Johannesbriefe, 194; *J. M. Lieu*, I, II & III John, 153.
[116] Es gibt keinen Hinweis, dass die ›anfängliche Botschaft‹ sich auf das Johannesevangelium bezieht; so aber *J. Beutler*, Die Johannesbriefe, 93.

liche Zitate. Als Symbolfigur des Bruderhasses bot sich Kain an[117], zumal in Gen 4,7 sein unerklärliches Verhalten mit dem Sündenbegriff verbunden wird. Besonders drastisch und grausam wird die entscheidende Handlung benannt, Kain erschlug, wörtlich: ›schlachtete‹, seinen Bruder Abel ab (σφάζειν = schlachten). Die Verbindung dieses archaischen Geschehens mit der Gegenwart wird durch die Frage nach dem Grund des Handelns hergestellt. Kain war aus dem Bösen, d. h. aus dem Teufel (vgl. 3,8), so dass negatives Sein und negatives Tun zusammenfallen. Er gehört zu den ›Kindern des Teufels‹ (vgl. 3,10) und deshalb waren auch seine Werke böse, die Werke seines (mit Namen nicht genannten) Bruders hingegen gerecht. Damit wird die Einzeltat ins Grundsätzliche gehoben. Auch in der Gegenwart der johanneischen Gemeinde vollzieht sich eine Scheidung zwischen den guten und bösen Werken, zwischen den Kindern des Teufels und den Kindern Gottes. Mit dem Bezug auf Kain überschreitet der 1Joh in gewisser Weise seine binnengemeindliche Perspektive[118], denn wie die Sündenfallgeschichte (Gen 3) thematisiert die Erzählung von Kain und Abel den Grund, das Woher des Bösen. Das Phänomen des Bösen kann in beiden Texten nicht überzeugend erklärt werden, es bleibt ein Rätsel. Das Böse beginnt mit dem Bösen, mit dem Willen zur bösen Tat. Dem steht nun der Wille zur guten Tat gegenüber: das johanneische Gebot, einander zu lieben.

13 Die Realität der Welt kam mit der Kain-und-Abel-Erzählung bereits in den Blick. Der Kosmos orientiert sich an Kain und hasst deshalb die Gemeinde, weil sie aus der Wahrheit und der Liebe ist[119]. Wie in 2,15-17 wird die Welt hier als ein negativer und widergöttlicher Bereich dargestellt, der mit drastischen Ausdrücken wie ›schlachten‹ (V. 12), ›hassen‹ (V. 13) und ›Menschenmörder‹ (V. 15) in Verbindung gebracht wird. Damit dürfte nicht auf systematische Verfolgungen angespielt werden[120], sondern diese Sprache entspricht der drastischen Endzeitsituation, in der die Gemeinde sich befindet. Rein symbolisch kann sie allerdings auch nicht aufgefasst werden, denn wie die Gemeinden der Johannesoffenbarung (vgl. Offb 2,10.13) und des Johannesevangeliums (vgl. Joh 15,18-16,4) war auch die Gemeinde des 1Joh lokalen Repressionen ausgesetzt.

14 Die Gemeinde erträgt diese Situation in der Erkenntnis und dem Wissen, bereits vom Tod in das Leben hinübergeschritten zu sein. Die Glaubenden haben den Ort des Todes bereits verlassen (= μεταβαίνειν) und befinden sich im Bereich des andauernden Lebens, haben somit einen neuen Status erlangt. In Joh 5,24 wird dieser Übergang mit dem Glauben, hier mit der Bruderliebe verbunden, ohne dass daraus ein Gegensatz konstruiert werden kann. Weder der Glaube noch die Bruderliebe kön-

---

[117] Zur jüdischen Auslegung der Kainsgestalt vgl. vor allem Philo, Über die Geburt Abels und die Opfer, die er und sein Bruder Kain darbringen (SacrAbCain); ferner Joseph, Ant 1,53-66. Zur christlichen Wirkungsgeschichte von Kain und Abel vgl. Mt 23,35; Hebr 11,4; Jud 11.
[118] Vgl. auch *H.-J. Klauck*, Der erste Johannesbrief, 204.
[119] Vgl. *K. Wengst*, Der erste, zweite und dritte Brief des Johannes, 148; anders *G. Strecker*, Die Johannesbriefe, 181, der nicht im Tun der Bruderliebe, sondern im übergeordneten Dualismus (Sein aus Gott – Sein aus dem Teufel) die Ursache für den Hass sieht.
[120] Vor allem im Hinblick auf ›schlachten‹ in V. 12 erwägt dies *R. Schnackenburg*, Die Johannesbriefe, 196.

nen allerdings diesen Orts- und Statuswechsel begründen[121], sie sind vielmehr dessen sichtbare Kennzeichen, denn die wahre Liebe (vgl. 1Joh 4,7-10) und das wahre Leben (vgl. 1Joh 1,1.2) sind im Sohn erschienen. Im Sohn gewährt der Vater ein Leben, das durch den biologischen Tod nicht zerstört wird. Die nach wie vor existierende Realität des physischen Todes begrenzt nicht mehr das Leben, sondern als eine in der Gegenwart beginnende Gemeinschaft des Glaubenden mit Gott eröffnet das ewige Leben eine nie endende Zukunft. Nicht Unsterblichkeit, sondern andauerndes wahres Leben bei Gott wird den von der Welt bedrängten Glaubenden verheißen. Während der Übergang vom Tod zum Leben im Perfekt formuliert ist, steht das Lieben der Brüder ebenso wie sein Gegenbild im Präsens. Dem vollzogenen und zugleich andauernden Wechsel ins Leben entspricht eine gegenwärtige Praxis, die sich in der Bruderliebe zeigt. Umgekehrt verbleibt der im Bereich des Todes, der nicht liebt.

15 Der bereits ausgesprochene Grundgedanke, dass der, der seinen Bruder nicht liebt, zum Bereich des Todes gehört, wird nun variiert und zugleich verschärft. Hass zeigt sich in fehlender Liebe und führt in den Tod, weil er aus dem Tod kommt. Der Bruderhasser ist zugleich ein ›Menschenmörder‹[122], womit auf Kain in V. 12 Bezug genommen wird und zugleich der noachitische Bund anklingt (Gen 9,6: »Wer Menschenblut vergießt, dessen Blut soll auch durch Menschen vergossen werden«). In Joh 8,44 ist der Teufel »ein Menschenmörder von Anbeginn und in der Wahrheit hatte er keinen Stand, weil in ihm die Wahrheit nicht ist«. Dies zeigt, dass der Gegenspieler Gottes im johanneischen Denken einen prominenten Platz einnimmt, ohne dass hier literarische Abhängigkeiten hergestellt werden können[123]. Der Teufel repräsentiert den Bereich des Bösen, des Todes und des Widergöttlichen, in dem kein Leben bestehen kann. Deshalb hat der ›Menschenmörder‹ kein bleibendes Leben in sich. Die Gemeinde hingegen weiß, dass sie sich bereits im Bereich des Lebens befindet und aufgerufen ist, sich vom Hass fernzuhalten und der Liebe zuzuwenden.

16 Voraussetzung dafür ist, dass die wahre Liebe erkannt wird, die sich in der Hingabe des Sohnes ›für uns‹ ereignete. Bewusst ist nun im absoluten Sinn von ›der Liebe‹, der Liebe selbst die Rede, die in der Lebenshingabe Jesu Christi Gestalt gewann und an der die Gemeinde ablesen kann, was die Liebe in ihrem tiefsten Wesen ist und welches ungeheure Maß sie angenommen hat. Damit gibt der 1Joh einen Grundgedanken der gesamten johanneischen Soteriologie wieder. Die Wendung τιθέναι τὴν

---

[121] Vgl. *G. Strecker*, Die Johannesbriefe, 183f, der beide ὅτι auf οἴδαμεν bezieht, so dass die Bruderliebe nicht als Begründung für den Schritt ins ewige Leben dient. Auch *H.-J. Klauck*, Der erste Johannesbrief, 210, sieht die Bruderliebe nicht als Bedingung an, »wohl aber als einen Vorschein dieses neuen Lebens, der in die Gemeindewirklichkeit hineinstrahlt.«

[122] Das Wort ἀνθρωποκτόνος = ›Menschenmörder‹ ist sehr selten; im NT nur noch Joh 8,44; vgl. ferner Eur, Iph Taur 389.

[123] Eine Aufnahme von Joh 8,44 in 1Joh 3,15 sehen u. a. *C. H. Dodd*, The Johannine Epistles, 83; *K. Wengst*, Der erste, zweite und dritte Brief des Johannes, 149; *H.-J. Klauck*, Der erste Johannesbrief, 210f; dagegen votieren *R. Schnackenburg*, Die Johannesbriefe, 198; *G. Strecker*, Die Johannesbriefe, 185f. Eine literarische Bezugnahme lässt sich m. E. nicht nachweisen, denn während in Joh 8,44 der Teufel direkt der ›Menschenmörder‹ ist, gehört der Bruderhasser in 1Joh 3,15 nur zum Bereich des Teufels. Die klarere Konzeption liegt im Evangelium vor, so dass allenfalls eine Entwicklung vom 1Joh zum Evangelium anzunehmen wäre. Wahrscheinlicher ist jedoch ein gemeinsamer traditionsgeschichtlicher Hintergrund.

ψυχὴν ὑπέρ (»das leibliche Leben geben für«) ist auch im 4. Evangelium eine zentrale soteriologische Formel (vgl. Joh 10,11.15.17; 11,50; 13,37f.; 15,13)[124]; sie betont in Übereinstimmung mit der johanneischen Passionsgeschichte den Gedanken der von Jesus ausgehenden Selbsthingabe des Lebens, um Leben für die Glaubenden zu ermöglichen[125]. So wie Jesus die Glaubenden in seinem vorbildhaften Tun bis zum Tod liebte, so sollen auch die Glaubenden einander lieben. Jesu Tod für die Freunde ist ein exemplarischer und zugleich stellvertretender Tod, der Leben ermöglicht und das neue Sein in der Liebe eröffnet. Deshalb ist Jesu Lebenshingabe Grund, Vorbild, Maßstab und Verpflichtung für den tatkräftigen und nicht begrenzbaren Liebeseinsatz der gesamten Gemeinde.

17 An der konkreten Gemeindesituation zeigt sich, wer die Lebenshingabe Christi zur Norm seines Handelns macht. Wer über materiellen Besitz verfügt, seinen Bruder Not leiden sieht und dennoch sein Herz (σπλάγχνα = »das Innere«) vor ihm verschließt, öffnet sich nicht der Liebe Christi. Offensichtlich verfügen Gemeindeglieder über Vermögen (vgl. Lk 15,12.30; βίος = Besitz, Geld, Nahrung, Kleidung), stellen es zur Schau (vgl. 1Joh 2,16), sind aber nicht bereit, zugunsten der notleidenden Brüder zu verzichten. Der 1Joh ruft nicht zu einem umfassenden Besitzverzicht auf[126], wohl aber tritt er dafür ein, an den Gütern dieser Welt nicht zu hängen und bereit zu sein, den hilfsbedürftigen Brüdern zu geben. Wer sich diesem Anliegen verschließt, in dem kann die Liebe Gottes nicht bleiben[127].
Mit seinem Aufruf zur konkreten Liebestat steht der 1Joh in einem breiten urchristlichen Traditionsstrom (vgl. nur Gal 2,10; Mt 6,2ff; Lk 11,41; 12,21.33f; 16,9.27-31; 18,18-23; Apg 4,32; 5,1; 1Tim 5,10; Jak 2,15f); zugleich ist 1Joh 3,17f der einzige Text innerhalb der Johannesbriefe und des Johannesevangeliums, wo unzweifelhaft zu einem konkreten Sozialverhalten aufgerufen wird. Dies erlaubt Rückschlüsse auf die Gemeindesituation, denn es muss gravierende soziale Verwerfungen gegeben haben. Zwar werden hier die Falschlehrer (noch) nicht attackiert (vgl. aber 4,1-3); es ist jedoch eine ansprechende Vermutung, auch unter ihnen einflussreiche Begüterte mit intellektuellem Anspruch zu sehen[128], die zwar über ein Wissen von der Liebe Gottes/Christi verfügten, nicht aber über den Willen, aus dieser Liebe heraus konkret zu handeln. Als platonisch gebildete Intellektuelle (vgl. Exkurs 1: Doketismus) neigten sie vor allem dem geistigen Bereich zu und hielten das irdisch Materielle für sekundär.

---

[124] Bemerkenswert ist die Aufnahme hellenistischer Freundschaftsethik in Joh 15,13: »Größere Liebe hat niemand als die, dass er sein Leben hingibt für seine Freunde«; vgl. dazu die Texte in: *Neuer Wettstein* I/2, 592-598.715-725.
[125] Zu beachten ist neben Jes 53,4.8.12LXX die griechisch-römische Vorstellung des sinn- und heilvollen Sterbens für das eigene Volk. Zwei Beispiele: 1) Plut, Pelopidas 21,3, berichtet von einem Leonidas, »der, ebenfalls nach einem Orakel, gewissermaßen sich selbst für Griechenland zum Opfer brachte« (προθυσάμενον ἑαυτὸν ὑπὲρ τῆς Ἑλλάδος); Horat, Carmina III 2,12, preist den Mut zum Kampf: »Schön und ehrenvoll ist es, für die Heimat zu sterben« (dulce et decorum est pro patria mori).
[126] Vgl. *E. E. Popkes*, Die Theologie der Liebe Gottes, 150.
[127] Die Wendung ἡ ἀγάπη τοῦ θεοῦ ist als genitivus subjectivus zu verstehen (Gottes Liebe zu uns); zur Diskussion vgl. *G. Strecker*, Die Johannesbriefe, 189f.
[128] Eine Verbindung zu den Gegnern ziehen auch *R. E. Brown*, The Epistles of John, 475; *H.-J. Klauck*, Der erste Johannesbrief, 213.

18 Die direkte Anrede τεκνία (»Kinder«) verstärkt den Appellcharakter zur tatkräftigen Liebe. Es reicht nicht aus, das Wort ›Liebe‹ im Mund zu führen und zugleich sich dem notleidenden Bruder zu verschließen[129]. Damit wird V. 16f zusammengefasst und eine reine Gesinnungsethik noch einmal zurückgewiesen; sie kann es für den 1Joh nicht geben, denn das wahrhaftige Tun ist gefordert.

Liebe hat für den 1Joh eine einmalige Grundlage und eine unmittelbare Handlungsebene. Ausgangspunkt ist die Liebe Christi, die sich in seiner Lebenshingabe für die Brüder vollzog. Dieses vorbildhafte Verhalten Jesu wird unmittelbar auf die Gemeinde übertragen. Sie ist zu einem konkreten vorbildhaften sozialen Verhalten angehalten, das sich in der materiellen Unterstützung bedürftiger Gemeindeglieder zeigt. Es geht ausdrücklich um ein bestimmtes Sozialverhalten, eine Liebe, die sich im Handeln realisiert.

5. Zuversicht auf Gott 3,19-24*

(19) Und daran werden wir erkennen, dass wir aus der Wahrheit sind, und wir werden vor ihm unser Herz beschwichtigen, (20) dass, wenn uns das Herz verurteilt, Gott größer ist als unser Herz und alles erkennt. (21) Geliebte, wenn das Herz uns nicht verurteilt, haben wir Zuversicht bei Gott, (22) und was immer wir erbitten, empfangen wir von ihm, denn wir halten seine Gebote und tun, was vor ihm wohlgefällig ist. (23) Und dies ist sein Gebot, dass wir dem Namen seines Sohnes Jesus Christus glauben und einander lieben, wie er uns ein Gebot gegeben hat. (24) Und wer seine Gebote hält, bleibt in ihm und er in ihm; und daran erkennen wir, dass er in uns bleibt, aus dem Geist, den er uns gegeben hat.

V. 19: Statt des Futur γνωσόμεθα lesen K 018.L 020 und zahlreiche Minuskeln: γινώσκομεν (Präsens: »erkennen wir«); eine sekundäre Angleichung an den vorherrschenden Sprachgebrauch (vgl. 2,3; 3,24; 4,2.13; 5,2).

Der Aspekt der sichtbaren Erkenntnis der Gottesgemeinschaft und damit der Haupt-Diskurs des 1Joh wird weitergeführt, indem nun das sehr persönliche Verhältnis zwischen den Glaubenden und Gott in den Blick genommen wird. Dabei blendet der 1Joh auch die Möglichkeit eines Zurückbleibens hinter den hohen ethischen Ansprüchen nicht aus.

19 An der tatkräftigen Liebe zum Bruder kann abgelesen werden, ob ein Gemeindeglied aus der Wahrheit, d. h. aus Gott ist oder nicht. Wer diese Bruderliebe übt, dem wird in Aussicht gestellt, auch in Zukunft im Bereich der Wahrheit zu verbleiben. Die Futurform γνωσόμεθα (»wir werden erkennen«) und die Wendung ἔμπροσθεν αὐτοῦ (»vor ihm«) lenken den Blick wieder auf Gottes zukünftiges Gerichtshandeln

---

[129] Vgl. dazu Theognis I 979: »Nicht nur mit der Zunge soll ein Mann mir Freund sein, sondern auch mit der Tat« (= *Neuer Wettstein* II/2, 1438).

* Literatur: *Court, J. M.*: Blessed Assurance? JTS *33*, 1982, 508-517; *Mußner, F*: Eine neutestamentliche Kurzformel für das Christentum, TThZ 79, 1970, 49-52; *Pratscher, W.*: Gott ist größer als unser Herz. Zur Interpretation von 1 Joh 3,19f., ThZ 32, 1976, 272-281.

(vgl. 1Joh 2,28b). Das Verb πείθειν bedeutet in seiner Grundform ›jemanden überreden, überzeugen‹[130], im forensischen Kontext von V. 19-22 dürfte es so viel wie ›beruhigen, beschwichtigen‹ meinen[131]. Eine vergleichbare Argumentation findet sich in 1Kor 4,4, wo Paulus über einen (menschlichen) Gerichtstag sagt: »– ich bin mir nämlich nichts bewusst, aber dadurch bin ich nicht gerechtfertigt –; der mich beurteilt, ist vielmehr der Herr.« Wie bei Paulus (vgl. 1Thess 3,13; 2Kor 1,22; 3,3; Gal 4,6; Röm 5,5; 6,17; 10,9f; Phil 4,17 u. ö.) erscheint auch bei Johannes καρδία (»Herz«) als ein Zentrum des menschlichen Selbst[132]. Καρδία bezeichnet das Innerste des Menschen, den Sitz von Verstand, Gefühl und Willen, den Ort, wo die Entscheidungen des Lebens wirklich fallen und das eigene Verhalten kritisch beurteilt wird. Damit rückt καρδία in die Nähe von συνείδησις (»Gewissen«); ein Wort, das in den johanneischen Schriften nicht erscheint. Wer Bruderliebe übt und dennoch in seinem Innersten beunruhigt ist, ob er der Norm Christi entspricht und hinter seinen Möglichkeiten zurückbleibt, darf sein Herz beruhigen. Gottes verstehende Liebe und Barmherzigkeit steht über den eigenen Zweifeln.

20 Das Herz erkennt, dass die Liebe Gottes größer ist als die eigene Anklage. Dass Gott größer ist als das Herz und alles erkennt, ist ein alttestamentlich-jüdisches Motiv (vgl. 2Chr 28,9; TestGad 5,3); auch nach Apg 1,24 kennt Gott die Herzen, in Mk 2,8 blickt Jesus in die Herzen der Menschen und nach 1Kor 14,25 vermag der prophetische Geist die Herzen zu prüfen. Weil Gott alles erkennt und größer ist als unser Herz, müssen wir uns nicht auf die eigenen Kräfte verlassen und uns auch nicht von unserem eigenen Versagen verlassen fühlen. Die Aussage ›Gott ist größer‹ gehört ebenso wie ›Gott ist Liebe‹ (vgl. 1Joh 4,8b.16b) zu den Grundaxiomen der Theologie des 1Joh, denn nur unter diesen Voraussetzungen kann sich die Gemeinde am Liebesgebot orientieren, ohne daran zu zerbrechen.

21 Mit der direkten Anrede ›Geliebte‹ leitet der Autor die positive Fassung seines Grundgedankens ein: Weil Gottes Größe und Allwissenheit nichts anderes als seine Liebe ist, darf die Gemeinde zuversichtlich auf ihn blicken. Gott weiß um die Schwachheit des Menschen, aber auch um sein ernsthaftes und ehrliches Bemühen, so dass eine vertrauensvolle Zuversicht und Gewissheit die Zweifel überwindet und das Herz beruhigt. Hier meint παρρησία nicht die freie Rede (vgl. 1Joh 2,28), sondern die innere Haltung des Glaubenden vor Gott, der gewiss ist, dass Gott ihn erhören wird.

22 Das Gebet mit der Zusage der Gebetserhörung ist ein zentrales Thema des 1Joh (vgl. 1Joh 5,14-16) und des Johannesevangeliums (vgl. Joh 14,13f; 15,7.16; 16,23-

---

[130] Vgl. *F. Passow*, Handwörterbuch der griechischen Sprache II/1, 783.
[131] Vgl. *H.-J. Klauck*, Der erste Johannesbrief, 217f; eine andere Auslegung vertritt *J. Beutler*, Die Johannesbriefe, 97, der Dtn 15,7-10 im Hintergrund sieht.
[132] Paulus und Johannes stehen im Gebrauch von καρδία in der Tradition atl. Anthropologie. Zumeist gibt die LXX das hebräische לב (ca. 850mal im Alten Testament) mit καρδία wieder. Das Herz bezeichnet im Alten Testament die dynamische Mitte des Menschen, sein innerstes Zentrum, wo das Wollen, das Sinnen und das Trachten angesiedelt sind; vgl. *H.-W. Wolff*, Anthropologie des Alten Testaments, München ²1974, 68ff.

26). Aus der Zuversicht auf Gott und dem Bewusstsein des freien Zugangs zu Gott erwächst ein Beten, das seiner Erhörung gewiss ist. Was der Liebende aus der Liebestat heraus erbittet, wird ihm gewährt. Einzelne Gebetsbitten werden nicht genannt, sondern Inhalt des Betens ist letztlich die von Liebe geprägte Gottesgemeinschaft selbst, so dass aus dieser Perspektive Fragen nach der Wirksamkeit der Gebete überflüssig sind. Das Gebet erscheint nicht nur als ein zentraler Bestandteil der lebendigen Beziehung der Glaubenden zu Gott, sondern ist wie in Joh 15,16 eingebettet in den Akt des Fruchtbringens, konkret im Halten der Gebote Gottes und im Tun des Wohlgefälligen (vgl. Joh 8,29)[133]. Wie Paulus in Röm 12,2 (τὸ ἀγαθὸν καὶ εὐάριστον καὶ τέλειον = »das Gute und Wohlgefällige und Vollkommene«) nimmt der 1Joh hier mit dem ›Wohlgefälligen‹ einen Schlüsselbegriff hellenistischer Ethik auf[134]. Dort kommt vor allem dem Philosophen die Aufgabe zu, danach zu fragen, was gut, böse oder gleichgültig ist. Schon für Platon gilt, dass unter den Menschen allein der Besonnene Gott wohlgefällig ist, »denn er ist ihm ähnlich, der Unbesonnene dagegen ist ihm unähnlich, ist mit ihm im Zwiespalt und ungerecht« (Leg IV 716c). Nach Aristoteles gehorcht die Leidenschaft nicht der Vernunft, sondern die Vernunft der Leidenschaft. »Es muss also vorher erst der zur Tugend geeignete Seelenzustand da sein, worin man das Gute liebt und das Böse verabscheut« (EthNic X 1179b). Wahre Gottesfreunde sind nach Plutarch die Menschen dann, »wenn ihr geläuterter Sinn in Gott den Urquell alles Guten, den Vater alles Schönen erkennt, ihn, der Böses weder tun noch leiden kann. Er ist gut, und er weiß nichts von Missgunst, Furcht, Zorn und Hass«[135]. Zwar ist bei Paulus der Gedanke einer durch die Erneuerung des Geistes möglichen Fassung christlicher Ethik als einer vernunftgemäßen Ethik weitaus stärker ausgeprägt als im 1Joh[136], er liegt dennoch prinzipiell auch hier vor.

23 Die Verheißung der Gebetserhörung erfährt ihre Begründung in dem einen Gebot des Christusglaubens und der Bruderliebe. Der Glaube steht voran, wird aber durch das parataktische καί aufs engste mit der Liebe verbunden, beides gehört gerade für den 1Joh unauflöslich zusammen. Weil der Name für die Person/das Wesen steht und in der Taufe Namensanrufung und Geistverleihung ein Geschehen sind (vgl. 1Kor 6,11)[137], kann der 1Joh vom Glauben ›an den Namen seines Sohnes Jesus Christus‹ sprechen. Das Bekenntnis zum Sohn kann nicht ohne die Verpflichtung zur Bruderliebe wahrgenommen werden und umgekehrt gründet die Bruderliebe in der

---

[133] Die Frage nach Bedingungen der Gebetserhörung ist falsch gestellt, weil das Halten der Gebote und der Inhalt der Gebete letztlich identisch sind, nämlich die Liebe (vgl. auch *H.-J. Klauck*, Der erste Johannesbrief, 222).
[134] Vgl. Cic, Nat Deor II 71: »Die beste und zugleich lauterste, heiligste und frömmste Verehrung der Götter aber besteht darin, dass wir sie immer mit reinen, unverdorbenen und unverfälschten Gedanken und Worten anbeten« (= *Neuer Wettstein* I/2, 224); Sen, Ep 95,50: »Willst du die Götter gnädig stimmen? Gut sollst du sein. Genug verehrt sie, wer ihnen nacheifert« (= *Neuer Wettstein* II/2, 1181); vgl. ferner Sen, Ben I 6,3 (= *Neuer Wettstein* I/2, 225). Nach Plato, Resp VII 520c, vermögen die Philosophen den Staat zu regieren, »weil ihr das Schöne, Gute und Gerechte in der Wahrheit gesehen habt«; vgl. ferner Plato, Leg IV 716c.d.
[135] Plutarch, Von der Ruhe des Gemüts, übers. v. B. Snell, Zürich 1948, 69.
[136] Vgl. *U. Schnelle*, Paulus und Epiktet. Zwei ethische Modelle, in: F. W. Horn/R. Zimmermann (Hg.), Jenseits von Indikativ und Imperativ, WUNT 238, Tübingen 2009, 137-158.
[137] Zur Taufe ›auf den Namen‹ vgl. *G. Delling*, Die Zueignung des Heils in der Taufe, Berlin 1961; *U. Schnelle*, Gerechtigkeit und Christusgegenwart, 39-44; *L. Hartmann*, Auf den Namen des Herrn Jesus. Die Taufe in den neutestamentlichen Schriften, SBS 148, Stuttgart 1992.

Hingabe des Sohnes, in der sich die Liebe des Vaters offenbart. Deshalb kann in einer Art Kurzdefinition des Wesens des Christentums von dem *einen* Gebot des Christusglaubens und der Bruderliebe gesprochen werden[138].

24 Wer dieses Gebot erfüllt, darf in der Zuversicht leben, dass er in Gott und Gott in ihm bleibt[139]. Ähnlich wie in 1Joh 4,12-13.15.16 wird zunächst eine Bedingung (das Liebesgebot) formuliert, es folgt die reziproke Immanenz-Formel mit μένειν (= »bleiben«), dann die Einleitungsformel (ἐν τούτῳ γινώκομεν = »daran erkennen wir«) und der Hinweis auf die Teilhabe am Geist[140]. Mit μένειν wird die gegenseitige Verlässlichkeit und Treue im Verhältnis zwischen Gott/Jesus und den Ihren zum Ausdruck gebracht. Die überaus enge Verbindung kann als gegenseitige ›Inexistenz‹ beschrieben werden, wobei μένειν auch die praktische Bewährung der Gottes- bzw. Christusgemeinschaft miteinschließt. Hier liegt die Besonderheit der johanneischen Konzeption, denn sie verschränkt die »Immanenzaussagen mit den Appellen zur gegenseitigen Liebe der Glaubenden«[141]. Der Grundgedanke ist einfach und zugleich höchst anspruchsvoll: Wer in Gott bleibt, bleibt in der Liebe und wer in der Liebe bleibt, bleibt in Gott. Dies ermöglicht der bei der Taufe verliehene Geist, der hier wie bei Paulus die Gegenwart Gottes bzw. Christi repräsentiert.

Nur bei Paulus und in den johanneischen Schriften (vor allem 1Joh; Johannesevangelium)[142] findet sich die Vorstellung der gegenseitigen ›Inexistenz‹ des Glaubenden in der Gottheit und der Gottheit im Glaubenden[143]. Paulus beschreibt durchgehend mit der ἐν Χριστῷ-Wendung (»in Christus«) das neue Sein des getauften Christen. In der Taufe gelangt der Gläubige in den Raum des pneumatischen Christus und konstituiert sich seine neue Existenz (2Kor 5,17: εἴ τις ἐν Χριστῷ, καινὴ κτίσις = »ist jemand in Christus, ist er eine neue Kreatur/Schöpfung«)[144]. Grundlegend für die ἐν Χριστῷ-Vorstellung ist bei Paulus die Annahme, dass der auferstandene Jesus Christus als Geist gegenwärtig ist (vgl. 1Kor 15, 45b; 2Kor 3,17a; Röm 1,4). Als Pneuma lässt sich der Herr begegnen und erfahren, er ist gegenwärtig im Geist und eröffnet dem Getauften ein neues Leben. Auch die Vorstellungen des Einwohnens Christi im Gläubigen sowie des Wirkens des erhöhten Herrn im Christen lassen sich nur sinnvoll unter der Voraussetzung eines räumlichen ἐν Χριστῷ-Verständnisses und der Anschauung der pneumatischen Seinsweise und des pneumatischen Wirkens Christi am Gläubigen erklären und sind daraus abzuleiten (vgl. 2Kor 13,5; Gal 2,20a; Röm 8,9.10.11). So wie der Gläubige im Geist Christus eingegliedert ist, so wirken Jesus Christus bzw. Gott in ihm als Pneuma.

---

[138] Vgl. dazu *F. Mußner*, Eine neutestamentliche Kurzformel für das Christentum, TThZ 79 (1970), 49-52.
[139] *K. Scholtissek*, In ihm sein und bleiben, 358, betont zutreffend die »intendierte Ungenauigkeit« bei den Bezügen auf Gott oder Christus, die sachlich nichts anderes als die Heilseinheit und Heilswirksamkeit von Vater und Sohn ausdrückt. In 3,24 dürfte wegen ›seines Sohnes‹ in 3,23 Gott gemeint sein.
[140] Zur Analyse vgl. auch *K. Scholtissek*, a. a. O., 354-356.
[141] *E. E. Popkes*, Die Theologie der Liebe Gottes, 106.
[142] Zum 2/3Johannesbrief vgl. *K. Scholtissek*, In ihm sein und bleiben, 351f, deren verkürzte Konzeption deutlich gegen einen Rückbezug auf das Evangelium oder den 1Joh spricht (anders Scholtissek).
[143] In 1Petr 3,16; 5,10.14; Offb 14,13 ist nur vom Sein ›in Christus‹ bzw. ›im Herrn‹ die Rede, nicht aber von einer gegenseitigen ›Inexistenz‹.
[144] Zu ἐν Χριστῷ vgl. *U. Schnelle*, Gerechtigkeit und Christusgegenwart, 106-135.

Auch im 1Joh und im Johannesevangelium wird die überaus enge Verbindung zwischen dem Gläubigen und Jesus Christus bzw. Gott als gegenseitige ›Inexistenz‹ beschrieben. Dabei erscheint die Vereinigung des Christen mit Gott bzw. Jesus Christus als eine Ausweitung der Gemeinschaft zwischen Vater und Sohn (vgl. 1Joh 2,24; 5,20; Joh 14,20; 17,21-23). Wie Christus in Gott ist und Gott in ihm (Joh 14,10), so bleibt der Gläubige in Christus (1Joh 2,6.24; 3,6; Joh 6,56; 15,4-7) und Christus im Gläubigen (Joh 15,4-7). Ebenso bleibt Gott im Gläubigen (1Joh 3,24; 4,16) und der Gläubige in Gott (1Joh 2,24; 3,24; 4,16). Wie dem paulinischen ἐν Χριστῷ kommt auch der johanneischen Vorstellung der ›Inexistenz‹ eine starke ethische Dimension zu. Speziell mit dem Verbum μένειν wird die praktische Bewährung der seinshaften Gottes- und Christusgemeinschaft zum Ausdruck gebracht, denn dem Bleiben in Gott bzw. in Christus korrespondiert das Bleiben in der Liebe (vgl. 1Joh 2,10.17; 3,15.17.24; 4,12.16; Joh 15,9.10). Im Johannesevangelium als einer Darstellung der vita Jesu tritt die für Paulus konstitutive pneumatologische Begründung der Gottes- bzw. Christusgemeinschaft naturgemäß in den Hintergrund, da die Gabe des Geistes an die Erhöhung Jesu gebunden ist (vgl. Joh 7,39; 20,22). Der 1Joh zeigt aber, dass auch in der johanneischen Schule die gegenseitige ›Inexistenz‹ pneumatologisch gedacht wurde (vgl. 1Joh 3,24; 4,13.24).

Ab 1Joh 3,11 dominiert kraftvoll der Haupt-Diskurs des gesamten 1Johannesbriefes: Die Erkennbarkeit der Kinder Gottes in der Liebe. Zugleich werden aber die Gefährdungen des Glaubens nicht verschwiegen: Der Zweifel an der Beständigkeit des eigenen Glaubens, die Angst vor dem übergroßen richtenden Gott und die Skepsis gegenüber der Erfüllbarkeit von Gebeten. Der 1Joh nimmt diese in seiner Gemeinde offenbar existierenden Sorgen und Ängste auf und überführt sie auf die höhere Ebene des Bleibens Gottes/Christi in den Glaubenden. Zugleich kommt am Ende des 3. Kapitels der in 1Joh 4,1-3.4-6 wieder im Vordergrund stehende zweite Sub-Diskurs über die Falschlehrer/die Falschlehre bereits in den Blick: Weil das Liebesgebot und der Glaube an Jesus Christus untrennbar zusammengehören, kann der nicht glauben, der nicht liebt, und der nicht lieben, der den Gottessohn Jesus Christus verkennt.

IV. Die Unterscheidung der Geister 4,1-6

1. Falsches und richtiges Bekenntnis 4,1-3*

(1) Geliebte, glaubt nicht jedem Geist, sondern prüft die Geister, ob sie aus Gott sind, weil viele falsche Propheten hinausgegangen sind in die Welt. (2) Daran erkennt ihr den Geist Gottes: Jeder Geist, der bekennt, dass Jesus Christus ins Fleisch gekommen ist, ist aus Gott; (3) und jeder Geist, der Jesus zunichte macht, ist nicht aus Gott. Und dies ist der Antichrist, von dem ihr gehört habt, dass er kommt, und nun ist er schon in der Welt.

V. 2: Ψ* M lat syr^p lesen γινώσκεται; ℵ* 630 pc hingegen γινώσκομεν. Die Form γινώσκετε (»ihr erkennt«) wird u. a. von ℵ² A B C L Ψ^c Ir^lat bezeugt; sie ist sowohl von der Bezeugung als auch von den Verbformen im unmittelbaren Kontext her als ursprünglich anzusehen. V. 3: Statt μὴ ὁμολογεῖ lesen λύει (»auflösen/zunichte machen«): Ir^1739mg Cl^1739mg Or^1739mg Lcf; lat. solvit lesen: Tert Aug Prisc vg[1]. Die äußere Bezeugung dieser Lesart ist ambivalent, denn sie setzt zwar in der lat. Form mit Tertullian früh ein, das gr. λύει kann aber nur durch Randlesarten[2] bei den genannten Vätern erschlossen werden. Allerdings gibt es einen gewichtigen inneren Grund, λύει für ursprünglich zu halten[3]: Es ist gegenüber μὴ ὁμολογεῖ die deutlich prägnantere Formulierung, die genau wiedergibt, was gemeint ist, die Auflösung der Person Jesu Christi. Dies ist nach Auffassung des 1Joh das

---

* Literatur zur Gegnerfrage und zu 1Joh 4,1-3 (vgl. auch zu 2Joh 7; 1Joh 2,22f): *Balz, H.*: Johanneische Theologie und Ethik im Licht der »letzten Stunde«, in: Studien zum Text und zur Ethik des Neuen Testaments (FS H. Greeven), BZNW 47, Berlin 1986, 35-56; *Blank, J.*: Die Irrlehrer des ersten Johannesbriefes, passim; *Bogart, J.*: Perfectionism, 122-127; *Boer, M. C. de*: The Death of Jesus and His Coming in the Flesh (1John 4:2), NT 33 (1991), 326-346; *Brown, R. E.*: The Relationship to the Fourth Gospel Shared by the Author of 1 John and by His Opponents, in: Text and Interpretation (FS M. Black), Cambridge 1979, 57-68; *Griffith, T.*: Keep yourselves from Idols, 179-191; *Hahn, H.*: Tradition und Neuinterpretation, 94-109; *Kinlaw, P. E.*: The Christ is Jesus, 98-108; *Klauck, H.-J.*: Gespaltene Gemeinde, in: ders., Gemeinde – Amt – Sakrament, Würzburg 1989, 59-68; *ders.*: Die Johannesbriefe, 127-151; *Kügler, J.*: In Tat und Wahrheit. Zur Problemlage des Ersten Johannesbriefes, BN 48 (1989) 61-88; *Lieu, J. M.*: »The Authority to become Children of God«, NT 23 (1981), 210-228; *Minear, P. S.*: The Idea of Incarnation in First John, Interpretation 24 (1970), 291-302; *Müller, U. B.*: Die Geschichte der Christologie in der johanneischen Gemeinde, 53-68; *ders.*, Die Menschwerdung des Gottessohnes, 84-122; *Painter, J.*: The ›Opponents‹ in 1John, 48-71; *Schmid, H.*: Gegner im 1. Johannesbrief?, 146-185; *Schnelle, U.*: Antidoketische Christologie, 65-75; *Theobald, M.*: Die Fleischwerdung des Logos, 400-437; *Uebele, W.*: »Viele Verführer sind in die Welt ausgegangen«, 119-124; *Weiss, K.*: Orthodoxie und Heterodoxie im 1. Johannesbrief, ZNW 58 (1967) 247-255; *Wengst, K.*: Häresie und Orthodoxie, 17ff; *Whitacre, R. A.*: Johannine Polemic, 126-130; *Wurm, A.*: Irrlehrer, 53-62.

[1] Eine Auflistung aller relevanten Varianten bieten: *B. D. Ehrman*, 1 John 4,3 and the Orthodox Corruption of Scripture, ZNW 79 (1988) 221-243; *H.-J. Klauck*, Der erste Johannesbrief, 234-237. Zum Kirchengeschichtsschreiber Sokrates vgl. *M. Wallraff*, Das Zeugnis des Kirchenhistorikers Sokrates zur Textkritik von 1Joh 4,3, ZNW 88 (1997), 145-148.

[2] Textgeschichtlich ist die Minuskel 1739 (10. Jh.) von sehr hohem Wert; vgl. *B. u. K. Aland*, Der Text des Neuen Testaments, Stuttgart ²1989, 158, die sie für die katholischen Briefe in die Kategorie I einstufen.

[3] Vgl. *R. Schnackenburg*, Die Johannesbriefe, 222, der als weitere Argumente nennt: 1) Grammatisch fällt das ungewöhnliche μὴ beim Indikativ ὁμολογεῖ auf; 2) »Das Verschwinden von λύειν in der späteren griechischen Textgeschichte lässt sich erklären, der umgekehrte Fall nicht.« *K. Wengst*, Der erste, zweite und dritte Brief des Johannes, 171, weist schließlich darauf hin, dass eine Entstehung dieser LA im antignostischen Kampf des 2. Jh. unwahrscheinlich ist, »denn dort spielt dieses Wort überhaupt keine Rolle; es begegnet nur im Zusammenhang von Zitaten aus 1 Joh 4,3.«

Werk des Antichrists! Demgegenüber kann das blasse μὴ ὁμολογεῖ als kontextuelle Angleichung verstanden werden⁴.

Der zweite Sub-Diskurs (vgl. 1Joh 2,18-27) wird aufgenommen und weitergeführt, indem die Endzeitperspektive aus 1Joh 2,18 wieder in verschärfter Form den Horizont der Argumentation bildet. Angesichts des Auftretens des Antichrists und des Wirkens seiner Pseudopropheten ist die Prüfung der Geister angesagt. Es geht um nicht weniger als um das rechte Verständnis der Person und des Werkes Jesu Christi. Damit stehen zugleich das Verhältnis zu Gott und die eigene Existenz auf dem Spiel. Wie in 2,18-27 findet sich auch hier die für jeden erfolgreichen Diskurs notwendige Verbindung zwischen Gefühlsstimulation (2,18f; 4,1) und Sachlogik (2,22.23; 4,2.3); im Kontext des Endzeitszenariums vermittelt der 1Joh fundamentale theologische Einsichten.

1 Die vertrauensvolle Anrede ἀγαπητοί (»Geliebte«) signalisiert Aufmerksamkeit und Zuwendung. Weil bereits viele Pseudopropheten in die Welt ausgegangen sind, ist eine kritische Prüfung der Geister notwendig. Die Negation ›glaubt nicht jedem Geist‹ und der Plural τὰ πνεύματα (»die Geister«) verweisen darauf, dass es hier weder um den von Gott ausgehenden Geist noch um den menschlichen Geist geht, sondern um den Geist/die Geister der Verwirrung als Widersacher Gottes⁵. Dafür spricht auch die Korrespondenz mit dem Plural ψευδοπροφῆται (»Pseudopropheten«) und die Beobachtung, dass in 4,3 der Geist, der Jesus Christus nicht bekennt, unmittelbar mit dem Antichrist in Verbindung gebracht wird. Die Vorstellungen des Auftretens von Pseudopropheten und die Unterscheidung der Geister haben einen gemeinsamen alttestamentlichen Hintergrund. Von Lügenpropheten wird in Jer 23,13ff; 29,21ff; 1Kön 22,22f; Mi 3,5ff berichtet; Kriterien für den Umgang mit Pseudopropheten entwickelt Dtn 13,2-6. In den Qumrantexten erscheint der ›Mann der Lüge‹ (vgl. 1QpHab II 1f; 1QH II 31; IV 20) und auch in der frühchristlichen Apokalyptik⁶ ist vom Auftreten eines Pseudopropheten die Rede (vgl. Mk 13,22; Offb 16,13; 19,20; 20,10). Ausführliche Regeln für den Umgang mit frühchristlicher Prophetie finden sich schließlich in Did 11,3-12, wo in V. 8a ausdrücklich festgestellt wird: »Nicht jeder freilich, der im Geist redet, ist ein Prophet«.⁷ Das kritische Prüfen des Willens Gottes ist bereits bei Paulus der Gemeinde als bleibende Aufgabe gegeben (vgl. mit δοκιμάζειν 1Thess 5,21; Röm 12,2). Nun gilt es zu prüfen, ob die auftretenden Geister eine Individuation Gottes oder seines Widersachers, des Teufels sind (vgl. 1Joh 3,10).

---

4   Für die LA λύει plädieren u. a. *R. Schnackenburg*, Die Johannesbriefe, 222; *R. Bultmann*, Die Johannesbriefe, 67; *R. E. Brown*, The Epistles of John, 494-496; *P. Weigandt*, Doketismus (s. u. Exkurs 1: Doketismus), 104; *K. Wengst*, Der erste, zweite und dritte Brief des Johannes, 171; *U. B. Müller*, Geschichte der Christologie, 60. Für die LA μὴ ὁμολογεῖ sprechen sich z. B. aus: *B. D. Ehrman*, 1 John 4,3 and the Orthodox Corruption of Scripture, 242f; *G. Strecker*, Die Johannesbriefe, 213; *F. Vouga*, Die Johannesbriefe, 63; *H.-J. Klauck*, Der erste Johannesbrief, 237; *J. Beutler*, Die Johannesbriefe, 103; *J. M. Lieu*, I, II, & III John, 169f.
5   Anders *R. Schnackenburg*, Die Johannesbriefe, 212, wonach der menschliche Geist gemeint ist, »sofern er vom göttlichen bzw. widergöttlichen Geist inspiriert ist«.
6   Zum Phänomen frühchristlicher Prophetie vgl. *G. Dautzenberg*, Urchristliche Propheten, BWANT 104, Stuttgart 1975; *M. E. Boring*, The Continuing Voice of Jesus, Louisville 1991.
7   Zur Analyse vgl. *K. Niederwimmer*, Die Didache, KAV 1, Göttingen 1989, 213-223.

2 Diese Prüfung ist ein erkennbarer Vorgang[8]; möglicherweise als öffentlicher Akt im Gottesdienst, denn es geht nicht um ein inwendiges Bejahen, sondern um ein erkennbares, d. h. hörbares Bekenntnis. Neben das sichtbare Verhalten tritt das hörbare Bekenntnis als Ausdruck der Gottesgemeinschaft. Das Bekenntnis zeigt, ob jemand den Geist Gottes hat oder nicht. Auf den theologischen folgt mit der Wendung πᾶν πνεῦμα (»jeder Geist« = jeder) ein anthropologischer Geistbegriff. Das Verb ὁμολογεῖν (»bekennen«) bezieht sich in 1Joh 1,9 auf das Sündenbekenntnis und in 2Joh 7; 1Joh 2,23; 4,2.15 auf das christologische Bekenntnis. Im hörbaren Bekenntnis gewinnt der Glaube seine Gestalt, was bereits Paulus in Röm 10,9f programmatisch formuliert[9]: »Denn wenn du mit deinem Mund bekennst, dass Jesus der Herr ist, und in deinem Herzen glaubst, dass Gott ihn von den Toten auferweckt hat, wirst du gerettet. Mit dem Herzen nämlich glaubt man zur Gerechtigkeit, mit dem Munde aber bekennt man zur Rettung!« Für Paulus gilt wie für die johanneische Literatur: Der Mensch kann sich gegenüber dem Glaubensinhalt nicht neutral verhalten, sondern ihn nur bekennen oder ablehnen. Das Bekenntnis wird in einem antithetischen Parallelismus in V. 2b-3a formuliert, auf eine positive folgt eine negative Aussage. Der positive Inhalt des Bekenntnisses lautet: Ἰησοῦν Χριστὸν ἐν σαρκὶ ἐληλυθότα (»Jesus Christus als im Fleisch gekommen« = Jesus Christus ist im Fleisch gekommen). Es handelt sich dabei um einen doppelten Akkusativ[10], wobei das Perfekt »einen Zustand als Resultat einer vergangenen Handlung«[11] bezeichnet und das inhaltliche Gewicht deutlich auf ἐν σαρκί liegt. Zur Debatte steht hier nicht wie in 1Joh 2,22 das Verhältnis des Ἰησοῦς zum Χριστός, denn 1Joh 3,23 gebraucht Ἰησοῦς Χριστός als formelhaften Doppelnamen, der hier wiederaufgenommen wird. Zudem wäre wie in 1Joh 2,22; 5,1.5 ein Artikel vor Χριστός zu erwarten. Es geht in 1Joh 4,2 allein um die Fleischwerdung und d. h. um das wirkliche und wahre Menschsein Jesu Christi, des Gottessohnes (vgl. 1Joh 3,23; 4,9)[12]. Die starke Betonung der Inkarnation (vgl. auch 1Joh 1,1f; 5,6) lässt auf die Bestreitung der heilsrelevanten Fleischwerdung des präexistenten Christus durch die Falschlehrer schließen. Wiederum wird deutlich, dass der Sühnetod des geschichtlichen Jesus von Nazareth (vgl. 1Joh 1,9; 2,2; 4,10) für sie keine Heilsbedeutung hatte. Sie unterschieden strikt zwischen dem allein heilsrelevanten himmlischen Christus und dem irdischen Jesus, während dem 1Joh alles an deren Identität liegt. Wie aber stellten sich die Falschlehrer das Verhältnis zwischen dem irdischen Jesus, dessen pure Existenz sie als Christen nicht verneinen konnten, und dem himmlischen Christus vor? Hier schweigt der 1Joh, aber es spricht nichts gegen die Vermutung, dass die Gegner Jesus Christus wesenhaft ausschließlich als Gott ansahen, der seiner irdischen Erscheinung nach nur einen nicht heilsrelevanten Scheinleib haben konnte. Sie hätten dann eine doketische Christologie vertreten.

---

[8] Die Form γινώσκετε kann auch als Imperativ interpretiert werden, was allerdings wegen 1Joh 3,24 (und 3,16.20) unwahrscheinlich ist; vgl. *G. Strecker*, Die Johannesbriefe, 210 Anm. 15.
[9] Vgl. dazu *H. Conzelmann*, Was glaubte die frühe Christenheit?, in: ders., Theologie als Schriftauslegung, BEvTh 65, München 1974, 106-119.
[10] Vgl. *R. Schnackenburg*, Die Johannesbriefe, 220f; *H.-J. Klauck*, Die Johannesbriefe, 228.
[11] *Blass/Debrunner/Rehkopf*, Grammatik § 319.4.
[12] *T. Griffith*, Keep Yourselves from Idols, 184, wird dem sprachlichen Befund des 1Joh nicht gerecht, wenn er mit Hinweis auf Barn 5,6-7.10-11 behauptet: »The phrase ›came into the flesh‹ describes the fact of Jesus' presence in the *sphere* in which humanity lives.«

3 Für diese Interpretation spricht der negative Teil des Bekenntnisses: »und jeder Geist, der Jesus zunichte macht, ist nicht aus Gott« (καὶ πᾶν πνεῦμα, ὃ λύει τὸν Ἰησοῦν ἐκ τοῦ θεοῦ οὐκ ἔστιν). Die Gegner »eliminierten Jesus aus ihrer Lehre, leugneten die menschliche Seite des Erlösers«[13]. Diese Verkürzung des gesamten Heilswerkes Jesu Christi und die damit verbundene Aufhebung des einzigartigen Verhältnisses von Vater und Sohn kennzeichnet den Antichrist. Die Gemeinde hatte von seinem Auftreten gehört, nun erkennt sie ihn in der Falschlehre seiner Pseudopropheten, die ehemals zur Gemeinde gehörten (vgl. 1Joh 2,19).

Auf eine jüdische oder judenchristliche Position von Falschlehrern ließ sich schon die Identitätsaussage in 1Joh 2,22 (vgl. 1Joh 5,1.5) nicht überzeugend beziehen. Auch in 1Joh 4,1-3 geht es nicht um eine (wie auch immer zu bestimmende) Identität zwischen Ἰησοῦς und Χριστός, sondern um die wirkliche Fleischwerdung Jesu Christi. Darauf weist vor allem das nachgestellte ἐν σαρκί hin, das sachlich und rhetorisch den Ton trägt[14]. Gottes Heil erschien in der Gestalt des Menschen Jesus von Nazareth, der zugleich Gottessohn und Messias ist. Was sollten Juden oder (ehemalige) Judenchristen an der Fleischwerdung Jesu Christi auszusetzen gehabt haben? Nichts, sie konnten sie nur bejahen und nachdrücklich betonen! Warum insistiert der 1Joh so vehement auf den Begriffen Fleisch, Wasser und Blut (vgl. 1Joh 5,6)? Weil offenbar die Kreatürlichkeit des Gottessohnes von den Gegnern theologisch nicht integriert werden konnte. Sieht man hingegen in den Falschlehrern die Vertreter einer intellektuell anspruchsvollen und offenbar in der Gemeinde erfolgreichen doketischen Christologie[15], so ergibt die Polemik des 1Joh einen religionsgeschichtlich und theologisch fassbaren Sinn.

---

[13] P. Weigandt, Doketismus (s. u. Exkurs 1: Doketismus), 105.
[14] Vgl. H.-J. Klauck, Der erste Johannesbrief, 233; W. Uebele, »Viele Verführer sind in die Welt ausgegangen«, 120. Die Bedeutung von ἐν σαρκί minimieren alle Ausleger, die auch hier allein einen jüdischen Hintergrund haben wollen (so U. Wilckens, Gegner, 106, »wonach die Gegner die Gottessohnschaft Jesu im Sinne der Einheit Jesu mit Gott bestreiten, nicht aber die Inkarnation des Himmelswesens Christus in dem Menschen Jesus«).
[15] Für eine doketisch (-gnostische) Interpretation der Falschlehre votieren u. a.: H. J. Holtzmann, Johanneische Briefe, HC IV, Freiburg ²1893, 236f; H. Windisch/(H. Preisker), 1Joh, 127; C. H. Dodd, The Johannine Epistles, XIX; R. Bultmann, Die Johannesbriefe, 67; K. Wengst, Der erste, zweite und dritte Brief des Johannes, 169; J. Bogart, Orthodox and Heretical Perfectionism, 128f; H. Balz, 1Joh, 195f; R. E. Brown, The Epistles of John, 50ff. H.-J. Klauck, Der erste Johannesbrief, 34-42, wägt alle Möglichkeiten ab und tendiert in Richtung Gnostikerthese (42: »das größere Korn Wahrheit«). Für eine doketische Interpretation (ohne eine damit verbundene Gnosistheorie) sprechen sich aus: U. Schnelle, Antidoketische Christologie, 75; M. Hengel, Die johanneische Frage, 184f; G. Strecker, Die Johannesbriefe, 212f; C. Colpe, Art. Gnosis II, RAC 11, Stuttgart 1981, 611; G. Schunack, Die Johannesbriefe, 75 (Vorstufe ausgeprägter doketischer Vorstellungen); J. Frey, Eschatologie III, 72; W. Uebele, »Viele Verführer sind in die Welt ausgegangen«, 120f; P. Pokorný/U. Heckel, Einleitung, 581; tendenziell in Richtung Doketismus: D. Rensberger, 1.2.3John, 22f; P. Kinlaw, The Christ is Jesus, 107f. R. Schnackenburg, Die Johannesbriefe, 221, sieht in 1Joh 4,2 keine antidoketische Tendenz und fragt, ob überhaupt eine Inkarnationsformel vorliegt; auch P. Minear, Idea, 300f, sieht keine Inkarnationsaussage in 1Joh 4,2; eine antidoketische bzw. antignostische Stoßrichtung lehnt auch F. Vouga, Die Johannesbriefe, 63, ausdrücklich ab. Für eine jüdische/streng judenchristliche Position der Gegner votieren z. B. A. Wurm, Irrlehrer, 57; H. Thyen, Art. Johannesbriefe, 193; U. Wilckens, Gegner, 106 u. ö.; J. Beutler, Die Johannesbriefe, 105, spricht von ›pneumatischen Enthusiasten‹; ähnlich M. J. J. Menken, The Opponents in the Johannine Epistles, 206: »It seems then that the opponents adhered to a type of ›realized eschatology‹, in which they saw themselves as followers of a heavenly Christ and as already fully participating in heavenly reality.«

Massive Auseinandersetzungen um das rechte Verständnis der Person Jesu Christi und sein Werk prägen von Anfang an die Geschichte des frühen Christentums (vgl. Gal 1,6-10). Offen war dabei lediglich die Frage, was *bleibend* als falsch oder wahr angesehen würde[16]. Der 1Joh gibt einen Einblick in diese Konflikte, denn es geht hier um nicht weniger als um die soteriologische Relevanz des irdischen Jesus[17]. Wird der irdische Jesus aus einer Hochschätzung des Jenseitigen und des Geistigen heraus für heilsirrelevant erklärt, steht die geschichtliche und zugleich sachliche Identität des Glaubens auf dem Spiel; Jesus wandert dann in das Reich der Ideen ab, Wahrheit, Glaube und Geschichte fallen auseinander.

Exkurs 1: Doketismus*

Der kulturgeschichtliche Ausgangspunkt und Hintergrund des Doketismus sind Grundannahmen des platonischen Denkens[18], die mit dem Mittelplatonismus des 1. Jh. v. Chr. – 2./3. Jh. n. Chr. von großem Einfluss waren (Philo von Alexandrien, Plutarch, Apuleius, Maximus von Tyros)[19]. Weil das Gewordene aus dem Ungewordenen erklärt werden muss, ist die platonische Wirklichkeitsauffassung von dem Gegensatz εἶναι–δοκεῖν (vgl. Politeia II 361b.362a u. ö.) geprägt. Das eigentliche Sein ist das geistig-ideelle Sein (οὐσία, ὄντως ὄν, ὃ ἔστιν ὄν), die Welt der Ideen. Sie liegen als eigentliche Wirklichkeit allen sinnlichen Wahrnehmungen zugrunde, während die Welt der Wahrnehmungen (aus der Sicht der Doketen das leibliche Sein Jesu) dem Wandel, der Täuschung, dem Vergehen, dem Schein (δοκεῖν, δόκησις) unterworfen ist. Es gilt: »Wie das Sein zum Werden, so verhält sich die Wahrheit zum Glauben« (Plato, Timaios 29c). Folglich werden Gott/die Götter allein der ideellen, geistigen, jenseitigen, unkörperlichen und zugleich einzig wirklichen Ebene zugewiesen: der Welt der Ideen. Die höchste Gottheit ist identisch mit der höchsten Idee: dem Guten (»Das Göttliche nämlich ist das Schöne, Weise, Gute und was ihm ähn-

---

[16] W. *Bauer*, Rechtgläubigkeit und Häresie, 231-242, betont, dass für die Beantwortung dieser Frage schon sehr früh Rom die entscheidende Rolle spielte.

[17] Vgl. H.-J. *Klauck*, Der erste Johannesbrief, 234.

* Literatur zum Doketismus: *Brox, N.*: »Doketismus« - eine Problemanzeige, ZKG 95 (1984) 301-314; *Davies, J. G.*: The Origins of Docetism, StPatr 6 (= TU 81), Berlin 1975, 13-35; *Kinlaw, P.*: The Christ is Jesus, 69-108; *Klauck, H.-J.*: Die Johannesbriefe, 138-141; *Müller, U. B.*: Die Menschwerdung des Gottessohnes. Frühchristliche Inkarnationsvorstellungen und die Anfänge des Doketismus, 102-122; *Schnelle, U.*: Antidoketische Christologie, 76-83; *Slusser, M.*: Docetism: A Historical Definition, The Second Century 1 (1981), 163-172; *Strecker, G.*: Die Johannesbriefe, 131-139; *Tröger, K. W.*: Doketische Christologie in Nag-Hammadi-Texten, Kairos 19 (1977), 45-52; *Uebele, W.*: »Viele Verführer sind in die Welt ausgegangen«, 44-57; *Weigandt, P.*: Der Doketismus im Urchristentum und in der theologischen Entwicklung des zweiten Jahrhunderts, Diss. theol. Heidelberg 1961; *Wengst, K.*: Häresie und Orthodoxie im Spiegel des ersten Johannesbriefes, 15-61.

[18] Zum platonischen Denken vgl. M. *Erler*, Platon, Die Philosophie der Antike 2/2, Basel 2007; zur überragenden Wirkungsgeschichte Platons in der Antike vgl. vor allem: H. *Dörrie*/M. *Baltes* (Hg.), Der Platonismus in der Antike I-VII, Stuttgart/Bad Cannstatt 1987.1990.1993.1996.1998.2002.2008.

[19] Vgl. dazu vor allem W. *Maas*, Die Unveränderlichkeit Gottes, Paderborn 1974, 34-118 (Die Unveränderlichkeit Gottes in der griechischen Philosophie).

lich ist« Phaidros 246d; vgl. Politeia 379b)[20]. Weil Gott in jeder Hinsicht der Vollkommene ist (Politeia 381b), kann er sich nicht wandeln und den Menschen nahe kommen[21], sondern muss bei sich selbst bleiben: »Also ist es auch für Gott unmöglich, dass er sich wandelt« (Politeia 381c)[22]. Im Gegensatz zu den unwandelbaren Göttern gilt für die Welt und den Himmel: »Er ist geworden; denn er ist sichtbar und betastbar und im Besitz eines Körpers« (Timaios 28b). Aus diesem Grundansatz, der jenseitigen Welt einen höheren Wirklichkeitsstatus als der Welt der Erscheinungen zuzuschreiben, ergibt sich der platonische Leib-Seele-Dualismus. Sokrates definiert den Tod ausdrücklich als eine Absonderung der Seele vom Leib; ein Vorgang, der bereits im Leben einsetzt, »dass man die Seele möglichst vom Leibe absondere und sie gewöhne, sich von allen Seiten her aus dem Leibe für sich zu sammeln und zusammenzuziehen und soweit wie möglich, sowohl gegenwärtig als hernach, für sich allein zu bestehen, befreit, wie von Banden, von dem Leibe« (Plato, Phaidon 67c)[23]. Die Seele gleicht dem Göttlichen, der Leib hingegen dem Sterblichen (vgl. Plato, Phaidon 80a)[24]. Während »dem Göttlichen, Unsterblichen, Vernünftigen, Eingestaltigen, Unauflöslichen und immer einerlei und sich selbst gleich sich Verhaltenden am ähnlichsten ist die Seele, dem Menschlichen und Sterblichen und Unvernünftigen und Vielgestaltigen und Auflöslichen und nie einerlei und sich selbst gleich Bleibenden wiederum der Leib am ähnlichsten ist« (Phaidon 80a.b). Die Seele begibt sich nach dem Tod und damit nach dem Auflösen des Leibes an einen Ort, »der edel und rein und unsichtbar ist, nämlich in die wahre Geisterwelt zu dem guten und weisen Gott, wohin, wenn Gott will, alsbald auch meine Seele zu gehen hat« (Phaidon 80d). Dies gelingt, »wenn sie sich rein losmacht« und nichts von dem Leibe mit sich zieht, weil sie mit gutem Willen nichts mit ihm gemein hatte im Leben, sondern ihn floh und in sich selbst gesammelt blieb« (80e). Dieser grundsätzliche und nicht auflösbare Gegensatz zwischen Leib und Seele beherrschte jenseits von Schulgrenzen in vielfachen Variationen auch um die Zeitenwende herum das Denken. So stellt Cicero (106-43 v. Chr.) über die Entrückung von Herkules und Romulus fest: »Nicht ihre Körper sind in den Himmel erhoben worden; denn die Natur würde es nicht dulden, dass das, was aus Erde wäre, anderswo als in der Erde bliebe« (De Re Publica 3,28). Seneca (4-65 n. Chr.) betont, dass der Leib beim Tod abgelegt wird: »Was liebst du diese Körperlichkeit, als sei sie ein Teil von dir? Sie bedeckt dich nur: kommen wird der Tag, der dich davon losreißt und aus der Gemeinschaft mit dem scheußlichen und stinkenden Leib befreit« (Ep 102,27). Die eigentliche Heimat der Seele liegt im Jenseits[25] und das Dasein im Leibe ist ein Sein

---

[20] Zum platonischen Verständnis der Götter/Gottes vgl. *M. Erler*, Platon, 464-473.
[21] Vgl. *M. Erler*, Platon, 472: »Ein wesentliches Kennzeichen platonischer Theologie ist die Ablehnung einer Nähe Gottes zu den Menschen. Göttliches ist unverfügbar und entzieht sich menschlicher Erkenntnis.«
[22] Vgl. ferner Timaios 38a: »Dem sich selbst gleich und unbeweglich Verhaltenden aber kommt es nicht zu, in der Zeit jünger oder älter zu werden, noch irgendeinmal geworden zu sein oder es jetzt zu sein oder es in Zukunft zu werden und überhaupt nichts von all dem, was das Werden den im Bereich der sinnlichen Wahrnehmung sich bewegenden Dingen anheftete«.
[23] Zum fundamentalen Gegensatz von Körper und Seele vgl. vor allem Phaidon 64a-69e.
[24] Zur platonischen Seelenlehre vgl. *M. Erler*, Platon, 375-390.
[25] Vgl. z. B. Sen, Ep 102,24, über das zukünftige Sein: »Eine andere Gegend erwartet uns, eine andere Situation. Noch können wir den Himmel nur aus der Entfernung ertragen. Deshalb erwarte furchtlos jene Entscheidungsstunde: nicht ist sie für die Seele die letzte, sondern für den Körper« (= *Neuer Wettstein* II/1, 944f).

in der Fremde[26]. Auch für Epiktet (ca. 55-135 n. Chr.) ist klar, dass der Leib Freiheit verhindert und deshalb der verständliche Schrei der Philosophenschüler lautet: »Epiktet, wir ertragen es nicht mehr länger, an diesen Leib gefesselt zu sein, ihm Speise und Trank geben zu müssen, ihn ausruhen zu lassen, ihn waschen, uns nach diesem und jenem richten zu müssen. Ist das nicht alles gleichgültig? Ist nicht der Tod uns eine Erlösung? Sind wir nicht mit Gott verwandt und von ihm hergekommen? Laßt uns dahin zurückkehren, woher wir gekommen sind. Wir wollen die Bande lösen, die uns hier fesseln und behindern« (Diss I 9,12-14). Der Tod ist nach Epiktet, Diss III 22,33, nicht zu fürchten, denn: »Wird etwas anderes geschehen, als dass der armselige Leib und die Seele voneinander scheiden«? Plutarch (ca. 45-120 n. Chr.) als einflussreicher Vertreter des platonischen Wirklichkeitsverständnisses betont: »Denn ein Abbild vom Sein ist das Werden in der Materie, und eine Nachahmung des Seienden ist das Werdende« (Mor 373a). Deshalb überlebt allein das von den Göttern stammende Urbild: »Es kommt von dort, und dorthin geht es wieder, nicht mit dem Leib, sondern wenn es sich ganz und gar vom Leib gelöst und geschieden hat, ganz lauter geworden ist und fleischlos und rein.«[27] Für das Verständnis der Wirklichkeit gilt nach Plutarch, »dass da zwei sind, aus denen die Welt besteht, Leib und Seele, das eine nicht Gott gezeugt hat, sondern, nachdem sich die Materie dargeboten hatte, er sie gestaltete und zusammenpasste, indem er mit eigenen Grenzen und Formen das Unendliche verband und begrenzte; die Seele aber ist, da sie an Verstand und vernünftiger Überlegung und Harmonie Anteil erhalten hat, nicht nur ein Werk des Gottes, sondern auch ein Teil und nicht nur durch ihn, sondern auch von ihm her und aus ihm heraus entstanden« (Mor 1001b.c)[28]. Der Mittelplatoniker Maximus von Tyrus (ca. 125-185 n. Chr.) sagt über das Göttliche: »Das Göttliche an sich aber ist unsichtbar für die Augen, unsagbar für die Stimme, unberührbar für das Fleisch (ἀναφὲς σαρκί), unhörbar für das Ohr.«[29] Zahlreiche Grabinschriften bezeugen, dass sich die Jenseitshoffnungen ausschließlich auf die Seele bezogen: »Der Leib ist unten, der Geist und die Seele bleiben« (σῶμα νέρθεν πνεῦμα καὶ ψυχὴ μένει)[30]. Schließlich war auch im hellenistischen Judentum

---

[26] Vgl. dazu z. B. Plato, Phaidon 67c.d.
[27] Plut, Romulus 28; vgl. ferner Mor 382e. Für Horus als Sohn von Osiris und Isis gilt: »Er ist nicht rein und unvermischt wie der Vater, welcher der Logos selbst an sich ist, ohne Beimischung und äußere Beeinflussung, sondern er ist verfälscht durch die Materie, wegen ihres körperlichen Charakters« (Mor 373b).
[28] Vgl. auch Mor 382f.383a: »Menschliche Seelen, die hier bei uns in Körper und Leidenschaften eingeschlossen sind, haben keine Gemeinschaft mit dem Gott, außer dass sie ein undeutliches Traumbild von ihm erfassen durch Denken mit Hilfe der Philosophie. Aber wenn sie, vom Körper gelöst, hinübergehen zum Unsichtbaren, Unanschaubaren, Leidlosen, Reinen, dann ist dieser Gott ihnen Führer und König; sie hängen gleichsam an ihm, sie schauen und ersehnen ohne Sättigung die für Menschen unaussprechliche, nicht mitteilbare Schönheit.«
[29] Max Tyr, Or 11,204ff (zitiert nach: Die philosophische Lehre des Platonismus. Theologia Platonica, 79). Der um 150 n. Chr. in Smyrna lehrende Albinos, Didaskalos 10, lehrte über Gott: »Aus all dem ergibt sich auch, dass er unkörperlich ist (καὶ τὸ ἀσώματον αὐτὸν εἶναι) ... Daher ist Gott wohl unkörperlich ... Denn wenn er ein Körper ist, dann muß er auch vergänglich, entstanden und veränderlich sein. Jede einzelne dieser Annahmen ist jedoch in seinem Fall unsinnig« (zitiert nach: *H. Dörrie/M. Baltes/Chr. Pietsch*, Die philosophische Lehre des Platonismus. Theologia Platonica, 63.65).
[30] Vgl. *I. Peres*, Griechische Grabinschriften und neutestamentliche Eschatologie, WUNT 157, Tübingen 2003, 163.

die Ansicht weit verbreitet, dass der Leib der Vergänglichkeit preisgegeben ist und allein die Seele den Tod überdauert (vgl. z. B. Weish 9,15; Philo, Migr 9.192).

In allen philosophisch-theologischen Systemen wird Gott dem eigentlichen Sein, dem Guten, dem Logos, dem Geist zugeordnet und kategorial von der irdischen Welt, von der Veränderlichkeit, vom Entstehen und Vergehen und damit auch von der Leiblichkeit getrennt. Epikur lehrte über Gott: »Zuallererst, wenn du die Gottheit für ein unvergängliches und glückseliges Wesen hältst, wie die allgemeine Anschauung der Gottheit vorgeprägt wurde, dann hänge ihr nichts an, was ihrer Unvergänglichkeit fremd oder mit ihrer Glückseligkeit unvereinbar ist. Vermute dagegen alles über sie, was ihre mit Unvergänglichkeit verbundene Glückseligkeit unversehrt zu bewahren vermag« (Menoikeus 123). Über die Stoiker heißt es in Diogenes Laertius VII 147: »Von Gott aber lehren sie: er ist ein unsterbliches Wesen, vernünftig, vollkommen, oder ein denkender Geist, glückselig, unempfänglich für alles Böse, voll vorschauender Fürsorge für die Welt und alles, was in ihr ist; doch trägt er nicht Menschengestalt (μὴ εἶναι μέντοι ἀνθρωπόμορφον).« Epiktet sagt über das Wesen Gottes: »Was ist nun das Wesen Gottes (τίς οὖν οὐσία θεοῦ)? Ist es Fleisch (σάρξ)? – Keineswegs. – Ist es ein Stück Land? – Nicht doch. – Ist es Verkündigung (φήμη)? – Ebenso wenig. – Ist es Verstand, Wissen, rechte Vernunft (νοῦς, ἐπιστήμης, λόγος ὀρθός)? – Das ist es« (Diss II 8,1f). Für Plutarch sind Gott/die Götter die einzige der Zeit und dem Werden entnommene Wirklichkeit, sie stehen jenseits der Bewegung, des Werdens und Vergehens: »Was ist nun das wahrhaft Seiende? Das Ewige, Ungewordene, Unzerstörbare, über das keine Zeit eine Veränderung bringt. ... Aber der Gott hat das Sein, muss man sagen, und er ist nicht in irgendeiner Zeit, sondern in der Ewigkeit, der unbeweglichen, zeitlosen, unveränderlichen, angesichts deren es nichts Älteres noch Jüngeres gibt, sondern sie ist nur eine, und mit ihrem Jetzt, das eines ist, hat sie das Immerdar erfüllt; und allein, was in diesem Sinne ist, ist wahrhaft seiend, etwas, das nicht geworden ist, nicht sein wird, nicht angefangen hat, nicht enden wird« (Delphi 19.20). Deshalb können Götter auch nicht sterblich sein: »Es ist also ebenso gegen die (allgemeine) Vorstellung, dass der Mensch unsterblich sei, wie dass Gott sterblich sei. Oder vielmehr: Ich sehe nicht, welcher Unterschied noch zwischen Gott und Mensch bestehen soll, wenn auch Gott ein vernunftbegabtes und vergängliches Wesen ist.«[31] Nach Apuleius (ca. 125-170 n. Chr.) sind die Götter im Anschluss an Platon »unkörperliche, lebende Wesen, ohne Ende und ohne Anfang, sondern nach vorne und hinten ewig, vom Kontakt mit dem Körperlichen ihrer eigenen Natur nach weit entfernt, mit einer für ihre höchste Glückseligkeit vollkommenen Vernunftanlage« (De Deo Socratis 123)[32]. Wie ein von Platon beeinflusster hel-

---

[31] Plut, De communibus notitiis adversus Stoicos 31 (zitiert nach: *H. Dörrie/ M. Baltes/Chr. Pietsch*, Die philosophische Lehre des Platonismus. Theologia Platonica, 19). Vgl. ferner Plut, Mor 1022e.f, wo Plutarch das Göttliche als das Unteilbare definiert und positiv beschreibt als »einfach und leidensunfähig« (τὸ γὰρ ἁπλοῦν καὶ ἀπαθές).

[32] Vgl. ferner: Apul, De Platone et eius dogmate 1,5f: »Folgendes denkt Platon über Gott, nämlich dass er unkörperlich ist (quod sit incorporeus). Er ist ein einziger (is unus), so sagt er, unermeßlich, der Schöpfer und der Erbauer aller Dinge, glückselig und glückselig machend, der Beste, ohne jedes Bedürfnis, selbst alles mitteilend. Ihn nennt er den himmlischen, unsagbar, unnennbar und, wie er selbst sagt, unsichtbar, unbezwingbar, dessen Natur zu finden schwierig ist« (zitiert nach: *H. Dörrie/ M. Baltes/Chr. Pietsch*, Die philosophische Lehre des Platonismus. Theologia Platonica, 65-67).

lenistischer Jude Gottes Sein dachte, zeigt sehr schön Philo, SacrAbCain 101: »So entferne Seele alles Irdische, Sterbliche, Veränderliche und Unheilige aus der Vorstellung von Gott, dem Unirdischen, Unsterblichen, Unveränderlichen, Heiligen und nur Glücklichen.«

Auf diesem kulturgeschichtlichen Hintergrund verwundert es nicht, dass Texte wie 2Joh 7; 1Joh 2,22f; 4,1-3; 5,6-8; Joh 1,14; 6,51c-58.60-71; 19,34f einen Konflikt innerhalb der johanneischen Schule um das sachgemäße Verständnis der Person Jesu Christi und seines Heilswerkes bezeugen, bei dem die Frage seiner Leiblichkeit im Zentrum stand. Die im 1Joh attackierten Dissidenten gehörten ehemals zur Gemeinde (1Joh 2,19) und leugneten aus der Sicht des Briefschreibers die soteriologische Identität zwischen dem irdischen Jesus und dem himmlischen Christus (vgl. 1Joh 2,22: Ἰησοῦς οὐκ ἔστιν ὁ Χριστός; vgl. ferner die Identitätsaussagen in 1Joh 4,15; 5,1.5). Offenbar waren für die Gegner nur der Vater und der himmlische Christus heilsrelevant, nicht jedoch das Leben und Sterben des geschichtlichen Jesus von Nazareth. Für den Verfasser des 1Joh hat hingegen der den Vater nicht, der das Wirken des Sohnes falsch lehrt. Die Inkarnationsaussage in 1Joh 4,2 (vgl. 1Joh 1,2; 3,8b) lässt zudem auf die Bestreitung der heilsrelevanten Fleischwerdung des präexistenten Christus durch die Gegner schließen[33]. Die Passion des geschichtlichen Jesus von Nazareth (vgl. 1Joh 5,6b) hatte ebenso wie sein Sühnetod (vgl. 1Joh 1,9; 2,2; 3,16; 4,10) für sie keine Heilsbedeutung. Sie unterschieden strikt zwischen dem allein heilsrelevanten himmlischen Christus und dem irdischen Jesus, der seiner kreatürlichen Erscheinung nach nur einen Scheinleib hatte (vgl. 1Joh 4,3).

Die Ignatiusbriefe[34] bieten zu diesem Konflikt eine zweifache Parallele. Eine erste Übereinstimmung[35] besteht auf der soziologischen Ebene, denn auch die von Ignatius bekämpften Falschlehrer sind Wandermissionare (vgl. Ign, Eph 7,1; 9,1; Ign, Sm 4,1; 6,2), die in Hausgemeinden agieren, so dass Ignatius sie als »Häuserverderber« bezeichnen kann (Ign, Eph 16,1). Die zweite Übereinstimmung liegt auf der theologischen Ebene, weil sich Ignatius ebenfalls gegen eine doketische Christologie wendet. Er wirft seinen Gegnern vor, die Leiblichkeit Jesu Christi zu bestreiten. Sie bekennen nicht, dass der Herr einen Leib trägt (Ign, Sm 5,2: μὴ ὁμολογῶν αὐτὸν σαρκοφόρον). Demgegenüber betont Ignatius, dass Jesus Christus von der Jungfrau Maria wirklich geboren, von Johannes getauft und unter Pontius Pilatus wirklich für uns im Fleisch angenagelt wurde (Ign,

---

[33] Vgl. *G. Strecker*, Die Johannesbriefe, 211f.
[34] Abgefasst während der Regierungszeit Trajans zwischen 110-117 n. Chr. Eine Spätdatierung um 170 n. Chr. vertritt *R. M. Hübner*, Thesen zur Echtheit und Datierung der sieben Briefe des Ignatius von Antiochien, ZAC 1 (1997), 44-72; die Gegenargumente bietet *A. Lindemann*, Antwort auf die »Thesen zur Echtheit und Datierung der sieben Briefe des Ignatius von Antiochien«, ZAC 1 (1997), 185-194. Gegen eine Spätdatierung spricht vor allem, dass es um 170 n. Chr. keinen Sinn macht, sich pseudepigraphisch auf Ignatius zu berufen, um Gnostiker zu bekämpfen! Ignatius kämpft nicht gegen – um 170/180 ja in vielfältiger Form – ausgebildete gnostische Systeme, sondern gegen eine doketische Christologie, die partiell in spätere Systeme übernommen werden konnte, aber damit gerade nicht identisch ist. Insbesondere lassen sich bei Ignatius (wie in den Johannesbriefen) für die Gegner kein protologischer Dualismus und keine Kosmogonie nachweisen, die als *das* Kennzeichen gnostischer Systeme zu gelten haben. Das Denken der Ignatiusbriefe wurzelt nicht im späten 2. Jh. n. Chr., sondern in der paulinischen/deuteropaulinischen und der johanneischen Theologie.
[35] Eine Gesamtanalyse der Texte bietet neben den Kommentaren: *W. Uebele*, »Viele Verführer sind in die Welt ausgegangen«, 38-92.

Sm 1,1; vgl. Ign, Trall 9,1.2: Jesus Christus, »der wirklich [ἀληθῶς] geboren wurde, aß und trank, wirklich [ἀληθῶς] verfolgt wurde unter Pontius Pilatus, wirklich [ἀληθῶς] gekreuzigt wurde und starb ... der auch wirklich [ἀληθῶς] von den Toten auferweckt wurde«). Jesus Christus ist zugleich aus Fleisch und Geist, gezeugt und ungezeugt, im Fleisch erschienener Gott (ἐν σαρκὶ γενόμενος θεός), aus Maria sowohl wie aus Gott, zuerst leidensfähig und dann leidensunfähig (Ign, Eph 7,2). Schließlich meint Ignatius sogar, Jesus Christus sei auch nach der Auferstehung im Fleisch (Ign, Sm 3,1).

Für die Gegner hat Jesus Christus hingegen nur zum Schein gelitten (vgl. Ign, Trall 10; Ign, Sm 2; 4,2). Ignatius sagt über sie: λέγουσιν, τὸ δοκεῖν πεπονθέναι αὐτόν = »sie sagen, dass er zum Schein gelitten hat« (Ign, Trall 10; vgl. Sm 2; 4,2). Nachdrücklich verweist hingegen Ignatius auf das Leiden und Sterben Christi (vgl. Ign, Eph 7,2; 20,1; Ign, Trall 9, 1; 11,2; Ign, Röm 6,1; Ign, Sm 1,1.2; 6,2). Ist Jesus Christus auf Erden nur ›τὸ δοκεῖν‹ erschienen, litt er nicht wirklich, so müssen die Gegner auch seine Auferstehung leugnen. Nur so erklärt sich die Vehemenz, mit der Ignatius im Blick auf die Gegner die Auferstehung Jesu Christi im Fleisch betont (vgl. Ign, Sm 1,2; 3,1; 7,1; Ign, Trall 9,2; Ign, Eph 20,1; Ign, Mag 11). Leugnen die Gegner die Auferstehung, dann ist auch die Eucharistie entleert und die Gnade Christi geschmälert (Ign, Sm 6,2), so dass es nur folgerichtig ist, wenn die Gegner der (vom Bischof geleiteten) Eucharistiefeier fernbleiben (vgl. Ign, Sm 7,1, ferner Ign, Eph 5,2f; Ign, Trall 6,1.2; Ign, Phld 4)[36]. Da die Gegner die wahrhaftige sarkische Existenz Jesu Christi, sein Leiden und die Auferstehung des Gekreuzigten bestreiten, daraus Konsequenzen für die Eucharistie ziehen und das Stichwort τὸ δοκεῖν fällt, kann diese Lehre als Doketismus bezeichnet werden.[37] Offensichtlich wird die gesamte irdische Existenz Jesu Christi als δόκησις aufgefasst[38], Jesus Christus ist nur zum Schein erschienen, ungeboren. Bedeutsam ist eine weitere Parallele zwischen den Falschlehrern des 1Joh und den Gegnern des Ignatius. Für den 1Joh gehören das sachgemäße Bekenntnis und die konkrete Liebestat unmittelbar zusammen (vgl. 1Joh 3,23; 4,15). Bei den Falschlehrern fällt dies auseinander, deshalb wirft ihnen der 1Joh mehrfach direkt oder indirekt mangelnde Bruderliebe oder sogar Bruderhass vor (vgl. 1Joh 2,7-11; 3,17f; 4,1-6/4,7-5,4). Ein solcher Vorwurf findet sich auch bei Ignatius: »Achtet auf die Vertreter abweichender Meinungen hinsichtlich der Gnade Jesu Christi, die zu uns gekommen ist, wie sie sich im Gegensatz zum Sinne Gottes befinden! Sie kümmern sich nicht um die Liebespflicht (περὶ ἀγάπης

---

[36] Da Ignatius offensichtlich auch gegen Judaisten kämpft (vgl. Ign, Magn 8-11; Ign, Phld 5-9), die für den Sabbat eintreten (Magn 9,1) und die atl. Schriften sogar über das Evangelium stellen (Phld 8,2), ist oft vermutet worden, es seien zwei Häresien vorauszusetzen (vgl. zur Forschungsgeschichte *J. Rohde*, Häresie und Schisma, im Ersten Clemensbrief und in den Ignatius-Briefen, NT X (1968), (217-233)229f. Obgleich es möglich ist, Doketismus und Judaismus als »zwei Seiten derselben häretischen Erscheinung« (*W. Bauer*, Die Briefe des Ignatius von Antiochia und der Polykarp-Brief, HNT Ergänzungsband II, Tübingen 1920, 240) anzusehen, sind Differenzierungen notwendig: Im Brief an die Magnesier wird nur eine radikale judenchristliche Falschlehre bekämpft (vgl. 8,1.2; 9,1; 10,3), Doketen kommen gar nicht in den Blick. Auch im Brief an die Philadelphier herrscht die Polemik gegen eine judaistische Position vor (vgl. 6,1; 8,2; 9,1), lediglich in Phld 4 wird auf doketische Positionen angespielt, so dass wahrscheinlich eine judaistische Falschlehre durch doketische Motive angereichert wurde. Dieser Befund spricht für zwei verschiedene Falschlehren, die von Ignatius bekämpft werden; vgl. auch *W. Bauer/H. Paulsen*, Die Briefe des Ignatius von Antiochia und der Polykarpbrief, HNT 18/2, Tübingen 1985, 65; *W. R. Schoedel*, Die Briefe des Ignatius von Antiochien, München 1990, 203; anders *W. Uebele*, »Viele Verführer sind in die Welt ausgegangen«, 76, der wiederholt von einer »judaistisch‹-doketischen Irrlehre« spricht.

[37] Vgl. nur *W. Bauer*, Die Briefe des Ignatius von Antiochien und der Polykarpbrief, 239f; *P. Weigandt*, Doketismus, 57f; *W. Bauer/H. Paulsen*, Die Briefe des Ignatius von Antiochia und der Polykarpbrief, 65; *W. R. Schoedel*, Die Briefe des Ignatius, 250ff; *W. Uebele*, »Viele Verführer sind in die Welt ausgegangen«, 51.57 u. ö.

[38] Vgl. *W. Bauer*, Die Briefe des Ignatius, 239.

οὐ μέλει αὐτοῖς), nicht um eine Witwe, nicht um ein Waisenkind, nicht um einen Bedrängten, nicht um einen Gefesselten oder Freigelassenen, nicht um einen Hungernden oder Dürstenden« (Ign, Sm 6,2). Offenbar wähnten sich die Doketen der konkreten Liebespflicht enthoben, weil sie nur den gering geschätzten Leib betrifft.

Allein diese Form einer monophysitischen Christologie, in welcher der Erlöser selbst ausschließlich göttlicher Natur ist und somit nicht er selbst, sondern seine δόκησις auf Erden erscheint, kann Doketismus genannt werden[39]. Ein in dieser Weise definierter Doketismus, dessen Konsequenz eine völlige Entleerung des irdischen Seins Jesu Christi ist, findet sich außer in den Ignatiusbriefen bei Satornil, Kerdon, Markion und in den Johannesakten[40]. Der Doketismus ist eine eigenständige Christologieform[41], die sich religionsphilosophisch an der platonischen Grundeinsicht orientiert, dass der (vergängliche) Leib nicht heilsrelevant, sondern nur heilshinderlich sein kann; für den die soteriologisch relevante Menschwerdung einer Gottheit ebenso unvorstellbar war wie das Leiden Gottes ›für andere‹. Besonders griechisch gebildete Gemeindeglieder dürften sich für diese (im damaligen Weltbild) rationale Argumentation geöffnet haben, wobei vor allem die Polemik des 1Joh zeigt, wie erfolgreich der Doketismus in den johanneischen Gemeinden war. Weil der Doketismus und spätere gnostische Systeme ihre weltanschaulichen Grundlagen/ihr Wirklichkeitsverständnis gleichermaßen dem Platonismus entnehmen[42], ist es nur folgerichtig, wenn doketische Anschauungen vielfach bei Gnostikern erscheinen. Zugleich sind Gnosis und Doketismus aber nicht identisch, denn während es beim Doketismus um die Heilsrelevanz der leiblichen, irdisch-geschichtlichen Erscheinung Jesu geht, sind die Kennzeichen gnostischer Systeme in der Regel ein protologischer Dualismus und kosmologische Spekulationen[43]; beides fehlt aber sowohl in den Johannesbriefen als auch den Ignatiusbriefen.

---

[39] Vgl. P. Weigandt, Doketismus, 16.18. Die Definitonen von ›Doketismus‹ sind teilweise unpräzis, was sicherlich damit zusammenhängt, dass er zum Kampfbegriff in den häresiologischen Diskursen wurde. Es dominieren weite Definitionen: J. G. Davies, Origins, 16.35, subsumiert sehr verschiedene christologische Anschauungen unter diesen Begriff und sieht sowohl jüdische als auch griechische Einflüsse; auch M. Slusser, Docetism, 172, votiert (ausdrücklich gegen Weigandt) für eine breite Definition der Erscheinungsweisen Christi (unter Einbeziehung der Nag Hammadi-Texte); P. E. Kinlaw, The Christ is Jesus, 15-67, unterscheidet zwischen zwei Modellen, die dem Oberbegriff ›Doketismus‹ zugeordnet werden können: a) Metamorphose (Änderung der äußeren Erscheinung bei Kontinuität der göttlichen Substanz), b) Possession (zeitweilige Inbesitznahme eines Körpers durch eine Gottheit/den Geist); W. Löhr, Art. Doketismus, RGG[4] 2, Tübingen 1999, 925-927, wählt eine kirchengeschichtlich verwertbare Definition: »Dominante Motive doketischer Christologie sind ein die Schöpfung abwertender Dualismus, das philos. Axiom göttlicher Leidenslosigkeit sowie Polemik gegen die bibl. legitimierte großkirchl. Christologie« (a.a.O., 925).

[40] Vgl. P. Weigandt, Doketismus, 28.82-86.

[41] Die Johannesbriefe und die Briefe des Ignatius zeigen, dass Doketismus und Gnosis keineswegs identisch sind: »sondern der Doketismus ist eine der Voraussetzungen gnostischer Erlöserlehre ...« (C. Colpe, Art. Gnosis II, RAC 11, Stuttgart 1981, 611); vgl. auch die Differenzierungen bei P. Weigandt, Doketismus, 4-19; ferner W. R. Schoedel, Die Briefe des Ignatius, 255; N. Brox, »Doketismus« – eine Problemanzeige, 312 ff.

[42] Vgl. dazu B. Aland, Was ist Gnosis?, WUNT 239, Tübingen 2009.

[43] Eine sachgemäße Definition von Gnosis bietet G. Sellin, Der Streit um die Auferstehung der Toten, FRLANT 138, Göttingen 1986, 200: »Die Welt (und der Mensch als irdisches Wesen) ist die Schöpfung eines aus der Lichtwelt gefallenen Wesens (Demiurg) und damit Produkt widergöttlicher Macht.«

1 Joh 5,6 dient vielfach als Hauptbeleg für die These, die Christologie der Gegner sei mit der Theologie Kerinths zu verbinden bzw. zu identifizieren⁴⁴. Nach Irenaeus lehrte der Kleinasiate Kerinth, die Welt sei nicht vom ersten Gott, sondern von einer unbekannten, von Gott getrennten Macht geschaffen. Jesus sei nicht aus einer Jungfrau, vielmehr aus seinen natürlichen Eltern Maria und Josef entstanden. Allerdings überragte er alle durch Gerechtigkeit, Einsicht und Weisheit. »Nach der Taufe ist der Christus von der Gewalt, die über alles herrscht, in Gestalt einer Taube auf ihn herabgekommen. Da verkündete er den unbekannten Vater und tat Wunder. Zu guter Letzt hat der Christos aber Jesus wieder verlassen. Und Jesus hat gelitten und ist auferweckt worden; der Christos ist aber leidensunfähig geblieben, weil er pneumatisch ist.«⁴⁵ Epiphanius fasst die Christologie Kerinths kurz mit der Bemerkung zusammen: οὐ τὸν Ἰησοῦν εἶναι Χριστόν (Panarion XXVIII 1,7). Die Eigenart der Lehre Kerinths liegt in der Kosmogonie (Trennung Vatergott – Demiurg) und der Annahme einer zeitweiligen Verbindung zwischen dem pneumatischen Christus und dem Menschen Jesus. Von einer Adoptionschristologie kann man jedoch nicht sprechen, da der geistige Christus den Menschen Jesus wieder verließ⁴⁶. Übereinstimmungen zwischen der Lehre Kerinths und der vermuteten Christologie der Gegner im 1 Joh sind nicht zu leugnen (Trennung himmlischer Christus – irdischer Jesus, Hochschätzung der Taufe Jesu). Ihnen stehen allerdings große Differenzen gegenüber. Konstitutiv für das System Kerinths war offenbar die Kosmogonie, die für die Gegner des 1 Joh überhaupt nicht nachzuweisen ist. Auch die Unterscheidung zwischen einem pneumatischen, leidensunfähigen Christus und dem Menschen Jesus, der dem himmlischen Christus als *zeitweiliges* Gefäß diente, ist 1 Joh 2,22; 5,6 nicht wirklich zu entnehmen⁴⁷. Deshalb empfiehlt es sich nicht, die Gegner im 1 Joh sehr nah an die Theologie Kerinths heranzurücken.

Insbesondere die Parallelität zu den bei Ignatius und Polykarp (vgl. Polyk, Phil 7,1) bekämpften Gegnern bestätigt, dass auch die Widersacher des 1 Joh eine doketische Christologie lehrten. Hier wie dort werden die Leiblichkeit und das wahrhaftige Menschsein des Gottessohnes Jesus Christus bestritten; hier wie dort führte ein elitäres Bewusstsein zu ethischer Indifferenz. Heilsrelevant ist allein der himmlische Christus, der Existenz des irdischen Jesus kommt hingegen keine soteriologische Funktion zu. Während die Falschlehrer die Ausblendung der irdischen Geschichte als Potenzierung des Gottessohnes verstanden, stellt sie für den 1 Joh eine Depotenzierung dar, denn die wirkliche Fleischwerdung und das wirkliche Leiden Jesu Christi sind substantielle Bestandteile seiner Sendung durch den Vater, um die Glaubenden und die Welt zu retten (vgl. 1 Joh 4,9f). Der Verfasser des 1 Joh setzt den Gegnern die in seinen Augen legitime Lehrtradition der johanneischen Schule (vgl. ἀπ' ἀρχῆς in 1 Joh 1,1-4; 2,7f; 3,11), nicht aber das Johannesevangelium entgegen! Spalten die Gegner die Erlösergestalt faktisch auf, so betont der Briefschreiber die soteriologische Einheit des irdischen Jesus mit dem himmlischen Christus/Gottessohn (vgl. 1 Joh 2,22; 4,2.9.15;

---

⁴⁴ Vgl. bes. *K. Wengst*, Orthodoxie und Häresie, 24ff; *R. E. Brown*, The Epistles of John, 65ff; *J. Blank*, Irrlehrer, 174ff.

⁴⁵ Vgl. Iren, Haer I 26,1; vgl. Hippol, Refutatio VII 33,1f; X 21,2f. Eine Darstellung und Besprechung aller relevanten Texte bieten *K. Wengst*, Orthodoxie und Häresie, 24-34; *R. E. Brown*, The Epistles of John, 766-771; *Chr. Markschies*, Kerinth: Wer war er und was lehrte er? JAC (1998), 48-76.

⁴⁶ *P. Weigandt*, Doketismus, 17, bezeichnet die Christologie Kerinths zutreffend als »eindeutig subordinatianisch sowie dyophysitisch und dyoprosopisch; der Mensch Jesus und der Gott Christus bleiben stets in ihren Naturen und Personen voneinander getrennt.« Deshalb zählt Kerinth für Weigandt auch nicht zu den Doketen.

⁴⁷ Vgl. *R. Schnackenburg*, Die Johannesbriefe, 258.

5,1.5). Der Falschlehre wird das hör- und sichtbare Bekenntnis entgegengesetzt (vgl. 1Joh 1,1-4; 4,15). Ist die leibliche, irdisch-geschichtliche Erscheinung des Erlösers für die Gegner letztlich irrelevant, so hat sie für den Autor des 1Joh indikativische Bedeutung (vgl. 1Joh 2,6; 3,3f; 4,17). Gegen das pneumatische und lieblose Selbstbewusstsein der Dissidenten stellt der 1Joh die Salbung der Gemeinde (vgl. 1Joh 2,20.27), die ihre Empfänger über Wahres und Falsches belehrt und sich anders als die Falschlehrer an dem einen Gebot der Gottes- und Geschwisterliebe orientiert.

2. Das Sein aus Gott 4,4-6

(4) Ihr seid aus Gott, Kinder, und ihr habt sie besiegt, denn der in euch ist, ist größer als der in der Welt. (5) Sie sind aus der Welt, weil sie wie die Welt reden, und die Welt hört auf sie. (6) Wir sind aus Gott; wer Gott erkannt hat, hört auf uns, wer nicht aus Gott ist, hört nicht auf uns. Daran erkennen wir den Geist der Wahrheit und den Geist des Irrtums.

Der Gegensatz zwischen der Gemeinde und den Falschlehrern wird nun zu einer grundsätzlichen Betrachtung über die Wesensverschiedenheit beider Gruppen ausgeweitet.

4 Der Selbstvergewisserung der Gemeinde dient die Zusage, aus Gott zu sein. Die Wendung ἐκ θεοῦ wird aus V. 2 aufgenommen, erscheint wieder in V. 6 und prägt so die Texteinheit. Die Zugehörigkeit zu Gott zeigt sich im sachgemäßen Bekenntnis; durch das Festhalten am wahren Bekenntnis, durch ihren Glauben hat die Gemeinde die Welt besiegt (vgl. 1Joh 5,4). Waren es in 1Joh 2,13.14 die durch Gottes Wort ermöglichten Werke der Liebe, durch welche die ›jungen Männer‹ das Böse besiegten, so ist es hier der von Gott gewährte Glaube, der den Sieg behält; beides gehört nach 1Joh 3,23 untrennbar zusammen. Die Immanenzaussagen in 2,14c (»das Wort Gottes bleibt in euch«) und 4,4b (›Gott ist größer als der in der Welt‹)[48] zeigen, dass der 1Joh in Macht- und Wirkungskategorien denkt. Die Welt ist der Wirkungsbereich des Widersachers, des Teufels (vgl. 1Joh 2,13.14; 3,8.10) und Antichrists (vgl. 1Joh 2,18; 4,3), dessen Macht aber durch das Wirken Gottes begrenzt wird. Er ist ›größer‹ (vgl. 1Joh 3,20) und mächtiger als sein Gegenspieler, weil er Licht und Liebe ist (vgl. 1Joh 1,5; 4,8b.16b), und deshalb darf sich die Gemeinde zuversichtlich seiner Führung unterstellen.

5 Antithetisch wird der Gemeinde der Einfluss- und Herkunftsbereich der Falschlehrer gegenübergestellt[49]. Die Falschpropheten sind in die Welt ausgegangen (vgl. 4,1) und sind zugleich aus der Welt[50]. Damit kommen sie aus der Finsternis und agieren in der Einheit mit dem Bösen, indem sie von dort ihre Erkenntnismaßstäbe gewinnen. Dennoch ›hört die Welt auf sie‹ und qualifiziert sich damit selbst als wider-

---

[48] Eine Deutung auf ›den Geist, der zu Gott gehört‹ (so *R. E. Brown*, The Epistles of John, 498) ist hier nicht angebracht, weil der maskuline Artikel ὁ auf Gott verweist.
[49] Vgl. *J. Beutler*, Die Johannesbriefe, 104.
[50] *R. Bultmann*, Die Johannesbriefe, 69, stellt eine nicht sachgemäße Alternative auf, wenn er betont, mit der ›Welt‹ sei nicht ein Raum, sondern das Wesen der Irrlehrer gemeint.

göttlicher Bereich. Hinter diesen Aussagen dürfte die Erfahrung des 1Joh stehen, dass die Falschlehrer nicht nur in der Gemeinde, sondern auch darüber hinaus sehr erfolgreich agierten[51]. Dies verwundert nicht, denn ihre doketische Christologie kam dem Denken der Zeit sehr entgegen. Schon Paulus markiert gegenüber den Korinthern das Kreuz und damit auch die geschichtliche Existenz Jesu als den entscheidenden Unterschied und Anstoß gegenüber jüdischen und griechischen Denkgewohnheiten (vgl. 1Kor 1,23). Auch die Gemeinde des 1Joh verweigert sich einer Anpassung an vorherrschendes Denken und bleibt so der johanneischen Tradition und der Wahrheit treu.

6 Deshalb kann sie sich selbst uneingeschränkt dem göttlichen Bereich zuordnen. Der Wechsel in die 1. Pers. Pl. lässt sich am sinnvollsten als kommunikatives ›Wir‹ verstehen, mit dem sich Autor und Gemeinde zusammenschließen[52]. Es geht um die Scheidung der Geister und in diesen Prozess sind beide involviert, indem sie mit einer Stimme sprechen. An der Reaktion auf die Jesus-Christus-Verkündigung der Gemeinde lässt sich ablesen, wer aus Gott und wer nicht aus Gott, d. h. aus der Finsternis und der Welt ist. Es geht dabei um ein Erkennen, das eine intellektuelle Dimension miteinschließt, denn das Bekenntnis der Gemeinde unterscheidet sich in einem entscheidenden Punkt von der (erfolgreichen) Verkündigung der Falschlehrer. Während in der Gemeinde der Geist Gottes wirkt, der als Chrisma alles lehrt (vgl. 1Joh 2,20.27), täuschen und verwirren die Falschlehrer, so dass sich der Geist der Wahrheit und der Geist des Irrtums/der Lüge gegenüberstehen. Während das Johannesevangelium nur den ›Geist der Wahrheit‹ kennt (vgl. Joh 14,17; 15,26; 16,13) und in 2Thess 2,11f; Jak 5,19 von einer ›Macht der Verführung‹ die Rede ist, findet sich der direkte Gegensatz ›Geist der Wahrheit – Geist des Trugs‹ vor allem in frühjüdischer Literatur (vgl. TestJud 20,1; 1QS 3,13-4,26).

Um klare Aussagen und die damit verbundenen Konsequenzen drückt sich der 1Joh nicht, wenn es um das sachgemäße Verstehen der Person und des Heilswerkes Jesu Christi geht. Die Gemeinde wird zu einer kritischen Prüfung und Scheidung der Geister aufgerufen, um so ihre eigene Identität aus Gott und aus der Wahrheit zu wahren. So wie es Licht und Finsternis gibt, gibt es auch Wahrheit und Lüge.

---

[51] *G. Strecker*, Die Johannesbriefe, 217, unterschätzt diesen Aspekt, wenn er hervorhebt, »die theologisch dualistische Aussage« stehe im Vordergrund.
[52] Möglich wäre auch ein ›Wir‹ der Traditionsträger, das dann einen autoritativen Anspruch erheben würde; zum Für und Wider vgl. *H.-J. Klauck*, Der erste Johannesbrief, 240f, der sich mit Verweis auf den Briefprolog für die Traditionsträger entscheidet.

V. Gottesliebe und Bruderliebe 4,7-5,4

Der 1Joh bleibt in seiner Auseinandersetzung mit den Falschlehrern nicht bei der christologisch notwendigen Abgrenzung stehen. Es gehört vielmehr zu seiner argumentativen Stärke, den Liebesgedanken in all seinen Variationen exklusiv für sich zu nutzen. In 1Joh 2,7-11 und 3,11-17 erschien bereits das Liebesgebot als die zentrale Botschaft der johanneischen Theologie; sie wird in 1Joh 3,23 als Doppelgebot zusammengefasst, das gleichermaßen den Glauben an den Gottessohn Jesus Christus und die gegenseitige Liebe zum Inhalt hat. Diese zweifache Bestimmtheit wird in den Abschnitten 4,1-6 und 4,7-5,4 jeweils schwerpunktmäßig entfaltet, wobei in 4,1-6 vornehmlich das christologische Bekenntnis ausdifferenziert wurde und in 4,7-5,4 vornehmlich das Liebesgebot/die Liebesvorstellung eine umfassende Klärung erfährt[1]. Wiederum zeigt sich deutlich, dass der nun wieder klar dominierende Haupt-Diskurs über die Sichtbarkeit des Glaubens in der Liebe und die beiden Sub-Diskurse vielfältig miteinander verbunden sind.

*1. Die zweite Gottesdefinition: Gott ist Liebe 4,7-10**

(7) Geliebte, lasst uns einander lieben, denn die Liebe ist aus Gott und jeder der liebt, ist aus Gott gezeugt und er erkennt Gott. (8) Wer nicht liebt, hat Gott nicht erkannt, denn Gott ist Liebe. (9) Darin ist die Liebe Gottes unter uns erschienen, dass Gott seinen einzig geborenen Sohn in die Welt sandte, damit wir durch ihn leben. (10) Darin besteht die Liebe: Nicht dass wir Gott geliebt haben, sondern dass er uns liebte und seinen Sohn sandte als Sühne für unsere Sünden.

Mit ihrer Entleerung der Inkarnation Jesu Christi entleeren die Falschlehrer auch die Liebe Gottes, die sich gerade im Wirken des irdischen Jesus Christus offenbarte. Deshalb sät ihre Lehre der Verwirrung auch Hass, dem der 1Joh die einigende Kraft der Liebe entgegenstellt.

7 Die Anrede ›Geliebte‹ (vgl. 2,7; 4,1) gewinnt hier einen kontextuellen Mehrsinn, denn die Angeredeten sind vor allem ›Geliebte Gottes‹[2]. Deshalb können sie wieder-

---

[1] Vgl. *E. E. Popkes*, Die Theologie der Liebe Gottes, 76f. Vielfach wird in 4,21 ein Einschnitt und Abschluss gesehen (so z. B. *F. Vouga*, Die Johannesbriefe, 65; *H.-J. Klauck*, Die Johannesbriefe, 244f; *J. Beutler*, Die Johannesbriefe, 108), aber die »in 1Joh 3,23 eingeführte Parallelisierung von Glaube, Liebe und Gebotsobservanz kulminiert jedoch erst in 1Joh 5,1-4« (*E. E. Popkes*, Die Theologie der Liebe Gottes, 77).

* Literatur: *Jonge, M. de*: To Love as God Loves (I John 4,7), in: ders., Jesus: Inspiring and Disturbing Presence, Nashville 1974, 110-127; *Schweizer, E.*: Zum religionsgeschichtlichen Hintergrund der ›Sendungsformel‹ Gal 4,4f., Röm 8,3f., Joh 3,16f., 1Joh 4,9, in: ders., Beiträge zur Theologie des Neuen Testaments, Zürich 1970, 83-95; *Söding, Th.*: »Gott ist Liebe«. 1Joh 4,8.16 als Spitzensatz Biblischer Theologie, in: Der lebendige Gott (FS W. Thüsing), hg. v. Th. Söding, NTA 31, Münster 1996, 306-357; *Popkes, E. E.*: Die Theologie der Liebe Gottes, 75-103.

[2] Vgl. *W. Thüsing*, Die Johannesbriefe, 141; anders *G. Strecker*, Die Johannesbriefe, 222.

um aufgefordert werden, einander zu lieben (vgl. 1Joh 3,11.23). Die für das johanneische Denken typische innere Verschränkung der einzelnen Themen zeigt sich hier in besonderer Weise: Die Glaubenden können einander lieben, weil die Liebe ihren Ursprung in Gott hat; an der Praxis der Liebe wiederum ist abzulesen, ob jemand aus Gott gezeugt wurde und ihn erkennt. Das ›aus Gott sein‹ vollzieht sich als Anteilhabe an seiner Liebe. Herkunft und Verhalten bedingen einander, wobei die vorgängige Grundlage allen Geschehens der Ursprung der Liebe aus Gott ist[3]. Die Liebe ist weder Gott noch göttlich, sondern sie verdankt sich bleibend als *die* umfassende schöpferische Lebenskraft allein Gott. Da die Liebe göttlichen Ursprungs ist, gehören alle Liebenden in ihrer Gotteskindschaft und -erkenntnis zur göttlichen Wirklichkeit.

8 Wer hingegen nicht liebt, hat auch Gott nicht erkannt, denn: Gott ist Liebe. Dieser Definitionssatz[4] reiht sich in eine ganze Reihe weiterer johanneischer Definitionssätze ein und ist zugleich deren Höhepunkt und Grundlage. Während die beiden anderen Definitionen (1Joh 1,5: ὁ θεὸς φῶς ἐστίν = »Gott ist Licht«/Joh 4,24: ὁ θεὸς πνεῦμα [ἐστίν] = »Gott ist Geist«) als Worte Jesu angeführt werden, sind 1Joh 4,8b.16b (ὁ θεὸς ἀγάπη ἐστίν = »Gott ist Liebe«) eine Formulierung des Autors des 1Joh. Sie sticht nicht nur durch ihre prägnante Einfachheit, große Tiefe und schlichte Wahrheit hervor, sondern ist m. W. ohne eine explizite religionsgeschichtliche Parallele[5], d. h. *hier wird nicht weniger als ein neues Gottes-Modell in die Geistesgeschichte eingeführt*. Bereits zu 1Joh 1,5 zeigte sich, dass Subjekt und Prädikat in der johanneischen Symbolsprache unumkehrbar sind[6]; Symbole machen das Wesen Gottes einsichtig, dürfen aber nicht mit ihm verwechselt werden. Weil die Selbstmitteilung Gottes als umfassende Liebesbewegung verstanden wird, ist die Selbstdefinition Gottes als Liebe folgerichtig. Gottes Liebe bildet den Ausgangspunkt und das Zentrum eines Prozesses, der den Sohn ebenso umfasst wie die Glaubenden. Damit ist die Wendung ὁ θεὸς ἀγάπη ἐστίν (»Gott ist Liebe«) aber noch nicht ausgeschöpft, denn sie sagt zuallererst etwas über Gott selbst aus, *es geht um das ethische Wesen Gottes*: Das Sein, das Wesen und das Wirken Gottes ist von Liebe geprägt. Jenseits menschlicher Emotionen zielt Gottes Liebe darauf, alles Geschaffene in die Einheit von Vater und Sohn aufzunehmen und ihm so wahres Leben zu schenken. Die hier gemeinte Agape repräsentiert somit nicht irgendeine oder jegliche Form von Liebe, sondern findet ihre oberste und zugleich exklusive Bestimmtheit im Wesen Gottes als Liebe.

9 Liebe ist nicht nur eine Wesens-, sondern auch eine Tätigkeitsbeschreibung Gottes, denn Gottes Wesen und sein Handeln sind nicht zu trennen. Wer und wie Gott ist, lässt sich nur an seiner geschichtlichen Selbstmitteilung im Sohn ablesen. Deshalb

---

[3] Deshalb handelt 4,7-12 auch nicht nur über die Nächstenliebe, wie *R. Bultmann*, Die Johannesbriefe, 69, meint, sondern bereits über das Wesen der Liebe selbst.
[4] Anders *R. Bultmann*, Die Johannesbriefe, 71, wonach hier das Wesen Gottes beschrieben wird, »jedoch ist der Satz nicht eine Definition".
[5] Nahe kommt der joh. Aussage Plato, Nomoi 900 D: die Götter »sind in jeder Tugend vollkommen gut und haben daher die Fürsorge für das gesamte All als ihr ureigenstes Amt inne«; sie sind »gut und vollkommen« (901E).
[6] Vgl. *G. Strecker*, Die Johannesbriefe, 224; *H.-J. Klauck*, Die Johannesbriefe, 261f; *Th. Söding*, Gott ist Liebe, 349; *E. E. Popkes*, Die Theologie der Liebe Gottes, 82.

gehören die Wesensaussage in V. 8 und die beiden Begründungsreihen in V. 9/10 ursächlich zusammen. *Gott erscheint als Liebe und als Liebender!* In der Sendung des Sohnes ist Gottes Liebe unter uns erschienen. Damit wird 1Joh 1,2 aufgenommen (... und das Leben ist erschienen ...), mit μονογενής (»einzig geboren«) das einzigartige Verhältnis zwischen Vater und Sohn betont (vgl. Joh 3,16; 1,14.18) und die Gabe des Lebens als Ziel der Sendung des Sohnes beschrieben.

Der 1Joh nimmt hier geprägtes Traditionsgut seiner Schule auf, wie die Übereinstimmungen zwischen 1Joh 4,9.10.14 mit Gal 4,4; Röm 8,3.32; Joh 3,16.17 zeigen[7]. Sie liegen in der Sendungsaussage im 1. Satzteil und der Angabe des Heilssinnes der Sendung im 2. Satzteil[8]. Alle Texte setzen die Präexistenz des Sohnes voraus und die Angabe des soteriologischen Ziels des Heilsgeschehens bildet den eigentlichen Skopus. Ferner ist für die johanneischen Texte charakteristisch, dass die Liebe Gottes als Beweggrund seines Handelns angegeben wird und der Kosmos eine positive Bewertung erfährt[9]. Die formalen und inhaltlichen Übereinstimmungen zwischen den paulinischen und johanneischen Texten weisen auf die jüdisch-hellenistische Weisheitsliteratur als gemeinsamen traditions- und religionsgeschichtlichen Hintergrund hin (vgl. z. B. Weish 9,9f.17; Sir 24,4.12ff.; Philo, Agric 51; Her 205; Conf 63; Fug 12)[10]. Gottes Liebe zur Welt kulminiert im einmaligen geschichtlichen Akt der Sendung des Sohnes, die Sendung ans Kreuz (vgl. 1Joh 4,10) vollzieht sich als ein Akt der Liebe. Zwar ist hier nicht wie in 1Joh 3,16 die Welt ausdrücklich das Objekt der Liebe Gottes, dennoch sollte κόσμος (anders als in 4,1-6) positiv verstanden werden, denn in der parallelen Aussage V. 14b ist die Rettung des Kosmos das explizite Ziel der Sendung des Sohnes. Wie in 1Joh 4,14b; Joh 3,16 bezeichnet κόσμος die erlösungsbedürftige Menschenwelt als Zielpunkt des Handelns Gottes, das sich in der Lebensgabe an die Glaubenden vollendet.

Die Grundaussagen der johanneischen Sendungschristologie[11] liegen im 1Joh vor und werden im Johannesevangelium voll entfaltet: Der Gesandte repräsentiert nicht nur den Sendenden, sondern er ist wie der Sendende selbst; er bringt nicht nur eine Botschaft, sondern er ist die Botschaft selbst. Er handelt anstelle des Sendenden und sein Handeln hat die gleiche Gültigkeit wie das des Sendenden: Jesus redet frei und offen als der Gesandte die Worte Gottes (Joh 3,34; 12,49.50; 14,24; vgl. 14,10); seine Lehre stammt nicht von ihm selbst, sondern von dem, der ihn gesandt hat (Joh 7,16); sie ist aus Gott (Joh 7,17). Gleiches gilt von seinem Urteil (Joh 5,30; 8,16). Jesus tut, wenn er wirkt, nur die Werke dessen, der ihn gesandt hat (Joh 9,4); er handelt in dessen Namen (Joh 10,25) und nicht aus sich selbst heraus (Joh 5,19.30). Er kann auch gar nichts anderes tun, als

---

[7] Vgl. *W. Kramer*, Kyrios Christos Gottessohn, AThANT 44, Zürich 1963, 112f.
[8] Vgl. a. a. O., 110.
[9] Vgl. Weish 11,24: »Denn du liebst alles, was existiert, und verabscheust nichts von dem, was du geschaffen.«
[10] Weitere Parallelen bieten *E. Schweizer*, ›Sendungsformel‹, 88-90.92; *Neuer Wettstein* I/2, 156-163. Zu beachten ist ferner Epikt, Diss III 23-24, wonach der wahre Kyniker »von Zeus als Bote zu den Menschen gesandt wurde, um sie über das Gute und das Böse aufzuklären«.
[11] Vgl. dazu *J. P. Miranda*, Der Vater, der mich gesandt hat, EHS.T 7, Frankfurt 1972; ders., Die Sendung Jesu im vierten Evangelium, SBS 87, Stuttgart 1977; *J.-A. Bühner*, Der Gesandte und sein Weg im 4. Evangelium, WUNT 2.2, Tübingen 1977; *W. A. Meeks*, Die Funktion des vom Himmel herabgestiegenen Offenbarers für das Selbstverständnis der johanneischen Gemeinde, in: ders. (Hg.), Zur Soziologie des Urchristentums, TB 62, München 1979, 245-283; *J. Becker*, Johanneisches Christentum, 126-179.

der Vater tut (Joh 5,19); dieser zeigt ihm alles, was er tun soll (Joh 5,20.36). Somit gilt: In Jesus wirkt der Vater (Joh 14,10). Als Gesandter hat Jesus auch keinen eigenen Willen, vielmehr sucht er den Willen des Sendenden (Joh 5,30), setzt ihn durch (Joh 4,34; 6,38ff), befolgt sein Gebot (Joh 8,29; 10,18; 14,31) und vollendet sein Werk (Joh 4,34; 17,4). Mit den Sendungsaussagen kommt also zum Ausdruck: In dem Menschen Jesus, der redet, lehrt und wirkt, ist zugleich ein anderer präsent und redet, lehrt und wirkt: Gott selbst. Wer glaubt, dass Jesus von Gott gesandt wurde, erkennt diese Präsenz Gottes in Jesus an. Damit wird bereits deutlich, dass die johanneische Sendungschristologie nicht isoliert werden darf, sondern als ein organischer Bestandteil des Ganzen der johanneischen Christologie angesehen werden muss. Sie setzt die Präexistenz und Inkarnation des Sohnes ebenso wie seinen Tod am Kreuz und seine Erhöhung voraus, denn die Sendung ereignet sich nicht in einem zeitlosen Auf- und Abstieg, sie vollendet sich am Kreuz. Das Sein bei und das Kommen von Gott ist die gemeinsame Grundlage der Präexistenz-, Inkarnations- und Sendungsaussagen[12].

10 Der Gnadencharakter des Liebeshandelns Gottes wird nun in zweifacher Weise entfaltet, indem sowohl Ursache und Folge als auch das Ziel der Liebesbewegung benannt werden. Das neue Verhältnis zu Gott (und Jesus) kann die Gemeinde nur als unverdientes Geschenk verstehen; nicht wir haben Gott zuerst geliebt, sondern er liebte uns[13] (vgl. 1Joh 4,19; ferner Joh 15,16, wo Jesus zu den Jüngern sagt: »Nicht ihr habt mich erwählt, sondern ich habe euch erwählt«). Die Unumkehrbarkeit des Gottesverhältnisses und der Vorrang der Gnade zeigen sich im Zielpunkt der Sendung des Sohnes: der Überwindung menschlicher Schuld[14]. Wie in 1Joh 2,2 bewirkt Jesu Geschick am Kreuz als Sühnopfer die Aufhebung der Sündenverfallenheit der Glaubenden[15]. Umfassendes Leben ist nur möglich (V. 10c), wenn die Sünden ihre von Gott trennende Funktion nicht mehr ausüben können und die Liebe die bestimmende Macht des Lebens wird.

2. Gottesliebe und Bruderliebe 4,11-16*

(11) Geliebte, wenn Gott uns so geliebt hat, sind auch wir verpflichtet, einander zu lieben. (12) Niemand hat Gott jemals gesehen. Wenn wir aber einander lieben, bleibt Gott in uns und seine Liebe ist unter uns zur Vollendung gekommen. (13) Daran erkennen wir, dass wir in ihm bleiben und er in uns: Dass er uns von seinem Geist gegeben hat. (14) Und wir haben geschaut und bezeugen, dass der Vater den Sohn gesandt hat als Retter der Welt. (15) Wer

---

[12] Zur kontroversen Diskussion um die Grundausrichtung und die Einheit der johanneischen Christologie vgl. *U. Schnelle*, Theologie, 629-663.
[13] Nach *G. Strecker*, Die Johannesbriefe, 234, erklärt sich die Logik der Zeitstufen so: »Das Perfekt spricht die Dauer der Liebe, dagegen der Aorist ihre Einmaligkeit, ihre Beziehung zum einmaligen vergangenheitlichen Christusgeschehen aus«.
[14] Vgl. *Th. Söding*, »Gott ist Liebe«, 351.
[15] Zu den traditionsgeschichtlichen Hintergründen der Sühnevorstellung vgl. die Auslegung von 1Joh 2,2.
* Literatur: *Coetzee, J. C.*: The Holy Spirit in 1 John, Neot 13 (1979) 43-67; *Horst, P. W. van der*: A Wordplay in 1 Joh 4,12?, ZNW 63 (1972), 280-282; *Jüngel, E.*: Gott ist Liebe. Zur Unterscheidung von Glaube und Liebe, in: FS Ernst Fuchs, Tübingen 1973, 193-202; *Malatesta, E.*: Τὴν ἀγάπην ἣ ἔχει ὁ θεὸς ἐν ἡμῖν: A Note on 1 John 4:16a, in: The New Testament Age (FS B. Reicke), Macon 1984, Bd. 2, 301-311.

bekennt, dass Jesus der Sohn Gottes ist, in dem bleibt Gott und er bleibt in Gott. (16) Und wir haben erkannt und geglaubt der Liebe, die Gott zu uns hat. Gott ist Liebe und wer in der Liebe bleibt, bleibt in Gott und Gott bleibt in ihm.

V. 15: Hinter ᾽Ιησοῦς fügt B 03 Χριστός ein; offensichtlich in Angleichung an 4,2.

11 Gottes- und Bruderliebe sind in ihrer Folge unumkehrbar, zugleich aber in ihrer Wirksamkeit untrennbar. Gottes Gabe der Liebe ermöglicht die Liebe der Glaubenden zueinander und befreit zu einer Gott entsprechenden Existenz. Die erfahrene Liebe Gottes drängt konsequenterweise zur Liebe untereinander. In der Entsprechung der Liebe zeigt sich deshalb das Verstehen der Gemeinde[16], im Dienen der Liebe erschließt sich für sie das Verständnis des Wesens Gottes als Liebe. Damit wird V. 7 aufgenommen und durch das nur hier vorangestellte ἀλλήλους (»einander«) zugleich verstärkt. Wie in Joh 15,16f zielt die Gabe der göttlichen Liebe auf ›bleibende Frucht‹, d. h. auf eine Fortsetzung/Verlängerung in der Bruderliebe. Sie ist der Ausdruck der bleibenden Verbundenheit zwischen Gott und den Glaubenden und das Kennzeichen eines Lebens mit Gott.

12 Das unmittelbare ›Sehen‹ Gottes ist in dieser Weltzeit nicht möglich (vgl. 1Joh 3,2). Dennoch ist Gottes Wesen und Wirklichkeit zugänglich, »wenn wir einander lieben«. Damit positioniert sich der 1Joh in der antiken Debatte der Erkennbarkeit Gottes/des Göttlichen. Im Alten Testament[17] ist die Unsichtbarkeit Jahwes ein zentrales Element des Gottesbildes (vgl. Ex 33,20: »Du kannst mein Angesicht nicht schauen, denn kein Mensch bleibt am Leben, der mich schaut«; ferner Dtn 4,12)[18]. In dieser Tradition kann Philo feststellen: »Es ist ja unmöglich, dass der seiende Gott von einem Geschöpf überhaupt wahrgenommen wird« (PostC 168; vgl. ferner PostC 15; VitMos I 66; Her 262). Auch in der griechischen Tradition[19] bewirkt das Erscheinen Gottes das Vergehen des Menschen (vgl. Hom, Il XX 131: »Denn es bringt Gefahr, wenn die Götter leibhaftig erscheinen«; Od X 173: »Denn wessen Auge vermöchte, will er es nicht, den Gott zu schauen, wo immer er wandelt?«)[20]; nach Platon ist die Gottheit als das wahrhaft Seiende nur der Vernunft (νοῦς) zugänglich (Timaios 28a.c). Die Stoa vertritt einen monistischen Pantheismus, wonach die Gottheit in allen Daseinsformen wirkt; sie ist weltimmanent und allgegenwärtig, zugleich aber gerade deshalb nicht fassbar. Chrysipp (282-209 v. Chr.) lehrt, »die göttliche Kraft

---

[16] *G. Strecker*, Die Johannesbriefe, 238, trägt hier das Indikativ-Imperativ-Modell ein und argumentiert sehr schematisch: »Weil das menschliche Tun aus dem Indikativ des Christusgeschehens motiviert ist, steht es nicht unter einem Gesetz. Das ›Gesetz‹, nach dem es angetreten ist, ist vielmehr die Offenbarung der Liebe Gottes.«

[17] Ausführlich dazu: *W. Graf Baudissin*, »Gott schauen« in der alttestamentlichen Religion, ARW 18 (1915), 173-239.

[18] Ausnahmen bestätigen die Regel: Gen 17,1ff: Abraham; Dtn 34,10: Mose; Ri 6,22f: Gideon.

[19] Vgl. dazu *R. Bultmann*, Untersuchungen zum Johannesevangelium, in: ders., Exegetica, Tübingen 1967, (124-197) 174-187.

[20] Aufgenommen in Paus X 32,18; vgl. ferner Hom, Od XVI 161: »Denn nicht allen sichtbar erscheinen die seligen Götter!«

liege in der Vernunft und in der Seele und dem Geist der gesamten Natur, und erklärt weiter, die Welt selbst und die alles durchdringende Weltseele sei Gott.«[21]
Der 1 Joh geht von einer theoretischen Unsichtbarkeit, aber zugleich praktischen Sichtbarkeit Gottes aus. Gott wird dort sichtbar, wo die gegenseitige Liebe geübt wird; diese Wirklichkeit wird von Gott selbst, nämlich durch seine bleibende Immanenz, zur Vollendung geführt. Die von Gott stammende und ausgehende Liebe[22] zeigt und vollendet sich in der Liebesgemeinschaft der Glaubenden. Ein deutlich anderes Konzept vertritt das Johannesevangelium. Bereits nach Joh 1,18 (»Gott hat niemand jemals gesehen; der einzig geborene Gott, der an der Brust des Vaters ist, er hat Kunde mitgebracht«) vermag allein der präexistente Logos Jesus Christus wirklich Kunde vom Vater zu bringen. Mit der Inkarnation ging die einmalige und unmittelbare Gottesschau und Gotteserfahrung Jesu in die Geschichte ein und ist nun für die Menschen als Offenbarung des Gottessohnes vernehmbar, denn allein Jesus Christus vermag authentische Kunde von Gott zu geben. Diese christologische Epiphanie Gottes zeigt sich deutlich in Joh 12,45 (»Wer mich sieht, sieht den, der mich gesandt hat«) und Joh 14,9 (»Wer mich sieht, sieht den Vater«). Im Sohn ist der Vater gegenwärtig, vernehmbar und sichtbar! Wiederum lässt sich die Entwicklung organisch vom 1 Joh zum Johannesevangelium erklären, denn warum sollte der 1 Joh die exklusiv christologische Konzeption des Evangelisten ignorieren oder sogar rückgängig gemacht haben?[23]

13 Gottes Liebe vollendet sich in der Gemeinde, weil sein Geist als Kraft der Liebe in den Glaubenden bleibt (vgl. 3,24). Der Geist ist als Medium der reziproken Immanenz zwischen den Glaubenden und Gott zugleich der Erkenntnisgrund und der sichtbare Ausdruck der Gottesgemeinschaft[24]. Die von Gott gewährte Liebe wird in der Geistgabe erfahrbar und führt zum rechten Handeln. Bereits Paulus kann die Sendung des Sohnes und des Geistes parallelisieren (Gal 4,4-6) und davon sprechen, dass Gott seine Liebe ausgegossen hat »in unsere Herzen durch den Heiligen Geist, den er uns gab« (Röm 5,5). Bemerkenswert ist in 1 Joh 3,24; 4,13 die Formulierung ἐκ τοῦ πνεύματος (»aus dem Geist/vom Geist«), die erkennen lässt, dass der Geist Gottes nicht in diesem gemeindebezogenen Geschehen aufgeht, sondern weitaus größer ist[25].

14 Der feierliche Ton, das ›Wir‹ sowie die Aufnahme von θεᾶσθαι (»schauen«) und μαρτυρεῖν (»bezeugen«) erinnern an den Prolog 1 Joh 1,1-4. Zugleich sind aber die Verbindungen zum unmittelbaren Kontext vorhanden, denn von der Sendung des

---

[21] Cic, De Natura Deorum I 39; vgl. ferner Diog Laert 7,135f.142. Aëtios sagt über Gott, »auch sei er ein Atemstrom, der durch die ganze Welt hindurch zieht und je nach der Materie, durch die er durchkommt, wechselnde Bezeichnungen annimmt« (SVF 2,1027).
[22] Die Wendung ἡ ἀγάπη αὐτοῦ ist als genitivus subjectivus zu verstehen; vgl. *R. Bultmann*, Die Johannesbriefe, 74; *H.-J. Klauck*, Der erste Johannesbrief, 254; *J. Beutler*, Die Johannesbriefe, 111.
[23] Anders *H.-J. Klauck*, Der erste Johannesbrief, 253, der in 4,12 eine Rückbindung an Joh 1,18 sieht, um »die Notwendigkeit der christologischen Vermittlung für die Erfahrung der intentionalen Liebe Gottes und für die menschliche Antwort der Liebe zu untermauern.« Von einer ›christologischen Vermittlung‹ ist allerdings in 1 Joh 4,12 nicht die Rede!
[24] Vgl. dazu die Auslegung von 1 Joh 3,24.
[25] Vgl. *G. Strecker*, Die Johannesbriefe, 241.

Sohnes sprechen auch 4,9.10 und θεᾶσθαι findet sich in V. 12. Das betonte ἡμεῖς (»Wir«) könnte sich wie in 1Joh 1,1-4 auf den exklusiven Kreis der ›Augenzeugen‹/ Traditionsträger beziehen oder aber als kommunikatives Wir verstanden werden, das den Sprechenden und die Gemeinde zusammenschließt. Für die letztere Möglichkeit spricht, dass in V. 11-13 und in V. 16 die pluralischen Personalpronomina eindeutig kommunikativ zu verstehen sind und ein möglicher Bedeutungswechsel in V. 14 nicht kenntlich gemacht wird[26]. Inhaltlich wird 1Joh 4,9 aufgenommen und variiert; Gott sandte seinen Sohn als Retter des Kosmos, um so seine Liebe zu offenbaren und zu vollenden. Das Begriffsfeld σωτήρ/σωτηρία/σῴζειν (»Retter«/»Rettung«/ »retten«) hat einen alttestamentlich/jüdisch-hellenistischen Hintergrund (LXX; Philo; Josephus)[27], ist aber vor allem mit dem hellenistischen Herrscherkult verbunden[28] und wurde im frühen Christentum auf Jesus übertragen (vgl. Lk 2,11; Apg 5,31; 13,23; Phil 3,20; 1Tim 4,10; 2 Tim 1,10; Tit 1,4; 2,13; 3,6; Eph 5,23; 2Petr 1,1.11; 2,20; 3,2.18)[29]. Der Sotēr-Titel weist in neutestamentlicher Zeit vor allem eine politisch-religiöse Konnotation auf: Der römische Kaiser ist der Wohltäter und Retter der Welt, er garantiert nicht nur die politische Einheit des Reiches, sondern gewährt seinen Bürgern Wohlstand, Heil und Sinn[30]. Diese Botschaft ist mitzuhören, wenn Gott und/oder Jesus Christus als ›Retter‹ tituliert werden. Der σωτήρ-Titel bot sich für die johanneische Schule vor allem in einem hellenistischen Umfeld an, um die universale Perspektive und den unüberbietbaren Charakter der neuen Religion zu unterstreichen und eine Integration griechisch-römischer Gottesattribute zu ermöglichen. Das universale Heil der Welt kann nicht von politischen Herrschern erwartet werden, sondern nur von dem gekreuzigten und auferstandenen Jesus Christus. Deshalb heißt es in Joh 4,42 über Jesus Christus: οὗτός ἐστιν ἀληθῶς ὁ σωτὴρ τοῦ κόσμου (»Dieser ist wahrhaft der Retter der Welt«) [31]. Zugleich drückt sich in dieser Prädikation auch das Selbstverständnis der johanneischen Christen aus: Sie wissen sich mit ihrer Botschaft an den gesamten Kosmos gesandt, weil Jesus allein der Retter der Welt ist (vgl. neben 1Joh 4,14 bes. Joh 3,16; 6,33; 12,47).

---

[26] Vgl. *J. Beutler*, Die Johannesbriefe, 112; anders *H.-J. Klauck*, Der erste Johannesbrief, 257, der das ›Wir‹ in V. 14 auf die Traditionsträger des Prologs beziehen will, das ›Wir‹ in V. 16 hingegen als kommunikatives ›Wir‹ versteht.

[27] Vgl. dazu *F. Jung*, ΣΩΤΗΡ. Studien zur Rezeption eines hellenistischen Ehrentitels im Neuen Testament, NTA 39, Münster 2002, 177-261.

[28] Vgl. hier *M. Clauss*, Kaiser und Gott, Stuttgart 1999, 219ff.

[29] Vgl. dazu *C. R. Koester*, The Savior of the World, JBL 109 (1990), 665-680; *F. Jung*, ΣΩΤΗΡ, 263-351; *M. Karrer*, Jesus der Retter (Sôtêr), ZNW 93 (2002), 153-176.

[30] Vgl. die Texte in: *Neuer Wettstein* I/2, 239-257; ferner Texte und Analysen bei *F. Jung*, ΣΩΤΗΡ, 45-176. Aufschlussreich ist die inschriftlich bezeugte Rede von Nero im Jahr 67 in Korinth (vgl. *Neuer Wettstein* I/2, 249f), wo der Altar des Zeus Soter (τῷ Διὶ τῷ Σωτῆρι) Nero gewidmet wird und der Kaiser als Herr der Welt und als der eine und einzige Retter erscheint; vgl. dazu *Chr. Auffarth*, Herrscherkult und Christuskult, in: Die Praxis der Herrscherverehrung in Rom und seinen Provinzen, hg. v. H. Cancik/K. Hitzl, Tübingen 2003, 283-317. Zur Thematik vgl. die nach wie vor sehr informative Einführung von *A. Deissmann*, Licht vom Osten, 287-324.

[31] Vgl. *M. Labahn*, ›Heiland der Welt‹. Der gesandte Gottessohn und der römische Kaiser – ein Thema johanneischer Christologie?, in: M. Labahn/J. Zangenberg (Hg.), Zwischen den Reichen: Neues Testament und Römische Herrschaft, TANZ 36, Tübingen 2002, 147-173.

15 Der soeben beschriebene Inhalt des Zeugnisses wird zum Gegenstand des Bekenntnisses, wobei mit der Aufforderung zum Bekenntnis auch die Thematik von 4,1-6 wieder in den Vordergrund rückt. Wie in 4,3 steht das Bekenntnis zu Ἰησοῦς, d. h. zu dem irdischen Jesus von Nazareth als Gottessohn im Mittelpunkt, den die Falschlehrer aus dem Heilsgeschehen herausdrängen wollen. Dabei zeigt der parallele Aufbau zu V. 12 (»Wenn wir aber einander lieben, bleibt Gott in uns ...«) die innere Verbindung zwischen der Bruderliebe und dem Glauben an den Gottessohn Jesus an, denn beides ist die Voraussetzung des Bleibens Gottes ›in uns‹[32]. Das sichtbare Handeln und das hörbare Bekenntnis bilden eine Einheit; Ethik und Christologie lassen sich nicht trennen. Wiederum lässt sich die Struktur des 1Joh erkennen: Die Liebesthematik mit all ihren Variationen bildet das Zentrum der Argumentation, von dem aus jederzeit Verbindungen zu den Subthemen (bes.: Sünde, Falschlehrer) hergestellt werden können. Der Autor behält die Falschlehrerproblematik im Blick, ohne jedoch den Liebesgedanken darauf zu reduzieren.

16 An Jesus ›glauben‹ ist in der gesamten johanneischen Theologie gleichbedeutend mit Jesus ›erkennen‹ (γινώσκειν)[33]. Das johanneische Erkennen verbleibt nicht im äußerlich Vorfindlichen, sondern erschließt das Wesen des Erkannten. In Jesus von Nazareth offenbart sich Gott, Jesus ist der Sohn Gottes (1Joh 4,15). Deshalb ist die Abfolge von Bekenntnis- (V.15) und Erkenntnis-/Glaubensaussage (V.16) sachgemäß. Die Perfektformen drücken aus, dass sich die Sprechenden auch in Gegenwart und Zukunft vom in der Vergangenheit liegenden Erkenntnis- und Glaubensakt bestimmt wissen (vgl. Joh 6,69). Als Objekt des Erkennens und Glaubens erscheint hier die Liebe, »die Gott zu uns hat.« Damit ist letztlich Gott selbst gemeint, denn: »Gott ist Liebe.« Die Wiederaufnahme von 4,8b zeigt die Bedeutung dieses Definitionssatzes für die Theologie des 1Joh an. In ihm wird sowohl das Wesen als auch der Anspruch Gottes auf den Begriff gebracht[34]. Gottes Gott-Sein zeigt sich in seinem Liebeshandeln im Sohn, in dem er sich selbst letztgültig mitteilt und seine Lebens- und Liebesmacht für die Menschen verpflichtend macht. In der Liebe ist Gott im höchsten Maß bei sich selbst[35] und zugleich im Sohn im höchsten Maß bei den Menschen. Gott ist der Urgrund der Liebe; aber nicht an und für sich, sondern stets in Beziehung. Die Liebe bleibt nicht bei sich selbst, sie wendet sich als elementare Lebensbewegung dem Sohn, der Welt und den Glaubenden zu. Dieser elementare Zusammenhang wird wiederum mit einer reziproken Immanenzaussage zum Ausdruck gebracht: »Wer in der Liebe bleibt, bleibt in Gott und Gott bleibt in ihm.« Das Erkennen Gottes schließt das Bleiben in ihm und d. h. das Bekennen zu ihm und das Handeln nach seinem Willen ein, weil sich die Liebe Gottes so auswirkt, dass die Glaubenden einander lieben. Das stetige Umfangensein von Gottes Lebens- und Liebesmacht als Bleiben Gottes ›in uns‹ gewinnt sichtbare Gestalt in ›unserem‹ Bleiben in der Liebe.

---

[32] Grammatisch liegt ein konditionaler Relativsatz vor, bei dem sich Neben- und Hauptsatz wie Bedingung und Folge zueinander verhalten; vgl. *Blass/Debrunner/Rehkopf*, Grammatik § 380.
[33] Vgl. dazu die Auslegung von 1Joh 2,3.
[34] Vgl. hier *W. Thüsing*, Die neutestamentlichen Theologien und Jesus Christus I, Düsseldorf 1981, 278-281.
[35] Vgl. *Th. Söding*, »Gott ist Liebe«, 350f.

1Joh 4,7-16 kann als das theologische Zentrum des gesamten 1Joh gelten. In konzentrierter Form wird der Grundgedanke der johanneischen Theologie entfaltet: *Die Liebe, die sich auf die Welt richtet, lässt Gott in die Welt kommen. In seinem Sohn erweist sich Gott als Liebe und als Liebender, indem er seine Liebe schenkt und in der Bruderliebe zur Erfüllung und zur Vollendung kommen lässt.* Damit wird auch die religionsphilosophische Potenz der johanneischen Theologie sichtbar: Gott kann nur als Liebe gedacht werden; jede andere Definition verfehlt sein Wesen. Der Sohn verkörpert in einzigartiger Weise das Modell von Gott als Liebe. Die bleibende Bedeutsamkeit des johanneischen Gottesmodells besteht darin, dass die denkerische Idee und die Erfahrung von Gott als Inbegriff der Liebe und des Guten sich in einer historischen Person vollständig realisiert haben. Das Gedachte und das Geschehene fallen im Gottessohn Jesus Christus zusammen.

3. Eschatologie und Ethik 4,17-21

(17) Darin ist die Liebe unter uns zur Vollendung gekommen, dass wir Zuversicht haben am Tag des Gerichtes, weil, so wie jener ist, sind auch wir in dieser Welt. (18) Furcht ist nicht in der Liebe, sondern die vollkommene Liebe treibt die Furcht aus, denn die Furcht rechnet mit Strafe; der Sich-Fürchtende aber ist in der Liebe noch nicht vollendet. (19) Wir lieben, weil er uns zuerst geliebt hat. (20) Wenn jemand sagt: Ich liebe Gott und er hasst seinen Bruder, ist er ein Lügner. Denn wer seinen Bruder nicht liebt, den er gesehen hat, kann nicht Gott lieben, den er nicht sieht. (21) Und dieses Gebot haben wir von ihm: Wer Gott liebt, liebt auch seinen Bruder.

V. 19: Nach ἀγαπῶμεν fügen ℵ 01.048.33.81 u. a. τὸν θεόν ein; V. 20fin: A 02.048 und zahlreiche Minuskeln lesen vor οὐ ein πῶς und verstehen den Text als rhetorische Frage.

Das Thema der Bruderliebe und damit der Haupt-Diskurs wird weitergeführt, nun unter dem Aspekt des kommenden Gerichtes.

17 Die Liebe (Gottes) hat darin ihre Wirksamkeit erwiesen und ist zur Vollendung gekommen, dass die Glaubenden bereits jetzt freimütig und zuversichtlich auf den Tag des zukünftigen Gerichts blicken. Die Verwandlung der Existenz der Glaubenden zeigt sich nicht nur in einem neuen Handeln, sondern auch in einem veränderten Bewusstsein. Wie in 1Joh 2,28 bedeutet παρρησία die ungeteilte Hoffnung und Zuversicht angesichts eines noch ausstehenden Geschehens: der Tag des Gerichtes. Die Wendung ἡμέρα τῆς κρίσεως erscheint im gesamten johanneischen Schrifttum nur hier[36] und wurzelt als Tag des Zorns über die Sünder in den Traditionen der jüdischen Apokalyptik[37]. In den frühchristlichen Schriften finden sich zahlreiche (mit der Parusievorstellung verbundene) Gerichtsaussagen, wobei die Wendungen ›Tag des Herrn‹ (vgl. 1Thess 5,2; 1Kor 5,5; 2Kor 1,14), ›Tag Christi‹ (Phil 1,6.10; 2,16) oder ›Tag des Gerichtes‹ (Mt 10,15; 11,22.24; 13,36ff; 2Petr 2,9; 3,7; Barn 19,10; 21,6;

---

[36] R. *Bultmann*, Die Johannesbriefe, 77, schreibt die Wendung ohne hinreichende Begründung seiner ›kirchlichen Redaktion‹ zu.
[37] Vgl. z. B. äthHen 10,12; 19,1; 22,4.13 u. ö.; 4Esr 7,113f; PsSal 15,12; Weish 3,13-18; Jub 5,10; 24,30.

2Clem 16,3) dem hier vorliegenden Motivkomplex nahe kommen (vgl. ferner 1Thess 1,10; 2Kor 5,10; Mk 13,24-27; 2Thess 2,1-12). Anklänge an die Gerichtsvorstellung finden sich auch in 2Joh 7.8; 1Joh 2,1.18.28; vor allem aber im Johannesevangelium nimmt das Gericht eine zentrale Stellung ein[38]. Hier dominiert allerdings eine vom 1Joh deutlich unterschiedene Konzeption: Das Gericht gehört für den Glaubenden schon der Vergangenheit an, denn der Glaube rettet vor dem kommenden Zorn des Richters (Joh 3,18: »Wer an ihn glaubt, der wird nicht gerichtet, wer aber nicht glaubt, der ist schon gerichtet«). Wer das ewige Leben hat, geht nicht mehr verloren und kommt nicht in das Gericht (vgl. Joh 10,28; 3,36). Folgerichtig vollzieht sich der Schritt vom Tod zum Leben nicht in der Zukunft, sondern er liegt für den Glaubenden bereits in der Vergangenheit (Joh 5,24: »Amen, amen, ich sage euch: Wer mein Wort hört und dem glaubt, der mich gesandt hat, hat das ewige Leben; und er kommt nicht ins Gericht, sondern er ist aus dem Tod in das Leben hinübergeschritten«). Es gilt: »Wer an den Sohn glaubt, hat ewiges Leben; wer aber dem Sohn nicht gehorcht, wird das Leben nicht schauen, sondern der Zorn Gottes bleibt auf ihm« (Joh 3,36; vgl. ferner 6,47; 8,51; 11,25f). Weil in der Gegenwart die Entscheidung über die Zukunft gefallen ist, sind die Glaubenden bereits durch das Gericht hindurchgeschritten (vgl. Joh 12,48). Dennoch finden sich auch im Johannesevangelium Hinweise auf ein zukünftiges Gerichtshandeln Gottes (Joh 6,39.41.44.54; 11,24; 12,48: ›am letzten Tag‹; 8,56: ›mein Tag‹; 14,20; 16,23.26: ›an jenem Tag‹;), die nicht einfach literarkritisch eliminiert werden können, denn gerade der 1Joh zeigt die originäre Verwurzelung futurischer Eschatologie[39] und eines zukünftigen Gerichtshandelns Gottes im johanneischen Denken.

Theologisch bringt die Gerichtsvorstellung zum Ausdruck, dass sich Gott nicht gleichgültig zum Leben eines Menschen und zur Geschichte insgesamt verhält. Würde das Gericht entfallen, dann blieben die Taten eines Menschen unbeurteilt und zwielichtig. Die Mörder würden über ihre Opfer triumphieren und die Unterdrücker kämen davon. Gäbe es kein Gericht, dann wären die Weltgeschichte und das Leben eines Menschen selbst das Gericht. Weil aber keine Tat oder Unterlassung ohne Folgen bleibt und sie um der Menschen willen beurteilt werden muss, ist der Gerichtsgedanke theologisch positiv zu beurteilen. Er wahrt die Würde des Menschen und zeigt, dass Gott sich nicht von seiner Schöpfung abgewandt hat.

Als Begründung für die Vollendung der Liebe Gottes in der freimütigen Zuversicht der Glaubenden gilt deren gegenwärtige Teilhabe an Jesu Sein. So wie Jesus vollständig in der Liebe Gottes gründet und das Ziel seiner Sendung die Rettung des Kosmos ist (vgl. 4,9.10.14)[40], soll auch die mit dem Chrisma begabte Gemeinde trotz ihrer Bedrängnis der Welt nicht mit Furcht, sondern mit Liebe begegnen.

---

[38] Zum johanneischen Gerichtsgedanken vgl. R. *Kühschelm*, Verstockung, Gericht und Heil, BBB 76, Frankfurt 1990; O. *Groll*, Finsternis, Tod und Blindheit als Strafe, EHS 23.781, Frankfurt 2004.
[39] Vgl. dazu die Auslegung von 1Joh 2,28.
[40] Vgl. G. *Strecker*, Die Johannesbriefe, 251.

18 Als Kontrastbegriff zur ›Liebe‹ wird das Stichwort ›Furcht‹ weiter bedacht. Die ungeteilt positive Energie der Liebe lässt keinerlei negative Begrenzungen zu[41]. Deshalb entsprechen weder die Furcht vor dem Gerichtstag noch die Furcht vor der Welt der Liebe Gottes. Die in Gott seiende und aus Gott kommende Liebe vollendet sich erst dann, wenn sie die Furcht aus den Herzen der Menschen austreibt. Furcht und Liebe sind hier nicht gleichrangige Prinzipien, denn allein der Liebe wird eine Dynamik zuerkannt[42]. Die Anklage des Herzens (vgl. 1Joh 3,20) kann dennoch das Vertrauen auf den größeren Gott erschüttern und die Furcht vor der zukünftigen Gerichtsstrafe das Wirksamwerden der Liebe hindern[43]. Weil göttliche Liebe und menschliche Furcht keine Wesensgemeinschaft eingehen können, verhindert ein Verbleiben in der Furcht die Vollendung der Liebe. Positiv formuliert: Der Liebe Gottes entspricht das uneingeschränkte Vertrauen, die Furchtlosigkeit der Glaubenden (vgl. Röm 8,38f)[44].

19 Die Thematik von 4,10 wird aufgenommen und variiert. Die Aufforderung und Praxis[45] der freimütigen und furchtlosen Bruderliebe[46] basiert nicht auf eigenen Entscheidungen und Möglichkeiten, sondern allein auf der vorgängigen Liebe Gottes. Das betonte πρῶτος (»zuerst«) benennt deutlich Ursache und Folge und bestimmt das menschliche Tun als Antwort auf Gottes Liebe. Die menschlichen Fähigkeiten zur Liebe sind begrenzt und bedürfen der Verwandlung und Stärkung durch die Liebe Gottes, die sich in Jesus Christus offenbarte.

20 Die menschliche Entsprechung zu Gottes Sein (vgl. 4,8.16) und Gottes Handeln (vgl. 4,9.10) kann somit nur die Praxis der Bruderliebe sein. Wer hingegen behauptet, Gott zu lieben und dennoch seinen Bruder hasst, ist ein Lügner. Damit wird nicht eine Parole der Falschlehrer aufgenommen[47], vielmehr ergibt sich dieser Schluss

---

[41] Zum Verhältnis ›Liebe – Furcht‹ vgl. auch Sen, Ep 47,18: »Wer verehrt wird, wird auch geliebt: Nicht kann sich Liebe mit Furcht mischen«; Cic, De Officiis II 23-24: »… das wollen wir erstreben, dass nämlich Furcht fern sei und Liebe festgehalten werde …« (= *Neuer Wettstein* II/2, 1439). Etwas andere Akzente setzt Philo, SpecLeg I 299f: »Gott fordert von dir, … dass du ihn liebst als deinen Wohltäter oder doch zumindest fürchtest als deinen Herrn und Gebieter«; vgl. Imm 69.

[42] Vgl. *E. E. Popkes*, Die Theologie der Liebe Gottes, 88.

[43] Das Wort κόλασις (»Strafe, Züchtigung") kann irdische Strafen bezeichnen (vgl. 2Makk 4,38; 8,9; Philo, SpecLeg IV 6), aber auch die ›ewige Strafe‹ (vgl. TestRub 5,5; TestLev 4,1; TestGad 7,5; Mt 25,46: »Und sie werden hineingehen; diese zur ewigen Strafe, die Gerechten aber zum ewigen Leben« = καὶ ἀπελεύσονται οὗτοι εἰς κόλασιν αἰώνιον, οἱ δὲ δίκαιοι εἰς ζωὴν αἰώνιον).

[44] Traditionsgeschichtlich könnte hier die Vorstellung des Gerechten im Hintergrund stehen, der die Lüge hasst und freimütig spricht (Spr 13,5LXX); vgl. dazu *A. Nissen*, Gott und der Nächste im antiken Judentum, WUNT 15, Tübingen 1974, 192-219.

[45] Ob ἀγαπῶμεν als Indikativ oder als adhortativer Konjunktiv und damit als Aufforderung zu verstehen ist, lässt sich kaum entscheiden (für die Aufforderung vgl. *J. Beutler*, Die Johannesbriefe, 114f; für den Indikativ vgl. *H.-J. Klauck*, Der erste Johannesbrief, 273); wahrscheinlich schwingt hier beides mit.

[46] Nach der Logik von V. 19 und des Kontextes kann nur die Bruderliebe gemeint sein, so dass der Zusatz τὸν θεόν in ℵ genau diese Pointe verfehlt; vgl. *K. Wengst*, Der erste, zweite und dritte Brief des Johannes, 197.

[47] So aber ausdrücklich *K. Wengst*, Der erste, zweite und dritte Brief des Johannes, 196, der Verfasser »zitiert eine These der Gegner (Liebe zu Gott – 20a), kontrastiert sie mit einem ihr widersprechenden Verhalten (Bruderhaß – 20b) und zieht daraus die Folgerung, daß der Sprecher der These ein Lügner ist (20c).« Auch nach *R. Schnackenburg*, Die Johannesbriefe, 250, befindet sich der 1Joh hier wieder in der Polemik gegen die Gnostiker. Gegen solche Bezüge spricht allerdings, dass in 4,20 und im engeren Kontext keinerlei Bezug auf Gegner zu erkennen ist.

aus der Logik der johanneischen Argumentation: Die Liebe zum unsichtbaren Gott gewinnt gerade in der Bruderliebe sichtbare Gestalt (vgl. 4,11.12), so dass es keine ›reine‹ Gottesliebe am Bruder vorbei geben kann. Auch wenn in V. 20b kein wirklicher Schluss vom Leichteren zum Schweren vorliegt (»denn wer seinen Bruder nicht liebt, den er vor Augen hat, kann nicht Gott lieben, den er nicht sieht«)[48], schwingen die Aspekte des Machbaren und Schwierigen dennoch mit. Die postulierte Liebe zum unsichtbaren Gott bleibt unglaubwürdig, wenn schon der vor Augen stehende Bruder nicht tatkräftig (1Joh 3,17) geliebt wird.

21 Wenn die Bruderliebe fehlt, ist auch die vorgebliche Gottesliebe geheuchelt, so dass als einzig angemessene Schlussfolgerung das von Gott kommende Gebot bleibt[49], Gott und den Bruder (gleichermaßen) zu lieben. Während Joh 3,23 von einem Doppelgebot von Glaube und Liebe spricht, geht es hier um das Doppelgebot der Gottes- und Bruderliebe. Die Liebe zu Gott ist der erste Inhalt des Gebotes; sie hat ihre eigene Wirklichkeit (vgl. 1Joh 5,2), nicht nur in der Bruderliebe, aber auch nicht jenseits der Bruderliebe. Das Geliebtsein von Gott (V. 19b), die Liebe zu Gott und die Bruderliebe gehören untrennbar zusammen und interpretieren sich gegenseitig; an dem einen kann das andere abgelesen werden.

Die Liebe Gottes zu den Menschen gewährt auch im Hinblick auf das kommende Gericht Zuversicht und Hoffnung. Wer hingegen nicht von der Kraft und Erkenntnis der Liebe Gottes umschlossen wird und den Bruder hasst, ist ein Lügner und verbleibt in der Gottesferne.

4. Glaube und Liebe 5,1-4

(1) Jeder, der glaubt, dass Jesus der Christus ist, ist aus Gott gezeugt. Und jeder, der den liebt, der (ihn) gezeugt hat, liebt auch den, der aus ihm gezeugt worden ist. (2) Daran erkennen wir, dass wir die Kinder Gottes lieben, wenn wir Gott lieben und seine Gebote tun. (3) Denn dies ist die Liebe Gottes, dass wir seine Gebote beachten, und seine Gebote sind nicht schwer. (4) Denn alles, was aus Gott gezeugt worden ist, besiegt die Welt. Und dies ist der Sieg, der die Welt besiegt hat: unser Glaube.

V. 2fin: »dass wir ... seine Gebote halten« (τηρῶμεν) lesen ℵ 01.K 018.P 025 und zahlreiche Minuskeln; demgegenüber ist die seltene Wendung τὰς ἐντολὰς αὐτοῦ ποιῶμεν (bezeugt von: B 03.Ψ 044.81.614 u. a.) die schwierigere LA.

Der Haupt-Diskurs wird kraftvoll weitergeführt: Die Liebe kommt von dem Gott, der Jesus Christus zur Rettung der Welt sandte, und richtet sich auf Gott als lieben-

---

[48] Dies betont *H.-J. Klauck*, Der erste Johannesbrief, 275; anders H. Windisch/(H. Preisker), 1Joh, 131.
[49] Hier ist Gott und nicht Christus zu ergänzen, weil Gott das folgende Objekt der Liebe ist, anders *E. E. Popkes*, Die Theologie der Liebe Gottes, 90, wonach unklar bleibt, wer gemeint ist.

den Vater des Gottessohnes Jesus von Nazareth[50]. Deshalb bilden das Bekenntnis des Glaubens (vgl. 4,1-3.15) und die Tat der Bruderliebe eine Einheit, die der 1Joh nie aus dem Blick verliert.

1 Vor allem durch den parallelen Aufbau der Vershälften werden (wie in 1Joh 4,14-16) das Glaubens- und das Liebesmotiv, der Glaube an Christus und die Liebe zu Gott, aufs engste miteinander verbunden (Jeder, der glaubt, ... Und jeder, der den liebt ...). Der positive Glaubenssatz (negative Variante in 2,22-23) entspricht den Gottes-Sohn-Formulierungen in 1Joh 4,15; 5,5 und bringt noch einmal das johanneische Grundcredo zum Ausdruck: die Identität des irdischen Jesus mit dem himmlischen Christus[51], d. h. der rettende Messias ist kein anderer als der geborene und wirklich gestorbene Jesus von Nazareth. Die Vorstellung der Abstammung von Gott verbindet die Gedankenreihe; ein solcher Glaube und eine solche Liebe zeugen vom Woher des Glaubenden, er muss aus Gott gezeugt sein. Die Geburts- und Familienmetaphorik (vgl. V. 2) zielt (wie zuvor in 4,7) auf die Einheit und Vergewisserung der direkt angesprochenen Gemeinde und variiert mit einem Wortspiel das seit 4,7 vorherrschende Grundthema der Gottes- und Bruderliebe: Wer seinen Erzeuger, d. h. Gott, liebt, liebt auch den, den er erzeugt hat, d. h. den Bruder[52]. Damit wird ein Erfahrungssatz aus dem Familienethos auf die Gemeinde übertragen[53].

2 Aus dem vorangegangenen Motiv des Gezeugtseins aus Gott erklären sich die Besonderheiten des Verses, denn die Liebe zu Gott (als Erzeuger) steht nun im Vordergrund. Während in 1Joh 4,20 (vgl. 3,14f.17) die Geschwisterliebe Erkenntniskriterium für die Liebe zu Gott ist, wird nun die Liebe zu Gott als Erkenntniskriterium für die Geschwisterliebe angeführt. Damit erfolgt keine tiefgreifende theologische Neubewertung, indem die unsichtbare Gottesliebe plötzlich das Kriterium der sichtbaren Geschwisterliebe bildet[54], sondern das Grundthema der sichtbaren Geschwisterliebe (vgl. 1Joh 3,16) wird variiert: So wie sich die Liebe zu Gott im Glauben an Jesus Christus zeigt (1Joh 5,1; 4,15), vollzieht sich die Liebe zu den Kinder Gottes im Halten seiner (= Gottes) Gebote und damit in der Liebe zu ihm. Theorie und Praxis lassen sich bei der Liebe zu Gott ebenso wenig trennen wie bei der Geschwisterliebe[55]. Alles bildet eine

---

[50] Anders gliedert z. B. *H.-J. Klauck*, Der erste Johannesbrief, 282f, der 5,1-12 als Abschluss seines 3. Hauptteils sieht; vgl. dagegen *E. E. Popkes*, Die Theologie der Liebe Gottes, 90: »In 1Joh 5,1-4 schließt sich der zuvor aufgebaute Spannungsbogen, indem die unterschiedlichen Argumentationsstrategien miteinander verschränkt werden.«
[51] Anders z. B. *J. Beutler*, Die Johannesbriefe, 118.
[52] *H. Windisch/(H. Preisker)*, 1Joh, 131, erwägt, ob nicht Christus gemeint sein könnte; vgl. aber *G. Strecker*, Die Johannesbriefe, 263.
[53] Vgl. z. B. Plut, Mor 480d-f, wonach rechtschaffene Söhne »nicht nur um der Eltern willen einander mehr lieben, sondern auch die Eltern einer um des andern willen« (vollständiger Text in: *Neuer Wettstein* II/2, 1440).
[54] *O. Baumgarten*, 1Joh, 216, formuliert deutlich erregt: »nun sollen wir auf einmal an der doch verborgenen, unkontrollierbaren Gottesliebe das Merkzeichen der sonst immer wegen ihrer Erfahrbarkeit gepriesenen Bruderliebe haben?«
[55] Vgl. *G. Strecker*, Die Johannesbriefe, 264f.

Einheit⁵⁶; das eine kann am anderen abgelesen werden⁵⁷ und den Ausgangspunkt der Argumentation kann mal das eine, mal das andere Motiv bilden.

3 Die Liebe Gottes (ἡ ἀγάπη τοῦ θεοῦ) meint dem Kontext entsprechend wiederum die Liebe zu Gott, die Gottes Liebe zu uns unausgesprochen auch hier zur Voraussetzung hat⁵⁸. Die Liebe zu Gott realisiert sich im Halten der Gebote Gottes, die nicht näher eingegrenzt werden. Da der Singular und der Plural von ἐντολή ohne Bedeutungsunterschiede wechseln können⁵⁹, dürfte mit ›den Geboten‹ wiederum das eine Gebot, das Liebesgebot gemeint sein (vgl. 5,2; ferner 1Joh 2,3 mit 2,7f)⁶⁰. Die Gebote Gottes sind nicht schwer⁶¹, weil für die aus Gott Gezeugten (vgl. 5,1.4) die Liebe zu Gott und die Geschwisterliebe ein Akt ist, der in Gottes Liebe zu uns in der Sendung des Sohnes gründet. Die Kraft der Liebe macht alles leicht!

4 Auch die Welt kann die Liebestätigkeit der Glaubenden nicht hindern, denn die Herkunft aus Gott schenkt ihnen die Kraft, die Welt ›zu besiegen‹, d. h. ihren Verlockungen zu widerstehen (vgl. 1Joh 2,13f; 4,4). Wie in 1Joh 2,15-17 erscheint die Welt als eine widergöttliche Macht, die falsche Begierden weckt, in die Irre führt und in der nicht die Liebe, sondern das Böse herrscht. Diese Macht hat der Glaube besiegt, weil er unbedingtes Vertrauen zu Gottes Liebe ist, die in der Sendung des Sohnes das Böse/den Bösen überwunden hat. Der Glaube schenkt bereits in der Gegenwart die Teilhabe am Sieg Jesu Christi in Tod und Auferstehung, deshalb ist er auch innerhalb der Welt die einzige zur Liebe und damit zum Leben befreiende Macht (vgl. Joh 16,33: »Dies habe ich zu euch geredet, damit ihr in mir Frieden habt. In der Welt habt ihr Bedrängnis, aber seid getrost: Ich habe die Welt besiegt«).

In seinem Lobpreis der Liebe hat der 1Joh die Glaubensthematik nie verlassen (vgl. 4,1.15). Nun bindet er in 5,1-4 Liebe und Glauben zusammen und führt so zum Glaubensthema über, das ab 1Joh 5,5ff wieder eindeutig im Vordergrund steht. Glaube und Liebe sind zwei Seiten einer Wirklichkeit; der Glaube lässt die Liebe Gottes weiterströmen und so zu einer die Menschen und die Welt verändernden Kraft werden.

---

⁵⁶ Vgl. *R. Bultmann*, Die Johannesbriefe, 81: »Ist wirklich die Paradoxie gewagt: weil die Bruderliebe der Erweis der Gottesliebe ist, so ist auch die Gottesliebe der Erweis der Bruderliebe? Dann wäre gleichsam ein Kreis gebildet, der von einem bloßen Zuschauer aus nicht verständlich ist, sondern nur von dem, der als Liebend-Geliebter innerhalb des Kreises steht«; *K. Wengst*, Der erste, zweite und dritte Brief des Johannes, 203, spricht zu Recht von einem ›Zirkelschluss‹.
⁵⁷ Dies gilt auch für die Beobachtung von *R. Schnackenburg*, Die Johannesbriefe, 252, wonach in 1Joh 2,7ff; 3,10b.11.23; 4,21 die Bruderliebe im Halten der Gebote besteht, während in 5,2 das Halten der Gebote Kriterium für die Bruderliebe ist.
⁵⁸ So fast alle Ausleger; vgl. nur *G. Strecker*, Die Johannesbriefe, 265f; *H.-J. Klauck*, Der erste Johannesbrief, 286; ohne wirkliche Festlegung: *R. Schnackenburg*, Die Johannesbriefe, 252f.
⁵⁹ Vgl. z. B. die Abfolge 1Joh 2,3.4 (Plural); 1Joh 2,7.8 (Singular).
⁶⁰ Eine solche Festlegung vermeiden *G. Strecker*, Die Johannesbriefe, 266; *H.-J. Klauck*, Der erste Johannesbrief, 288.
⁶¹ Vgl. dazu Dtn 30,11: »Denn dieses Gesetz, das ich dir heute gebe, ist nicht zu schwer für dich und nicht zu fern«; Philo, SpecLeg I 299; Mt 23,23.

Exkurs 2: Die Liebe als theologischer Schlüsselbegriff der johanneischen Schule*

Die Liebesvorstellung spielt in der frühchristlichen Symbolsprache von Anfang an eine zentrale Rolle. Ausgangspunkt ist dabei die Verkündigung Jesu, denn das Liebesgebot in seiner dreifachen Form als Gebot der *Nächstenliebe* (vgl. Mt 5,43), der *Feindesliebe* (Mt 5,44) und als *Doppelgebot der Liebe* (Mk 12,28-34) bildet die Mitte und das Zentrum der Ethik Jesu[62].

Insbesondere Paulus und die johanneischen Schriften nehmen diesen Impuls auf. Paulus kommt auf die Liebe als grundlegender Norm christlicher Existenz und christlichen Handelns in sehr verschiedenen Kontexten zu sprechen[63]. Den über die Wertigkeit der Charismen zerstrittenen Korinthern bietet Paulus einen noch köstlicheren Weg an: *den der Liebe* (ἀγάπη). Nicht zufällig steht 1Kor 13 zwischen den von der Gefahr des Missbrauchs der Charismen geprägten Kap. 12 und 14. Paulus verdeutlicht in 1Kor 13,1-3, dass selbst die außergewöhnlichsten Charismen nichts nützen, wenn sie nicht von der Liebe durchströmt werden. Auch die Vergänglichkeit relativiert die von den Korinthern hochgeschätzten Charismen, sie stehen unter dem eschatologischen Vorbehalt (1Kor 13,12). Wenn die Charismen einmal vergehen und die Erkenntnis aufhört, bleibt die Liebe, die den Glauben und die Hoffnung überragt, weil sie der vollkommenste Ausdruck des Wesens Gottes ist. Die Liebe ist das Gegenteil von Individualismus und Egoismus, sie sucht nicht das Ihre, sondern offenbart ihr Wesen gerade im Ertragen des Bösen und im Tun des Guten. Die ἀγάπη von 1Kor 13 umfasst die Nächsten- und Feindesliebe, sie erschöpft sich aber nicht in der Ethik. Zuallererst ist sie eine eschatologische Macht: die in Jesus Christus erschienene Liebe Gottes, die das ganze Leben der Glaubenden bestimmt. Folgerichtig kann Paulus die Kennzeichen des neuen Lebens als Frucht des Geistes bezeichnen: Liebe, Freude, Friede, Geduld, Freundlichkeit, Güte, Glaube (Gal 5,22). Das περιπατεῖν κατὰ πνεῦμα (»Wandeln

---

* Literatur (vgl. auch zu 2,7-11): *Augenstein, J.*: Das Liebesgebot im Johannesevangelium und in den Johannesbriefen, 94-147; *Hahn, H.*: Tradition und Neuinterpretation, 247-338; *Kittler, R*: Erweis der Bruderliebe an der Bruderliebe?! Versuch der Auslegung eines »fast unverständlichen« Satzes im 1. Johannesbrief, KuD 16 (1970) 223-228; *Klauck, H.-J.*: Brotherly Love in Plutarch and in 4 Maccabees, in: Greeks, Romans, and Christians (FS A. J. Malherbe), Philadelphia 1990, 144-156; *Lattke, M.*: Einheit im Wort, StANT 41, München 1975; *Pfeiffer, M.*: Einweisung in das neue Sein, BEvTh 119, Gütersloh 2001, 95-136; *Popkes, E. E.*: Die Theologie der Liebe Gottes, passim; *Ratschow, C. H.*: Agape, Nächstenliebe und Bruderliebe, ZSTh 21 (1950) 160-182; *Schäfer, K.*: Gemeinde als »Bruderschaft«. Ein Beitrag zum Kirchenverständnis des Paulus, EHS T 333, Frankfurt 1989, 129-188 (mit Lit.); *Schnackenburg, R.*: Die sittliche Botschaft des Neuen Testaments. II: Die urchristlichen Verkündiger, 1988 (HThK.Suppl. 2), 171-181; *Schnelle, U.*: Johanneische Ethik, in: Eschatologie und Ethik im frühen Christentum (FS G. Haufe), hg. v. Chr. Böttrich, Frankfurt 2006, 309-327; *Schrage, W.*: Ethik des Neuen Testaments, GNT 4, Göttingen ²1989, 301-324; *Schulz, S.*: Neutestamentliche Ethik, Zürich 1986, 486-527; *Strecker, G.*: Gottes- und Menschenliebe im Neuen Testament, in: Tradition und Interpretation (FS E. E. Ellis), Grand Rapids 1987, 53-67; *Thyen, H.*: »... denn wir lieben die Brüder« (1Joh 3,14), in: Rechtfertigung (FS E. Käsemann), hg. v. J. Friedrich u. a., Tübingen 1976, 527-542; *van der Watt, J. G.*: Ethics and Ethos in the Gospel according to John, ZNW 97 (2006), 147-176.

62 Vgl. *U. Schnelle*, Theologie, 101-104.
63 Hier können nur einige Texte und Aspekte behandelt werden; vgl. umfasssend *Th. Söding*, Das Liebesgebot bei Paulus NTA 26, Münster 1994; *O. Wischmeyer*, Der höchste Weg, StNT 13, Gütersloh 1981; *dies.*, Das Gebot der Nächstenliebe bei Paulus, BZ 30 (1986), 153-187.

nach dem Geist«) trennt von den Begierden des Fleisches (Gal 5,16) und findet sein Ziel in der Liebe, in der auch das Gesetz/die Tora erfüllt ist (vgl. Gal 5,14). Die Liebe erscheint in Röm 13,8-10 als verpflichtende Grundnorm allen christlichen Verhaltens, es gilt: ὁ γὰρ ἀγαπῶν τὸν ἕτερον νόμον πεπλήρωκεν (V. 8b: »Wer den Nächsten liebt, hat das Gesetz erfüllt«). Mit dieser Konzentration des Gesetzes auf den Liebesgedanken steht Paulus in der Tradition jüdischer und judenchristlicher Schriftauslegung (vgl. Mt 5,43; 7,12; 19,19; 22,39; Mk 12,28-34; Lk 10,27). In V. 9 wird als positiver Schriftbeleg Lev 19,18b angeführt, woraus V. 10b die programmatische Schlussfolgerung zieht: πλήρωμα οὖν νόμου ἡ ἀγάπη (»Die Liebe ist die Erfüllung des Gesetzes«). Paulus nimmt in Röm 13,8-10 zwei grundlegende Weichenstellungen vor: 1) Er präzisiert und reduziert die Tora durch die völlige Ausrichtung auf das *Liebesgebot* und behauptet, dass sie auf diese Weise von den Christen im vollen Umfang erfüllt wird. 2) Durch die Transformation des Gesetzes/der Tora in das Liebesgebot hinein gelingt es Paulus, den Kern des jüdischen und des griechisch-römischen Gesetzesdenkens gleichermaßen aufzunehmen und sein Gesetzesverständnis für alle Gruppen der Gemeinde annehmbar zu machen[64]. Der Liebesgedanke ist nicht nur die sachliche Mitte von Röm 12,9-13,14, sondern er bestimmt auch die Argumentation des Apostels im Konflikt zwischen den ›Starken‹ und ›Schwachen‹ in Röm 14,1-15,13. Hier zeigt Paulus, dass die Geschwisterliebe in der gegenseitigen Annahme die konkrete Ausformung der geforderten Nächstenliebe ist.

In den johanneischen Schriften wird die Liebesvorstellung umfassend auf den Begriff gebracht[65]. Die johanneische Schule bedenkt die Offenbarung Gottes in Jesus Christus durchgehend in ihren prinzipiellen Dimensionen und entwickelt eine *ethische* Theologie. Es geht um umfassende *theologische* Begründungen menschlicher Existenz und grundlegende Ausrichtungen menschlichen Handelns. Theologie und Ethik gehören in der johanneischen Theologie uneingeschränkt zusammen, weil Gott selbst Liebe ist (vgl. 1Joh 4,8.16).

2Joh 5.6 zeigt bereits, dass die Liebesvorstellung zum Urgestein der johanneischen Theologie gehört. Der 1Joh bestätigt dies, denn in keiner anderen neutestamentlichen Schrift finden sich absolut und im Verhältnis zur Länge so viele Belege von ›Liebe‹ (ἀγάπη 28mal) und ›lieben‹ (ἀγαπᾶν 28mal). In seiner Grundausrichtung ähnelt der Brief dem Evangelium; die Liebe Gottes ermöglicht und fordert die Liebe der Gemeindeglieder untereinander (vgl. 1Joh 2,4ff; 4,10.19; 5,1-5 u.ö.). Zugleich weist der Brief aber ein bemerkenswert eigenständiges Profil auf: 1) Kennzeichnend für den Brief ist eine enge Verflechtung der Liebes- mit der Lichtmetaphorik, die sich im Evangelium so nicht findet (1Joh 2,10f: »Wer seinen Bruder liebt, bleibt im Licht und einen Anstoß gibt es in ihm nicht. Wer aber seinen Bruder hasst, ist in der Finsternis ...«). Während im Evangelium ›Licht‹ christozentrisch gefüllt wird (vgl. Joh 1,4f; 3,19; 9,5; 12,36.46), herrscht im 1Joh deutlich eine theozentrische Konzeption vor: Gott ist Licht und Liebe (vgl. 1Joh 1,5; 4,7-12.19-21). Das Licht als Symbol der göttlichen Lebensfülle verbindet sich mit der Liebe als deren sichtbarer Gestalt. 2) Liebe ist im 1Joh in ein umfassen-

---

[64] Zur umfassenden Begründung vgl. *U. Schnelle*, Paulus, 629-644.
[65] Dieser Aspekt wurde bereits klar erkannt von *H. H. Wendt*, Die Johannesbriefe, 103-111 (Die ethische Art der Gotteskindschaft).

des kommunikatives Geschehen eingebunden: Wer Gott kennt und aus Gott ist, hält seine Gebote und lebt nicht in der Finsternis, sondern im Licht, so dass er in der Liebe und der Wahrheit wandelt und der Sünde ebenso entzogen ist wie der Falschlehre des Antichrists. 3) Die Handlungsebene dieses Gesamtgeschehens wird im 1 Joh ausdrücklich thematisiert: »Daran haben wir die Liebe erkannt, dass jener sein Leben für uns gab. Auch wir sind verpflichtet, das Leben für die Brüder zu geben. Wer auch immer Reichtum im Leben hat und seinen Bruder Not leiden sieht und sein Inneres vor ihm verschließt, wie soll die Liebe Gottes in ihm bleiben? Kinder, lasst uns nicht mit Wort und Zunge lieben, sondern durch Tat und Wahrheit!« (1Joh 3,16-18). Liebe, Leben, Licht und Wahrheit sind hier aufs engste verknüpft: Ausgangspunkt ist die Liebe Christi, die sich in seiner Lebenshingabe für die Brüder vollzog. Dieses vorbildhafte Verhalten Jesu wird auf die johanneische Gemeinde angewendet. Die Liebe Gottes zeigt sich darin, ob reiche Gemeindeglieder sich Glaubensbrüdern in Not verschließen oder tatkräftig helfen. Von den Gliedern der johanneischen Schule wird also ein konkretes vorbildhaftes soziales Verhalten gefordert, das sich in der Unterstützung bedürftiger Gemeindeglieder realisiert. Von einer Gesinnungsethik sind diese Aufforderungen weit entfernt, es geht ausdrücklich um ein bestimmtes Sozialverhalten, eine Liebe, die sich im Tun realisiert. Die bedeutsamste Innovation des 1Joh liegt auf einer anderen Ebene, in der Bestimmung Gottes als Liebe (1Joh 4,8b.16b). Damit wird ein religions- und geistesgeschichtlich neues Gottes-Modell eingeführt. Ein Modell ist eine abstrakte positive Vereinfachung, die zur Darstellung und Klärung von Grundannahmen dient. Dieses Modell ist durch die Geschichte Gottes mit Jesus Christus für die Menschen festgelegt. Der 1Joh bringt diese Geschichte auf den Begriff und verbindet so die denkerische Idee von Gott als Inbegriff der Liebe und des Guten mit einem einmaligen historischen Geschehen. Das Gedachte und das Geschehene fallen in Gottes Geschichte mit Jesus Christus zusammen. Hier liegt die unaufgebbare Bedeutung der Person Jesu Christi für die Bestimmung des johanneischen, besser: jedes Gottesbildes. Die Bestimmung Gottes und Jesu Christi als Liebe und die daraus folgende Bestimmung des Menschen, aus dieser Liebe heraus zu leben und gemäß dieser Liebe zu handeln, ist zweifellos die zentrale Einsicht des 1Joh und der gesamten johanneischen Theologie. Das heißt nicht zuletzt: Wenn Gott Liebe ist, dann schließen sich Gott und Hass ebenso aus wie Gott und Gewalt.

Im Johannesevangelium ist das gesamte Denken umfassend vom Liebesgedanken geprägt[66]. Der Evangelist verbindet von Anfang an den Inkarnationsgedanken mit dem Liebesgedanken, indem er das Begriffsfeld ἀγάπη/ἀγαπᾶν zum ersten Mal in Joh 3,16 aufgreift: Gottes Liebe zur Welt in der Sendung des Sohnes. Die Liebe des Vaters zum Sohn (vgl. Joh 3,35; 10,17) ist Ausdruck der wesensmäßigen Verbundenheit zwischen ihnen (Joh 10,30) und Basis des johanneischen Liebesgedankens. Der Vater hat den Sohn mit ewiger Liebe geliebt (17,26; 15,9), und in dieser Liebe bleibt Jesus (15,10); durch sie empfängt er seine Vollmacht (3,35; 5,20). Sie hält ihn auch, wenn er sein

---

[66] Vgl. *E. E. Popkes*, Die Theologie der Liebe Gottes, 361, wonach »die ›dramaturgische Christologie der Liebe Gottes im Johannesevangelium‹ einen Höhepunkt urchristlicher Theologiebildung verkörpert. Sie reflektiert und versprachlicht in analogieloser Weise, warum das Leben und der Tod Jesu als ein Geschehen der Liebe Gottes verstanden werden können.«

Wirken in der Lebenshingabe vollendet (10,17). Die Einheit zwischen Gott und Jesus ist also eine Einheit in der Liebe. Vom Vater geht eine umfassende Liebesbewegung aus, die den Sohn (Joh 3,35; 10,17; 15,9.10; 17,23.26) ebenso umfasst wie die Welt (Joh 3,16) und die Jünger (Joh 14,21.23; 17,23.26). Sie setzt sich fort in der Liebe Jesu zu Gott (Joh 14,31) und den Jüngern (Joh 11,5; 13,1.23.34; 14,21.23; 15,12.13; 19,26) sowie der Liebe der Jünger zu Jesus (Joh 14,15.21.23) und zueinander (Joh 13,34.35; 15,13.17). Das johanneische Denken ist im Innersten vom Liebesgedanken geprägt, die vom Vater ausgehende Liebe setzt sich im Wirken des Sohnes und der Jünger fort, bis schließlich trotz des Unglaubens Vieler auch die Welt erkennt, »dass du mich gesandt hast und du sie geliebt hast, wie du mich geliebt hast« (Joh 17,23).

Mit diesem Grundkonzept verbinden sich (wie im 1 Joh) die Vorstellungen der gegenseitigen Immanenz und des ›Bleibens‹. Auch hier kann von einer theologischen Protologie gesprochen werden, denn bereits in Joh 1,1-3 bezieht sich das Sein und Wirken des Logos streng auf den absoluten Anfang: Gott[67]. Die reziproke Immanenzaussage in Joh 10,38 (»damit ihr erkennt, dass der Vater in mir ist und ich im Vater«) und Joh 14,10 (Jesus sagt zu Philippus: »Glaubst du nicht, dass ich im Vater bin und der Vater in mir?«) bringt die johanneische Konzeption prägnant zum Ausdruck: Weil Jesus aus der vom Vater gewollten und gewährten Einheit lebt, offenbart sich in seinem Reden und Wirken der Vater selbst. Aus der Einheit erfolgt ein gegenseitiges Erkennen (Joh 10,15) und vollkommene Teilhabe eines am anderen: Alles, was der Vater besitzt, hat auch Jesus (Joh 16,15; 17,10). Der Vater ist ganz im Sohn gegenwärtig und der Sohn im Vater; zugleich bleiben beide grundlegend unterschieden: Der Sohn wird nicht zum Vater und der Vater bleibt durchgehend der Vater, der sich im Sohn offenbart. Wie Christus in Gott ist und Gott in ihm (Joh 14,10), so bleibt der Gläubige in Christus (Joh 6,56; 15,4-7; 1 Joh 2,6.24; 3,6.24) und Christus im Gläubigen (Joh 15,4-7; 1 Joh 3,24). Ebenso bleibt Gott im Gläubigen (1 Joh 4,16; 3,24) und der Gläubige in Gott (1 Joh 2,24; 3,24; 4,16). Dieses ›Bleiben‹ vollzieht sich als Bleiben in der Liebe, im Wort und im Halten der Gebote (vgl. vor allem Joh 14,15.21.23; 15,4-16); ermöglicht durch den Parakleten, von dem es in Joh 14,17b heißt: »denn er bleibt bei euch und wird in euch sein.« In Joh 15,9.10 findet das johanneische Programm des ›Bleibens in Jesus‹ als ›Bleiben in der Liebe‹ eine nachhaltige Verdichtung. Die bleibende Liebe zwischen Vater und Sohn gewährt Jesus auch seinen Jüngern, sie ist ein Bestandteil seines Heilswirkens. Das in der Weinstockrede geforderte Fruchtbringen ist nichts anderes als die Liebe. Deshalb kann die Forderung des ›Bleibens in mir‹ abgewandelt werden in den Aufruf: »Bleibt in meiner Liebe« (Joh 15,9).

Auffällig innerhalb der Komposition des Evangeliums ist die Verteilung und Platzierung der ἀγάπη/ἀγαπᾶν-Belege. Von den insgesamt sieben ἀγάπη-Belegen finden sich allein sechs in den Abschiedsreden oder dem unmittelbaren Kontext (Joh 13,35; 15,9.10[2x].13; 17,26; sonst 5,42); ähnliches trifft für die ἀγαπᾶν-Belege zu, von 37 Belegen sind wiederum allein 25 in den Abschiedsreden und ihrem unmittelbaren Kontext platziert. Diese Verteilung ist kein Zufall, sondern theologisches Programm; die Konzentration der Liebes-Semantik in den Abschiedsreden ist Ausdruck der grund-

---

[67] Treffend *K. Scholtissek*, In Ihm sein und bleiben, 193: »Als Metatext und hermeneutischer Schlüssel zum Corpus Evangelii ist der Johannesprolog zugleich der Metatext der joh. Immanenz-Sprache.«

legenden Erkenntnis, dass allein in der Liebe der Vater im Sohn, der Sohn im Vater und beide in den Glaubenden gegenwärtig sind[68]. Die Fußwaschung[69] als Portal (Joh 13,1-20) und das Liebesgebot (Joh 13,34.35) als unmittelbarer Beginn der Abschiedsreden bestätigen diesen Befund. Die Fußwaschung als Vorabbildung des Geschickes Jesu soll die Gemeinde motivieren, in der Zeit der Abwesenheit Jesu ebenso wie dieser zu handeln: aus Liebe. Die Verwendung von ἀγαπᾶν in Joh 13,1 zeigt, dass Jesu Weg zum Kreuz in der Kontinuität seines bisherigen Seins und Wirkens, in der Kontinuität der Liebe steht. Bewusst wählt Johannes die Fußwaschung, um die Handlungsebene, den *konkreten Gehalt* des Liebesgedankens zu illustrieren. Das Fußwaschen war ein niedriger, zu den Aufgaben des Sklaven zählender Dienst, eine konkrete und auch schmutzige Handlung[70], nicht nur ein liturgischer oder symbolischer Akt. Jesus selbst gibt seinen Jüngern ein Paradigma christlicher Existenz und Lebensführung, er nimmt sie hinein in das Liebeshandeln Gottes, das ihnen eine neue Existenz in der Bruderliebe eröffnet. Hier geht es keineswegs nur um einen intellektuellen Akt, um ethische Proklamationen oder Forderungen, sondern um ein Tun Jesu! Auch für Johannes ist Liebe ein Geschehen, das nicht bei sich selbst bleiben kann und sich im Tun vollendet. Die Existenz des Menschen wird von Gott in eine neue Qualität überführt, die sich in der Entsprechung zu Jesu Tun in der Fußwaschung realisiert: »Wenn nun ich, der Herr und Lehrer, euch die Füße gewaschen habe, so seid auch ihr verpflichtet, einander die Füße zu waschen« (Joh 13,14). Jesu Tun enthält in sich die Verpflichtung für die Jünger, ebenso zu handeln (Joh 13,15: »Denn ein Beispiel habe ich euch gegeben, damit auch ihr tut, wie ich euch getan habe«). Jesu Tun ist hier zugleich Urbild und Vorbild für das Handeln des Menschen.

Johannes platziert das Gebot der Liebe im Kontext des Weggangs Jesu: »Ein neues Gebot gebe ich euch, dass ihr einander liebt, gleichwie ich euch geliebt habe, damit auch ihr einander liebt. Daran werden alle erkennen, dass ihr meine Jünger seid, wenn ihr Liebe untereinander habt« (Joh 13,34f)[71]. Das Liebesgebot fungiert als Leittext für die Abschiedsreden; das Leitwort ἀγαπᾶν wird wiederholt und variiert, wobei das zweimalige ἀγαπᾶτε ἀλλήλους durch die Renominalisierung ἀγάπην ἔχητε ἐν ἀλλήλοις (vgl. Joh 5,42) aufgenommen und weitergeführt wird: Das ›einander Lieben‹ führt zu gegenseitiger beständiger und sichtbarer Liebe. In der Situation des Abschieds Jesu benennt das Liebesgebot, wie die Jünger, und damit die textexterne Gemeinde, mit Jesus verbunden bleiben können. Indem in der Gemeinde die Liebestat Jesu als Bruderliebe wahrnehmbar Gestalt gewinnt, ist Jesu einmaliger Dienst im Handeln der Glaubenden gegenwärtig. Die Jünger dürfen und sollen sich hineinneh-

---

[68] Vgl. dazu *U. Schnelle*, Die johanneischen Abschiedsreden und das Liebesgebot, in: G. v. Belle/M. Labahn/ P. Maritz (Hg.), Repetitions and Variations in the Fourth Gospel, BETL 223, Leuven 2009, 589-608.
[69] Zur Fußwaschung vgl. neben den Kommentaren: *H. Kohler*, Kreuz und Menschwerdung im Johannesevangelium, AThANT 72, Zürich 1987, 192-229; *Chr. Niemand*, Die Fußwaschungserzählung des Johannesevangeliums, StAns 114, Rom 1993; *J. Zumstein*, Die johanneische Auffassung der Macht, gezeigt am Beispiel der Fußwaschung (Joh 13,1-17), in: ders., Kreative Erinnerung, AThANT 84, Zürich ²2004, 161-176.
[70] Vgl. die Belege in: *Neuer Wettstein* I/2, 635-645.
[71] Ausführliche Analyse bei *E. E. Popkes*, Die Theologie der Liebe Gottes, 257-271.

men lassen in die durch Gott ausgelöste Liebesbewegung und darin Jesus und ihrer Jüngerschaft entsprechen[72].

Die metaphorische Rede vom ›Frucht bringen‹ in der Weinstockrede ist ein weiteres Zentrum johanneischer Liebes-Ethik[73]: »Ich bin der wahre Weinstock, und mein Vater ist der Winzer. Jede Rebe an mir, die keine Frucht bringt, schneidet er ab, und jede Rebe, die Frucht bringt, reinigt er, damit sie noch mehr Frucht bringt« (Joh 15,1f). Das ›Frucht bringen‹ ist ausdrücklich auf das Bleiben im Wort konzentriert; durch die Begegnung mit dem Wort Jesu sind die Glaubenden rein und befähigt, Frucht zu bringen (Joh 15,3). Die Erwählung der Jünger durch Jesus (Joh 15,16) ist die Voraussetzung für das ›Frucht bringen‹ und zielt zugleich darauf. Ohne die fortwährende Verbindung mit dem Weinstock ist es für die Reben unmöglich, Frucht zu bringen. »Wie mich der Vater geliebt hat, so habe ich euch geliebt. Bleibt in meiner Liebe! Wenn ihr meine Gebote haltet, werdet ihr in meiner Liebe bleiben, so wie ich die Gebote meines Vaters gehalten habe und in seiner Liebe bleibe« (Joh 15,9f). Die Jünger dürfen sich hineingenommen wissen in die umfassende und anhaltende Liebesbewegung von Vater und Sohn. Die Motive der Liebe Jesu zum Vater in der Erfüllung seiner Sendung und der Liebe der Jünger zu Jesus im Halten der Gebote erfahren durch die hellenistische Vorstellung ›des Sterbens für die Freunde‹ (Joh 15,13) eine Variation und Verstärkung. Die Liebe Jesu in seiner radikalen Hingabe für die Seinen wird so in einen traditionsträchtigen Kulturraum gestellt und anschlussfähig gemacht. Das Kreuz als Schandpfahl und der heroische Einsatz für das Vaterland und die Seinen verschmelzen im Liebeshandeln des Vaters am Sohn und des Sohnes für die Seinen. So wie Jesus die Glaubenden in seinem vorbildhaften Tun bis zum Tod liebte, so sollen auch die Glaubenden einander lieben. Jesu Tod für die Freunde ist ein stellvertretender Tod, der Leben ermöglicht und das neue Sein in der Liebe eröffnet[74].

Wie in keiner anderen neutestamentlichen Schrift ist sowohl im 1Johannesbrief als auch im Johannesevangelium die Liebe der theologische Schlüsselbegriff. Der Liebesgedanke ist zuallererst theologisch und christologisch gefüllt; weil aber das ethische Wesen Gottes Liebe ist (vgl. 1Joh 4,8b.16b), folgt daraus mit innerer Stimmigkeit eine Überführung auf das Feld der Einstellung und des Handelns der Glaubenden. Wer aus der Liebe heraus lebt, benötigt keine Einzelgebote, sondern weiß sich an das von Gott gewährte Grundprinzip allen Seins gebunden. Die aktive Bruderliebe ist deshalb Ausdruck der Zustimmung zu der Liebe, die Gott dem Bruder und der Welt in Jesus Christus zuteil werden lässt. In der Liebe ist der Mensch nicht nur mit sich selbst und seinen Mitmenschen eins, sondern auch mit dem tragenden Grund seines Seins: Gott (vgl. 1Joh 4,8b: ὁ θεὸς ἀγάπη ἐστίν).

---

[72] Zu den liebessemantischen Motiven in Joh 14,15.21.23f.28.31 vgl. die Analyse bei *E. E. Popkes*, Die Theologie der Liebe Gottes, 273-278.
[73] Zur Auslegung vgl. neben den Kommentaren: *R. Borig*, Der wahre Weinstock. Untersuchungen zu Joh 15,1-10, StANT 16, München 1967; *H. Ritt*, Der christologische Imperativ. Zur Weinstock-Metapher in der testamentarischen Mahnrede (Joh 15,1-17), in: Neues Testament und Ethik (FS R. Schnackenburg), hg. v. H. Merklein, Freiburg 1989, 136-150; *J. G. van der Watt*, »Metaphorik« in Joh 15,1-8, BZ 38 (1994), 67-80; *M. Pfeiffer*, Einweisung in das neue Sein, 265-303.
[74] Zu den verbreiteten Vorstellungen hellenistischer Freundschafts- und Verantwortungsethik vgl. die Texte in: *Neuer Wettstein* I/2, 715-725.

VI. Das Zeugnis von Wasser, Blut und Geist 5,5-12*

(5) Wer aber hat die Welt besiegt, wenn nicht der, der glaubt, dass Jesus der Sohn Gottes ist? (6) Dieser ist gekommen durch Wasser und Blut: Jesus Christus; nicht nur im Wasser allein, sondern im Wasser und im Blut. Und der Geist ist es, der es bezeugt, denn der Geist ist die Wahrheit. (7) Denn drei sind es, die bezeugen: (8) Der Geist und das Wasser und das Blut. Und die drei sind auf das eine (ausgerichtet). (9) Wenn wir das Zeugnis von Menschen annehmen, das Zeugnis Gottes ist größer. Denn dieses ist das Zeugnis Gottes, dass er Zeugnis abgelegt hat für seinen Sohn. (10) Wer an den Sohn Gottes glaubt, hat das Zeugnis in sich. Wer Gott nicht glaubt, hat ihn zum Lügner gemacht, weil er nicht an das Zeugnis geglaubt hat, das Gott für seinen Sohn abgelegt hat. (11) Und darin besteht das Zeugnis, dass Gott uns ewiges Leben gegeben hat, und dieses Leben ist in seinem Sohn. (12) Wer den Sohn hat, hat das Leben; wer den Sohn Gottes nicht hat, hat (auch) das Leben nicht.

V. 7/8: Zum ›Comma Johanneum‹ vgl. die Auslegung von V. 7f. V. 10: Das reflexive ἐν ἑαυτῷ lesen ℵ 01. Ψ 044 und zahlreiche Minuskeln, demgegenüber bezeugen A 02.B 03K 018.L 020 und ebenfalls zahlreiche Minuskeln ἐν αὐτῷ; eine Entscheidung ist kaum möglich, man könnte die ausdrücklich reflexive LA als die schwierigere ansehen, die dann vereinfacht worden wäre.

Mit der Gabe des Chrisma (vgl. 1Joh 2,20.27) waren Salbung, Geistverleihung und Taufe bereits prominent im Blick, jetzt aber wird die sakramentale Dimension insgesamt massiv in den Diskurs eingeführt[1]. Damit stellt der Autor einen unmittelbarer Bezug zur Gemeinderealität her; er appelliert an die Gefühle, Erfahrungen und Erinnerungen seiner Hörer/Leser und erhöht so durch die Verbindung von Emotionalität und Sachlogik die Wirkmächtigkeit seiner Argumentation. Er baut gleichermaßen Wissen und ein Bewusstsein auf[2]. Schon aus ritualtheoretischer Sicht ist es unhaltbar, der johanneischen Theologie jegliches Interesse an den Sakramenten abzusprechen[3]. Rituale wie die Taufe, Geist-/Chrismagabe und die Eucharistie als Ver-

---

* Literatur: *Beutler, J.*: Martyria, 276-281; *Boer, M.C. de*: Jesus the Baptizer: 1 John 5:5-8 and the Gospel of John, JBL 107 (1988) 87-106; *Brooks, O. S.*: The Johannine Eucharist. Another Interpretation, JBL 82, 1963, 293-300; *Brox, N.*: Zeuge und Märtyrer. Untersuchungen zur frühchristlichen Zeugnis-Terminologie, StANT 5, München 1961, 86-90; *Hahn, H.*: Tradition und Neuinterpretation, 109-118; *Klauck, H.-J.*: Bekenntnis zu Jesus und Zeugnis Gottes. Die christologische Linienführung im ersten Johannesbrief, in: Anfänge der Christologie (FS F. Hahn), Göttingen 1991, 293-306; *Nauck, W.*: Die Tradition und der Charakter, 147-182; *Richter, G.*: Blut und Wasser aus der durchbohrten Seite Jesu (Joh 19,34b), in: ders., Studien zum Johannesevangelium, 120-142; *Venetz, H.-J.*: ›Durch Wasser und Blut gekommen‹. Exegetische Überlegungen zu 1 Joh 5,6, in: Die Mitte des Neuen Testaments (FS E. Schweizer), hg. v. U. Luz/H. Weder, Göttingen 1981, 345-361; *Witherington III, B.*: The Waters of Birth: John 3.5 and 1 John 5.6-8, NTS 35 (1989) 155-160.

[1] Die Abgrenzungen fallen unterschiedlich aus; *G. Strecker*, Die Johannesbriefe, 20f, setzt mit 5,4b neu ein; *H.-J. Klauck*, Der erste Johannesbrief, 292, lässt mit 5,6 einen neuen Abschnitt beginnen.

[2] Vgl. *M. u. S. Jäger*, Deutungskämpfe, 32f, wonach die andauernde Rekurrenz von Inhalten, Strategien und Symbolen »zur Herausbildung und Verfestigung von mehr oder minder festen ›Wissenskernen‹ führt«.

[3] So aber die einflussreiche Position von *R. Bultmann*, der alle sakramentalen Texte seiner ›kirchlichen Redaktion‹ zuschreibt und in Bezug auf das Johannesevangelium konstatiert, »daß auch die Sakramente

dichtungen von Wirklichkeit können kollektive Identitäten stabilisieren und erhalten. Ihre lebensweltliche Funktion besteht darin, eine Brücke »von einem Wirklichkeitsbereich zum anderen«[4] zu schlagen. Rituale sind wie Symbole eine zentrale Kategorie religiöser Sinnvermittlung und die johanneische Theologie bedient sich ihrer (vgl. 1Joh 2,27; 5,6-8; Joh. 3,3-5; 6,30-58; 13,1-20; 19,34-35), um den zentralen Gedanken ihrer Sinnbildung ein unverkennbares Profil zu geben: Der inkarnierte, gekreuzigte und auferstandene, in der Taufe und der Eucharistie gegenwärtige Jesus Christus ist der wahre Lebensspender[5]. Hier wird damit zugleich der zweite Sub-Diskurs gegen die Falschlehrer weitergeführt.

5 Zunächst wird der gerade in 5,4 erwähnte Glaube inhaltlich gefüllt: Er richtet sich auf die Identität des irdischen Jesus mit dem Gottessohn (vgl. 5,1). Dieser fest umrissene Glaube besiegt im Bekenntnis die Welt, weil er den rettenden Charakter der Sendung des Sohnes erkennt (1Joh 4,9), sich so der Liebe Gottes öffnet und den Verlockungen der Welt widersteht.

6 Der Glaube an den Gottessohn wird nun weiter argumentativ entfaltet und zugleich inhaltlich gefüllt: Jesus Christus ist durch Wasser und Blut gekommen, womit gleichermaßen auf Jesu Taufe und seinen blutigen Kreuzestod sowie ihre Vergegenwärtigung in der gemeindlichen Tauf- und Eucharistiepraxis angespielt wird. Eine Beschränkung auf Jesu Taufe und Tod ist kaum möglich, denn durch die rituell-liturgische Praxis waren ὕδωρ (»Wasser«) und αἷμα (»Blut«) für die Hörer/Leser des 1Joh (und des Johannesevangeliums) schon längst gefüllte Begriffe, mit denen sich ein christologisches Konzept verband.

Die Darstellung der Taufe Jesu in Joh 1,32-34 weist drei Besonderheiten auf: 1) Allein Gott vermag Jesus mit dem Geist zu ›taufen‹; Johannes d. T. hingegen bezeugt nur, dass Jesus der Geistempfänger, der Geistträger und der Geistübermittler ist. 2) Weil der Geist bleibend auf Jesus ruht, zu einem Attribut seiner Person wird, kann das gesamte Auftreten Jesu, seine Taten und Reden, als ein Geschehen in der Kraft des Geistes verstanden werden. 3) In Joh 1,34 und damit unmittelbar mit der Taufe Jesu verbunden, erscheint zum ersten Mal der zentrale christologische Titel des 4. Evangeliums im vollen offenbarungstheologischen Sinn: ὁ υἱὸς τοῦ θεοῦ (»Sohn Gottes«). In der Taufe der johanneischen Gemeinde vollzieht sich der Übergang von der Sphäre der Sarx in den Lebensbereich Gottes durch die Pneumagabe (Joh 3,3.5), die ihrerseits aus der Inkarnation, dem Tod und der Verherrlichung Jesu Christi hervorgeht. Mit ihrer Taufpraxis erweist sich die johanneische Schule in zweifacher Hinsicht als legitime Fortsetzerin des Wirkens Jesu: 1) Sie führt mit der Taufe das Werk des geschichtlichen Jesus weiter (Joh 3,22.26; 4,1). 2) Zugleich gewährt sie in der Taufe Anteil am Heilswirken des erhöhten Jesus Christus[6].
Zugespitzt artikuliert sich der inkarnatorische Grundzug der johanneischen Theologie im eucharistischen Abschnitt Joh 6,51c-58. Er wurde vom Evangelisten verfasst und an die traditionelle

---

keine Rolle spielen« (*ders.*, Theologie, 411; vgl. ferner: *ders.*, Theologie, 443: »Es fehlt auch jedes spezifisch ekklesiologische Interesse, jedes Interesse an Kultus und Organisation«).
4   *A. Schütz/Th. Luckmann*, Strukturen der Lebenswelt II, Frankfurt ³1994, 95.
5   Vgl. dazu *U. Schnelle*, Johanneische Ekklesiologie, NTS 37 (1991), 37-50.
6   Vgl. zum joh. Taufverständnis *U. Schnelle*, Antidoketische Christologie, 196-213; *Th. Popp*, Grammatik des Geistes, 233-255.

Lebensbrotrede Joh 6,30-35.41-51b angefügt[7], um eine zentrale christologische Aussage zu formulieren: In der Eucharistie erkennt die johanneische Schule die Identität des erhöhten Menschensohnes mit dem Inkarnierten und Gekreuzigten. Der Präexistente und Erhöhte ist kein anderer als der wahrhaft Mensch gewordene und am Kreuz gestorbene Jesus von Nazareth. Gerade bei der Eucharistie verdichten sich christologische, soteriologische und ekklesiologische Momente, denn als Ort der heilvollen Gegenwart des Inkarnierten, Gekreuzigten und Verherrlichten lässt das Herrenmahl dem Glaubenden die Gabe des ewigen Lebens zuteil werden. Die vom Evangelisten Johannes eingeführte Erwähnung von αἷμα καὶ ὕδωρ (»Blut und Wasser«) in Joh 19,34b und das Zeugnis des Lieblingsjüngers in 19,35 unterstreichen diese Zusammenhänge[8]. Jesu wahrer Tod hat seine wahre Menschwerdung zur Voraussetzung, beides wiederum ist die Ermöglichung der Heilsbedeutung des Todes und der Auferstehung Jesu Christi, die sich in Taufe und Eucharistie realisiert[9].

Die Bedeutung von Taufe und Eucharistie für das johanneische Denken ergibt sich sachgemäß aus dem Grundbekenntnis des johanneischen Glaubens: In Jesus Christus wurde Gott Mensch und ist Gott gegenwärtig. Taufe und Eucharistie verleihen diesem Gedanken unmittelbaren Ausdruck, denn sie sind im Leben und Sterben des geschichtlichen Jesus von Nazareth begründet und gewähren durch den Auferstandenen zugleich im Raum der Gemeinde die Gaben der Neuschöpfung (1Joh 2,27; 3,9f; Joh 3,5) und des ewigen Lebens (1Joh 5,11f; Joh 6,51c-58). Zugleich war dieses Konzept in der johanneischen Schule offenbar umstritten, denn aus V. 6b ist eine Ablehnung der Heilsbedeutung der Passion Jesu und der damit verbundenen Eucharistie durch die Falschlehrer zu erkennen. Wenn hier betont wird, Jesus Christus sei ›nicht nur im Wasser allein (μόνον), sondern im Wasser und im Blut‹ gekommen, darf daraus gefolgert werden, dass die Falschlehrer wohl der Taufe Jesu einen soteriologischen Sinn abgewinnen konnten, nicht aber seinem wirklichen Kreuzestod[10]. Offensichtlich kam der Taufe als Ort der Geistverleihung an Jesus (Joh 1,32-34) und an die Glaubenden (1Joh 2,27; 3,24; 4,1-3.13; Joh 3,5) innerhalb der johanneischen Schule eine große Bedeutung zu. Von dort begründeten die Falschlehrer ihr Pneumatikertum, während sie das Kreuz und wahrscheinlich auch die Eucharistie verwarfen. Dazu passen die Überlieferungen, dass Doketen der Eucharistie fernblieben (Ign, Sm 7,1), unter Missachtung des Bischofs andere Formen der Eucharistie praktizierten (vgl. Ign, Eph 5,2f; Ign, Trall 6,1.2; 11,1; Ign, Phil 4,1) oder nur mit Brot (Johannesakten 84-86.109f) bzw. Wasser (Epiph, Panarion XLII 3,3) feierten. Der Sohn Gottes konnte aus der Logik der doketischen Falschlehrer wohl geistbegabt sein, nicht aber wirklich sterben und eine auf das Blut Christi begründete Eucharistiepraxis rechtfertigen. Demgegenüber betont der 1Joh die Heilsbedeutung von Taufe *und* Abendmahl. Zwar ist in 1Joh 5,6 von den Sakramenten noch nicht explizit die Rede, aber die Argumentation läuft auf V. 7f zu, wobei aus johanneischer Sicht das Heilsereignis und seine Vergegenwärtigung (in V. 6c Präsensformen!) nicht getrennt werden kön-

---

[7] Vgl. zur ausführlichen Begründung und Auseinandersetzung mit der Literatur *U. Schnelle*, Antidoketische Christologie, 214-228; ferner *Th. Popp*, Grammatik des Geistes, 360-386.
[8] Vgl. zur Einzelbegründung *U. Schnelle*, Joh, 317-319.
[9] Vgl. *W. Bauer*, Joh, 226, der zu Recht bemerkt, dass der Bezug auf die Sakramente »auch durch die Voranstellung des Blutes« nicht hinfällig wird.
[10] Vgl. *R. Schnackenburg*, Die Johannesbriefe, 258.

nen, weil Wasser und Blut die Elemente der Sakramente sind[11]. Zudem sind Begriffe wie ὕδωρ (»Wasser«) und αἷμα (»Blut«) immer mehrschichtig, für verschiedene, einander nicht ausschließende Bedeutungsebenen offen. Es ist geradezu ein Kennzeichen der gesamten johanneischen Theologie, durch literarische Kunstmittel wie Repetition, Variation, Zahlensymbolik (vgl. V. 7!), mehrschichtige Ausdrucksweise und Leitworte den Lesern/Hörern neue Einsichten zu eröffnen oder bereits Erkanntes zu stabilisieren[12].

Eine neue Argumentationsebene wird mit V. 6c erreicht; der Geist tritt nicht nur zu Wasser und Blut hinzu, sondern er bezeugt gegenwärtig (zweimal ἐστίν) die Wahrheit des Gesamtgeschehens, d. h. Taufe und Eucharistie sind nur in ihrer Verbindung mit dem Geist wahres Zeugnis. Während der Geist von den Falschlehrern wahrscheinlich nur mit der Taufe verbunden wurde, bezieht der 1Joh die Eucharistie mit ein und bindet die gesamte Glaubwürdigkeit an das Zeugnis des Geistes. Damit werden dem Pneuma Funktionen zuerkannt, die weit über die Taufe (Jesu und der Glaubenden) hinausgehen. Vom Chrisma wurde bereits in 1Joh 2,27 gesagt, es belehre die Glaubenden über alles »und so ist es wahr und keine Lüge ist und so, wie es euch belehrt hat, bleibt in ihm«. Über den Parakleten heißt es, er sei der ›Geist der Wahrheit‹ (Joh 14,17; 15,26) und werde die Glaubenden ›in alle Wahrheit führen‹ (Joh 16,13). Das Chrisma kann von Christus (1Joh 2,27) und der Geist von Gott (1Joh 3,24) gesandt sein, d. h. aus ihrer Fülle senden der Vater und/oder der Sohn den Geist (vgl. Joh 14,16.26; 15,26; 16,7). Schließlich wird über den Lieblingsjünger unter dem Kreuz (vgl. Joh 19,25-27) gesagt: »Und der es gesehen hat, hat es bezeugt, und sein Zeugnis ist wahr, und jener weiß, dass er die Wahrheit sagt, damit auch ihr glaubt« (Joh 19,35). Aus der Verbindung von Geist/Paraklet, Chrisma und Zeugnis ergibt sich ein theologisches Gesamtmotiv: Der Geist, der in seinem Ursprung ganz auf den Vater und den Sohn bezogen ist, vergegenwärtigt und bezeugt immer neu das Offenbarungsgeschehen, weil in ihm der Sohn und der ihn sendende und beglaubigende Vater stets gegenwärtig sind.

7/8 Die Argumentation wird im Präsens und so mit Blick auf die gegenwärtige Funktion von Geist, Wasser und Blut fortgeführt. Während zuvor nur der Geist bezeugt, erscheinen nun alle drei Größen als Zeugen, wobei die Voranstellung des Geistes seine besondere Stellung unterstreicht. Im Hintergrund steht die u. a. in Dtn 19,15 (»Nur auf die Aussage von zwei oder drei Zeugen hin soll eine Sache gültig sein«) bezeugte jüdische Tradition, wonach allein das übereinstimmende Zeugnis zweier oder dreier Menschen wahr ist (vgl. ferner Num 35,30; Dtn 17,6)[13]. Diese Tradition findet sich

---

[11] Gegen *R. Schnackenburg*, Die Johannesbriefe, 257f; *R. Bultmann*, Die Johannesbriefe, 82f; *W. Nauck*, Die Tradition und der Charakter, 147; *K. Wengst*, Der erste, zweite und dritte Johannesbrief, 207; *G. Schunack*, Die Johannesbriefe, 94; *H.-J. Klauck*, Der erste Johannesbrief, 297f; *J. Beutler*, Die Johannesbriefe, 120f, die ὕδωρ und αἷμα (nur) auf die geschichtlichen Daten der Taufe und des Kreuzestodes Jesu beziehen. Einen Bezug auf die Sakramente sehen bereits in V. 6: *U. Schnelle*, Antidoketische Christologie, 81f; *R. E. Brown*, The Johannine Epistles, 577f; *H.-J. Venetz*, ›Durch Wasser und Blut gekommen‹, 354; *G. Strecker*, Die Johannesbriefe, 273.
[12] Vgl. dazu *Th. Popp*, Grammatik des Geistes, 457-491.
[13] Vgl. auch *Billerbeck* I, 790f.

auch in Joh 8,17f: »Auch steht in eurem Gesetz geschrieben, dass das Zeugnis zweier Menschen wahr ist. Ich bin es, der von mir selbst Zeugnis gibt, und es zeugt für mich der Vater, der mich gesandt hat.«[14] Aus johanneischer Sicht kann sich gerade Jesus auf diesen Grundsatz berufen, denn das Verhältnis von Vater und Sohn zeichnet sich nicht durch eine äußerliche, sondern eine innere, vollständige Übereinstimmung aus. Als Gesandter Gottes repräsentiert Jesus den Vater in der Welt, seine Präsenz in der Welt macht zugleich den Vater als Sendenden offenbar.

Was bezeugen Geist, Wasser und Blut und sind darin ›auf das eine hin ausgerichtet‹? Wasser und Blut sind nun selbst Zeugen, d. h. zumindest jetzt hat gegenüber V. 6 ein Bedeutungswandel stattgefunden[15]. Geist, Wasser und Blut stimmen nicht nur in ihrem Zeugnis überein, sondern als theologisch und rituell geprägte Begriffe stehen sie für etwas, nämlich für die Sakramente. In den Sakramenten von Taufe und Abendmahl wird das eine Heilsereignis durch den Geist vergegenwärtigt und damit bezeugen alle drei die Wahrheit des Einen (vgl. Joh 10,30: »Ich und der Vater sind eins«). Die Voranstellung des Geistes in der Bezeugung des Heilshandelns des Vaters im Sohn zeigt zudem, dass die Anfänge eines bewussten trinitarischen Denkens innerhalb des frühen Christentums in der johanneischen Schule liegen, es deutet sich im 1Joh an und ist im Johannesevangelium schon deutlich entfaltet[16].

Das sogenannte ›Comma Johanneum‹ (›Comma‹ = Satzteil) versucht über die Anfänge hinweg unmissverständlich trinitarisches Denken in den Text einzuschreiben[17]. Die späten HS 61 (16. Jh.). 88[v.l.]. 221[v.l.]. 429[v.l.]. 636[v.l.]. 918. 2318 fügen (mit kleinen Unterschieden) an das μαρτυροῦντες in V. 7 an: ἐν τῷ οὐρανῷ, ὁ Πατήρ, ὁ Λόγος, καὶ τὸ Ἅγιον Πνεῦμα· καὶ οὗτοι οἱ τρεῖς ἕν εἰσι. (8) καὶ τρεῖς εἰσιν οἱ μαρτυροῦντες ἐν τῇ γῇ = »im Himmel: der Vater, der Logos und der Heilige Geist, und diese drei sind eins. (8) Und drei sind es, die bezeugen auf Erden.« Da dieses Textstück in allen bedeutenden alten Zeugen fehlt, ist es textkritisch eindeutig als sekundär anzusehen. Der Schwerpunkt der Überlieferung liegt im lateinischen Bereich, hier dringt es ab dem 7./8. Jh. in einen Teil der Vulgata-Handschriften ein. Allerdings ist das ›Comma Johanneum‹ älter, die erste sichere Bezeugung findet sich in einer Schrift von Priscillian (um 380 n. Chr.), frühere Bezeugungen (bei Tertullian oder Cyprian) sind unsicher. Das ›Comma Johanneum‹ gelangte über die Vulgata-HS in maßgebliche Textausgaben (Complutensische Polyglotte; Erasmus ab 1522; Stephanus, Beza, Elzevir) und wurde Bestandteil des textus receptus. Besonders für die katholische Kirche gewann das ›Comma Johanneum‹ Bedeutung als biblische Bezeugung des Trinitätsdogmas. Die neuzeitliche Bestreitung der Authentizität des ›Comma Johanneum‹ setzte mit J. S. Semler voll ein, heute wird es konfessionsübergreifend als sekundär angesehen.

---

[14] Vgl. im NT ferner: Mt 18,16; 2Kor 13,1; Hebr 10,28.
[15] Gegen *K. Wengst*, Der erste, zweite und dritte Johannesbrief, 210, der einen Bedeutungswandel leugnet; vgl. hingegen *R. Schnackenburg*, Die Johannesbriefe, 261f.
[16] Vgl. dazu *U. Schnelle*, Trinitarisches Denken im Johannesevangelium, in: Israel und seine Heilstraditionen im Johannesevangelium (FS J. Beutler), hg. v. M. Labahn/K. Scholtissek/A. Strothmann, Paderborn 2004, 367-386.
[17] Literatur zum ›Comma Johanneum‹: *Bludau, A.*: Das »Comma Johanneum« bei Tertullian und Cyprian, ThQ 101 (1920) 1-28; *ders.*, Der Prolog des Pseudo-Hieronymus zu den katholischen Briefen, BZ 15 (1921) 15-34. 125-138; *Klauck, H.-J.*: Der erste Johannesbrief, 303-311; *Künstle, K.*: Das Comma Ioanneum. Auf seine Herkunft untersucht, Freiburg 1905; *Strecker, G.*: Die Johannesbriefe, 279-283; *Thiele, W.*: Beobachtungen zum Comma Iohanneum (I Joh 5,7f.), ZNW 50 (1959) 61-73.

9 Mit einem Schluss a minori ad maius wird die Argumentation weitergeführt[18]: Wenn wir schon im gesellschaftlichen Bereich das Zeugnis von Menschen akzeptieren, um wie viel mehr sollten wir dann das ›größere‹ Zeugnis Gottes annehmen, wobei μαρτυρία im Sinn von ›gesichert, zuverlässig, überzeugend‹ zu verstehen ist. So wie Gott größer ist als unsere unruhigen Herzen (1Joh 3,20) und größer als ›der in der Welt‹ (1Joh 4,4), so überragt auch hier seine Wirklichkeit unsere Welt. Das Zeugnis von Geist, Wasser und Blut ist kein anderes als das Zeugnis Gottes für seinen Sohn, dennoch gibt es einen gravierenden Unterschied[19]: Gott bewirkte (Perfekt μεμαρτύρηκεν) das Ursprungsgeschehen und bezeugt es zugleich; Geist, Wasser und Blut gründen in diesem Ereignis und vergegenwärtigen dieses. Gottes unüberbietbares Zeugnis für den Sohn und das Zeugnis von Geist, Wasser und Blut gehören untrennbar zusammen, sind aber zugleich nicht einfach identisch.

10 Der Zeugnis-Begriff erfährt eine Ausweitung; es geht nicht mehr um einzelne Zeugen, sondern das ›Zeugnis‹ steht nun für die Gesamtwirklichkeit Gottes und wird mit dem Glaubensbegriff verbunden. Das Zeugnis Gottes über den Sohn fordert Glauben an den Sohn; im Glauben vollzieht sich die Annahme des Zeugnisses. Dieser Glaube entfaltet eine eigene Dynamik, denn mit dem Glauben gewinnt das Zeugnis Gestalt im Menschen, d. h. analog zur Immanenz des Vaters und Sohnes, des Geistes, des Wortes und der Liebe gibt es auch eine Immanenz des Zeugnisses, das nicht bei sich selbst bleibt, sondern zu einem Bezeugen für die Menschen wird. Das Zeugnis hat den Glauben zum Gegenstand und Inhalt[20], ohne dass damit das eine an die Stelle des anderen treten könnte. Die typisch johanneische Wendung πιστεύειν εἰς (»glauben an«) zeigt, dass die exklusive Bindung des Glaubens an die Person Jesus Christus mehr ist als das Zeugnisgeschehen, dem immer auch ein (dem Wesen des Glaubens fremder) apologetischer Zug gegenüber der Welt innewohnt. Dies zeigt sich auch hier, denn in V. 10b wird antithetisch gefolgert: Wer dem Zeugnis keinen Glauben schenkt, weist Gott zurück und macht ihn zum Lügner. Er verfügt dann nicht über das Chrisma, in dem keine Lüge, sondern allein die Wahrheit ist (vgl. 1Joh 2,27). Faktisch wird damit dem Glauben der Unglaube gegenübergestellt. Das Wesen des Unglaubens besteht darin, einen sicheren Tatbestand zu leugnen: Jesus Christus ist der Sohn Gottes. Nicht Unwissenheit oder Unvermögen sind angesichts des klaren Zeugnisses Gottes für den Sohn Merkmale des Unglaubens, vielmehr die bewusste Ablehnung eines nicht zu übersehenden Faktums.

---

[18] Vgl. *G. Strecker*, Die Johannesbriefe, 285; einen Bezug auf Joh 5,34 (»Ich aber nehme von einem Menschen kein Zeugnis an«) vermag ich hier nicht zu sehen (so aber *R. E. Brown*, The Epistles of John, 586; *H.-J. Klauck*, Der erste Johannesbrief, 312f), denn die dortige Relation ›Täufer – Jesus‹ mit ihrer Überbietungsstrategie entspricht nicht 1Joh 5,9.
[19] Vgl. *H.-J. Klauck*, Der erste Johannesbrief, 313f.
[20] Missverständlich *R. Bultmann*, Die Johannesbriefe, 85, wonach »dieses Zeugnis nichts anderes als das Ereignis des Glaubens« ist; differenzierter *G. Schunack*, Die Briefe des Johannes, 97f.

11 Neben dem Zeugnismotiv wird nun mit ζωὴ αἰώνιος (»ewiges Leben«) ein weiterer Leitbegriff des Schreibens aktualisiert, der bereits im Prolog 1,1-4 und in 1Joh 2,25; 3,14f thematisiert wurde und auf dem nun ein theologischer Schwerpunkt liegt (vgl. V. 11.12.13.16.20)[21]. Das Lebens-Konzept ist im 1Joh und im Evangelium in seinen Grundzügen identisch. Leben ist primär ein Attribut des Vaters, der dem Sohn das Leben gibt (vgl. Joh 5,26: »Denn wie der Vater Leben in sich selbst hat, so hat er auch dem Sohn verliehen, Leben in sich selbst zu haben«). Der Sohn wiederum schenkt den Glaubenden das Leben (vgl. 1Joh 5,11; 13; nach Joh 17,2b erhielt der Sohn vom Vater die Macht über alle Menschen, »damit er das ewige Leben allen gebe, die du ihm gegeben hast«). Weil das Zeugnis Gottes Glauben fordert und der Glaube das Heilsgut des ewigen Lebens erschließt, weil er sich auf den richtet, der das Leben ist (vgl. Joh 3,15f; 5,24; 6,47; 11,25f; 20,31), besteht eine innere Verbindung zwischen dem Zeugnis-, Glaubens- und Lebensmotiv. Erst im Glauben erschließt sich das Wesen des Menschseins: das durch Gott bzw. den Sohn ermöglichte Leben[22]. Die Erkenntnis Gottes und seines Sohnes eröffnen das ewige Leben (Joh 17,3) und sind zugleich dessen Inhalt. Gottes Selbstbezeugung im Sohn hat eine soteriologische Spitze und zielt auf die Rettung der Glaubenden im ewigen Leben. Im Sohn gewährt der Vater ein Leben, das durch den biologischen Tod nicht zerstört wird. Als eine in der Gegenwart beginnende Gemeinschaft des Glaubenden mit Gott eröffnet das ewige Leben eine nie endende Zukunft. Nicht Unsterblichkeit, sondern andauerndes wahres Leben bei Gott verheißen der 1Joh und das Evangelium den Glaubenden.

12 Der Lebens-Begriff wird nun auf den Sohn konzentriert. Er kann von sich sagen, dass er die Auferstehung und das Leben sei (Joh 11,25), und: »Ich bin der Weg, die Wahrheit und das Leben« (Joh 14,6). Wer den Sohn ›hat‹, d. h. an den Sohn glaubt, ›hat‹ deshalb auch das Leben. Dieses ›Besitzen‹ ist nicht im äußerlichen Sinn gedacht, sondern es geht um ein ›inneres Besitzen‹, das den Glaubenden bestimmt. Dies bedeutet zugleich, dass er nicht mehr verloren geht und nicht in das Gericht kommt (vgl. Joh 10,28; 3,36; 5,24). Besitz und Verlust des Lebens resultieren aus dem Verhältnis zum Sohn. Deshalb verfehlt der Unglaube den Sohn und auch das Leben.

In der Auseinandersetzung mit den Falschlehrern geht der 1Joh über die christologischen Verhältnisbestimmungen hinaus (vgl. 1Joh 4,1-6) und führt die rituelle Wirklichkeit der Gemeinde ins Feld. Taufe, Geistverleihung/Salbung und Eucharistie sind nicht nur Verdichtungen grundlegender theologischer Zusammenhänge, sondern auch soziale und emotionale Orte von bleibender Prägung. Weil der inkarnierte, gekreuzigte und auferstandene Jesus Christus in Taufe und Eucharistie gegenwärtig ist, schmälern die Falschlehrer mit ihrer einseitigen Ausrichtung auf die Göttlichkeit des Sohnes die Heilswirklichkeit und verfehlen sie zugleich. Sowohl in der Taufe als auch in der Eucharistie erschließt sich der Gekreuzigte und Auferstandene den Glaubenden als Inbegriff des Lebens und gewährt ihnen Anteil an seiner eigenen Lebensfülle.

---

[21] Vgl. auch die Auslegung von 1Joh 1,2.
[22] Zu Inhalt und Wesen des ›ewigen Lebens‹ vgl. *F. Mußner*, ZΩH, 144ff.

VII. Das ewige Leben und seine Gefährdungen 5,13-21

Der Schlussabschnitt setzt mit der Zusage sowohl der gemeindlichen als auch der individuellen Heilswirklichkeit sowie der Zusicherung der Gebetserhörung ein und wendet sich abschließend zwei aktuellen Gefährdungen der Gemeinde zu. Von innen wird die Gemeinde durch die andauernde kontroverse Debatte über die Realität der Sünde, von außen durch die Gefahr des Abfalls, der Apostasie bedroht. Mit der Sünden-Thematik wird der erste Sub-Diskurs aufgenommen (vgl. 1Joh 1,6-2,2; 3,4-10) und einer Lösung zugeführt; mit der Warnung vor der Apostasie verweist der 1Joh auf einen (teilweise verborgenen) Diskurs im frühen Christentum über das Verhältnis zur paganen Umwelt und zum römischen Staat. Für den literarischen Status von 1Joh 5,13-21 heißt dies: Dieser Textabschnitt schließt nicht nur einfach das vorherige Schreiben ab, sondern die angebotene Lösung der Sündenproblematik und die Warnung vor Apostasie haben appellativen Charakter, sie sind für das Gesamtverständnis des 1Joh konstitutiv[1].

---

[1] In der neueren Exegese konzentriert sich die Frage nach der literarischen Einheitlichkeit des 1Joh auf den Briefschluss 5,(13)14-21; so wies *R. Bultmann*, Die kirchliche Redaktion des ersten Johannesbriefes, 384f, den Schlussteil seiner ›Kirchlichen Redaktion‹ zu, im Kommentar unter dem Stichwort ›Anhang‹ (*ders.*, Die Johannesbriefe, 87f); für den sekundären Charakter von 5,14-21 plädieren auch: *K. Wengst*, Der erste, zweite und dritte Brief des Johannes, 216f; *G. Schunack*, Die Briefe des Johannes, 100f; *H.-J. Klauck*, Der erste Johannesbrief, 318f; *H. Hahn*, Tradition und Neuinterpretation, 63f.210. Als Argumente für den sekundären Charakter von 1Joh 5,14-21 gelten: 1) In 1Joh 5,13 liege ein Briefschluss vor. 2) Die Unterscheidung zwischen einer ›Sünde zum Tode‹ und einer ›Sünde nicht zum Tode‹ widerspreche den vorherigen Briefaussagen. 3) In 1Joh 5,14-21 finden sich viele Hapaxlegomena und brieffremde Vorstellungen. Gegen diese Argumentation ist einzuwenden: a) In 1Joh 5,13 liegt kein an Joh 20,31 orientierter Briefschluss vor (vgl. die Auslegung). b) Die Aussagen über zwei Arten von Sünden in 1Joh 5,16f sind gerade die Lösung des Konfliktes über die Sündhaftigkeit von Christen und somit für die Gesamtaussage des Schreibens unabdingbar. c) Auch der Hinweis auf Hapaxlegomena kann den sekundären Charakter von 1Joh 5,14-21 nicht erweisen, denn auch im Briefkorpus finden sich wichtige Hapaxlegomena, ohne dass hieraus literarkritische Folgerungen gezogen werden. d) Schließlich lassen sich deutliche Parallelen zwischen den Schlussabschnitten des 1Joh und Jak aufzeigen, die ebenfalls für die Ursprünglichkeit von 5,14-21 sprechen (vgl. dazu bes. *F. O. Francis*, The Form and Function of the Opening and Closing Paragraphs of James and 1John, ZNW 61 (1970), 110-126; ferner *E. Stegemann*, »Kindlein, hütet euch vor den Götterbildern!«, 289f; *I. Goldhahn-Müller*, Die Grenze der Gemeinde, 29-34; *T. Griffith*, Keep Yourselves from Idols, 58-81; *G. Strecker*, Die Johannesbriefe, 291-294; *J. Beutler*, Die Johannesbriefe, 128).

1. Die Sünde zum Tode und nicht zum Tode 5,13-17*

(13) Dieses habe ich euch geschrieben, damit ihr wisst, dass ihr ewiges Leben habt, die ihr an den Namen des Sohnes Gottes glaubt. (14) Und dies ist die Zuversicht, die wir zu ihm haben: dass er uns erhört, wenn wir etwas nach seinem Willen erbitten. (15) Und wenn wir wissen, dass er uns erhört, was auch immer wir bitten, dann wissen wir, dass wir das Erbetene erhalten, was wir von ihm erbeten haben. (16) Wenn jemand seinen Bruder sündigen sieht, eine Sünde, die nicht zum Tod führt, soll er bitten, und er wird ihm Leben geben, denen, die nicht sündigen zum Tode. Es gibt Sünde zum Tode, nicht über diese sage ich, dass er bitten soll. (17) Jede Ungerechtigkeit ist Sünde und es gibt auch Sünde, die nicht zum Tod führt.

V. 13: Eine sekundäre Angleichung an Joh 20,31 liegt beim Mehrheitstext vor, der liest: »Dieses habe ich euch geschrieben, *den Glaubenden an den Namen des Sohnes Gottes*, damit ...«

13 Dieser Vers ist nicht der ursprüngliche Schluss des 1Joh[2], sondern der Verfasser blickt auf das vorherige Schreiben zurück (vgl. 1Joh 2,14.21.26) und leitet zugleich den Schlussabschnitt ein. Zentrale Begriffe (ζωὴ αἰώνιος, πιστεύειν, υἱὸς τοῦ θεοῦ) nehmen die vorangegangene Argumentation auf und sichern sie zugleich ab[3]. Darüber hinaus leitet der Vers zum Folgenden über, indem er angesichts der aktuellen Gefährdungen der Gemeinde das bereits erreichte Heil herausstellt und eine Vergewisserung ausspricht: Die Glaubenden haben das ewige Leben im Glauben an den Namen des Gottessohnes und dürfen in der Gewissheit leben, dass Gott sie erhört[4].

14 Aus der Heilsgewissheit erwächst die Zuversicht, dass Gott[5] den Gebeten der Glaubenden Gehör schenkt. Während sich in 1Joh 2,28; 3,21; 4,17 mit παρρησία ein stark forensischer Aspekt verbindet, dominiert hier am Schluss des Schreibens

---

* Literatur: *Bauernfeind, O.*: Die Fürbitte angesichts der »Sünde zum Tode«, in: Von der Antike zum Christentum (FS V. Schultze), Stuttgart 1931, 43-54; *Goldhahn-Müller, I.*: Die Grenze der Gemeinde, 29-50; *Griffith, T.*: Keep Yourselves from Idols, 109-116; *Hahn, H.*: Tradition und Neuinterpretation, 210-224; *Herkenrath, J.*: Sünde zum Tode, in: Aus Theologie und Philosophie (FS F. Tillmann), Düsseldorf 1950, 119-138; *Poschmann, B.*: Paenitentia secunda, Bonn 1940, 71-81; *Scholer, D. M.*: Sins Within and Sins Without: An Interpretation of 1 John 5:16-17, in: Current Issues in Biblical and Patristic Interpretation (FS M.C. Tenney), Grand Rapids 1975,230-246; *Seeberg, R.*: Die Sünden und die Sündenvergebung nach dem 1. Brief des Johannes, in: »Das Erbe Martin Luthers« (FS L. Ihmels), hg. v. R. Jelke, Leipzig 1928, 19-31.

[2] So aber *R. Bultmann*, Die Johannesbriefe, 87; *K. Wengst*, Der erste, zweite und dritte Brief des Johannes, 214f; *G. Schunack*, Die Briefe des Johannes, 99f; *H.-J. Klauck*, Der erste Johannesbrief, 319-321; *H. Hahn*, Tradition und Neuinterpretation, 63f. Eine gewisse Nähe von 1Joh 5,13 zu Joh 20,31 ist nicht zu bestreiten, zugleich ist aber das Vokabular allgemein johanneisch und es bestehen erhebliche Unterschiede, die gegen eine literarische Abhängigkeit und für ein vergleichbares traditionsgeschichtliches Milieu sprechen (vgl. *G. Strecker*, Die Johannesbriefe, 292 Anm. 3). Vor allem erscheint die Pointe von Joh 20,31 in 1Joh 5,13 *nicht*: »dass Jesus der Christus ist, der Sohn Gottes« (zur Interpretation von Joh 20,30f vgl. *U. Schnelle*, Joh, 335-338).

[3] Die Abgrenzungen bei 5,13.14 fallen unterschiedlich aus; während *G. Strecker*, Die Johannesbriefe, 291, den Schlussabschnitt ebenfalls mit 5,13 beginnen lässt, bestimmt *J. Beutler*, Die Johannesbriefe, 124f, V. 14-21 als Abschlusstext.

[4] Vgl. *R. Schnackenburg*, Die Johannesbriefe, 273f.

[5] Zwar könnte sich πρὸς αὐτόν auf υἱὸς τοῦ θεοῦ in V. 12 beziehen, aber in Entsprechung zu Joh 3,21 dürfte sich παρρησία auch hier auf Gott beziehen, womit aber keine inhaltlichen Akzentuierungen verbunden sind; vgl. *G. Strecker*, Die Johannesbriefe, 295; *H.-J. Klauck*, Der erste Johannesbrief, 322.

eine gegenwärtige Erhörungsgewissheit und die (vom Gericht ungetrübte) Glaubenszuversicht steht im Vordergrund. Das Gebet ist innerhalb der johanneischen Theologie ein auf den Vater und den Sohn ausgerichtetes Geschehen. In Joh 14,13f ist Jesus Adressat des Gebetes, allerdings ist das Gebet zu ihm keineswegs von Gott losgelöst, denn jede Gebetserhörung dient der Verherrlichung des Vaters durch den Sohn. Weil im Gebet der Glaube seine Sprache findet, das Gebet Ausdruck für das radikale Angewiesensein des Menschen auf Gott ist (vgl. auch Mt 6,10), gibt es Gebetsgewissheit. In Joh 15,7 verheißt Jesus dem Einverständnis mit dem Wort die volle Gebetserhörung als gegenseitige Immanenz (vgl. Joh 14,10-13). Nach Joh 15,16 ist das Fruchtbringen Ausdruck der Einheit zwischen Jesus und den Jüngern, deshalb dürfen die Jünger im Namen Jesu Gott bitten und sich der Erfüllung ihrer Gebete gewiss sein. Das Gebet schenkt nach johanneischer Anschauung die vollendete Freude, das eschatologische Glück, deshalb dürfen die Jünger bitten und werden empfangen, ohne dass konkrete Einzelbitten genannt werden. Auch hier werden keine Bitten angeführt, sondern die Übereinstimmung mit dem Willen Gottes ist das Kriterium des Gebetes. Wenn nach 1Joh 3,22 die Gebetsgewissheit an das Halten der Gebote gebunden ist, dann besteht kein inhaltlicher Widerspruch, vielmehr ist das eine mit dem anderen identisch: Der Wille Gottes ist das Halten der Gebote und wer als Kind Gottes im Liebesgebot wandelt (vgl. V. 16f!), darf sich der Erhörung seiner Bitten gewiss sein.

15 Die Argumentation geht nun einen Schritt weiter, indem sie von der Erhörung des Gebetes zum Erhalt des Erbetenen führt. Gottes Hören ist weit mehr als ein akustischer Vorgang; es ist ein Wissen um die Bedürfnisse der Glaubenden, ein Eingehen auf ihre Situation. So wird die Erhörungsgewissheit zu einem Teil der Heilsgewissheit, denn das Wissen um Gottes Bereitschaft steigert sich nun zur Gewissheit der Erfüllung[6].

16 Bereits die Auslegung von 1Joh 1,6-2,2; 3,4-10 zeigte, dass es bei der Frage nach dem Verhältnis der Getauften und Glaubenden zur Sünde/zum Sündigen zu schwerwiegenden Konflikten innerhalb der johanneischen Schule kam. Während in 1Joh 1,8-10 ausdrücklich gesagt wird, die Behauptung der Sündlosigkeit der Christen sei wider die Wahrheit, betont 1Joh 3,9: »Jeder, der aus Gott gezeugt ist, tut keine Sünde, weil sein Same in ihm bleibt. Und er kann nicht sündigen, weil er aus Gott gezeugt ist.« Das Gezeugtsein aus Gott und die Verbundenheit mit Christus schließen Sünden aus. Es existiert eine klare Trennung zwischen den Kindern Gottes und den Kindern des Teufels (1Joh 3,10). Wer sündigt, ist nicht im Bereich des Geistes und des Lebens, er gehört in den Bereich des Todes. In eine andere Richtung weist nun 1Joh 5,16.17, wo eine überraschende sündentheoretische Differenzierung eingeführt wird. Hier trägt der 1Joh zunächst der Gemeinderealität Rechnung, wenn er von Sünden spricht, die nicht zum Tode führen. Für diese Sünden darf der Mitbruder Gott um Vergebung bitten (vgl. als Sachparallele Jak 5,20: »Wer einen Sünder von seinem Irrweg zurückgebracht hat, der wird seine Seele vom Tode retten und eine Menge Sünde zudecken«). Die Aufforderung zur Fürbitte orientiert sich offenbar an dem Eintreten des Parakleten Jesus Christus für die reuigen Sünder beim Vater (vgl. 1Joh 2,1). Daneben gibt es aber die

---

[6] Vgl. *G. Schunack*, Die Briefe des Johannes, 102.

›Sünde zum Tode‹, d. h. unvergebbare Sünden, für die es auch keine rettende Fürbitte geben kann. Kaum zufällig fehlt im 1 Joh (und in Joh 20,23) eine Definition der beiden Sündenarten. Die Gemeinde behält dadurch die Freiheit, in ihrer Mitte jeweils selbst darüber zu entscheiden, welche Verfehlung als vergebbare Sünde anzusehen ist und wo eine Sünde zum Tode vorliegt. Zugleich muss aber auch in der Gemeinde eine Vorstellung darüber bestanden haben, was eine ›Sünde nicht zum Tode bzw. zum Tode‹ sein kann. Hinter dieser Unterscheidung dürften atl. bzw. jüdische Vorstellungen stehen[7]; z. B. die Unterscheidung zwischen versehentlichen (Num 15,22-29) und vorsätzlichen Gebotsübertretungen (Num 15,30f)[8], wobei für die letzteren gilt: »Er soll ausgerottet werden aus seinem Volk«, d. h. er soll getötet werden (vgl. dazu Num 18,22; Jub 21,22; 26,24; 33,13.18). Nach 1QS 8,21-23 hat eine absichtliche Gebotsverletzung den Ausschluss aus der Qumrangemeinde zur Folge; für minderschwere Fälle bzw. reuige Mitglieder finden sich in 1QS 6,25-7,25; 8,24-9,2 abgestufte Strafverfahren. In Jub 21,22 heißt es innerhalb einer Belehrung: »Hüte dich! Du sollst nicht auf ihrem Weg gehen und den Fuß in ihre Spuren setzten. Und du sollst keine Sünde zum Tode begehen vor dem höchsten Gott«[9]. Nach Jub 15,34 haben all jene keine Vergebung zu erwarten, die vom jüdischen Glauben abfallen und ihre Beschneidung rückgängig machen[10]. Der Todesbegriff bezieht sich im 1 Joh nicht auf den physischen, sondern auf den eschatologischen Tod, d. h. auf den geistigen Status des Sünders, hier auf den bleibenden Verlust des Heils. Aber welche Handlung hat dies zur Folge? Es könnte der Bruderhass gemeint sein[11], damit unmittelbar verbunden das Wirken und die theologische Position der Falschlehrer[12]. In diesen Kontext gehört sicherlich auch die überraschende Warnung vor dem Glaubensabfall in 1 Joh 5,21, denn dieser Abfall könnte die nicht vergebbare ›Sünde zum Tode‹ sein[13]. Mit Sicherheit lässt sich die ›Sünde zum Tode‹ nicht bestimmen[14], aber das Untersagen der Fürbitte in solchen Fällen weist auf das schwerstmögliche Vergehen hin: den Abfall vom Glauben, das bewusste Verlassen der Lebensgemeinschaft mit Gott und Jesus Christus. Ein Vorgang, der gewissermaßen den (teilweise unwissentlichen) Unglauben übersteigt, weil ein solcher Mensch sich immerhin einmal im Bereich der Wahrheit befand[15].

---

[7] *K. Wengst*, Der erste, zweite und dritte Brief des Johannes, 219f.
[8] Vgl. auch Lev 4,2ff; 5,15ff.
[9] Übers.: *K. Berger*, JSHRZ II/3, 433.
[10] Vgl. ferner Jub 26,34; 33,13.18; TestIss 7,1, wo es heißt: »122 Jahre bin ich alt. Eine Sünde zum Tode (ἁμαρτίαν εἰς θάνατον) kenne ich an mir nicht«.
[11] So *W. Thüsing*, Die Johannesbriefe, 182.
[12] Vgl. in diesem Sinn: *R. Bultmann*, Die Johannesbriefe, 93; *R. E. Brown*, The Epistles of John, 629.636; *H.-J. Klauck*, Der erste Johannesbrief, 329f; *W. Vogler*, Die Johannesbriefe, 175f; von *J. M. Lieu*, I, II & III John, 227, erwogen. *G. Strecker*, Die Johannesbriefe, 298, bestimmt 5,16f »als genuine Gemeindeparänese« und lehnt einen Bezug auf die Falschlehrer ab; ähnlich *I. Goldhahn-Müller*, Die Grenze der Gemeinde, 47-50.
[13] Vgl. *H. Windisch/(H. Preisker)*, 1 Joh 135: »in Betracht kommt die christologische Häresie, sicher auch der Mord 3,15 und der Götzendienst 5,21.« In Richtung Apostasie tendieren auch: *K. Wengst*, Der erste, zweite und dritte Brief des Johannes, 220; *T. Griffith*, Keep Yourselves from Idols, 147f; *R. Metzner*, Das Verständnis der Sünde, 300f.
[14] *R. Schnackenburg*, Die Johannesbriefe, 278, lehnt eine Bestimmung ab; *W. Nauck*, Die Tradition und der Charakter, 144, sieht in der ›Sünde zum Tode‹ vorsätzliche, in der ›Sünde nicht zum Tode‹ unwissentliche Fehltritte.
[15] Vgl. *J. Beutler*, Die Johannesbriefe, 130.

Die Frage nach vergebbaren/nicht vergebbaren Sünden und die damit verbundene Ausschlussproblematik wird bereits in 1Kor 5,1-13 vorausgesetzt, denn Paulus fordert die Gemeinde auf, sich in einem charismatisch-pneumatischen Akt endgültig von einem Gemeindeglied zu trennen. Die Problematik wird auch im Matthäusevangelium und im Hebräerbrief thematisiert[16]. Wie die Wüstengeneration steht auch die Gemeinde des Hebräerbriefes in der Gefahr, die Gnade Gottes gering zu schätzen (vgl. Hebr 3,7-4,13; 12,15). So ist der Abfall vom Glauben und das damit verbundene Problem der zweiten Buße ein aktuelles Thema in der Gemeinde (vgl. Hebr 6,4-6; 10,26-29; 12,16f; ferner 3,12; 12,25). Hier verdichtet sich die Argumentation des Hebr: Wer den Glauben verleugnet, tritt den Sohn Gottes mit Füßen und verunreinigt das Blut des Bundes (Hebr 10,29). Aus der Einmaligkeit und Größe des Opfers Jesu Christi folgt konsequenterweise die Mahnung, das Heilswerk Jesu nicht durch Apostasie zu verachten. Ein Zurück kann es für Abgefallene nicht geben, denn dadurch würde Jesu Kreuzestod entleert (vgl. Hebr 6,4-6; 10,26-29; 12,16f). Der Einmaligkeit des Opfers Christi entspricht die eine Taufe, nicht aber eine zweite Buße. Das für die Christologie und Soteriologie grundlegende ἐφάπαξ (»einmal«) des Heilsgeschehens lässt eine Wiederholung der μετάνοια (»Umkehr«) nicht zu.

Die Frage der Sündenvergebung ist auch im Matthäusevangelium[17] von zentraler Bedeutung, denn Jesus ist derjenige, der sein Volk von den Sünden erlöst (Mt 1,21) und der Kirche ist die Vollmacht zur Sündenvergebung gegeben (Mt 9,8; 26,28). Diese Vollmacht spiegelt sich in der Disziplinarregel Mt 18,15-17 wider, die als institutionalisierte Kirchenzuchtmaßnahme zu verstehen ist. Unter Aufnahme alttestamentlicher Traditionen wird hier ein dreistufiges Verfahren festgelegt: 1) Ein Gespräch mit dem Gemeindeglied unter vier Augen (V. 15); 2) bei fehlender Einsicht ein weiteres Gespräch unter Hinzuziehung von einem oder zwei Zeugen (V. 16) und schließlich 3) die Behandlung des Falles vor der Vollversammlung der Gemeinde. Wenn auch vor diesem Gremium die Zurechtweisung nicht fruchtet, erfolgt die Exkommunikation (V. 17b: »er sei dir wie der Heide und der Zöllner«). Ziel dieses Verfahrens ist die Zurückgewinnung jener Gemeindeglieder, die aus der Nachfolge herauszufallen drohen. Eine Diskussion über vergebbare bzw. nicht vergebbare Sünden setzt auch das rätselhafte Logion Mk 3,28 bzw. Q 12,10 voraus: »Und wer ein Wort gegen den Menschensohn sagt, dem wird vergeben werden, wer aber etwas gegen den heiligen Geist sagt, dem wird nicht vergeben werden.« Dieses Wort dürfte in die Auseinandersetzungen der Q-Missionare mit ihren Gegnern gehören und eine vor- und nachösterliche Perspektive haben[18]. Die vorösterliche Ablehnung des Menschensohnes kann vergeben werden, nicht aber die nachösterliche Zurückweisung der Botschaft der Q-Missionare, denn es käme einer Leugnung der Gottessohnschaft Jesu und damit einer Lästerung des Geistes Gottes gleich.

Auch in der frühen Kirche finden sich unterschiedliche Positionen zur Frage einer zweiten Buße[19]. Eine rigoristische Position in der Traditionslinie des Hebräerbriefes vertreten die Ur-Montanisten (letztes Drittel des 2. Jh.), der montanistische Tertullian (um 203 n. Chr.), ActJoh 107 (Ende des 2. Jh.); ActThom 34 (um 230 n. Chr.) und der um 258 n. Chr. gestorbene römische Presbyter Novatian (vgl. Euseb, HE VI 43,1f). Eine etwas gemäßigtere Position vertritt der Judenchrist

---

[16] Zur Analyse der Texte vgl. *I. Goldhahn-Müller*, Die Grenze der Gemeinde, 75-114. Thematisiert wird die Problematik des Gemeindeausschlusses/der Apostasie/der Rückkehr in die Gemeinde um die Jahrhundertwende auch in 1Tim 1,20; 5,19f; Tit 3,10f; Jak 5,14-16.19f; zur Analyse vgl. *I. Goldhahn-Müller*, a. a. O., z. St.
[17] Zur Auslegung vgl. zuletzt *I. Goldhahn-Müller*, Die Grenze der Gemeinde, 164-195; *St. Koch*, Rechtliche Regelung von Konflikten im frühen Christentum, WUNT 174, Tübingen 2004, 66-83.
[18] Vgl. *W. Wiefel*, Das Evangelium nach Matthäus, ThHK 1, Leipzig 1998, 238.
[19] Zur Auslegung vgl. wiederum *I. Goldhahn-Müller*, Die Grenze der Gemeinde, 225-351.

Elkesai (um 110 n. Chr. in Syrien), der eine einmalige Buße für Todsünden verkündigte (vgl. Hippol, Refutatio IX 15,1-2.3). Auch der Hirt des Hermas (Rom um 130 n. Chr) räumt ›wegen der Schwäche der Menschen‹ die Möglichkeit einer zweiten Buße ein (vgl. HermM IV 3,1-7), obwohl er grundsätzlich die Position des Hebr vertritt (vgl. HermV II 2,5). Die Entwicklung eines Bußinstitutes, das dem Klerus die Vollmacht gibt, jede Art von Sünde jederzeit zu vergeben, lässt sich bei Ign, Phld 8,1; 2Clem 8,3; Dionys von Korinth (um 170 n. Chr.; vgl. Euseb, HE IV 23,6), Iren, Haer I 6,3; 13,5.7 und dem katholischen Tertullian (vor 203 n. Chr.) beobachten.

17 Mit der Gleichsetzung der Sünde mit der Ungerechtigkeit wird noch einmal die Doppelstruktur des Sündenbegriffes an dieser Stelle betont. Der 1Joh behält den wesenhaften Gegensatz zwischen Sünde und Christsein grundsätzlich bei und verschärft zugleich den Imperativ: Es gibt Sünden, die das Gottesverhältnis zerstören, so dass auch Getaufte aus dem Lebensbereich Gottes wieder herausfallen können. Zugleich kommt aber auch die Lebens- und Gemeindewirklichkeit mit ihren ethischen und sozialen Verfehlungen durch die lapidare Feststellung in den Blick: »es gibt auch Sünde, die nicht zum Tod führt«. Damit betont der 1Joh, dass es keinen Bereich gibt, in dem nicht der Sünde zu widerstehen wäre; Sünde, die zwar nicht zum Tod führt, aber Sünde bleibt!

Wie verhalten sich nun insgesamt die Aussagen des 1Joh über die Sünde zueinander? Wer 1Joh 5,14-21 vom ursprünglichen Schreiben abtrennt und einer späteren Schicht zuweist, löst dieses Problem nicht, sondern verschiebt es nur mit kaum überzeugenden literarkritischen Argumenten auf die hypothetische Ebene eines Bearbeiters[20]. Neben den genannten Einzelargumenten ist dagegen die formgeschichtliche Beobachtung ins Feld zu führen, dass gerade am Schluss eines Schreibens die Argumentation eines Autors sich noch einmal vertieft in das Bewusstsein der Hörenden und Lesenden einschreiben will. Dies ist beim 1Johannesbrief zweifellos der Fall! Die Unterscheidung zwischen einer ›Sünde zum Tode‹ bzw. ›nicht zum Tode‹ kommt nicht unvorbereitet, wohl aber überraschend. Ausgangspunkt und durchgängige Grundüberzeugung des 1Joh zur Sündenthematik ist eine strikt theologisch-christologische Weltbeschreibung: Christsein und Sünde schließen sich aus, weil die Sendung des Gottessohnes als Sühnopfer für die Beseitigung/Aufhebung der Sünden der Glaubenden erfolgte (1Joh 4,10). Aus dieser theologischen Wirklichkeit wurden in Bezug auf die Gemeinderealität offenbar zwei verschiedene Schlussfolgerungen gezogen: 1) Die eine Position leitet aus der Gemeindewirklichkeit die Erkenntnis ab, dass auch die Glaubenden weiterhin sündigen und der Vergebung/Reinigung durch Jesus Christus bedürfen (vgl. 1Joh 1,6-2,2). 2) Die zweite Position orientiert sich ausschließlich am einmaligen Heilswerk Christi und seiner (endgültigen) Überwindung der Sünde und behauptet, dass die Glaubenden nun nicht sündigen *können*, weil der Same Gottes bleibend in ihnen ist (1Joh 3,4-10). Beide Positionen wurden offenbar (jenseits der Falschlehrerproblematik) von weiten Kreisen jeweils in der Gemeinde vertreten und es kam zu anhaltenden Kontroversen mit gegenseitigen Vorwürfen (vgl. 1Joh 1,6-10).

---

[20] Durchaus konsequent behauptet deshalb *K. Wengst*, Der erste, zweite und dritte Brief des Johannes, 218f, die Unterscheidung in 5,16f sei dem ursprünglichen Schreiben völlig fremd. Der postulierte Redaktor sah dies sicherlich anders, denn sonst hätte er kaum diesen Schluss angefügt!

Der 1Joh unternimmt am Ende seines Schreibens mit Kap. 5,16f den Versuch, beide Positionen aufzunehmen und einer Lösung zuzuführen. Die bereits erwähnte Grundüberzeugung, dass sich Christsein und Sünde ausschließen, wird mit der ›Sünde zum Tode‹ aufgenommen und festgehalten. Zugleich trägt der 1Joh der Gemeinderealität Rechnung, wenn er von Sünden spricht, die ›nicht zum Tode‹ sind, so dass hier (nur) gilt: Christsein und Sünde schließen sich eigentlich aus[21]. Weil die theologische Weltbeschreibung und die reale Welterfahrung zugleich existieren, müssen sie ins Verhältnis gesetzt werden. Dies versucht der 1Joh mit seiner Unterscheidung von zwei Sündenkategorien. Damit zeugt er vom ernsten Willen der johanneischen Christen, ihre Gemeinde von der Sünde freizuhalten, ohne jedoch die bleibende Realität der Sünde/ des Sündigens zu leugnen.

In Joh 20,22.23 liegt vielleicht ein Reflex auf diesen innergemeindlichen Konflikt des 1Joh vor, wo es über den Auferstandenen und die Jünger heißt: »Nach diesen Worten hauchte er sie an und spricht zu ihnen: Empfangt den Heiligen Geist. (23) Welchen ihr die Sünden erlasst, denen sind sie erlassen, welchen ihr sie belasst, denen sind sie belassen.« Wie im 1Joh gibt es vergebbare und nicht vergebbare Sünden und in beiden Fällen wird keine Definition dieser Sünden vorgenommen. Möglicherweise ist Joh 20,22f ein Hinweis auf die Lösung des Konfliktes um das Wesen der Sünde und die Tragweite des Sündigens: Die johanneische Schule schuf eine durch den Auferstandenen legitimierte Bußpraxis, in deren Rahmen die Gemeinde selbst darüber entscheidet, wer zu ihr gehört und von wem sie sich trennt.

Das Sündenverständnis des Johannesevangeliums geht über weite Strecken mit dem 1Joh parallel[22], weist aber dennoch ein eigenständiges Profil auf. Kennzeichnend ist der prävalent singularische Gebrauch von ἁμαρτία, der darauf hinweist, dass der Evangelist Sünde in einem generellen Sinn versteht: Sünde ist Unglaube. Der Unglaube zeigt sich als Hass der Welt gegen den Offenbarer und die Seinen (Joh 3,20; 7,7; 15,18ff), als Sklaverei unter der Herrschaft der Sünde mit der Folge des Todes (8,21.24.34-36), als Verhaftung an die Welt und ihren Herrscher (12,31; 14,30; 16,11), als Eigenliebe und Eigenehre der Welt (7,18; 5,41.44) und als Sich-Entziehen aus der Liebe Gottes (6,44; 12,32). Hinzu kommt die joh. Rede vom Teufel, der sich des Judas und jener Ἰουδαῖοι (›Juden‹) bemächtigt, die Jesus töten wollen (Joh 6,70; 8,44; 13,2.27; 19,11). Eine wichtige Stelle in diesem Zusammenhang ist Joh 19,11. Jesus spricht zu Pilatus: »Darum hat der, der mich dir übergab, größere Sünde als du«. Hier weist die singularische Formulierung deutlich darauf hin, dass nicht die Ἰουδαῖοι allgemein, sondern Judas als Werkzeug des Teufels gemeint ist. All diese Aspekte sind miteinander verbunden und ergeben einen Gesamteindruck, den der Evangelist mit ›Unglauben‹ definiert. Sünde ist bei Johannes die eine, im Widerspruch zur Offenbarung Gottes sich zur Geltung bringende Verweigerung der Welt gegenüber dem Gesandten Gottes. Als den Menschen total beanspruchende Macht der Welt, der Finsternis und des Todes versklavt die Sünde jeden, der ihr erliegt (Joh 8,34: »Jeder, der die Sünde tut, ist ein Knecht der Sünde«). Der generelle Charakter des Sündenbegriffs erlaubt es nicht, ihn einzugrenzen und – wie R. Bultmann – historisierend auf ›die Juden‹ anzuwenden[23]. Vielmehr befindet sich nach joh. Anschauung jeder im

---

[21] Vgl. *I. Goldhahn-Müller*, Die Grenze der Gemeinde, 71.
[22] Vgl. dazu *R. Metzner*, Das Verständnis der Sünde, 284-327.
[23] Vgl. *R. Bultmann*, Theologie, 380: »Die Sünde der ›Juden‹ ist ... ihre Verschlossenheit gegen die ihre Sicherheit in Frage stellende Offenbarung.« Zum joh. Verständnis der ›Juden‹ vgl. *U. Schnelle*, Die Juden im Johannesevangelium, in: Gedenkt an das Wort (FS W. Vogler), hg. v. Chr. Kähler/ M. Böhm/Chr. Böttrich, Leipzig 1999, 217-230.

Bereich der Sünde, der nicht an den Offenbarer Jesus Christus glaubt, egal ob Jude oder Nichtjude. Der joh. Glaubensbegriff erlaubt eine weitere Schlussfolgerung: So wie der Glaube das Leben, das ewige Leben gewährt, trennt der Unglaube und d. h. die Sünde vom Leben. Der eigentliche Gegenbegriff zur Sünde ist das Leben, das ewige Leben.

2. Die Gefährdungen des Glaubens 5,18-21*

(18) Wir wissen, dass jeder, der aus Gott gezeugt ist, nicht sündigt, sondern der aus Gott Gezeugte bewahrt ihn und der Böse tastet ihn nicht an. (19) Wir wissen, dass wir aus Gott sind und die ganze Welt liegt in der Gewalt des Bösen. (20) Wir aber wissen, dass der Sohn Gottes gekommen ist und uns Einsicht gegeben hat, damit wir den Wahrhaftigen erkennen. Und wir sind in dem Wahrhaftigen, in seinem Sohn Jesus Christus. Dieser ist der wahrhaftige Gott und ewiges Leben. (21) Kinder, hütet euch vor den Götterbildern!

V. 18: Das schwierige »der aus Gott Gezeugte« wird von einigen Minuskeln (1127.1505.1852.2138) durch die Wendung »die Erzeugung aus Gott bewahrt ihn« entschärft. V. 20: Zu »den Wahrhaftigen« ergänzen A 02. Ψ 044 sowie zahlreiche Minuskeln θεόν; wiederum eine sekundäre Verstehenshilfe.

18 Die eher distanzierte Redeweise von V. 16f (»wenn jemand«) wird wieder verlassen und der 1Joh kehrt zum kommunikativen ›Wir‹ zurück (vgl. V. 15). Angesichts der inneren (und äußeren, V. 21!) Gefährdungen betont das dreifache οἴδαμεν (V. 18.19.20: »wir wissen«) den gegenwärtigen Heilsstand der Gemeinde. Er zeigt sich in dem Bewusstsein, dass der neue Status der Glaubenden als ›aus Gott Gezeugte‹ sie vor dem Sündigen bewahrt. Damit wird zum einen die Position von 1Joh 3,9 aufgenommen, zugleich aber auch abgewandelt und weiterentwickelt. Christus als ›der aus Gott Gezeugte‹[24] schützt sie vor dem Zugriff des Bösen. Zwei Beobachtungen sind bedeutsam[25]: 1) Anders als in 3,9 erscheint hier die Bewahrung vor der Sünde – trotz des aus Gott Gezeugtseins – nicht als innere Möglichkeit (3,9: οὐ ποιεῖ = »er kann nicht«), sondern es bedarf des besonderen Schutzes Christi. 2) Das Böse, von dem es in 1Joh 2,13f hieß, die ›jungen Männer‹ hätten es besiegt, bedroht die Glaubenden, d. h. das Sündigen ist anders als in 3,9 eine reale Gefahr. Es geht um mehr als um ein ›nicht sündigen können‹, denn allein das andauernde Eintreten Gottes/Christi bewahrt die Glaubenden. Damit wird die Argumentation von V. 16f aufgenommen, indem die Distanz zur Sünde grundsätzlich gewahrt, ihr Bedrohungscharakter aber auch nicht geleugnet wird[26].

---

* Literatur: *Griffith, T.*: Keep Yourselves from Idols, 12-57; *Edwards, M.-J.*: Martyrdom and the First Epistle of John, NT 31 (1989) 164-171; *Hills, J.*: »Little children, keep yourselves from idols".1 Joh 5,21 Reconsidered, CBQ 51, 1989, 285-310; *Stegemann, E.*: »Kindlein, hütet euch vor den Götterbildern!«, passim.

[24] Vgl. *G. Strecker*, Die Johannesbriefe, 305f, der alle Möglichkeiten diskutiert; vor allem weist der Wechsel vom Partizip Perfekt zum Partizip Aorist auf einen Subjektwandel hin.

[25] *H.-J. Klauck*, Der erste Johannesbrief, 336, übergeht diese Akzentuierungen und spricht deshalb von einem Widerspruch.

[26] Nur auf die ›Sünde zum Tode‹ wollen *K. Wengst*, Der erste, zweite und dritte Brief des Johannes, 221; *G. Schunack*, Die Briefe des Johannes, 104, das ›Nichtsündigen‹ in V. 18 beziehen.

19 Die Argumentation läuft strikt auf das in V. 21 plötzlich auftauchende Problem der Apostasie zu. Gewissheit und Bedrohung werden jetzt direkt gegenübergestellt: Das Sein aus Gott (vgl. 1Joh 3,10; 4,6f) und die vom Bösen beherrrschte Welt. Zwar gilt Christi Sühnopfer für die Sünden der ganzen Welt (2,2: περὶ ὅλου τοῦ κόσμου), dennoch wird die ganze Welt (ὁ κόσμος ὅλος) aktuell vom ›Bösen‹ beherrscht. Wiederum ist nicht der Kosmos an sich widergöttlich (vgl. 1Joh 2,2; 4,14), sondern er wird es unter dem Zugriff des Bösen. Eine personale Dimension ist bei ὁ πονηρός (»der Böse«) in 5,18.19 unverkennbar; ›der Böse‹ (vgl. Mt 6,13b; 13,19.25) tritt als personaler Gegenspieler zu Jesus Christus auf, der in V. 20 als ›wahrhaftiger Gott‹ bezeichnet wird (vgl. dazu als Sachparallele Mt 4,1-11/Lk 4,1-13).

20 Das gemeinsame Glaubenswissen entfaltet nach den theologischen (V. 18.19) seine christologischen Grundlagen: das Kommen[27] des Gottessohnes ist das fundamentale Heilsereignis. Damit verbindet sich eine im Neuen Testament einmalige Aussage: Der Gottessohn selbst vermittelt die Einsicht des Glaubens. Der Begriff διάνοια erscheint im johanneischen Schrifttum nur hier und bedeutet so viel wie ›Denkkraft‹, ›Verstand‹, ›etwas durchdenken, einsehen, verstehen, erkennen‹[28]. Dieser intellektuelle Grundzug darf auch hier angenommen werden, denn das Erkennen Gottes und seines Sohnes sowie die Einsicht in ihr Heilswirken betrifft Herz *und* Verstand; es geht um nicht weniger als um den Erkenntnisstand der Glaubenden in Hinsicht auf den Status des Gottessohnes und ihres eigenen geistig-religiösen Status[29]. Das Gottesprädikat ›der Wahrhaftige‹ hat seine Wurzeln in der LXX, speziell in der Auseinandersetzung zwischen dem einen, wahren Gott Israels und den nichtigen Götzen der Umwelt (vgl. Jes 65,16; 3Makk 2,11; 6,18; Philo, LegGai 366; ferner 1Thess 1,9f). Während die Welt im Bösen liegt, sind die Glaubenden in Gott und zugleich in Christus. Diese doppelte Immanenz (vgl. Joh 17,21) im Vater und im Sohn gewährt Zuversicht und Geborgenheit in einer feindlichen Welt. Damit endet der 1Joh genau dort, wo das Johannesevangelium einsetzt, denn der erste mit dem Wirken Jesu verbundene öffentliche christologische Titel im Evangelium ist in Joh 1,34 ›Sohn Gottes‹. Mit dem abschließenden Definitionssatz kommt das Zentrum des johanneischen Glaubens noch einmal in den Blick: Jesus Christus ist wahrhaftiger Gott und das ewige Leben. Wie in Joh 1,18 und 20,28 wird hier der Sohn unmittelbar an den Vater herangerückt. Auffallend ist die Nähe zu Joh 20,28, wo Thomas zum Auferstandenen sagt: »Mein Herr und mein Gott« (ὁ κύριός μου καὶ ὁ θεός). Dort und wohl auch hier liegt eine Wendung vor, die eine anti-imperiale Konnotation aufweist: Domitian ließ sich in der Spätzeit seiner Herrschaft als »Dominus et Deus noster«[30] anreden, wobei die Kritik antiker Autoren[31] erkennen lässt, wie stark dieser Herr-

---

[27] Das Verb ἥκω erscheint in der LXX für Gottes endzeitliches Kommen; vgl. Jes 35,4; ferner Joh 8,42.
[28] Eine informative Auflistung bietet *J. Behm*, Art. διάνοια, ThWNT IV, Stuttgart 1966, 961-963. Die zahlreichen Belege bei Philo und Josephus verweisen auf das hellenistische Judentum als unmittelbaren Traditionshintergrund.
[29] Eine Nähe zum Begriff γνῶσις vermag ich hier nicht zu sehen; so aber *R. E. Brown*, The Epistles of John, 624; *H.-J. Klauck*, Der erste Johannesbrief, 338f.
[30] Suet, Domitian 13,2 (= *Neuer Wettstein* I/2, 855).
[31] Vgl. Dio Chrys, Or 45,1, wo es mit Bezug auf Domitian heißt: »Wie ich meine Verbannung durchgestanden habe, ohne dem Mangel an Freunden, der materiellen Not und körperlichen Hinfälligkeit zu erliegen;

schaftsanspruch das Leben und Verhalten der Menschen beeinflussen konnte. Wenn auf diesem Hintergrund die vom Kaiser beanspruchten Attribute vom 1 Joh und vom Johannesevangelium auf den gekreuzigten, auferstandenen und wahrhaft herrschenden Jesus Christus als Träger und Inbegriff des ewigen Lebens übertragen werden, dann beinhaltet dies auch eine deutliche Kritik am Kaiserkult. Eine solche Interpretation fordert auch V. 21, denn mit den Götterbildern kommt für antike Hörer und Leser in Kleinasien der Kaiserkult in den Blick.

21 Ungewöhnlich und zugleich rhetorisch sehr wirkungsvoll ist der Schluss des Schreibens[32]. Die Anrede τεκνία (»Kinder«) nimmt 1Joh 4,4 auf (vgl. 2,1.12.28; 3,7.18), überraschend erscheint die Aufforderung, sich in Acht zu nehmen, sich zu hüten (φυλάσσειν im 1Joh nur hier) und der Terminus εἴδωλον (= Götterbild). Kontextuell unvorbereitete Schlussmahnungen finden sich allerdings auch in Röm 16,17f; 2Thess 3,14f; 1Tim 6,20f; Tit 3,9ff; Jak 5,19f; 2Petr 3,17; Hebr 13,9-16; Jud 22. Zu V. 20 besteht außerdem eine starke inhaltliche Verbindung, denn es gibt aus dem hellenistischen Judentum einen traditionsgeschichtlich vorgegebenen Zusammenhang zwischen der Abwendung von den heidnischen Götzen und der Hinwendung zum einen wahren Gott (vgl. JosAs 11,8-10, wo Aseneth sich von den stummen Götzenbildern ab- und dem wahren, lebendigen Gott der Hebräer zuwendet)[33]. Eine unmittelbare Parallele bietet Paulus, wenn er in 1Thess 1,9b.10 schreibt: »... und wie ihr euch bekehrt habt zu Gott, weg von den Götzen, um dem lebendigen und wahrhaftigen Gott zu dienen und auf seinen Sohn vom Himmel zu warten, den er von den Toten auferweckt hat, Jesus, der uns von dem kommenden Zorn errettet.«[34] Dennoch ist der Schlüsselbegriff εἴδωλον durch das vorangehende Schreiben nicht wirklich vorbereitet und es stellt sich die Frage, welche Strategie der 1Joh mit diesem überraschenden Abschluss verfolgt.

Bereits im klassisch-griechischen Bereich hat εἴδωλον eine leicht negative Färbung im Sinn von ›trügerisches Abbild‹, ›bloßer Schein‹[35]. In der LXX wird diese negative Konnotation verstärkt; sachlicher Ausgangspunkt ist Ex 20,4/Dtn 5,8: »Du sollst dir kein Gottesbild anfertigen noch irgendein Abbild« (οὐ ποιήσεις σεαυτῷ εἴδωλον οὐδὲ παντὸς ὁμοίωμα). Die Polemik gegen die heidnischen Götter/Götterbilder beherrscht weite Bereiche der alttestamentlichen und jüdischen Literatur und zielt auf die Stärkung jüdischer Identität durch strikte Grenzziehungen (vgl. z. B. Jes 37,19; 40,18f; Hab

---

wie ich zu dem allen ausgeharrt habe unter einem Feind, der nicht der erste beste von Leuten meines Standes oder, wie sie manchmal genannt werden, von Gleichberechtigten war, sondern der mächtigste und grimmigste, von allen Griechen und Nichtgriechen Herr und Gott genannt, in Wirklichkeit aber ein böser Dämon; wie ich ihm obendrein nicht schmeichelte oder seinen Haß durch bitten auszusöhnen suchte ...« Vgl. auch Martial, Epigramme X 72, 1-3, wo Martial die Veränderungen am Hof mit dem neuen Kaiser Trajan beschreibt: »Schmeicheleien, ihr naht euch mir vergeblich, ihr elenden, mit euren abgefeimten Lippen. Von einem ›Herrn und Gott‹ habe ich nicht vor zu sprechen« (= *Neuer Wettstein* I/2, 854); vgl. ferner Martial V 8,1; VII 34,8; VIII 2,6; IX 66,3; Dio Chrys, Or 1,21.

[32] Es gibt zahlreiche Interpretationsansätze; Forschungsüberblicke bieten *R. E. Brown*, The Epistles of John, 627f; *T. Griffith*, Keep Yourselves from Idols, 12-27.
[33] Vgl. ferner Dan 5,4; 6,27; Tob 14,6; Apg 14,15; weitere Texte bei *T. Griffith*, a. a. O., 59f.
[34] Vgl. dazu *C. Bussmann*, Themen der paulinischen Missionspredigt auf dem Hintergrund der spätjüdisch-hellenistischen Missionsliteratur, EHS.T 3, Bern/Frankfurt 1971, 38-56.
[35] Vgl. *T. Griffith*, Keep Yourselves from Idols, 28-32.

2,18f; TestRub 4,5f; JosAs 10,13-14 u. ö.; Philo, Decal 52-81; Somn I 160f u. ö.[36]). Im Neuen Testament ist für den Terminus εἴδωλον und seine Derivate neben 1Thess 1,9f und Röm 1,18-32 vor allem auf den Konflikt zwischen ›Starken und Schwachen‹ in Korinth und auf die Argumentation der Johannesoffenbarung hinzuweisen.

Sowohl Heidenchristen als auch liberale Judenchristen zählten zur Gruppe der ›Starken‹, die z. T. sicherlich zur gehobenen Sozialschicht gehörten, der es möglich war, sich durch religiöse Erkenntnis (vgl. 1Kor 8,1.4; 10,23) von überlieferten religiösen Vorstellungen zu lösen[37]. Sie aßen ohne Bedenken Götzenopferfleisch (1Kor 8,9; 10,25-30), wurden weiterhin von Heiden eingeladen (1Kor 10,27) und nahmen sogar an heidnischen Kultfeiern teil (1Kor 14,20f). Schon ihre gesellschaftliche Stellung machte es ihnen unmöglich, völlig auf den Verzehr von Göttern geweihtem Fleisch zu verzichten. Zur Rechtfertigung dieses Verhaltens beriefen sich die ›Starken‹ auf ihre »Erkenntnis« (vgl. γνῶσις in 1Kor 8,1f.4). Sie verstanden das Evangelium und die darin enthaltene Freiheitsbotschaft offenbar primär als individuelle Unabhängigkeit, als Emanzipation von überkommenen religiösen und moralischen Vorstellungen. Die ›Schwachen‹ in der korinthischen Gemeinde waren wohl eine vornehmlich heidenchristliche Minderheit (vgl. 1Kor 8,7). Teile dieser Gruppe lehnten den Verzehr von Götzenopferfleisch aus Furcht vor den Göttern wahrscheinlich generell ab. Andere waren schon aus materieller Not heraus gezwungen, an öffentlichen religiösen Feiern teilzunehmen und dort im kultischen Rahmen Fleisch zu essen, wodurch sie ihr Gewissen belasteten. Wieder andere wurden durch das Verhalten der ›Starken‹ dazu verleitet, gegen ihr Gewissen Götzenopferfleisch zu essen, nahmen doch die ›Starken‹ ohne Bedenken und ohne Not an kultischen Opfermahlzeiten teil. Der paulinische Lösungsvorschlag für diesen Konflikt besteht darin, Freiheit nicht als Attribut des autonomen Subjekts zu verstehen, sondern zu erkennen, dass sie ihre Begrenzung im Gewissen des anderen findet: »Seht aber zu, dass nicht etwa diese eure Freiheit ein Anstoß werde für die Schwachen« (1Kor 8,9). Die Freiheit des ›Starken‹, ohne Nöte Götzenopferfleisch zu essen, darf nicht dazu führen, dass der ›Schwache‹ dadurch unfrei wird.
Eine andere soziale, theologische und vor allem politische Situation liegt in der Johannesoffenbarung vor (εἴδωλον in Offb 9,20)[38]. In der Gemeinde von Pergamon gibt es Christen, die sich an die Lehre Bileams halten; der Seher nennt dies Götzenopferfleisch essen und Unzucht treiben (Offb 2,14). In Thyatira tritt eine Prophetin (Isebel) auf, die ebenfalls Gemeindeglieder zum Essen von Götzenopferfleisch und zur Unzucht verführt (Offb 2,20). Der Seher Johannes erhebt die Frage nach dem Verzehr von Götzenopferfleisch zum zentralen Streitpunkt. Das verborgene himmlische Manna werden nur jene essen, die sich von den irdischen sakralen Mahlzeiten fernhalten (vgl. Offb 2,17). Von außen lasten nicht nur Kriegsgefahr (Offb 6,2-4), Teuerung (6,5f) und Pressionen von Seiten der Juden (2,9f; 3,9) auf den Gemeinden, sondern in Kleinasien herrscht das scheußliche Tier (Offb 13; 17; 18), der römische Imperator, und mit ihm das zweite Tier, die kaiserliche Priesterschaft (Offb 13,11-17; 16,13f; 19,20). Sie propagiert den Herrscherkult als eine für alle Bürger verpflichtende religiös-politische Loyalitätserklärung. Aber auch von ›Lauheit‹ im Glauben ist die Rede (Offb 2,4f; 3,15f), einige Gemeinden sind kraftlos (3,8) und ›tot‹ (3,1). Für

---

[36] Weitere Texte bei *T. Griffith*, Keep Yourselves from Idols, 32-49.
[37] Vgl. dazu *G. Theißen*, Die Starken und Schwachen in Korinth, in: ders., Studien zur Soziologie des Urchristentums, WUNT 19, Tübingen ²1983, 272-289; *Th. Söding*, Starke und Schwache. Der Götzenopferstreit in Korinth als ethisches Paradigma, in: ders., Das Wort vom Kreuz, WUNT 93, Tübingen 1997, 346-369; *V. Gäckle*, Die Starken und die Schwachen in Korinth und in Rom, WUNT 2.200, Tübingen 2004.
[38] Vgl. dazu *U. Schnelle*, Einleitung in das Neue Testament, 550-555.

den Seher besteht ein innerer Zusammenhang zwischen den inneren und äußeren Gefährdungen, denn ebenso problematisch wie die Distanzierung vom Götter- und Herrscherkult war in seinen Augen die lautlose Assimilierung an Ausdrucksformen heidnischer Religiosität. Sie stellte die Reinheit der Endzeitgemeinde in Frage, Anpassung erschien somit als eine sublime Form des Abfalls[39]. Offenbar gab es in den Gemeinden Strömungen, die für eine gemäßigte Kooperation mit dem Kaiserkult votierten. Er besaß zweifellos auch eine große Anziehungskraft, wie seine durchgängige Darstellung als verführerische Frau zeigt (Offb 17,1.5; 19,2; 21,8; 22,15). Demgegenüber fordert der Seher ein Mindestmaß an Distanz gegenüber dem heidnischen Staat und seinen vielfältigen Formen der Religionsausübung, um dem Götzendienst zu entfliehen.

Eine direkte Übertragung der Situation in Korinth bzw. in der Johannesoffenbarung auf den 1Joh ist nicht möglich, denn weder ist im 1Joh ein Konflikt um das Essen von Götzenopferfleisch nachzuweisen noch kann von einer politischen Konfliktsituation (wie in der Johannesoffenbarung) gesprochen werden[40]. Dennoch zeigen beide Beispiele (wie z. B. auch das ›Aposteldekret‹ Apg 15,28f und der 1Petrusbrief), dass das Verhältnis der sich formierenden frühchristlichen Gemeinden zu den zahlreichen Erscheinungsformen paganer Religiosität mit ihrer hohen sozialen Bindungskraft ebenso im Fluss war wie das Verhältnis zum römischen Staat mit seiner politischen Religion des Kaiserkultes[41]. In Kleinasien ist gegen Ende des 1. Jh. eine Intensivierung des Kaiserkultes festzustellen, so dass auch der soziale und religiös-politische Druck auf die Gemeinde des 1Joh zugenommen haben dürfte, ohne dass es zu offenen Christenverfolgungen gekommen ist. Vor allem der 1Petrusbrief mit seiner Leidenstheologie lässt eine Verschärfung des Außendruckes auf christliche Gemeinden deutlich erkennen. In 1Petr 2,21-25; 3,18; 4,1 werden das Leiden Christi und das Leiden der Christen verbunden: Die Vorbildlichkeit des Leidens Christi prägt die Leidensbereitschaft der Christen. Das Leiden erscheint als konstitutiver Bestandteil christlicher Existenz (1Petr 2,21), es ist die natürliche Folge der Fremdlingschaft[42] der Glauben-

---

[39] Vgl. *H.-J. Klauck*, Das Sendschreiben nach Pergamon und der Kaiserkult in der Johannesoffenbarung, Bib 72 (1991), (183-207) 181: »Als viel gefährlicher betrachtet der Apokalyptiker den ›weichen‹ Kaiserkult, wenn jemand z. B. in einer Festmenge lediglich mitlief oder an einem geselligen Vereinsmahl mit religiösen Obertönen teilnahm, weil er sich dem aus beruflichen Rücksichten nicht gut verschließen zu können glaubte und die Bekenntnisfrage davon überhaupt nicht tangiert sah.«

[40] Hier liegt die Grenze für den innovativen Vorschlag von *E. Stegemann*, »Kindlein, hütet euch vor den Götterbildern!«, 288ff, der eine Analogie zu den im Briefwechsel Plinius – Trajan bezeugten Christenverfolgungen sieht, wo es u. a. bei Plinius heißt: »Eine anonyme, schriftliche Anzeige, die die Namen von vielen Leuten enthielt, wurde mir zugeleitet. Diejenigen, die leugneten, Christen zu sein oder gewesen zu sein, glaubte ich freilassen zu müssen, da sie die Götter mit von mir vorgesprochenen Worten anriefen und deinem Bild, das ich zu diesem Zweck zusammen mit Statuen der Götter hatte hereinbringen lassen, mit Weihrauch und Wein opferten, außerdem Christus verfluchten, alles Dinge, zu denen man wirkliche Christen angeblich nicht zwingen kann« (Plin, Ep X 96). Ähnlich wie Stegemann argumentieren (für ihren ›Anhang‹) *K. Wengst*, Der erste, zweite und dritte Brief des Johannes, 225; *G. Schunack*, Die Briefe des Johannes, 106. Dagegen ist festzustellen, dass sich eine solche planmäßige Loyalitätsprüfung für den 1Joh nicht plausibel machen lässt.

[41] Vgl. dazu *C. Habicht*, Gottmenschentum und griechische Städte, Zet 14, München ²1970; *S. R. F. Price*, Rituals and Power. The Roman Imperial Cult in Asia Minor, Cambridge 1984; *F. Taeger*, Charisma. Studien zur Geschichte des antiken Herrscherkultes I.II, Stuttgart 1957.1960; *Th. Witulski*, Kaiserkult in Kleinasien, NTOA 63, Göttingen 2007.

[42] Vgl. *R. Feldmeier*, Die Christen als Fremde, WUNT 64, Tübingen 1992, 192: »Den Christen wird gerade als den Fremden eine zeichenhafte Existenz zugemutet.«

den in dieser Welt (vgl. 1Petr 1,6f; 5,10). Texte wie 1Petr 2,19f.23; 3,14.17; 4,15.19 weisen in den Raum der sozialen Diskriminierung. Die Christen legen öffentlich von ihrem Glauben Zeugnis ab, sie unterscheiden sich durch ihr Ethos von der Umwelt (vgl. 1Petr 2,11-18; 3,1-4.7.15f) und rufen dadurch ungerechte Sanktionen hervor.

Das Thema von 1Joh 5,21 ist nicht die Falschlehre[43], sondern die Apostasie[44]; ob es hier mittelbare Zusammenhänge gab, muss offenbleiben[45]. Teile der Gemeinde standen wahrscheinlich in der Gefahr, dem äußeren Druck des vom Bösen beherrschten ›ganzen Kosmos‹ (V. 20) nicht länger standzuhalten. Durch die Teilnahme an paganen Kulten oder Festen des Kaiserkultes wollten sie möglicherweise ihre politische und kulturelle Loyalität gegenüber der Gesellschaft und dem Staat ausdrücken. Einige standen in der Gefahr, die Gemeinde zu verlassen, andere neigten vielleicht dazu, sowohl am christlichen als auch am paganen Kultleben teilzunehmen. Davor warnt der 1Joh nachdrücklich mit seiner kurzen, aber prägnanten Intervention am Ende des Schreibens, denn dies würde nicht weniger als den Verlust des ewigen Lebens zur Folge haben (V. 20!)

Der 1Joh schließt rhetorisch sehr geschickt und effektiv mit einem Appell, der die Gemeinde mit Sicherheit aufhorchen ließ[46]. Sie soll sich weder von äußeren (kulturellen oder politischen) Pressionen noch durch innergemeindliche Streitigkeiten über die Sünde auseinanderbringen lassen. Der zweifellos bedrängenden Wirksamkeit des Bösen in der Endzeit wird das Wesen der Getauften als Kinder Gottes und vor allem das Wesen des Gottessohnes gegenübergestellt: Er ist wahrer Gott und schenkt wahres Leben, das ewige Leben.

---

[43] Für einen direkten Bezug zwischen der Falschlehre und den ›Götzen‹ bzw. der Apostasie plädieren *R. Bultmann*, Die Johannesbriefe, 93f (die Irrlehre wird als Heidentum verurteilt); *R. E. Brown*, The Epistles of John, 641; *F. Vouga*, Die Johannesbriefe, 77; *J. Beutler*, Die Johannesbriefe, 134.

[44] So treffend *E. Stegemann*, »Kindlein, hütet euch vor den Götterbildern!«, 288; anders *H.-J. Klauck*, Der erste Johannesbrief, 342, der einen Rückbezug auf die Gegner erkennt und meint, sie »könnten zu denen gehören, die eine äußerliche Beteiligung am heidnischen Kult für ungefährlich hielten.«

[45] Auf keinen Fall reicht es aus, in der Warnung vor Apostasie in 5,21 nichts anderes als eine Warnung vor der Sünde zu sehen, wie es *W. Nauck*, Die Tradition und der Charakter, 137, tut: »Die Schlußmahnung besagt nichts anderes als dies: Hütet euch vor der Sünde!« Unscharf auch *G. Strecker*, Die Johannesbriefe, 312, wonach es sich in 5,21 um eine allgemeine Aufforderung handelt, »sich von allem fernzuhalten, was an die Stelle Gottes treten könnte«.

[46] Deshalb ist 1Joh 5,21 aber noch lange nicht der Schlüsselvers des gesamten Briefes, wie es *T. Griffith*, Keep Yourselves from Idols, 82ff u. ö., behauptet.

Der 1Johannesbrief und das Johannesevangelium in der Geschichte der johanneischen Schule

Die beiden *Presbyterbriefe* spiegeln die judenchristlich geprägten Anfänge der johanneischen Schule, die Konflikte zwischen einzelnen Gemeindeleitern und das Aufkommen einer doketischen Christologie wider. Die Presbyterbriefe führen keinen erkennbaren theologischen Diskurs, sondern sie verharren in persönlichen Machtansprüchen und Symbolhandlungen, sie bleiben in ihrer theologischen Argumentation eher rudimentär und bearbeiten den anfänglichen christologischen Konflikt nicht wirklich. Demgegenüber zeugen der 1Johannesbrief und vor allem das Johannesevangelium von einem neuen Stadium johanneischer Theologiebildung.

Mit dem *1Johannesbrief* ist die Formierungsphase der johanneischen Theologie eindeutig beendet, das johanneische Denken bekommt jetzt Systemqualität und tritt in einen umfassenden theologischen Diskurs ein. *Der theologie-politische Standort des Verfassers/der Verfasser wird nun umfassend theologisch begründet.* Soziologisch dürfte hinter dem 1Joh ein gegenüber den Presbyterbriefen gewachsener Gemeindeverband stehen[1], an den sich eine Mehrzahl von Lehrern mit dem ›Wir‹ in 1Joh 1,1-4 wendet und der auch nach der Spaltung (vgl. 1Joh 2,19) lebensfähig bleibt. Der 1Joh bezeugt ein reges gottesdienstliches Leben in der Gemeinde, worauf die Bedeutung des Gebetes (vgl. 1Joh 3,22; 5,14-16) und der Geist-Salbung (vgl. 1Joh 2,20.27) sowie der Streit um das rechte Verständnis der Sakramente hinweisen (vgl. 1Joh 5,6-8). Über die soziale Schichtung der Gemeinde lassen sich nur wenige sichere Aussagen machen, aber zwei Punkte sind relativ deutlich: 1) Es gab soziale Konflikte zwischen reichen und armen Gemeindegliedern; Reiche prahlten mit ihrem Besitz (vgl. 1Joh 2,16.17) und verweigerten sich der konkreten, tatkräftigen Geschwisterliebe (vgl. 1Joh 3,17.18). 2) Die innergemeindlichen Kontroversen über das Sündenverständnis lassen auf ein reges theologisches Interesse und damit auch auf ein gewisses Bildungsniveau schließen. 3) Zumindest die ehemals zur Gemeinde gehörenden Falschlehrer (vgl. 1Joh 2,19) dürften über ein Elitebewusstsein verfügt haben, denn ihre auf dem Weltbild des Platonismus basierende doketische Christologie[2] lässt auf intellektuell geprägte Zirkel schließen, die sich möglicherweise der restlichen Gemeinde überlegen fühlten.

Der 1Joh hat ein durchgehendes Grundthema, einen Haupt-Diskurs, auf den hin die beiden Sub-Diskurse (Streit um das Sündenverständnis/Auseinandersetzung mit den Falschlehrern) ausgerichtet sind: *Die Sichtbarkeit des Glaubens an den Gottessohn Jesus Christus. Es geht dem 1Joh um die ethische Gestalt, den ethischen Charakter des Christentums!* Für ihn gehören Gottes- und Christuserkenntnis als Erkenntnis der Liebe – Wesen Gottes und Wesen wahren Lebens – untrennbar zusammen.

---

[1] Vgl. dazu *D. Rusam*, Die Gemeinschaft der Kinder Gottes, 214-218.
[2] Vgl. Exkurs 1: Doketismus.

Bereits der Prolog 1 Joh 1,1-4 intoniert dieses Thema, wenn er vom Hören, Sehen und Berühren des Lebenswortes spricht. Die Gemeinschaft mit Gott dem Vater und dem Sohn Jesus Christus ist der Ausgangspunkt des Schreibens (1 Joh 1,3); sie ist gefährdet und es ist das Ziel des Autors, die Identität der Gemeinde angesichts der mangelnden Erkenntnis des ethischen Wesens des Christentums sowie innerer (Streit um das Sündenverständnis, Falschlehrer) und äußerer Gefährdungen (1 Joh 5,21: Attraktivität/Druck paganer Kulte) neu zu begründen. Dabei ist der 1 Joh ein theozentrisches Schreiben, was schon der sprachliche Befund zeigt (θεός 83mal im Evangelium, aber 62mal im wesentlich kürzeren 1 Joh!). Weil Gott Licht und Liebe ist (vgl. 1 Joh 1,5; 4,8.16), können sich die Glaubenden nicht mehr im Bereich der Finsternis aufhalten (vgl. 1 Joh 2,8). In der Zuwendung zum Bruder ereignet sich der Übergang von der Finsternis zum Licht und umgekehrt verbleibt derjenige in der Finsternis, der seinen Bruder hasst, auch wenn er behauptet, im Licht zu sein (vgl. 1 Joh 3,11-18). Weil das Liebesgebot und der Glaube an Jesus Christus untrennbar zusammengehören, kann der nicht glauben, der nicht liebt, und der nicht lieben, der den Gottessohn Jesus Christus verkennt. Liebe hat für den 1 Joh eine einmalige Grundlage und eine unmittelbare Handlungsebene. Ausgangspunkt ist die theozentrisch-christologische Sinnschicht; die Liebe Gottes in Jesus Christus, die sich in seiner Lebenshingabe für die Brüder vollzog. Dieses vorbildhafte Verhalten Jesu wird unmittelbar auf die Gemeinde übertragen. Sie ist zu einem konkreten vorbildhaften sozialen Verhalten angehalten, das sich in der materiellen Unterstützung bedürftiger Gemeindeglieder zeigt. Es geht ausdrücklich um ein bestimmtes Sozialverhalten, eine Liebe, die sich im Handeln realisiert (1 Joh 3,17f). Der unauflösliche Zusammenhang von Gottes- bzw. Christuserkenntnis, Gottesliebe und Geschwisterliebe ist die Tiefenschicht des 1 Joh; es gibt eine natürliche Verbindung zwischen Christuserkenntnis und Halten der Gebote (vgl. 1 Joh 2,3-6). Die Liebe zu Gott als Kennzeichen des Seins im Licht fordert die konkrete Bruderliebe/Geschwisterliebe (vgl. 1 Joh 2,9.10; 3,14; 4,21).

Mit dieser ethischen Sinnschicht verbindet sich eine theologisch-soteriologische Sinnschicht. Die in der Sendung des Sohnes erschienene Liebe Gottes (1 Joh 4,9) hat eine individuelle und universale Dimension; sie gilt gleichermaßen der Aufhebung der Sünden der Glaubenden (1 Joh 2,1-2; 4,10) und der Rettung des Kosmos (1 Joh 4,9). Wer sich im Raum des Lichtes und damit Gottes (1 Joh 1,5) befindet, gehört dem Heilsraum an, während die Finsternis für Unheil und Verlorenheit steht. Weil sich Licht und Liebe bzw. Finsternis und Hass entsprechen, sind Liebe und Hass mehr als individuelle ethische oder emotionale Haltungen/Regungen, sie benennen eine Verfasstheit, die sich aus der Zugehörigkeit zum Heils- oder Unheilsbereich ergibt.

Im Hintergrund steht im 1 Joh immer auch eine eschatologische Sinnschicht: Es ist ›letzte Zeit‹ (1 Joh 2,18), der ›Böse‹ tritt auf (vgl. 1 Joh 2,13; 3,8.12) und wirkt durch die ›Antichristen‹ (vgl. 1 Joh 2,22; 4,3). Die sich im Vollzug befindende eschatologische Wende (vgl. 1 Joh 2,9) realisiert sich für den Christen in seinem ethischen Handeln, im kritischen Prüfen der ›Geister‹, d.h. im Erkennen und Zurückweisen der Falschlehre (vgl. 1 Joh 4,1-3), und schließlich in der Zurückweisung der religiösen Ansprüche des Staates (vgl. 1 Joh 5,18-21). Auch in der Gegenwart der johanneischen Gemeinde vollzieht sich eine Scheidung zwischen den guten und bösen Werken, zwischen den Kindern des Teufels und den Kindern Gottes (vgl. 1 Joh 3,12ff). Darüber hinaus zeigen die futurisch-eschatologischen Aussagen des 1 Joh (vgl. 2,18.28f; 3,1-

3), dass futurische Eschatologie in universal- und individualgeschichtlicher Perspektive zu den Grundbeständen der johanneischen Theologie insgesamt gehört. Im 1Joh sind die futurisch-eschatologischen Aussagen keineswegs ein Sekundärphänomen, sondern sie fügen sich organisch in die Gesamtargumentation des Schreibens ein und bringen ein zentrales theologisches Anliegen zum Ausdruck: Gerade weil die gegenwärtige Gemeinde vom Kosmos bedrängt wird, Falschlehrer auftreten und der Teufel die Welt beherrscht (1Joh 5,19), hofft sie auf die bevorstehende Vollendung ihres Heils bei der Parusie Christi.

Alle Grundthemen johanneischer Theologie, die sich im Johannesevangelium finden, sind bereits im 1Joh präsent: 1) Die Liebe als das ureigenste Wesen Gottes (1Joh 2,5; 4,8.16); 2) Die Einheit von Vater und Sohn als Grundlage göttlicher Wirklichkeit (1Joh 2,22.23); 3) Die Sendung des Sohnes als Ausdruck der Liebe und des Rettungswillens Gottes (1Joh 4,9-11.14); 4) Die Präexistenz und wahre Inkarnation des Sohnes (1Joh 1,1-4; 4,1-3; 5,6); 5) Das rettende Handeln des Sohnes als Sühne der Sünden durch sein Blut (1Joh 1,7; 2,2; 3,16; 5,6); 6) Die gegenseitige Immanenz Gottes/Christi und der Glaubenden (1Joh 2,5.6.24.27.28; 3,6.24; 4,13.15); 7) Die Dualismen von Licht und Finsternis (1Joh 1,5-7), Gott und Welt (1Joh 2,15-17; 3,1; 4,4-6), Lüge und Wahrheit (1Joh 2,4.21; 3,19; 5,10), Liebe und Hass (1Joh 2,10.11; 4,20), Gott/Christus und Teufel/Antichrist (1Joh 2,13.14.18f; 3,8.10; 4,1); 8) die Gabe des Lebens/ewigen Lebens als neuer Status der Glaubenden (1Joh 1,1-4; 2,25; 5,11-12.13.20); 9) Der Geist als göttliche Wirkmacht und Erkenntnisgabe (1Joh 2,20.27; 3,24; 4,6.13; 5,6f); 10) Das Gebot der Geschwisterliebe und der Glaube an den Gottessohn Jesus Christus als sichtbarer Ausdruck des Seins aus Gott (1Joh 2,3.7.11; 5,1.2f.4.5).

Auf dieser Basis entfaltet der 1Joh im Vollsinn des Wortes johanneische Theologie und geht dabei weit über die beiden kleinen Johannesbriefe hinaus. Die Begrifflichkeit und die Argumentation ist gegenüber 2/3Joh deutlich weiterentwickelt und hat vor allem in der christologischen Kontroverse an Durchschlagskraft gewonnen. Das Johannesevangelium wiederum repräsentiert ein weiteres Stadium johanneischer Theologie, indem nun im Rahmen einer eigenen Jesus-Christus-Geschichte das johanneische Denken präsentiert wird.

Das *Johannesevangelium* bildet den Höhepunkt und Abschluss der johanneischen Theologie.

Johannes steht an einem Wendepunkt. Er sieht deutlich, dass seine Zeit Jesus Christus und dem Ursprung des Christentums nur treu bleiben kann, wenn sie das Wagnis einer sprachlichen und gedanklichen Neuformulierung des Christusgeschehens eingeht. Dabei ist dem 4. Evangelisten der Rückbezug auf Jesus von Nazareth ebenso wichtig wie die Neuformulierung der Jesus-Christus-Botschaft für seine eigene Zeit. Ohne den geschichtlichen Jesus, um dessen historisch-geographische Verortung er sich nachdrücklich bemüht (vgl. z. B. Joh 1,28.44; 2,1.13; 3,22; 4,4f; 5,2; 6,1; 7,1; 11,1; 12,1.12; 18,1.13.24.28; 19,17.38f.41f)[3], gibt es für Johannes kein Christen-

---

[3] Vgl. hierzu M. *Hengel*, Das Johannesevangelium als Quelle des antiken Judentums, in: ders., Judaica, Hellenistica et Christiana, WUNT 109, Tübingen 1999, 293-334.

tum. Zugleich gilt aber: Ohne eine neuartige sprachliche und gedankliche Vermittlung des Christusgeschehens kann Johannes die durch den Falsch- und Unglauben gefährdete Identität seiner Gemeinde nicht stabilisieren, bleibt das Verstehen hinter seinen Möglichkeiten zurück und bringt die Verkündigung keine »Frucht« (vgl. Joh 15,1-8). Diese Neuerschließung vollzieht Johannes als produktive und weiterführende Aneignung der Jesus-Christus-Offenbarung mit seiner Evangelienschreibung. Basis des johanneischen Denkens ist die *Einheit von Vater und Sohn* (vgl. Joh 10,30; 17,21 u. ö.), Zentrum die *Menschwerdung* Gottes in Jesus Christus[4].

Warum wurde das 4. Evangelium geschrieben[5]? *Weil die andauernde christologische Debatte in der johanneischen Schule ein eigenes Evangelium erforderte!* Wie Jesu Christi Göttlichkeit und Menschheit zu verstehen sind, wie sie sich zueinander verhalten und worin sie sich zeigen, darauf gaben weder das Markus- noch das Lukasevangelium eine hinreichende Antwort[6].

Das Hervortreten der Christologie im Johannesevangelium ist zunächst durch die Gattung veranlasst, hat aber einen weiteren Grund: Der Evangelist Johannes unternimmt in seinem Evangelium den Versuch, in der/durch die Narration das Wesen des Gottessohnes Jesus Christus in Hoheit und Niedrigkeit umfassend zu bestimmen. Dabei zeigt die gegenüber den Synoptikern sehr starke Betonung der Hoheit und Göttlichkeit Jesu, dass Johannes bemüht ist, ein auch von vielen seiner Gemeindeglieder und ihm selbst geteiltes Grundanliegen der doketischen Lehrer aufzunehmen, zugleich aber inkarnatorisch und kreuzestheologisch zu begrenzen und zu präzisieren. Jesu Hoheit/Göttlichkeit zeigt sich in seinem uranfänglichen Sein bei Gott und seiner Schöpfungsmittlerschaft (Joh 1,1-5), der anhaltenden Doxa auch nach seiner Inkarnation (vgl. Joh 1,14b; 2,11; 11,4.40), seiner Herrschaft über die Elemente und über Leben und Tod in seinen alles überragenden und nachprüfbaren Wundertaten bis hin zur Auferweckung des Lazarus (vgl. Joh 2,1-11; 4,46-54; 5,1-9; 6,1-21; 9,1-41; 11,1-44), seinem wunderbaren Vorherwissen (vgl. Joh 1,42.48f; 4,29; 5,5f; 6,6;

---

[4] Vgl. *H. Weder*, Die Menschwerdung Gottes, in: ders., Einblicke in das Evangelium, Göttingen 1992, 363-400; *M. M. Thompson*, The Humanity of Jesus in the Fourth Gospel, Philadelphia 1988.

[5] Vier (sich teilweise überschneidende) Antworten werden in der Forschung diskutiert: 1) Die Ergänzungshypothese, wonach das Johannesevangelium als *Ergänzung* der Synoptiker zu lesen ist (Klemens von Alexandrien nach Euseb, HE VI 14,7: »Zuletzt habe Johannes in der Erkenntnis, dass die menschliche Natur [τὰ σωματικά] in den Evangelien behandelt sei, auf Veranlassung seiner Schüler und vom Geist getrieben ein geistliches Evangelium [πνευματικὸν ποιῆσαι εὐαγγέλιον] verfasst«; eine einflussreiche Variante dieser These stammt von *H. Windisch*, Johannes und die Synoptiker, UNT 12, Leipzig 1926, der Johannes als das absolute Evangelium versteht, das sich an die Stelle der Synoptiker setzte). 2) Das Johannesevangelium als *Missionsschrift* für Israel (*K. Bornhäuser*, Das Johannesevangelium. Eine Missionsschrift für Israel, Gütersloh 1928, 138.158-167). 3) Das Johannesevangelium als *vollendetes* Evangelium (so z. B. *C. K. Barrett*, Joh, 153f). 4) Das Johannesevangelium als eine ›Strategie des Glaubens‹, die den Unglauben der Welt zu überwinden sucht (so in der neueren Diskussion *J. Zumstein*, Das Johannesevangelium. Eine Strategie des Glaubens, in: ders., Kreative Erinnerung, 31-45; *J. Beutler*, Faith and Confession. The Purpose of John, in: Word, Theology and Community in John [FS R. Kysar], hg. V. J. Painter/R. A. Culpepper/F. F. Segovia, St. Louis 2002, 19-31).

[6] Vgl. dazu *U. Schnelle*, Johannes und die Synoptiker, in: The Four Gospels (FS F. Neirynck), hg. v. F. van Segbroeck u. a., BEThL 100, Leuven 1992, 1799-1814; den aktuellen Stand der Debatte dokumentieren: *M. Labahn/M. Lang*, Johannes und die Synoptiker, in: J. Frey/U. Schnelle, Kontexte des Johannesevangeliums, 443-515.

11,11; 18,4 u.ö.), den ›Ich-bin-Worten‹ (Joh 6,35a; 8,12; 10,7.11; 11,25; 14,6; 15,1) und seinem souveränen Auftreten im Leiden (vgl. Joh 18,1-11.33-38; 19,5.25-27.28-30). Schließlich ist das Bekenntnis des Thomas zum Auferstandenen zugleich *das* Bekenntnis der Gemeinde: »Mein Herr und mein Gott« (Joh 20,28).

Zugleich verhindern der inkarnatorische Grundzug johanneischer Theologie (Joh 1,14a) und die zahlreichen kreuzestheologischen Aussagen in der Evangelienkomposition eine einseitige und theologisch defizitäre Interpretation der Person Jesu Christi[7]. Von Anfang an steht auch bei Johannes das Wirken Jesu in der Welt unter der Perspektive des Kreuzes (vgl. Joh 1,29.36). Kompositorisch unterstreicht die Tempelreinigung am Beginn des öffentlichen Wirkens Jesu (Joh 2,14-22) nachdrücklich die Heilsbedeutung von Kreuz und Auferstehung[8]. Passionsverweise durchziehen das gesamte Evangelium (vgl. Joh 2,1.4c; 10,11.15.17; 11,13; 12,16.32f; 13,1-3.7.37; 15,13; 17,19; 8,32), um zu verdeutlichen, dass der Inkarnierte kein anderer als der Gekreuzigte ist. Inkarnation und Kreuz sind gleichermaßen Bewegungen der Liebe nach unten wie die Fußwaschung (Joh 13,1-20), in der Jesus die Seinen in die neue Existenz der Bruderliebe einführt, indem er sie selbst lebt und durch den Kreuzestod ermöglicht. Auch im Johannesevangelium erreicht die Offenbarung am Kreuz ihr Ziel, hier erfüllt der Sohn den Willen des Vaters (vgl. Joh 13,1.32; 14,31; 17,5; 19,11a u.ö.), vollendet sich die Schrift (Joh 19,28) und spricht der fleischgewordene Christus »es ist vollbracht« (19,30). Johannes liegt alles an der Identität des Präexistenten und Inkarnierten mit dem Gekreuzigten und Erhöhten, wie die Thomasperikope Joh 20,24-29 geradezu handgreiflich dokumentiert. Der so schmachvoll am Kreuz Gestorbene wurde von Gott erhöht und ist das lebendige Wort Gottes. Die Erhöhung des Sohnes fällt bei Johannes mit dem Kreuz zusammen (vgl. Joh 12,27-33), das Kreuz ist bleibender Ort des Heils.

Neben der inkarnatorischen und kreuzestheologischen Ausrichtung hat auch die auffällige Betonung des Menschseins Jesu im 4. Evangelium eine antidoketische Ausrichtung. Jesus feiert eine Hochzeit (Joh 2,1-11); er liebt seinen Freund Lazarus (Joh 11,3), er ergrimmt über die Trauer der Menge (Joh 11,33f) und weint über Lazarus (Joh 11,35). Jesus stammt aus Nazareth in Galiläa (1,45f 4,44; 7,41.52) und nicht aus Bethlehem (vgl. Joh 7,42!); seine Eltern sind ebenso bekannt (1,45; 2,1.3.12; 6,42; 19,26) wie seine Brüder (2,12; 7,1-10). Er besitzt einen sterblichen Leib (2,21) aus Fleisch (6,51) und Blut (19,34). Aus höchster Leidenschaft reinigt er den Tempel (Joh 2,14-22); auf Wanderungen ist er erschöpft und durstig (Joh 4,6f). Angesichts des ihm bevorstehenden Schicksals (Joh 12,27; vgl. 13,21) ist Jesus verwirrt bzw. erregt (ταράσσω) und verlangt am Kreuz nach einem Getränk (Joh 19,28). Pilatus lässt ihn von seinen Soldaten durch Geißeln und Dornen foltern (19,1f), um dann gewissermaßen amtlich zu bestätigen: »Siehe, der Mensch!« (19,5:

---

[7] Zur joh. Kreuzestheologie vgl. *K. Wengst,* Bedrängte Gemeinde und verherrlichter Christus, München ⁴1992, 199-219; *H. Kohler,* Kreuz und Menschwerdung im Johannesevangelium, AThANT 72, Zürich 1987; *Th. Knöppler,* Die theologia crucis des Johannesevangeliums, passim; *J. Frey,* Die »theologia crucifixi« des Johannesevangeliums, in: A. Dettwiler/J. Zumstein (Hg.), Kreuzestheologie im Neuen Testament, WUNT 151, Tübingen 2002, 169-238; *U. Schnelle,* Theologie, 654-664.

[8] Vgl. hierzu *U. Schnelle,* Die Tempelreinigung und die Christologie des Johannesevangeliums, NTS 42 (1996), 359-373.

ἰδοὺ ὁ ἄνθρωπος). Ein Mitglied des Hinrichtungskommandos stellt eindeutig fest, dass Jesus tatsächlich tot ist (19,33) und schließlich wird der Leichnam Jesu amtlich freigegeben (19,38). Bei seiner Bestattung soll der zu erwartende Leichengeruch durch Duftstoffe gebannt werden (19,39f). Die Jünger und zuletzt Thomas dürfen sich schließlich durch Augenschein davon überzeugen, dass der Leib des Auferstandenen mit dem des irdischen und gekreuzigten Jesus identisch ist (20,20.27). Die theologische Zuspitzung ist offenkundig: Gott bindet sich in seiner heilvollen Zuwendung zur Welt ganz an diesen Menschen Jesus von Nazareth und sein Wirken. Gott selbst redet und wirkt in Jesus, und zwar in einer exklusiven und unüberholbaren Weise. Nirgendwo anders ist sein Wort zu hören (5,39f), nirgendwo sonst sein Wirken zu erfahren (3,35; 5,20-22) als in dem Menschen Jesus.

Johannes versteht die Inkarnation des Präexistenten in seiner Grundlegung als einen abgeschlossenen, in seinen Wirkungen als einen *andauernden* Vorgang. Der ›von oben‹ stammende gekreuzigte und gestorbene Gottessohn ist zum Vater zurückgekehrt und dennoch gegenwärtig: in Taufe und Eucharistie. Raum- und Zeitebenen lassen sich bei Johannes nicht im weltlichen Sinn verobjektivieren, sondern dienen dazu, Jesu zeit- um- und zeitübergreifendes Wirken zu beschreiben. Taufe und Eucharistie zeugen von der andauernden heilvollen Zuwendung und Präsenz des vom Himmel kommenden Offenbarers. Weil der ›von oben‹ (Joh 3,31; 8,14.23) stammende, herab- und wieder aufgestiegene Menschensohn in ständiger Verbindung mit der himmlischen Wirklichkeit steht (Joh 1,51), können und müssen die Glaubenden ›von oben/von neuem‹ (ἄνωθεν) geboren werden, um in das Reich Gottes einzugehen (Joh 3,3.5). Jesus Christus ist das vom Himmel herabgestiegene Brot des Lebens, das gegenwärtig in der Eucharistie Leben spendet (Joh 6,26ff). Zugespitzt artikuliert sich der inkarnatorische Grundzug der johanneischen Theologie im eucharistischen Abschnitt (Joh 6.51c-58). Er wurde vom Evangelisten verfasst und an die traditionelle Lebensbrotrede Joh 6.30-35.41-51b angefügt, um eine zentrale christologische Aussage zu formulieren: Die Eucharistie ist der heilvolle Ort der Gegenwart des Inkarnierten, Gekreuzigten, Erhöhten und Verherrlichten, der den Glaubenden die Gabe des ewigen Lebens zuteil werden lässt und ihnen damit Anteil an der Einheit von Vater und Sohn gewährt. Jesu wahrer Tod hat seine wahre Menschwerdung zur Voraussetzung, beides wiederum ist die Ermöglichung der Heilsbedeutung des Todes Jesu, die in Taufe und Eucharistie als Lebensgabe andauernd gegenwärtig ist (vgl. Joh 19,34b-35).

Die nachhaltige Betonung der Inkarnation, des Menschseins Jesu und des Kreuzes als Ort des Heils ergibt sich zum einen aus dem theologischen Grundansatz und der Logik des johanneischen Denkens, zugleich ist er aber auch die erzählerisch-theologische Antwort auf die christologische Kontroverse in der johanneischen Schule. Innerhalb des Erzählablaufs des Evangeliums löste der eucharistische Abschnitt mit seiner Betonung der unauflöslichen Einheit von Menschheit und Gottheit in der Person Jesu Christi ein Schisma unter den Jüngern aus (Joh 6,60-71). Dieses Schisma ist ein Reflex der Spaltung innerhalb der johanneischen Schule, die sich an der soteriologischen Bedeutung der irdischen Existenz Jesu entzündete und die sich auf 1Joh 2,19 bezieht.

Johannes unternimmt seine wohl durchdachte und ausgewogene Verhältnisbestimmung von Göttlichkeit und Menschsein Jesu nicht als eigenmächtige Neudefinition, sondern weiß sich in doppelter Weise mit dem Ursprungsgeschehen verbunden. Zum einen vollzieht sich die Entfaltung des Christusgeschehens im Johannesevangelium als geistgewirkte nachösterliche Anamnese (vgl. Joh 2,17.22; 12,16; 13,7; 20,9)[9]. Die Gegenwart des Parakleten (vgl. Joh 14,26) ermöglicht ein vertieftes Erfassen der Menschwerdung, des Erdenwirkens, des Leidens und der Erhöhung und Verherrlichung Jesu Christi. Zugleich gewährt der Paraklet jenes Erinnern an die Werke und Worte Jesu, die im Johannesevangelium niedergeschrieben sind. Der Paraklet führt die Gemeinde als Beistand, Hermeneut, Lehrer, Fürsprecher, Anwalt, Stellvertreter und Zeuge Jesu (vgl. Joh 14,15-17.26; 15,26; 16,7-11.13-15) und vergegenwärtigt darin das einmalige Heilsgeschehen. Der Paraklet legitimiert und konzipiert die mit dem Evangelium vollzogene johanneische Sinnbildung. Somit leitet sich das johanneische Denken aus dem Bewusstsein der johanneischen Christen ab, unter der Führung des Parakleten die Geschichte Jesu Christi und den Glauben an Jesus Christus in unverwechselbarer und sachgemäßer Art und Weise zum Ausdruck zu bringen. Neben dem Parakleten verbindet der ›Lieblingsjünger‹[10] die johanneische Schule mit der authentischen Jesus-Christus-Geschichte. Der Lieblingsjünger ist Traditionsgarant und idealer Zeuge des Christusgeschehens; er wurde vor Petrus berufen (Joh 1,37-40) und ist der Hermeneut Jesu und der Sprecher des Jüngerkreises (Joh 13,23-26a). In der Stunde der Anfechtung bleibt er seinem Herrn treu (Joh 18,15-18) und wird so zum wahren Zeugen unter dem Kreuz und zum wahren Nachfolger Jesu (Joh 19,25-27). Er bestätigt den wirklichen Tod Jesu am Kreuz (Joh 19,34b.35) und erkennt als Erster die eschatologische Dimension des Ostergeschehens (Joh 20,2-10). In der durchgehend vom Evangelisten Johannes eingeführten Gestalt des Lieblingsjüngers verdichten sich typologische und individuelle Züge. Keineswegs ist der Lieblingsjünger als historische Person »ganz und gar eine Fiktion«[11], denn Joh 21,22.23 setzt seinen unerwarteten Tod voraus, was die Herausgeber des Johannesevangeliums zu einer Korrektur der Personaltraditionen über den Lieblingsjünger und seines Verhältnisses zu Petrus veranlasste. Verkörperte der Lieblingsjünger nur einen Typus oder ein theologisches Prinzip, dann wären sowohl seine durchgehende Konkurrenz zu Petrus als auch seine Funktion als anerkannter Traditionsgarant nicht überzeugend. Eine genauere historische Bestimmung des Lieblingsjüngers bewegt sich notwendigerweise im Bereich des Hypothetischen, aber es kann vermutet werden, dass Johannes mit dem Lieblingsjünger dem Presbyter Johannes ein literarisches und theologisches Denkmal setzt. Indem er den Gründer der johanneischen Schule nachösterlich zum vorösterlichen wahren Augenzeugen und Garanten der Tradition macht, repräsentiert der Lieblingsjünger die nachösterlichen johanneischen Jünger im Raum der vorösterlichen Jünger! So schließt sich der Kreis: Mit dem Lieblingsjünger und dem Parakleten vollzieht der Evangelist eine doppelte Verschränkung der Zeitebenen nach

---

[9] Vgl. dazu F. *Mußner*, Die johanneische Sehweise, 45-51.
[10] Vgl. dazu A. *Kragerud*, Der Lieblingsjünger im Johannesevangelium, Oslo 1959; *J. Roloff*, Der johanneische ›Lieblingsjünger‹ und der Lehrer der Gerechtigkeit, NTS 15 (1968/69) 129-151; *T. Lorenzen*, Der Lieblingsjünger im Johannesevangelium, SBS 55, Stuttgart 1971; *R. E. Brown*, The Community of the Beloved Disciple, New York 1979; *J. Kügler*, Der Jünger, den Jesus liebte, SBB 16, Stuttgart 1988; *R. Bauckham*, The Beloved Disciple as Ideal Author, JSNT 49 (1993) 21-44; *L. Simon*, Petrus und der Lieblingsjünger im Johannesevangelium, EHS 23.498, Frankfurt 1994; *I. H. Charlesworth*, The Beloved Disciple, Valley Forge 1995; *M. Theobald*, Der Jünger, den Jesus liebte, in: H. Lichtenberger u. a. (Hg.), Geschichte – Tradition – Reflexion III (FS M. Hengel), Tübingen 1996, 219-255.
[11] A. *Kragerud*, Lieblingsjünger, 149.

vorn und hinten, wobei Ostern jeweils zugleich Mitte und Ausgangspunkt ist. So weiß sich die johanneische Schule in besonderer Weise mit dem irdischen und dem erhöhten Jesus Christus verbunden.

Die *literarische Gestaltung* des Evangeliums ist wohl durchdacht: Der Prolog hat die Funktion eines programmatischen Eröffnungstextes, er dient als Lektüreanweisung für die Leser, indem er das vom Evangelisten beabsichtigte Verstehen des Folgenden vorbereitet und prägt. Eine deutliche Korrespondenz besteht zwischen Joh 1,1-18 und Joh 20,30f, wo der Evangelist das Ziel seiner Evangelienschreibung nennt: Glauben an den Gottessohn Jesus zu wecken und zu erneuern. Der Leser wird somit vom Evangelisten in das Werk eingeführt und er darf sich des Verstehens gewiss sein, wenn er in die grundlegende Glaubensaussage Joh 20,31 einstimmen kann. Dabei ist im 4. Evangelium deutlich, dass in der Auseinandersetzung zwischen Glauben und Unglauben jene Gestaltung der Erzählstruktur zu sehen ist, durch die das Geschehen gleichermaßen vorangetrieben und differenziert wird. Johannes inszeniert seine Jesus-Christus-Geschichte durch eine gekonnte Abfolge dialogischer und monologischer Szenen, die planvoll mit den narrativen Stücken durch die auftretenden Personen und/oder Schlüsselbegriffe vernetzt sind. Johannes führt neue Personen, Namen und Gruppen in seine Jesus-Christus-Geschichte ein (Nathanael: Joh 1,45-49; Nikodemus: Joh 3,1.4.9; 7,50; 19,39; die ›Griechen‹: Joh 7,35; 12,20ff; Malchus: Joh 18,10.26; Hannas: Joh 18,13.24) und er fasst für seine Leser und Hörer die Jesus-Christus-Geschichte in neue Begriffe, Bilder und Erzählungen (vgl. Joh 2,1-11; 3,1-11; 4,4-42; 10,1-18; 13,1-20; 15,1-8; 20,11-18). Dabei spielen religiöse Symbolbegriffe wie Gott/Welt; Licht/Finsternis, Leben/Tod, Wahrheit/Lüge, Oben/ Unten ebenso eine entscheidende Rolle wie die Rituale von Taufe, Eucharistie und Fußwaschung, denn erst mit ihrer Hilfe können kollektive Identitäten hergestellt und erhalten werden. Johannes schafft überraschende Ereignisabfolgen (vgl. z. B. Joh 2,12f; 5-6; 7,9f; 14,31-15,1) und zieht zentrale Ereignisse des Lebens Jesu vor (Tempelreinigung: Joh 2,14-22; Todesbeschluss: Joh 11,46-54; Salbung in Bethanien: Joh 12,1-8; Einzug in Jerusalem: Joh 12,12-19; Gethsemane: Joh 12,27ff). Durch diese Prolepsen beschleunigt Johannes das Geschehen und gibt zugleich zu erkennen, aus welcher Perspektive er es verstanden wissen will. Speziell durch die ab Kap. 5 sich ständig steigernde Auseinandersetzung mit ›den Juden‹ verleiht Johannes seiner Erzählung eine zusätzliche Dramatik (vgl. Joh 7-10), die in der Auferweckung des Lazarus und dem daraus resultierenden endgültigen Todesbeschluss der jüdischen Führer ihren Höhepunkt erreicht (vgl. Joh 11,1-44.45-54). Paradoxerweise wird so das größte Wunder im Neuen Testament zum Anlass, Jesus zu töten.

Johannes nahm bei seiner Evangelienschreibung zahlreiche Traditionen der johanneischen Schule auf, selbstverständlich fand er im Alten Testament Zeugnis und Bestätigung für das Christusgeschehen, er rezipierte in unterschiedlicher Intensität das Markus- und Lukasevangelium und griff Gedanken der paulinischen Theologie auf[12]. Die Vielfalt des Materials veranlasste ihn zu einer Auswahl (vgl. Joh 20,30), wobei er das Kriterium für seine Vorgehensweise in Joh 20,31 nennt. Er integrierte

---

[12] Zum Verhältnis Johannes – Paulus vgl. *D. Zeller*, Paulus und Johannes, BZ 27 (1983), 167-182; *U. Schnelle*, Paulus und Johannes, EvTh 47 (1987), 212-228; *R. Schnackenburg*, Ephesus: Entwicklung einer Gemein-

jene Traditionen in sein Evangelium, die nach seiner Meinung geeignet waren, ein Verstehen des Christusgeschehens und den Glauben an Jesus Christus als den fleischgewordenen Gottessohn zu fördern.

Das Johannesevangelium ist nicht nur der Abschluss und Höhepunkt johanneischer Theologie, sondern als ›Meistererzählung‹[13] vereinigt es zwei Hauptlinien frühchristlicher Theologiebildung[14]: Während Paulus eine kerygmatisch ausgerichtete Jesus-Christus-Geschichte präsentiert, entfaltet Markus eine narrative Jesus-Christus-Geschichte[15]. Johannes verbindet beide Tendenzen, indem er die Erinnerungen an den Irdischen konsequent aus der Perspektive des Erhöhten gestaltet. Er übernimmt die Gattung Evangelium, erweitert sie in Kontinuität zu Paulus um die Präexistenzchristologie und intensiviert (anders als Matthäus und Lukas) die bei Markus und vor allem bei Paulus vorherrschende kreuzestheologische Ausrichtung. Stärker als bei Markus durchdringt die Hoheit des Erhöhten beim vierten Evangelisten das Bild des Irdischen. Anders als bei Paulus bleibt Johannes nicht bei einer vornehmlich begrifflich strukturierten hohen Christologie stehen, sondern überführt sie in eine dramatische Erzählung.

---

de von Paulus zu Johannes, BZ 35 (1991), 41-64; *Chr. Hoegen-Rohls*, Johanneische Theologie im Kontext paulinischen Denkens?, in: J. Frey/U. Schnelle, Kontexte des Johannesevangeliums, 593-612.

[13] Vgl. *J. Rüsen*, Kann gestern besser werden? Über die Verwandlung der Vergangenheit in Geschichte, in: ders., Kann gestern besser werden?, Berlin 2003, 29f, wonach ›Meistererzählungen‹ den Menschen »eine Vorstellung von ihrer Zugehörigkeit, ihrer kollektiven Identität, vermitteln: nationale Begründungs- und Erfolgsgeschichten, religiöse Heilsgeschichten«.

[14] Vgl. *G. Theißen*, Die Religion der ersten Christen, Gütersloh 2000, 255: »Es bildet eine Synthese aus zwei Entwicklungen, die aufeinander zuliefen. Auf der einen Seite finden wir bei Paulus den Glauben an den Präexistenten und Erhöhten mit gottgleichem Status ... Auf der anderen Seite wird die Überlieferung vom Irdischen in der synoptischen Tradition geformt und in den ersten Evangelien zunehmend von der Hoheit des Erhöhten durchdrungen, ohne dass es in den synoptischen Evangelien zu einem Glauben an die Präexistenz Jesu kommt. Im JohEv verschmelzen beide Entwicklungsstränge.«

[15] Vgl. dazu *U. Schnelle*, Theologie als kreative Sinnbildung: Johannes als Weiterbildung von Paulus und Markus, in: Johannesevangelium – Mitte oder Rand des Kanons?, hg. v. Th. Söding, QD 203, Freiburg 2003, 119-145.

Theologischer Handkommentar zum Neuen Testament [ThHK]

Folgende Bände sind lieferbar:

Band 2
Das Evangelium nach Markus
von Thomas Söding
2022 • XXVI + 470 Seiten
ISBN 978-3-374-05347-6
eISBN (PDF) 978-3-374-05348-3

Band 4
Das Evangelium nach Johannes
von Udo Schnelle
5., neu bearb. u. erw. Aufl. 2016 • XXX + 410 Seiten
ISBN 978-3-374-04317-0
eISBN (PDF) 978-3-374-04466-5

Band 6
Der Brief des Paulus an die Römer
von Klaus Haacker
5., überarb. Aufl. 2019 • XXXII + 400 Seiten
ISBN 978-3-374-02455-1
eISBN (PDF) 978-3-374-03612-7

Band 7
Der erste Brief des Paulus an die Korinther
von Christian Wolff
4. Aufl. 2013 • 480 Seiten
eISBN (PDF) 978-3-374-03613-4

Band 8
Der zweite Brief des Paulus an die Korinther
von Christian Wolff
2., verb. Aufl. 2011 • XXII + 282 Seiten
ISBN 978-3-374-00857-5
eISBN (PDF) 978-3-374-03614-1

Band 9
Der Brief des Paulus an die Galater
von Martin Meiser
2022 • XXXVI + 316 Seiten
ISBN 978-3-374-07037-4
eISBN (PDF) 978-3-374-07038-1

Band 10/I
Der Brief des Paulus an die Kolosser
von Lukas Bormann
2012 • XXVIII + 204 Seiten
ISBN 978-3-374-03054-5
eISBN (PDF) 978-3-374-03616-5

Band 10/II
Der Brief des Paulus an die Epheser
von Petr Pokorný
2. Aufl. 2013 • XXIV + 290 Seiten
ISBN 978-3-374-01389-0

Band 11/I
Der Brief des Paulus an die Philipper
Von Ulrich B. Müller
3. Aufl. 2019 • 240 Seiten
ISBN 978-3-374-01463-7

Band 11/II
Der Brief des Paulus an Philemon
von Eckart Reinmuth
2006 • XX + 68 Seiten
ISBN 978-3-374-02352-3
eISBN (PDF) 978-3-374-03615-8

Band 14
Der Brief des Jakobus
von Rainer Metzner
2017 • XXXVIII + 327 Seiten
ISBN 978-3-374-04981-3
eISBN (PDF) 978-3-374-04982-0

Band 15/I
Der erste Brief des Petrus
von Reinhard Feldmeier
2005 • XXXV + 216 Seiten
ISBN 978-3-374-01813-2
eISBN (PDF) 978-3-374-03617-2

Band 15/II
Der Brief des Judas und der zweite Brief des Petrus
von Jörg Frey
2015 • XXXXIV + 366 Seiten
ISBN 978-3-374-02391-2
eISBN (PDF) 978-3-374-04367-5

Band 16
Der Brief an die Hebräer
von Harald Hegermann
1988 • XIV + 304 Seiten
ISBN 978-3-374-00042-5

Band 17
Die Johannesbriefe
von Udo Schnelle
2., durchges. Auflage 2023 • XXII + 202 Seiten
ISBN 978-3-374-02756-9
eISBN (PDF) 978-3-374-03522-9

Alle Bände sind gebunden und besitzen einen festen Umschlag.

Bei Gesamtbezug der Reihe wird 5 % Rabatt auf den Ladenpreis eines jeden Bandes gewährt.

Demnächst erscheinen:

Band 18
Die Offenbarung des Johannes
von Michael Labahn
2024 • ca. 400 Seiten

Band 3
Das Evangelium nach Lukas
von Christfried Böttrich
2024 • ca. 400 Seiten

Band 13
Die Pastoralbriefe
von Jens Herzer
2024 • ca. 300 Seiten

Folgende Neubearbeitungen sind in Vorbereitung:

Band 1
Das Evangelium nach Matthäus
von Roland Deines
soll 2025 erscheinen

Band 5
Die Apostelgeschichte des Lukas
von Felix John
soll 2033 erscheinen

Band 8
Der zweite Brief des Paulus an die Korinther
von Manuel Vogel
soll 2028 erscheinen

Band 10/II
Der Brief des Paulus an die Epheser
von Rainer Hirsch-Luipold
soll 2027 erscheinen

Band 11/I
Der Brief des Paulus an die Philipper
von Benjamin Schliesser
soll 2025 erscheinen

Bände 12/I + 12/II
Der erste Brief des Paulus an die Thessalonicher
Der zweite Brief des Paulus an die Thessalonicher
von Christof Landmesser
soll 2025 erscheinen

Band 16
Der Brief an die Hebräer
von Ulrike Mittmann
Erscheinen noch unbestimmt

Udo Schnelle
**Einführung in die
Evangelische Theologie**

464 Seiten | 14 x 21 cm
Hardcover
ISBN 978-3-374-06873-9
EUR 38,00 [D]

eISBN (PDF) 978-3-374-06874-6

Dieses Buch des international anerkannten Exegeten Udo Schnelle führt in die Grundfragen, die Grundlagen und in die Fächer der Evangelischen Theologie ein: Warum Theologie an der Universität? Weshalb Theologie und nicht Religion? Welche Bedeutung hat die Bibel? Was verbindet die einzelnen Fächer der Theologie und gibt es ein gemeinsames Zentrum? Einen weiteren Schwerpunkt bildet die Frage nach dem Ort und der Leistungsfähigkeit von Theologie im Kontext neuzeitlichen Denkens. Es zeigt sich, dass Vernunft sowie Offenbarung, Glaube und Mythos keine Gegensätze darstellen, sondern unterschiedliche Bereiche der Wirklichkeit erfassen.

Theologisch steht im Mittelpunkt dieses fächerübergreifenden Lehrbuches die Vorstellung der Teilhabe am anhaltenden Schöpferwirken des einen Gottes: in der Geschichte Israels, in Jesus Christus und in der Kirche.

Tel +49 (0) 341/ 7 11 41 -44   shop@eva-leipzig.de

Udo Schnelle
**Der Sinn des Mythos
in Theologie und Hermeneutik**

240 Seiten | 14 x 21 cm
Paperback
ISBN 978-3-374-07392-4
EUR 38,00 [D]

eISBN (PDF) 978-3-374-07393-1

In seinem neuen Buch stellt der international anerkannte Exeget Udo Schnelle das Mythos-Verständnis von den Anfängen bis zur Gegenwart dar. Er sieht im Mythos nicht eine überholte, sondern eine sachgemäße Form des Redens von Gott und dem Göttlichen. Von Gott kann man nur in Bildern, Metaphern und Symbolen, vor allem aber in der Form des Mythos als sinnstiftender Erzählung reden. Mythen sind Grundgeschichten, die das Leben ordnen und Orientierung stiften. Der wirkmächtige Mythos bewahrt ein Mehr an Erkenntnis und Emotionalität, das über seine zeitbedingten Interpretationen hinausgeht. Er nimmt die Offenheit und Unabgeschlossenheit der Wirklichkeit ernst und ist offen für Gottes Wirken in der Welt. Bultmanns Klassifizierung des Mythos als inadäquate Redeweise verfehlt dessen Wesen und Funktion.
So wie Geschichte nicht entgeschichtlicht und Poesie nicht entpoetisiert werden kann, so kann auch der frühchristliche Mythos vom Leben, Sterben und der Auferstehung des Gottessohnes Jesus Christus nicht entmythologisiert werden.

EVANGELISCHE VERLAGSANSTALT
Leipzig   www.eva-leipzig.de

Tel +49 (0) 341/ 7 11 41 -44   shop@eva-leipzig.de

Ingolf U. Dalferth
Auferweckung
Plädoyer für ein anderes
Paradigma der Christologie

*Forum Theologische Literaturzeitung
(ThLZ.F) | 39*

184 Seiten | 12 x 19 cm
Paperback
ISBN 978-3-374-07360-3
EUR 28,00 [D]

eISBN (PDF) 978-3-374-07361-0

Die dominierende christologische Denkform des Christentums ist die Inkarnation, die Menschwerdung Gottes. Doch das Christentum begann nicht an Weihnachten, sondern an Ostern, nicht mit der Geburt Jesu, sondern mit der Auferweckung des Gekreuzigten. Dalferth plädiert in dieser Studie dafür, nicht die Inkarnation, sondern die Auferweckung ins Zentrum der Christologie und damit der christlichen Theologie zu stellen. Nicht die Erniedrigung Gottes ins Menschsein, sondern die Erhöhung der Menschen in das Leben Gottes ist die befreiende Botschaft des Evangeliums. Wir werden verändert, nicht Gott. Gott wird nicht einer von uns, sondern er macht uns zu den Seinen. Er kommt uns nahe, weil er uns in seine Nähe holt, aber er bleibt der Schöpfer und wir seine Geschöpfe.